Pour vous, ma chère Christelle,
Au-delà de l'écran et de la légende,
les secrets d'un couple mythique.

FRANÇOIS-JOSEPH ET SISSI

Le devoir et la rébellion

Je vous embrasse.

Jean

DU MÊME AUTEUR

Aux éditions Perrin

Louis II de Bavière ou le Roi foudroyé, couronné par l'Académie française.

Haussmann, la gloire du second Empire, prix Historia.

La Princesse Mathilde, prix Napoléon III.

Sissi ou la Fatalité, prix des Ambassadeurs.

Eugénie, la dernière impératrice, Grand Prix de la Fondation Napoléon.

Rodolphe et les secrets de Mayerling.

La Saga des Habsbourg.

La Saga des Windsor.

La Saga des reines.

La Saga des favorites.

La Saga des grandes dynasties.

Le Sceptre et le Sang.

Nicolas II et Alexandra de Russie. Une tragédie impériale.

Albums illustrés de photographies de Jérôme da Cunha

Les Châteaux fous de Louis II de Bavière.

Sur les pas de Sissi.

Tapioca, cet inconnu.

Sur les pas de Mozart (en collaboration avec Frédéric Pfeffer).

À Saint-Pétersbourg sur les pas des tsars.

Collection « tempus »

Malesherbes.

La Saga des Grimaldi.

Louis II de Bavière.

Sissi, impératrice d'Autriche, reine de Hongrie.

Eugénie, la dernière impératrice.

Rodolphe et les secrets de Mayerling.

Le Roman de Vienne.

La Saga des Habsbourg.

La Saga des Windsor.

La Saga des Romanov.

Aux éditions Plon

Dictionnaire amoureux des trains.

La Saga des Romanov.

La Véritable Histoire des châteaux de la Loire.

Aux éditions de Fallois

Malesherbes, gentilhomme des Lumières, Grand Prix de la biographie d'histoire de l'Académie française.

Aux éditions Julliard

Sleeping Story, la fabuleuse épopée des wagons-lits.

Aux éditions Denoël (en collaboration avec Jean-Paul Caracalla)

L'Orient-Express, couronné par l'Académie française.

Le Transsibérien.

Le Train bleu et les grands express de la Riviera.

Les Trains des rois et des présidents.

La Tour Eiffel (album du centenaire).

Aux éditions du Rocher

SAS Rainier III de Monaco, 700 ans d'histoire des Grimaldi.

Inoubliable Grace de Monaco.

Colette et Monaco.

Le Roman de Vienne.

Aux éditions Flammarion

Mémoires d'un palace, photographies de Jérôme da Cunha.

Aux éditions Jean-Pierre Barthélemy/Caisse nationale des monuments historiques et des sites

Le Haut-Kœnigsbourg (en collaboration), photographies de Robert César.

Aux éditions Chronique/Dargaud

Chronique de Paris (rédacteur en chef).

Chronique du XXᵉ siècle (rédacteur en chef).

Aux éditions Pocket

La Saga des Romanov.

Petit dictionnaire amoureux des trains.

La Saga des reines.

La Saga des favorites.

Jean des Cars

François-Joseph et Sissi

Le devoir et la rébellion

PERRIN
www.editions-perrin.fr

Ouvrage publié sous la responsabilité éditoriale
de Grégory Berthier-Gabrièle

Iconographie : Marguerite de Marcillac
Composition et mise en pages : Facompo, Rouen

12, avenue d'Italie
75013 Paris
Tél. : 01 44 16 09 00
Fax : 01 44 16 09 01
www.editions-perrin.fr

ISBN : 978-2-262-06557-7
Dépôt légal : novembre 2017

Pour Monique,
avec mon amour, notre complicité, et ma gratitude.

Avant-propos

Pour l'éternité, ils constituent un couple légendaire parmi les plus célèbres de l'histoire. Pour le meilleur et pour le pire, entre quelques joies et d'innombrables tragédies personnelles et politiques, toutes ancrées dans la mémoire européenne, préludes à la fin d'un monde, celui d'avant 1914, « le monde d'hier », écrira Stefan Zweig dans son livre-testament. Aujourd'hui encore, plus de cent ans après sa disparition le 21 novembre 1916, l'empereur et roi François-Joseph demeure une figure légendaire, respectée et aimée, du destin douloureux de l'Empire austro-hongrois. Un souverain de référence, un père, un rempart. Décédé brusquement en plein cœur d'un conflit fratricide d'une ampleur inédite, il eut la faveur de ne pas être témoin de l'effondrement de son univers. Après le règne le plus long de l'histoire des Habsbourg – soixante-huit ans –, il laissait ses sujets plongés dans la stupeur et l'effroi. Orphelins. Désemparés et inquiets. Des générations n'avaient eu que lui pour guide. Comment survivre à son effacement ?

La République autrichienne, née en 1918 sur les décombres de la défunte monarchie multiséculaire des Habsbourg, n'a pas oublié, en 2016, ce qu'elle doit à ce monarque-soldat qui semblait vivre en uniforme. À Vienne, notamment, où tout rappelle la mémoire impériale et engendre un fructueux commerce touristique en divers domaines, pas toujours bien inspiré, de remarquables expositions ont commémoré la gouvernance mouvementée d'un chef d'État né en 1830 dans une Europe post-napoléonienne forgée par le congrès de Vienne et qui s'éteint dans une Europe dévastée depuis trois années.

Enfant du XIXe siècle des révolutions européennes, dont celle du chemin de fer, à laquelle il apporta toutes ses attentions afin de moderniser son immense mosaïque de territoires, François-Joseph a expiré dans son lit, au château de Schönbrunn, où il était né quatre-vingt-six ans plus tôt, redoutant de perdre cette guerre, comme tant d'autres qu'il avait engagées. Bien qu'on l'ait jugé conservateur, voire rétrograde, le XXe siècle naissant lui a permis d'être le premier monarque de sa dynastie dont la voix ait été enregistrée sur des disques et sa personne filmée lors de cérémonies familiales, comme le mariage, en 1911, d'un de ses petits-neveux, qui deviendrait, cinq ans plus tard, son infortuné successeur, l'empereur Charles Ier d'Autriche et roi Charles IV de Hongrie. François-Joseph a ainsi connu la pré-histoire de l'audiovisuel et ses échos, distingués et respectueux, qui n'étaient pas encore harcelants ni agressifs. Ses funérailles, grandioses et solennelles, sont célébrées le 30 novembre dans Vienne pétrifiée de douleur, de dignité et de froid. Devant le défilé de la garde à cheval, un enfant de 10 ans, né dans la partie alors autrichienne de la Pologne, dira plus tard que c'était « un spectacle inoubliable ». Ce jeune témoin deviendra l'un des plus talentueux réalisateurs de Hollywood, autant dans le film noir que dans la comédie et avec succès : il s'agit de Billy Wilder, qui était donc né sujet de l'empereur. Mais le spectacle, photographié et filmé, est gâché : le huitième des chevaux attelés au monumental carrosse funèbre est malade. Un mauvais présage pour l'avenir de l'Autriche-Hongrie.

Aujourd'hui encore, le destin romanesque et tragique de l'impératrice Élisabeth et reine Erzsébet, la fascinante Sissi, ne cesse de séduire des générations. Sa beauté, son allure, mais aussi son tempérament révolté, son indiscipline face au protocole, sa dérision l'ont placée, d'une manière inattendue, dans la lumière indiscrète du Gotha alors qu'elle ne recherchait que l'ombre, la discrétion, l'anonymat. Elle déteste les mondanités obligatoires, le regard des autres, les usages stupides ; elle est une amazone intrépide qui ne s'épanouit qu'à cheval, une poétesse qui voudrait être un oiseau, une voyageuse forcenée qui n'aime que partir et exècre les retours. Elle ne devait pas être impératrice d'Autriche, mais fut comblée d'être reine de Hongrie et lutta pour la libéralisation des peuples de la double monarchie. On voulut la cantonner à un rôle muet, lui imposer d'être une trop belle première figurante ; elle fut une étoile. Mieux qu'un pouvoir, elle eut une influence réelle et sut s'en servir. On nia son instinct politique, mais on eut tort de ne pas tenir compte de son pressentiment lorsqu'en 1890, elle déclara : « L'orage éclatera dans les Balkans. » De quoi se mêlait cette femme dépressive ? Que savait-elle de ces maudits nationalismes ? Elle était visionnaire, prédisant en quelque sorte, avec vingt-quatre ans d'avance, l'attentat de Sarajevo. Sissi n'était pas du passé, elle était en avance, d'un modernisme précurseur, balayant les manières guindées et les visions étriquées. Une pionnière de ce qu'on nommera, bien plus tard, le féminisme. Bien qu'elle soit née il y a cent quatre-vingts ans, sa mémoire survit à toutes les modes. Elle règne toujours dans nos cœurs.

Le sujet du présent ouvrage, étayé sur une nouvelle approche documentaire rendue possible par la chute du monde communiste et l'accès à un passé occulté, mais conservé en Europe centrale, se propose de relater la vie de ce couple imprévu, donc romanesque. Cette union fut un des grands romans du Gotha de la seconde moitié du XIXe siècle. Une opérette qui s'achève en

François-Joseph et Élisabeth, dite Sissi, dans le parc du château de Schönbrunn, peu après leur mariage, à Vienne le 24 avril 1854. L'empereur amoureux offre une rose cueillie dans les célèbres serres à sa fantasque mais séduisante cousine qu'il aimera toute sa vie. Au fond, à droite, la gloriette dresse sa célèbre silhouette et sera notamment évoquée par Edmond Rostand dans sa pièce *L'Aiglon*.

tragédie dans un récit intime, celui du mariage des contraires. Quelle fut leur vie, publique et privée ? Marié, François-Joseph eut-il plusieurs maîtresses pendant les innombrables absences de son épouse, et celle-ci dissimula-t-elle des amants lors de ses pérégrinations ? La jeune Anna Nahowski, qui avait près de trente ans de moins que l'empereur, fut-elle sa première liaison avérée ? En Angleterre, le capitaine Middleton fut-il, pour l'impératrice écuyère, plus que l'organisateur d'une chasse à courre ? Sissi a-t-elle choisi sa remplaçante officieuse, « l'amie » de son époux, la comédienne Katharina Schratt ? Comment fonctionnait cette monarchie conjugale, double elle aussi ? Était-ce par l'affrontement, tendre ou sévère, allègre ou pathétique ? Dans quels domaines furent-ils d'accord ? L'empereur n'était-il qu'un maniaque de l'exactitude et de l'absolutisme, fermé à l'évolution des idées et des modes, notamment dans une capitale foisonnante d'un art nouveau ? Alors que François-Joseph souffrait en silence et se réfugiait dans le travail, Sissi n'était-elle qu'une insupportable capricieuse, anorexique, inconsciente de ses obligations ? Pourquoi fut-elle mal aimée des Viennois (elle l'est toujours) et adulée des Hongrois et des Italiens du Nord (elle l'est toujours) ? Était-elle instable, névrosée, ou simplement égoïste et fantasque ? Dans ce couple, quelle fut l'importance de la politique, quelle fut sa compréhension des onze peuples sous la domination impériale, des rivalités linguistiques et religieuses éparpillées à travers les terres des Habsbourg, sur un territoire neuf fois plus grand que l'Autriche actuelle ? Comment les deux époux ont-ils survécu aux effroyables drames qui les ont accablés ? De quels secrets d'État ce mari et son épouse ont-ils alourdi leurs consciences dans un silence de tombeau ? Savaient-ils la vérité sur la mort de leur seul fils et héritier à Mayerling ? Pourquoi ne se sont-ils pas précipités auprès du corps de l'archiduc Rodolphe ? Et cette question simple, qui pourrait permettre de répondre à bien des interrogations : se sont-ils réellement aimés, à défaut d'être heureux ?

De l'union à la cohabitation, des crises à l'entente cordiale, de l'espoir au désespoir, de l'amusement à l'agacement, de l'exaspération à la colère, des scènes entre deux époux jusqu'à leurs rapprochements les plus tendres, cette biographie croisée, en parallèle aux diverses évocations du centenaire de la Première Guerre mondiale, propose d'évoquer le destin exceptionnel de deux têtes couronnées devenues des mythes de leur vivant. Celui du « dernier monarque de la vieille école », comme il se définissait lui-même, amoureux définitif de la spectaculaire insurgée de la Cour, son épouse fuyante, assassinée par un anarchiste ignorant que sa victime était bien plus révolutionnaire que lui et qu'elle espérait cette délivrance. Une mort qui bouleversa les peuples et dévasta son inconsolable et résigné mari jusqu'à son propre trépas, après dix-huit années de solitude officielle. Ils formèrent un couple atypique d'une audace inattendue jusqu'à la provocation, en entretenant un soupçon de ménage à trois qui fit jaser toute l'Europe. C'est la rencontre d'un homme de devoir et d'une femme en rébellion.

Jean des CARS

Généalogie des Habsbourg-Lorraine

Marie-Thérèse (1717-1780) ∞ **François Ier** (1708-1765)

- **Joseph II** (1741-1790), empereur 1765-1790, ∞ 1. Marie-Isabelle de Parme † 1763, 2. Marie-Josèphe de Bavière † 1767
- **Marie-Christine** (1742-1798), ∞ Albert de Saxe-Teschen † 1822
- **Marie-Amélie** (1746-1804), ∞ Ferdinand de Parme † 1802, duchesse de Parme
- **Léopold II** (1747-1792), empereur 1790-1792, ∞ Marie-Louise d'Espagne † 1792
  - **Marie-Thérèse** (1767-1827), reine de Saxe
  - **François II (Ier)** (1768-1835), empereur 1792-1835, ∞ 1. Élisabeth de Wurtemberg † 1790, 2. Marie-Thérèse de Sicile † 1807, 3. Marie-Louise de Modène † 1816, 4. Caroline-Augusta de Bavière † 1873
    - **Marie-Louise** (1791-1847), ∞ 1. Napoléon Ier † 1821, 2. comte Adam de Neipperg † 1829, 3. comte Charles de Bombelles † 1856
    - **Ferdinand Ier** (1793-1875), empereur 1835-1848, ∞ Marie-Anne de Savoie † 1884
    - **François-Charles** (1802-1878), ∞ Sophie de Bavière † 1872
      - **François-Joseph Ier** (1830-1916), empereur 1848-1916, Élisabeth en Bavière † 1898
        - **Sophie** (1855-1857)
        - **Gisèle** (1856-1932), ∞ prince Léopold de Bavière † 1930
        - **Rodolphe** (1858-1889), ∞ Stéphanie de Belgique † 1945
          - **Élisabeth** (1883-1963)
        - **Marie-Valérie** (1868-1924), ∞ François-Salvator † 1939
      - **Ferdinand-Maximilien** (1832-1867), ∞ Charlotte de Belgique † 1927
      - **Charles-Louis** (1833-1896), ∞ 1. Marguerite de Saxe † 1858, 2. Maria Annunziata de Sicile † 1871, 3. Marie-Thérèse de Portugal † 1944
        - **François-Ferdinand** (1863-1914), ∞ comtesse Sophie Chotek duchesse de Hohenberg † 1914
        - **Otto** (1865-1906), ∞ Marie-Josèphe de Saxe † 1944
          - **Charles Ier** (1887-1922), ∞ Zita de Bourbon-Parme † 1989
            - **Otto** (1912-2011), ∞ princesse Regina de Saxe-Meiningen † 2010
      - **Louis-Victor** (1842-1919)
  - **Ferdinand III de Toscane** (1769-1824)
    - Léopold II † 1870
      - Ferdinand IV † 1908
        - Branche Habsbourg-Toscane
  - **Charles** (1771-1847), ∞ Henriette de Nassau-Weilburg † 1829
    - Albert (1817-1895)
    - Charles-Ferdinand (1818-1874)
  - **Joseph** (1776-1847), ∞ 1. Alexandra Pavlovna † 1801, 2. Hermine d'Anhalt-Bernburg † 1817, 3. Marie-Dorothée de Wurtemberg † 1855
    - Ligne palatine de Hongrie
  - **Jean** (1782-1859), ∞ Anne Plochl † 1885
    - comte de Meran
  - **Rainier** (1783-1853), Élisabeth de Savoie † 1856
  - **Louis** (1784-1864)
  - **Rodolphe** (1788-1831), cardinal prince-archevêque d'Olmütz
- **Marie-Caroline** (1752-1814), ∞ Ferdinand des Deux-Siciles † 1825, reine de Naples
- **Ferdinand** (1754-1806), Béatrice de Modène † 1829, duc de Modène
- **Marie-Antoinette** (1755-1793), ∞ Louis de France † 1793, reine de France
- **Maximilien-François** (1756-1801)

1
Un vrai coup de foudre !

Le 19 août 1853, après l'annonce de leurs fiançailles, François-Joseph et Sissi font leur première promenade de fiancés, presque seuls, dans les environs de Bad Ischl. L'attelage est conduit par le comte Grünne, homme de confiance de l'empereur.

La fête avait été prévue longtemps à l'avance. Le tout jeune empereur d'Autriche François-Joseph allait célébrer son vingt-troisième anniversaire et c'était le moment choisi pour annoncer, officiellement, ses fiançailles avec une de ses cousines germaines, la duchesse en Bavière Hélène de Wittelsbach. Bien entendu, le lieu des réjouissances serait la charmante station thermale de Bad Ischl, près de Salzbourg, où la famille impériale résidait chaque été, et ce même avant la naissance de François-Joseph puisque sa mère, l'archiduchesse Sophie, après plusieurs fausses couches, était venue dans cette ville traiter, par le thermalisme, son incapacité à mener à terme une grossesse. La cure avait été efficace : François-Joseph tout comme son frère Maximilien étaient appelés « princes du sel », en référence à la région, le Salzkammergut, dont la fortune venait des mines de sel. Si François-Joseph était empereur depuis cinq ans, c'est à sa mère qu'il le devait : en effet, l'archiduchesse Sophie, après l'abdication de son beau-frère Ferdinand Ier, atteint de troubles mentaux, avait mis son propre fils sur le trône des Habsbourg le 2 décembre 1848 en poussant son époux, trop faible, à renoncer à la Couronne. À 18 ans, François-Joseph était le seul espoir des Habsbourg pour diriger l'Autriche.

L'avènement du nouvel empereur s'était déroulé sans faste, loin de Vienne (alors en proie à l'agitation révolutionnaire et à

Le 2 décembre 1848, François-Joseph, 18 ans, devient le nouvel empereur d'Autriche. Son intronisation, sans aucun faste, se déroule loin de Vienne et de son agitation révolutionnaire. Seul François-Joseph peut sauver la couronne des Habsbourg.

l'émeute), à Olmütz, en Moravie[1]. Depuis, François-Joseph avait pour principale conseillère sa mère tant dans le domaine politique que dans la vie familiale. Il admirait cette femme de tête que Talleyrand avait qualifiée de « seul homme de la famille », un peu comparable à la duchesse d'Angoulême, Madame Royale, la fille survivante de Marie-Antoinette et de Louis XVI, face à ses

1. Aujourd'hui Olomouc, en République tchèque. Les 28 et 29 novembre 1850, le roi de Prusse, Frédéric-Guillaume IV, avait été contraint de renoncer à ses projets d'union restreinte des États de l'Allemagne du Nord sous sa direction. Le Cabinet autrichien, dirigé par le prince Félix de Schwarzenberg, l'avait menacé de guerre. Le retrait prussien porte le nom de « reculade d'Olmütz ».

oncles Bourbons. Même avec la bénédiction de l'Église, c'était sa mère, Sophie, qui l'avait fait empereur et il avait une totale confiance en elle. Il lui obéissait.

À la recherche de la nouvelle impératrice d'Autriche...

Le choix de la future épouse du souverain était évidemment capital. Hélène de Wittelsbach n'était pas « un premier choix ». On avait d'abord envisagé une alliance avec la Maison de Hohenzollern et, dans l'hiver 1852, François-Joseph s'était rendu à Berlin où il était tombé amoureux d'une ravissante nièce du roi de Prusse, la princesse Anna. Certes, celle-ci était déjà promise, mais Sophie pensait avoir un atout primordial puisqu'elle était la sœur de la reine de Prusse : en effet, Sophie de Habsbourg et Élisabeth, Élise pour la famille, étaient les filles du premier roi de Bavière Maximilien Ier qui, duc de Bavière, avait accédé à la dignité royale par la volonté de Napoléon en 1805. Toutefois, la complicité des deux sœurs fut sans effet sur le roi de Prusse et son gouvernement ne voulait pas d'une alliance matrimoniale avec l'Autriche. C'était un camouflet pour Sophie et surtout pour son fils François-Joseph. On envisagea alors un mariage avec une princesse de Saxe, Sidonie. Là encore, tout semblait facile puisque l'épouse de Frédéric II de Saxe, Marie, était, elle aussi, une sœur de Sophie ! Mais le tempérament lymphatique et peu avenant de Sidonie ne séduisit aucunement l'empereur François-Joseph.

Ludovica, épouse du duc Maximilien en Bavière, avec ses enfants Louis, né en 1831, Hélène, née en 1834, future princesse de Tour et Taxis, et Élisabeth (Sissi) qui vient de naître en 1837. Ludovica est une tante de François-Joseph puisqu'elle est la sœur de l'archiduchesse Sophie.

Restait une « dernière option allemande », la famille de Sophie, les Wittelsbach. La cadette de Sophie, Ludovica, avait fait un mariage moins glorieux que ceux de ses trois sœurs aînées : elle avait épousé un cousin, Maximilien, duc en Bavière, chef de la branche cadette de la dynastie bavaroise. Ils avaient eu dix enfants et l'aînée de leurs filles, Hélène, dite Néné, semblait posséder toutes les qualités nécessaires pour devenir impératrice d'Autriche. Ludovica avait une admiration éperdue pour sa sœur Sophie et subissait, elle aussi, son ascendant. Évidemment, la perspective d'un mariage aussi prestigieux pour sa fille aînée comblait tous les ressentiments et frustrations qu'elle éprouvait de n'être qu'une modeste duchesse en Bavière…

En effet, si son mari, le duc Max, était extrêmement populaire, il était aussi d'un naturel fantasque. Après avoir beaucoup voyagé, notamment en Orient (il avait joué de la cithare au sommet de la grande pyramide de Khéops et acheté un négrillon dans le bazar du Caire !), très érudit, il possédait une bibliothèque de vingt-sept mille volumes et était entouré d'artistes et de savants qu'il réunissait lors de banquets et il avait baptisé ce cercle « la Table ronde des buveurs ». Cet étrange « roi Arthur » présidait ces agapes. Pour abriter sa nombreuse famille, le duc Max avait fait construire à Munich, sur la Ludwigstrasse, un palais dans la cour duquel il avait installé un cirque où il démontrait ses qualités de dresseur de chevaux, mais il faisait également appel à des clowns et autres funambules. Et, comme à Paris, on y trouvait un café où il était recommandé de chanter ! Max « avait aussi acheté, pour les vacances d'été en Bavière du Sud, le domaine de Possenhofen, dont les quatre tours dominent le lac du Starnberg[1] ». Ludovica aurait pu s'accommoder de ses fantaisies si son époux n'avait commis deux fautes qu'elle ne pouvait lui pardonner : ses nombreuses liaisons et une notamment, commencée avant leur mariage, qu'il avait poursuivie après et de laquelle il avait eu deux filles, qu'il voyait quotidiennement. Sa seconde faute, qui était au moins aussi grave pour Ludovica, était son mépris total pour la vie de cour et, d'une manière générale, pour toutes les contraintes du protocole. Max ne fréquentait pratiquement pas la famille royale de Bavière. Son épouse, dont la beauté avait été remarquée, conjointe fidèle et débordée, en souffrait. Complexée par rapport à ses autres sœurs, elle se présentait elle-même comme une « paysanne ». Les enfants étaient élevés librement, l'hiver à Munich, l'été à Possenhofen, lieu magique où les chevaux, les chiens, les baignades dans le lac et les randonnées dans les Alpes ponctuaient une vie simple et familiale, au contact de la nature.

Hélène est le deuxième enfant de Max et Ludovica, née en 1834. Elle a 18 ans, elle est belle, intelligente, raisonnable et bien élevée. Ludovica lui fait confectionner une garde-robe digne de la fiancée d'un empereur pour ce séjour à Bad Ischl. Le duc Max ne les accompagnera pas. En revanche, au dernier moment, il est décidé que leur deuxième fille, Élisabeth, dite Sissi, sera aussi du voyage. La duchesse, qui a fêté ses 15 ans au Noël précédent (née la nuit du 25 décembre 1837, elle avait été surnommée « la rose de Noël »), est un peu mélancolique. Un de ses amis, un certain Richard, vient de mourir. La perte de cet « amoureux »

1. Paul Morand, de l'Académie française, *La Dame blanche des Habsbourg*, Perrin, rééd. 2000.

Le duc Maximilien en Bavière, chef de la branche cadette de la Maison royale, vers 1880. Le père de Sissi déteste le protocole, les convenances et fuit la cour de Munich. Passionné de cheval et d'arts forains, il aménage un cirque dans son palais. Sissi a le caractère indépendant de son père.

l'a beaucoup affectée. Sissi, au caractère exalté et romantique, écrit de nombreux poèmes ; elle en a consacré un au disparu. Si Ludovica l'emmène dans ce voyage, c'est pour lui changer les idées et, peut-être aussi, avec l'idée de faire un doublé à Bad Ischl : fiancer Sissi au frère cadet de l'empereur, l'archiduc Charles-Louis, qui a 20 ans. La mère et ses deux filles sont vêtues de noir, portant le deuil d'une tante. Ludovica n'a oublié ni ses sels, ni ses poudres, ni ses bouteilles d'eau minérale, ni ses deux éventails, et encore moins un bric-à-brac de vêtements et dessous féminins. Mais que cette voiture est lente et que ces chevaux sont lourds !

Il ne faut surtout pas faire attendre l'empereur !

La berline des voyageuses est suivie d'une voiture chargée de leurs bagages. Dans l'après-midi du 15 août 1853, au relais de poste de Rosenheim, près du lac du Chiemsee, la berline ducale s'arrête. Sissi exaspère sa mère en voulant donner elle-même à boire aux chevaux. Ludovica déteste ses manières de gamine sauvage qui ne sait pas se tenir. Le 16 août, avec une bonne heure et demie de retard, la berline s'immobilise enfin à Bad Ischl, devant l'hôtel Austria, une maison modeste et provinciale, sur l'esplanade où les curistes aiment se promener le soir en longeant la rive gauche de la rivière Traun. Catastrophe : la voiture avec les bagages n'est pas là ! Or, Ludovica et ses filles ainsi que leur gouvernante sont conviées à prendre le thé avec l'archiduchesse Sophie et l'empereur François-Joseph. Ne pouvant se changer ni être en retard, Ludovica, nerveuse, souffrant d'une migraine, prévient sa sœur l'archiduchesse, qui fait brosser leurs vêtements gris de poussière par la gouvernante de Sissi, Mlle Roedi. En hâte, elles se rajustent pour être présentables dans leurs tenues noires, déplacées pour la circonstance. On aide Hélène à se recoiffer, Sissi se débrouille toute seule, tressant deux nattes de sa belle chevelure. Une véritable parure, dont elle prend grand soin. Hélène, qui sait pourquoi elle a fait ce voyage, a un aspect austère mais digne et comme il faut, selon sa mère ; au contraire, la beauté un peu sauvage de Sissi est éclatante, elle que ce périple, *a priori*, n'amusait guère, mais qui n'avait pas pu refuser de partir. Miraculeusement, après une angoisse honteuse compréhensible, la petite tribu bavaroise est prête à descendre au salon.

Il est quatre heures. L'empereur, d'une ponctualité légendaire et quasi maniaque, arrive, en uniforme de général. Depuis la mort de son Premier ministre le prince de Schwarzenberg seize mois plus tôt, François-Joseph, qui a supprimé la fonction de ministre de la Guerre, assure lui-même celle de chef des armées. Il se considère comme un soldat ; il le sera toujours.

La mère et ses deux filles plongent dans leurs révérences, les yeux baissés. Celle d'Hélène, juste derrière Ludovica, est parfaite, comme toutes ses manières. Sissi ? Un peu maladroite, elle se débrouille, en arrière. Suivent des embrassades entre l'archiduchesse et la duchesse, gestes convenus des deux sœurs qui, un instant, semblent se mettre à égalité et hisser leur famille ducale au rang de la branche impériale.

François-Joseph regarde Hélène pour jauger les qualités que lui a vantées sa mère. Néné est effectivement jolie, élancée, on la dit instruite et sérieuse. L'empereur lui sourit. Il est un homme calme et courtois, plein de charme, en tous lieux d'humeur égale et d'un naturel patient, menant une vie des plus simples, mais concentrant en ses mains tous les pouvoirs. Quelle différence avec son oncle Ferdinand Ier, faible d'esprit, et avec son père François-Charles qui – c'était encore pire! – ne pouvait même pas aligner deux mots sans bredouiller! François-Joseph, leur neveu et fils, est parfaitement sain de corps et d'esprit. Et il est d'excellente humeur, observant Hélène en passant à table alors que le thé et les pâtisseries vont être servis. Il n'y a pas de hasard dans le protocole impérial et les calculs des mères marieuses : Hélène est placée à côté du souverain. La parfaite éducation de François-Joseph lui permet d'échanger des banalités académiques avec cette cousine intimidée, mais qui sait se tenir. Leurs propos sont plats et courtois. L'argenterie et les assiettes circulent dans un ballet maîtrisé par le personnel ganté de blanc de l'hôtel Austria. Cependant, comme le remarque l'archiduc Charles-Louis, 20 ans, le deuxième frère de l'empereur que Sophie aimerait marier à Sissi, le regard de son frère aîné n'est pas pour Hélène. S'il s'exprime très aimablement, presque mécaniquement, ses yeux se portent vers le bout de la table. Pourquoi? Parce que Sissi y a été reléguée comme une enfant, avec la gouvernante. Une trop grande enfant dans une robe noire toute simple, mal à l'aise d'être scrutée au point qu'elle ne peut rien avaler. François-Joseph s'étonne de son éloignement. Et pourquoi donc sa mère ne lui a-t-elle parlé que d'Hélène? Et pourquoi Sissi n'est-elle pas plus près? Pendant qu'il s'interroge en silence, la reine Élise de Prusse, sœur de Sophie et de Ludovica, parfaitement au courant, elle aussi, du stratagème des entremetteuses, constate, comme Charles-

Louis, que l'empereur a un visage radieux et que cet état ne peut s'expliquer par autre chose que son regard vers Sissi. Une Sissi impressionnée d'être ainsi dévisagée, examinée – car elle n'a jamais subi un tel regard, un regard d'homme –, sans comprendre qu'elle vient de susciter une passion foudroyante. Elle ne sait pas pourquoi, mais elle a peur et murmure, les lèvres serrées, sa gêne à sa gouvernante. Au fur et à mesure que l'heure s'avance, l'empereur est de moins en moins attentif à Hélène, au point qu'il finit par lui trouver plus de dureté que de grâce. Elle l'a intéressé un moment. Sans plus… Tandis que Sissi…

François-Joseph épousera une de ses cousines. Mais laquelle ?

Le lendemain matin, 17 août, ce n'est pas l'empereur d'Autriche qui se présente, tôt, chez sa mère. C'est un homme qui a passé une nuit presque blanche, mais qui est très heureux, malgré le temps maussade, la pluie et les nuages bas comme souvent dans cette région à cette saison. Un homme amoureux. Rien, pas même les nouvelles, préoccupantes, du contentieux entre la Russie et l'Empire ottoman, ne pourra contrarier sa bonne humeur. François-Joseph est heureux, peut-être pour la première fois depuis qu'il a été porté au pouvoir dans des conditions humiliantes pour un empereur d'Autriche… Il sourit à la vie. Et déclare à l'archiduchesse Sophie qu'il trouve « Sissi ravissante »… Pas un mot sur Hélène, visiblement déjà éliminée. L'archiduchesse, impérieuse, n'avait pas prévu ce bouleversement de son plan, même si la veille elle avait bien constaté combien

L'archiduchesse Sophie, née princesse bavaroise (1805-1872), avec ses deux premiers fils en 1834 : François-Joseph (1830-1916) et Ferdinand-Maximilien (1832-1867). Une femme énergique, autoritaire, « le seul homme de sa famille » selon Talleyrand.

son fils paraissait subjugué par la jeune Élisabeth, cette nièce qui n'était pas encore tout à fait une femme. Oui, bien trop jeune! L'archiduchesse Sophie a l'habitude et le tempérament de décider à la place des hommes défaillants, comme l'étaient son époux et son beau-frère. Mais son fils (elle l'écrira) « rayonne »! Il est entré chez elle vivifié par le sentiment du bonheur. Sa mère, pourtant d'une énergie et d'une autorité sans faille, comprend qu'elle doit composer avec cet émoi soudain, qui la contrarie. Elle est d'autant plus déstabilisée que, jusqu'à présent, elle choisissait, discrètement, les femmes pouvant assouvir les sens de son fils, que l'on dit vigoureux et d'un fort tempérament. Ces dames, aussi expérimentées que dévouées, avaient reçu le surnom, délicatement évocateur, de... « comtesses hygiéniques »! Mais ici, il ne s'agit pas d'une aventure, il s'agit du choix d'une épouse... Sa mère lui demande de réfléchir avec attention, mais tous deux s'accordent à penser qu'il n'y a pas de temps à perdre, l'avenir de la dynastie est en jeu. Elle ose tout de même l'interroger sur Hélène. N'est-elle pas « intelligente, avec une belle silhouette, svelte »? Il répond, comme elle le notera dans son journal : « Certes, elle est très sérieuse, discrète, et sans aucun doute gentille et fort agréable; mais Sissi! Sissi, son charme, cette exubérance de petite fille encore, et pourtant cette douceur[1]! » Et l'empereur, tel que sa mère ne l'a sans doute jamais entendu, continue par des métaphores bucoliques, assurant que Sissi « est fraîche comme une amande à peine ouverte. Et cette magnifique couronne de cheveux autour de son visage! La beauté

1. Correspondance citée par Egon César, comte Corti, *Élisabeth d'Autriche*, trad. Marguerite Diehl, Payot, 1982 (édition originale : Verlag Anton Pustet, Salzbourg, 1934).

et la douceur de son regard ! Et ses lèvres, comme les plus belles fraises ! »... Aucun compliment pour Néné ! L'archiduchesse ne peut que constater la force d'un coup de foudre, mais l'empereur se trompe, elle en est certaine. Est-il possible que ce fils soumis se révolte ? Espère-t-elle encore le raisonner ? Sans doute, car elle juge qu'il ne saurait oublier ce qu'il lui doit. Sa mère a prouvé, pendant des années, son sens de la manœuvre. Mais il s'agissait de politique et de diplomatie. L'amour balaye les règles de ces jeux. Et cette Ludovica ! Quel besoin avait-elle de faire venir Sissi à Bad Ischl ?! Pour l'heure, l'empereur ne veut rien entendre et il est tellement métamorphosé qu'il renonce à la chasse pourtant prévue ce matin, son grand plaisir, comme celui de nombreux Habsbourg. Et il sort, à la recherche de Sissi... qu'il veut revoir avant le déjeuner familial. Devant son impatience, la reine Élise de Prusse dit, malicieuse, à sa sœur l'archiduchesse :

– Le voilà tout feu tout flamme !

Et si la tante de l'empereur prend, discrètement, son parti, c'est peut-être parce que la jeune Élisabeth est sa filleule. Mais Sophie est atterrée : ce mariage est une folie ! Sissi ne connaît rien des usages de la cour de Vienne, n'est qu'une campagnarde, parle un dialecte bavarois, est beaucoup trop jeune et forcément inculte. L'archiduchesse est également vexée : pour la première fois, ce fils dont elle a fait un empereur décide sans elle ! Seul ! En empereur... Plus grave : si François-Joseph lui doit sa couronne, il ne lui devra pas son épouse... Il lui échappe ! Alors, la mère du monarque change de stratégie. Si hier encore, il était urgent de marier le souverain, ce matin il faut attendre, faire valoir des objections réalistes, tergiverser, laisser la fièvre retomber. Mais pour une actrice expérimentée de la politique impériale qui avait rivalisé d'autorité avec le chancelier Metternich, le choc est rude. Sophie, qui ne supporte pas l'échec, réagit : au déjeuner, Sissi n'est pas visible. Sur ordre, elle est reléguée, avec sa gouvernante, dans une pièce contiguë à la salle à manger. Une punition ! C'est injuste : on lui reproche d'avoir été remarquée alors qu'elle déteste le regard des autres. Furieuse, elle se plonge dans ses hors-d'œuvre avec rage, ce qui lui vaut une observation glacée de Mlle Roedi, décidément un cerbère intraitable, chargée de rappeler à cette écervelée qu'elle n'est encore qu'une effrontée rougissante, ce qui est injuste puisque François-Joseph est le seul coupable, c'est lui qui a aggravé sa timidité. À la grande table, Sophie, maîtresse de maison à défaut d'être une marieuse rassurée, a, de nouveau, placé Hélène à côté de l'empereur. Celle-ci, chaperonnée, essaie de reprendre l'avantage, mais la conversation avec Hélène, bien que plus aimable, est aussi insipide que la veille. Et, comme la veille, François-Joseph fixe la pièce où a été confinée celle dont il rêve. Il demande à sa tante Ludovica la permission d'inviter Sissi à sa table. Permission accordée : il serait maladroit de dire non et de provoquer un incident inutile ; et son neveu est dans un tel état qu'il serait capable de se braquer. L'empereur contrarié ? Ce serait pire que tout ! Mais le plus étonnant est que François-Joseph et Sissi se sont à peine parlé. Elle n'ose pas le regarder, lui la dévore des yeux quand, délivrée et triomphante, elle rejoint la grande table. On se pousse pour lui inventer une place, dans un silence qui ressemble à un désaveu. Sissi, rouge de colère et de confusion, furieuse et malade d'être, de nouveau, mise en lumière, s'assoit. Elle triomphe de sa gouvernante et surtout de sa mère. C'est un point commun avec l'empereur. Mais ce « regard chargé de rêve », comme l'écrira Célia Bertin, cette peau blanche, ces cheveux auburn, cette silhouette féerique sont-ils ceux d'une future impératrice ?

L'empereur se lève, tout le monde se lève. On se retrouvera ce soir au dîner, puis au bal. François-Joseph prie sa mère d'y inviter Sissi, ce qui n'était pas du tout prévu. Décidément ! L'archiduchesse cède, mais se venge : Hélène sera encore la voisine de l'empereur et devra redoubler d'efforts de charme et de conversation. Si ce n'est plus le congrès de Vienne qui décide de l'avenir des Habsbourg, Sophie n'a pas subi un mari puis un beau-frère lamentables et imposé, enfin, son fils aux yeux de l'Europe pour qu'on sabote son organisation. Elle a choisi Néné, et Sissi n'est pas prête. François-Joseph, son « Franzi » dont elle est fière, ne peut pas épouser une jeune fille qui écrit des poèmes au vent, aux arbres et aux oiseaux... Et qui danse mal, on le lui a dit ! Sous le regard inquiet de Ludovica, Hélène se prépare pour la soirée. Elle doit être resplendissante et elle est l'atout de sa mère qui lui a fait faire, à Munich, une robe de satin blanc devant renforcer son allure. Sa fille aînée a l'envergure pour séduire les peuples de l'Empire, Sophie n'en démord pas. Sissi ? Elle ne devait pas assister au bal, alors une simple robe de voile, couleur pêche, suffira. Elle n'a pas 16 ans et il serait déplaisant qu'elle se fasse encore remarquer en étant trop élégante...

Au bal, l'empereur surprend tout le monde...

Et cependant, c'est ce qui se produit quand, au lieu d'une petite révérence, Sissi, imprévisible, tend la main à François-Joseph ! Elle est sans façon, lasse de ces courtoisies obligées qui jalonnent le séjour à Ischl. Ces cascades de révérences, y compris dans les escaliers, sont ridicules ! Son cousin est surpris, mais amusé de cette familiarité. Sophie et Ludovica, affolées, observent le souverain : il est enjoué ! Décidément, Sissi se croit-elle dans une taverne bavaroise ? Sur un signe, François-Joseph ordonne à l'orchestre de lancer le bal. L'empereur ne danse pas, pas encore, mais il a donné l'autorisation que l'on se divertisse. Quarante-cinq couples se déchaînent en galops et polkas. Ah ! ces Strauss, père et fils ! Leur musique est irrésistible. Elle rythme la vie autrichienne depuis des années ! On ne sait si c'est l'empereur ou sa mère qui prie l'aide de camp, le baron Hugo von Weckbecker, d'inviter la princesse Élisabeth pour la deuxième polka ; mais à cette demande, Sissi est désemparée car elle n'a fait que suivre, sans enthousiasme, de rares cours de danse et redoute de se tromper dans les pas ! L'officier n'est guère plus rassuré, car on lui a dit que les princesses bavaroises n'étaient pas de bonnes cavalières… Bref, ils sont tous deux inquiets. Fort heureusement, « la princesse Élisabeth avait le sens de la musique et sut au moins rester dans le rythme », dira-t-il, soulagé. Dans les bras de l'aide de camp, Sissi a des ailes. Les invités sont étonnés que François-Joseph ne danse pas, mais on apprend que Sa Majesté honorera le cotillon qui, traditionnellement, clôt le bal.

Avec qui va-t-il s'y lancer ? Hélène ou Élisabeth ? L'aide de camp a la réponse, murmurée à un ami :

– Il me semble que j'ai dansé avec notre future impératrice…

De fait, François-Joseph n'avait cessé d'observer sa jeune cousine, et elle seule. Avec ravissement. Un peu avant minuit, l'heure du cotillon révèle le désir de l'empereur : il ne dansera qu'avec Sissi, un événement qui sera suivi d'un sérieux accroc

Élisabeth de Wittelsbach, duchesse en Bavière (1837-1898). Sa famille la surnomme Sisi (nous écrivons Sissi). Ici, en 1852, elle a 15 ans et va bientôt rencontrer son cousin François-Joseph qui tombera amoureux d'elle, ce qui n'était pas prévu.

à l'usage quand il lui offrira le bouquet du cotillon, mais aussi tous les bouquets, ceux qu'auraient dû recevoir les autres jeunes filles, y compris Hélène. Les commentaires sont discrets mais unanimes, une telle exclusivité ne peut avoir qu'un sens : c'est une demande en mariage! Ce soir, Sissi est la seule danseuse de l'empereur et les fleurs ne sont que pour elle. On imagine l'humiliation que ressent Hélène!

Le plus étonnant est que Sissi dira, simplement, que cet hommage l'a gênée! Elle n'en était pas heureuse, non. Toutes ces fleurs pour elle seule?

L'archiduchesse et Ludovica, stupéfaites derrière leurs éventails, ont échoué dans leur complot. Mais, dans une lettre à son autre sœur Marie de Saxe, Sophie admettra avec élégance que sa jeune nièce «semblait un bouton de rose qui s'épanouit au soleil. Elle [lui] a paru si attirante dans sa modestie enfantine, et si naturelle pourtant face à lui. Seule la foule l'intimidait[1] ». La foule. Ce sera le plus implacable ennemi de Sissi. Elle sait que tous et toutes l'ont regardée, tourbillonnante, aérienne. Lorsqu'ils dansaient ce soir, ses nattes, maintenues par un grand peigne, dégageaient son visage, mais elle écoutait les doux conseils de son cavalier, excellent danseur, afin qu'elle ne s'embrouille pas. Il la guidait, elle essayait de suivre, concentrée.

La soirée est maintenant très avancée, la chaleur étouffante et un orage d'été finit par noyer Bad Ischl. On se quitte dans l'embarras, sauf le souverain, manifestement heureux, épanoui. Entre la surprise, l'émotion et les coups de tonnerre, personne

1. Brigitte Hamann, *Élisabeth d'Autriche*, trad. Jean-Baptiste Grasset, avec la collaboration de Bernard Marion, Fayard, 1985.

ne trouvera le sommeil. Si Ludovica et ses filles résident à l'hôtel Austria où a eu lieu le bal, François-Joseph et sa mère ont regagné leur villa encore modeste qui sera, plus tard, agrandie et sous le nom de Kaiservilla restera le lieu de résidence estivale de la famille à Bad Ischl.

Si François-Joseph ne dort pas, c'est aussi parce qu'il a pris sa décision : en cette aube moite du 18 août, jour de son vingt-troisième anniversaire, il veut faire savoir à sa mère qu'il épousera Élisabeth. Il en est sûr, elle est une fée. Il se présente chez sa mère. Sophie fait des efforts pour masquer sa déception. Son fils, obstiné, si vite enflammé !

Le temps reste maussade, le ciel toujours gris, mais l'empereur est radieux. Sophie demeure soucieuse. Personne n'aurait pu prévoir une telle situation ! Enfin, elle pressent qu'il est inutile d'être de mauvaise humeur aujourd'hui, car ce 18 août sera un grand jour, mémorable de toute manière. Sophie, vexée et toujours incrédule, remet sa critique à plus tard. Mais, déjà, le changement officiel est évident. Qui, pour le déjeuner, établit le plan de table ? L'aide de camp de l'empereur, sans doute. Cette fois, Sissi est à la place de sa sœur, Hélène assignée à celle de Sissi hier, à l'autre bout. Quel bouleversement ! Hélène reste digne, bien que mortifiée. Car, tout de même, elle est l'aînée et en âge d'être mariée, elle. Et sa mère l'avait conditionnée. Si elle a pleuré, on ne peut s'en apercevoir. En veut-elle à Sissi ? Se sont-elles parlé ? On ne peut le dire. Pour la première fois depuis son arrivée, la fiancée, dont l'estomac était noué, mange de bon appétit. Elle surmonte l'épreuve. L'après-midi, la chaleur restant accablante, Sophie organise une promenade à quatre, avec son fils et ses deux cousines, dans une calèche dont on pourra rabattre la capote, car la pluie menace encore. Une douzaine de kilomètres dans les bois, jusqu'à Saint-Wolfgang. La situation est presque comique : Sissi et François-Joseph se regardent, ils se parlent en silence, avec leurs yeux, pendant qu'Hélène fait la conversation presque toute seule, d'une manière mécanique et d'une voix forte, parlant de tout, du paysage… Est-ce pour compenser ce que sa tante Sophie imagine être un désastre ? Est-ce pour ne pas fondre en larmes ou exploser de rage ? Le contraste entre les deux sœurs, face à face, est saisissant, l'une ne dit rien, l'autre débite des torrents de mots… On peut penser que dans la voiture, l'atmosphère est devenue, à tous égards, irrespirable et, même après une petite marche, l'archiduchesse reste murée dans sa migraine ; l'empereur donne l'ordre de rentrer à Ischl et prie sa mère de demander à Ludovica d'être son intermédiaire auprès de Sissi pour lui poser une question, une seule : accepterait-elle d'épouser François-Joseph ? Il n'y a pas trois jours qu'ils se sont vus pour la première fois. Chez l'empereur, le coup de foudre est flagrant. Il est amoureux, mais elle, si jeune, si différente ? Se rendant compte qu'il est allé trop vite, il supplie sa mère de ne pas influencer sa nièce car, estime-t-il : « Ma charge est si lourde que, Dieu m'en est témoin, ce n'est pas un plaisir de la partager avec moi. » Curieusement, le jeune monarque se réfère plus au fardeau du pouvoir qu'à un sentiment ou à un désir. Il ne parle pas d'amour. Il est conscient de sa responsabilité. Sa mère proteste : avec son charme et sa jeunesse, Sissi sera heureuse de faciliter la tâche du souverain.

Ensuite, Sophie, comme le lui a demandé son fils, va voir sa sœur qui se sent presque coupable du désordre familial causé par sa fille cadette.

L'archiduchesse l'interroge : Sissi consentira-t-elle à épouser son fils ? Ludovica questionnera seule sa fille : pourra-t-elle aimer l'empereur ? Elle lui répond :

– Lui ? Mais comment pourrait-on ne pas l'aimer ? Comment peut-il s'intéresser à moi qui suis si jeune et insignifiante ?

Elle ajoute :

– J'aime tant l'empereur. Si seulement il n'était pas empereur !

Ludovica fait parvenir à Sophie un billet dans lequel Sissi fait part de son consentement au mariage. Quand elle le reçoit, Sophie ne peut plus qu'accepter cette union. Un caprice ! L'empereur veut en faire sa femme ? Soit, mais c'est Sophie qui en fera une impératrice. Sophie sera, en somme, la maîtresse de cérémonie, comme elle l'a toujours été, l'accoucheuse sociale de sa nièce devenant, aussi, sa belle-fille. Sissi est encore une enfant, à la frontière de la femme, un état flou. L'archiduchesse dirigera la métamorphose car ce mariage est aussi, voire surtout, une entreprise politique. Et Sophie ne peut se permettre d'échouer : l'Empire en souffrirait.

D'ailleurs, c'est son rôle : après l'avoir rencontrée, à Vienne, Bismarck avait déclaré : « Au fond, c'est elle qui tire les ficelles de la vie politique. »

On oublie d'informer la fiancée... mais elle pressent tout !

On se croirait dans une opérette viennoise, sous la baguette de Johann Strauss fils. On monte dans les chambres, il y a des conciliabules féminins ; on redescend, des Tyroliens chantent au rez-de-chaussée à l'heure du thé. Va-et-vient, apartés, tout l'hôtel Austria est fébrile, avec un personnage central, le seul

L'esplanade de la station thermale de Bad Ischl, près de Salzbourg, au milieu du XIXe siècle. Fréquentée par le Gotha européen, la charmante petite ville, réputée pour le bienfait de ses cures, va connaître une animation inhabituelle et joyeuse avec l'annonce des fiançailles de l'empereur François-Joseph avec Sissi le 19 août 1853.

homme important, l'empereur qu'on ne voit pas tout de suite, et un personnage tenu à l'écart de la conspiration familiale, mais qui va très vite compter, la jeune fille qu'il souhaite épouser. Au premier acte, les deux sœurs sont d'accord pour ce mariage où, par facétie théâtrale, la cadette prend la place de l'aînée. Au deuxième acte, Sissi entre en scène. On la croit naïve, elle est fine et a tout compris. Ce tourbillon ? Cette agitation ? À Sophie, elle déclare, prouvant sa lucidité et sa finesse :

– Je ferais bien tout pour rendre l'empereur heureux… mais le pourrai-je ?

Rideau. Troisième acte. Très tôt le lendemain, vendredi 19 août. La gouvernante n'est plus le dragon revêche qui lançait ses observations à une gamine boudeuse. Mlle Roedi s'est vite muée en confidente recueillant les larmes et l'angoisse d'une future impératrice que l'on doit ménager. On peut ajouter un bref intermède comique quand le duc Max, qui a reçu le télégramme de Ludovica, croit que son épouse s'est trompée : voyons, c'est Hélène qui doit épouser François-Joseph et non Élisabeth ! Est-ce une erreur ? Non ! Ce n'était pas prévu, la vie sait aussi être facétieuse. Le père est ravi : enfin une fête de famille sympathique ! Et il boucle un bagage de voyageur toujours prêt à partir pour gagner Bad Ischl.

L'empereur et sa future femme ont un point commun : ils sont très matinaux. À huit heures, François-Joseph est déjà revenu à l'hôtel Austria, véritable ruche et annexe impériale. Ludovica l'embrasse : il n'est plus son neveu, mais son futur gendre qui veut voir Sissi. Elle est prête, apparaissant dans la porte de la chambre de sa mère. La promise est fraîche, avec le teint d'une rose, ravissante. Les deux cousins s'embrassent. Les voici fiancés. L'empereur présente Sissi officiellement à ses aides de camp, aux officiers de son escorte. La nouvelle agite tout l'hôtel et, d'une auberge à l'autre, valets, cochers, cuisiniers et femmes de chambre courent, joyeux ; bientôt, même à l'établissement thermal, les premiers levés des curistes sont informés. Une merveilleuse nouvelle pour la petite ville, un honneur !

Et le soleil lui-même salue l'événement ! D'une fenêtre à l'autre, on se crie l'annonce d'un bonheur inattendu. À onze heures, la foule se presse à l'église pour la grand-messe. Le curé fait jouer l'hymne impérial à l'orgue.

À l'arrivée du jeune couple, l'archiduchesse, réticente, fait semblant de céder la préséance à la future impératrice. Sissi oublie de remarquer l'hésitation de sa tante, bientôt sa belle-mère. À la sortie, la foule applaudit en jetant des fleurs[1].

– Voici ma fiancée, dit François-Joseph, nimbé de joie.

C'est, en toute simplicité, une charmante répétition du mariage. Sissi n'a pas eu le temps de dire oui. Elle n'a pas dit non. A-t-elle eu un instant pour réfléchir au destin, inattendu, qui est désormais le sien ? L'archiduchesse écrira, plus tard, avec son sens rigoureux du protocole :

– On n'envoie pas promener un empereur d'Autriche.

1. Sur la façade de l'hôtel Austria, une plaque rappelle l'annonce des fiançailles.

P. III Willkom̄.

21 April 1854

2

Le mariage des contraires

Le 21 avril 1854, François-Joseph accueille sa fiancée Sissi à Linz, sur le Danube, première escale de la future impératrice d'Autriche sur les terres des Habsbourg. C'est aussi la première fois que Sissi est traitée en imminente épouse du souverain.

Le geste est touchant, mais inattendu tant la fiancée semble subir l'événement plutôt que d'y participer : à la sortie de l'église (l'empereur rappelle qu'elle a été restaurée un an plus tôt), Sissi prend la main de François-Joseph. Une première et furtive manifestation visible de tendresse de la part de celle qui a la conscience, peut-être à cet instant, du bouleversement de sa vie. Son cousin la regarde, ému par la tendre effusion de celle qu'il a choisie. Devant la foule, la jeune fille a besoin d'être secourue. Un témoin, le comte Alexander von Hübner, écrira dans son journal qu'il voyait, dans ce moment comme dans toute cette journée, l'exemple d'une « idylle toute simple, pleine de charme et de noblesse ».

L'après-midi, une promenade est décidée, mais cette fois, c'est la première évasion des fiancés presque seuls, puisqu'ils prennent place dans un cabriolet brun dont l'attelage, composé de six chevaux pie, deux au timon et quatre au front, est aux ordres d'un unique cocher, le comte Grünne. Cet homme de confiance est un personnage considérable. Aîné de vingt ans de François-Joseph, dirigeant la chancellerie militaire et assumant souvent les fonctions de premier aide de camp, ce fidèle ne quitte jamais l'empereur, sait tout sur le souverain, y compris sa vie la plus intime. L'excursion est une détente pour Sissi qui, sous son ombrelle bleue pour s'abriter du soleil, écoute son cousin, tunique et casquette bleues, expliquer les charmes de la région et la découverte, sept ans plus tôt, de la nécropole préhistorique de Hallstatt, datant du premier âge du fer, qui vaut à ce bourg montagnard, difficile d'accès, une notoriété scientifique. Au retour de cette promenade, le couple retrouve Bad Ischl illuminée de dix mille bougies, cependant que, sur une petite colline, des lampions ont été disposés en une sorte de temple avec les initiales des deux fiancés. Partout, des lampions aux couleurs de l'Autriche et de la Bavière. On apercevra Sissi pleurer de joie et d'émotion devant un tel hommage populaire, et Sophie, pour une fois attendrie, déclare à sa sœur Ludovica que leur nièce et fille est « mignonne » et même « ravissante quand elle pleure » ! Sa timidité est touchante. Elle qui ne perdait jamais une occasion d'être seule dans la forêt bavaroise, avec son cheval et ses chiens, écrivant des poèmes dédiés aux montagnes ou aux lacs, se retrouve au milieu des habitants et des curistes qui ont envahi les rues où, dans cette nuit d'été, chaque apparition du couple déchaîne l'allégresse. Plus de cinq mille personnes saluent la future impératrice dont personne, ici, ne connaissait le nom ni le visage il y a encore deux jours. Nul doute que cette heureuse nouvelle sera gravée dans la mémoire de Bad Ischl, paisible station sise à 468 mètres d'altitude.

Pour une fois dans le Gotha, ce sera un vrai mariage d'amour

Ce jeudi 18 août 1853 est un tel tourbillon de joie que l'archiduchesse Sophie, gagnée par l'enthousiasme autrichien appuyé sur la fierté bavaroise, écrira le lendemain à sa sœur la reine Marie de Saxe : « Il nous est arrivé tant de bonheur en quelques heures que nous ne savons même plus quel jour nous sommes ni quelle heure il est ! » La semaine suivante, trois bals entraînent joyeusement les danseurs jusque fort tard. Jamais la petite cité à la mode depuis plus de trente ans n'a connu une telle agitation mondaine. François-Joseph, infatigable, guette le réveil de Sissi toutes les demi-heures, voire tous les quarts d'heure. Elle est épuisée par cette frénésie que rien ne semble pouvoir calmer. Lui la couvre de cadeaux (broches, perles, diamants) et n'a qu'une envie : être seul avec elle. La chasse est un excellent prétexte et, bon fusil, troquant son uniforme contre un traditionnel costume de chasse gris et vert, il conduit sa fiancée vers un site splendide, le lac de Gosau, miroir des cimes glacées du massif de Dachstein, sorte de désert en altitude séparant

À la frontière de la Haute-Autriche et de la Styrie, le lac de Gosau (ici vers 1880) sert de cadre idyllique aux fiancés : François-Joseph fait découvrir à Sissi sa passion pour la chasse. Mais la future impératrice aime trop les animaux pour chasser…

la Haute-Autriche de la Styrie. Être à la chasse avec la jeune femme dont il est tombé amoureux confond deux bonheurs dans leur même amour de la nature. Mais que savent-ils, réellement, l'un de l'autre ? Ils ne peuvent ignorer les risques graves de la consanguinité. Leur proche parenté a déjà fait des ravages dans la postérité de Maximilien Ier de Wittelsbach, premier roi de Bavière et grand-père maternel de Sissi : on déplore, chez plusieurs de ses descendants, un goût prononcé pour la solitude et une fragilité nerveuse. De plus, les parents de la future impératrice sont déjà cousins. Mais en ce milieu du XIXe siècle, les dynasties régnantes continuent à privilégier les mariages « en famille », en dépit des dangers de telles unions. Et ce ne sera pas la dispense accordée, sans doute facilement, par le pape qui éliminera les graves risques d'engendrer des enfants plus ou moins déficients. Pour le moment, tout le monde est surpris par la passion, soudaine et imprévisible, de l'empereur d'Autriche envers la très jeune duchesse bavaroise. Cette fois, les diplomates qui persistaient à vouloir organiser l'avenir dans l'esprit du congrès de Vienne n'y sont pour rien et Metternich, mis à l'écart par Sophie depuis 1848, n'est plus « le cocher de l'Europe ». Il y a eu tant de mariages catastrophiques que l'archiduchesse Sophie, elle-même victime d'un de ces désastres, doit reconnaître que l'on peut se tromper dans ces combinaisons matrimoniales. La soudaineté de la décision de François-Joseph et son annonce tout aussi rapide prouvent que c'est bien lui qui a choisi sa future femme et non sa mère. Un soulagement qui fera plaisir à l'opinion viennoise n'ayant pas apprécié l'autoritarisme de Sophie à l'encontre des révolutionnaires d'octobre 1848.

François-Joseph a beaucoup d'atouts pour lui. Il a belle allure, des manières parfaites, plus séduisant que séducteur, d'une intelligence moyenne relevée par une extraordinaire capacité de travail. Debout à quatre heures du matin, en toutes saisons et quels que soient l'endroit ou les circonstances, il se jette sur les dossiers avec une sorte de gourmandise de premier bureaucrate de l'Empire. Maniaque de l'ordre et du détail, il est plus orienté vers l'action que la réflexion et son énergie lui fait commettre quelques maladresses. Il administre plus qu'il ne gouverne, mais avec efficacité puisqu'il conduit l'Autriche vers la prospérité économique et ce malgré les crises qu'avaient entraînées des dépenses militaires trop lourdes. L'extrême attention que le souverain porte aux affaires est justifiée : depuis la mort, quatorze mois plus tôt, de son chef du gouvernement le prince Félix de Schwarzenberg, l'empereur a tous les pouvoirs en mains, ses ministres mettant en pratique la volonté impériale. Ainsi, malgré la tourmente révolutionnaire des années 1848-1849, François-Joseph est un monarque néoconservateur – sa référence dans ce domaine est son grand-père, l'empereur François II[1], qui avait écrit, dans ses dernières volontés à l'attention de ses successeurs : « Ne pas bouleverser les fondations de l'État, régner et ne rien changer. » Et un homme bon, généreux qui, en dépit de sa discipline, est gai, sait se divertir. Son éducation sentimentale et amoureuse a été faite par des femmes « saines », souvent de jeunes veuves, sous l'autorité, discrète, du comte Grünne (lequel n'est donc

1. François II (1768-1835) fut, de 1792 à 1806, le dernier empereur héréditaire germanique et, après dissolution du Saint Empire par Napoléon, le premier empereur d'Autriche, également roi de Hongrie (1792-1830) et roi de Bohême (1792-1835). Il était le père de l'archiduchesse Marie-Louise, seconde épouse de Napoléon.

François-Joseph, monté sur le trône des Habsbourg à 18 ans, en 1848, succède à un oncle faible d'esprit et à un père n'ayant pu régner. Le jeune souverain dit : « Adieu, ma jeunesse. » Son coup de foudre pour Sissi surprend sa famille et étonne l'Europe. Homme d'ordre et de devoir, il veut un mariage d'amour.

pas uniquement un expert en stratégie et en tactique militaires!) et la bénédiction tacite de l'archiduchesse Sophie qui ne supportait pas de ne pas intervenir dans la vie de son fils, fût-ce dans le domaine le plus intime. Or, en moins d'une semaine, François-Joseph a fait sa révolution. Lui aussi, sans que l'on puisse distinguer la part du désir de celle de l'amour dans cette passion qu'il veut faire connaître au monde. Et pour marquer sa volonté, il donne l'ordre à la *Kronen Zeitung*, quotidien de la Cour, d'annoncer les fiançailles dans son édition du mercredi 24 août. Ce jour-là, tout Vienne est informé que l'archiduchesse Sophie a perdu son pouvoir. Les conséquences politiques n'échappent ni à Berlin ni à Saint-Pétersbourg : la Bavière et l'Autriche ont connu bien des alliances. Au tsar de Russie, qui avait envoyé ses troupes au secours du jeune empereur pour mater, durement, les révoltés hongrois, François-Joseph écrit : « Je parle de mon bonheur car je suis convaincu que ma fiancée possède toutes les qualités d'esprit et de cœur pour me rendre heureux. » En retour, Nicolas Ier félicite François-Joseph de son choix et le roi de Bavière s'empresse de donner, chaleureusement, son consentement à cette union. Mais on s'interroge : comment cette jeune, très jeune fille, ne connaissant pratiquement rien de l'univers impérial, a-t-elle pu conquérir, et en si peu de temps, le cœur et l'esprit d'un homme aussi méticuleux? On se renseigne avec les portraits de la future impératrice. Elle est jolie, grande (1,72 m), mince, mais elle sourit peu. L'archiduchesse croit savoir pourquoi : elle fait remarquer à Ludovica que les dents de sa fille sont un peu jaunes et qu'elle devrait veiller à ce qu'elle en prenne davantage soin. Ludovica convainc Sissi de se brosser plus énergiquement les dents! Conseil sans doute suivi puisque, deux mois plus tard, François-Joseph écrira à sa mère, lors de son premier séjour à Munich, que Sissi « a maintenant des dents tout à fait blanches ».

Il faut des mois pour préparer Sissi à son prochain statut

Le 31 août, après un séjour enchanteur à Bad Ischl, vient l'heure de la séparation, à Salzbourg. Sissi et les siens regagnent la Bavière, tandis que le devoir rappelle François-Joseph à Vienne après qu'il a passé, selon lui, « les semaines les plus heureuses de sa vie ». Ludovica va mettre tout en œuvre pour préparer « sa fille à devenir impératrice ». Elle doit apprendre d'urgence le français, langue diplomatique, et l'italien, car c'est la langue d'importantes provinces de l'Empire : la Lombardie et la Vénétie. Quant au hongrois, on déniche, à Munich, un professeur pittoresque qui vit chichement, le comte Johann Mailath, auteur d'une *Histoire de l'État impérial autrichien*. Il est évidemment hongrois, mais plutôt favorable à l'Autriche, ce qui déplaît aux Magyars libéraux, et il est en même temps extrêmement fier de son pays, ce qui inquiète les Autrichiens. Le principal est qu'il enchante Sissi par ses récits qui se prolongent parfois tellement que le reste de la famille en profite avec le même bonheur. Ce professeur sème dans l'esprit de la future impératrice une graine qui germera plus tard, l'amour de la Hongrie et l'impossibilité pour ce pays si fier de vivre dans une dépendance complète d'un État tuteur. La passion politique n'est pas encore née, mais l'intérêt est déjà là. Outre ces leçons de démocratie auxquelles elle adhère volontiers, s'ajoutent des moments plus pénibles avec d'interminables séances d'essayages lors de la confection de son trousseau et de sa garde-robe – un véritable casse-tête pour sa mère que tout angoisse : la peur qu'on ne les considère pas dignes d'une impératrice d'Autriche et surtout l'arrachement de sa fille à la vie simple qu'elle menait jusqu'alors. Les poèmes que Sissi écrit à propos de Possenhofen et des bords du lac de Starnberg, tout empreints de tristesse, l'inquiètent aussi : ils symbolisent son adieu forcé et prématuré à l'enfance.

Les négociations pour fixer la date et le lieu du mariage sont longues. Finalement, la cérémonie se déroulera à Vienne, le 24 avril 1854. Ludovica aurait préféré Munich et le début de l'été pour profiter un peu plus longtemps de sa fille, mais sa voix compte peu. Ce n'est pas Ludovica qui décide, c'est l'empereur. Un souverain que ses fiançailles rendraient tolérant, puisqu'une rumeur assure que des mesures de grâce sont imminentes. Et on insinue que la bonne humeur de François-Joseph procède de son état amoureux. Une première et inconsciente influence politique de la future impératrice. François-Joseph vient voir Sissi trois fois à Munich. Il a bien du mérite, car il n'existe pas encore de chemin de fer assurant la liaison directe Vienne-Munich et il doit faire un détour par Prague. À chaque fois, il faut compter plus d'une journée de voyage. Mais sa fiancée lui manque tellement qu'aucun obstacle ne pourrait le contrarier. Il arrive toujours chargé de cadeaux, généralement des bijoux. Il sera à Munich pour le seizième anniversaire de Sissi, le 25 décembre 1853. Elle recevra aussi un perroquet, présent original qui la comblera de bonheur, et de la part de l'archiduchesse Sophie, un chapelet et un bouquet de roses des serres de Schönbrunn. C'est modeste et François-Joseph l'aide à écrire sa lettre de remerciement.

À son retour à Vienne après Noël, l'empereur ne peut plus ignorer l'aggravation de la situation entre Constantinople et Saint-Pétersbourg : le 1er novembre, l'Empire ottoman avait déclaré la guerre à la Russie. Maintenant, la crise est devenue internationale : la France et la Grande-Bretagne envoient leurs navires de guerre vers la mer Noire et la presqu'île de Crimée. François-Joseph ne sait que faire. Il reçoit des conseils contradictoires et il n'a pas encore décidé de quel côté pencherait l'Autriche dans ce conflit. Le tsar Nicolas Ier est de plus en plus exaspéré par l'absence de soutien de l'empereur d'Autriche qu'il juge ingrat étant donné le secours qu'il avait apporté sans réserve au jeune empereur lors des révoltes hongroises de 1848-1849. En fait, François-Joseph reste dépité de son intronisation sans éclat, à Olmütz, bien loin de Vienne alors agitée par l'émeute. S'il y avait ceint une couronne, c'était dans une quasi-clandestinité. Il décide de prendre sa revanche à Vienne en apportant à son mariage, dans sa capitale, le faste d'une cérémonie si spectaculaire qu'elle aura la dimension d'un sacre, s'inspirant en cela de ce que l'empereur Napoléon III avait organisé, le 30 janvier 1853, en épousant sa belle impératrice Eugénie à Notre-Dame de Paris. Le neveu de Napoléon en avait fait un triomphe populaire et politique. François-Joseph veut suivre son exemple[1]. Le contrat de mariage est signé au début du mois de mars 1854. Le duc

1. Du temps du Saint Empire romain germanique, le lieu du couronnement des empereurs n'était pas fixé, il se déroulait dans diverses villes rhénanes de l'Empire, comme Mayence et Ratisbonne. Il n'y eut jamais de cérémonie sacrée à Vienne, qui sera pourtant promue capitale impériale. Les *regalia* y sont aujourd'hui conservés.

Max, père de Sissi, la dote d'une somme de 50 000 florins et d'un trousseau. François-Joseph offre 100 000 florins auxquels s'ajoutera, bien sûr, le traditionnel *morgengab* (« don du matin »), une somme de 12 000 ducats versée après la consommation du mariage. L'empereur se montre généreux et ne veut pas que l'on puisse faire remarquer que la dot de la future impératrice est modeste, tout comme la famille à laquelle elle appartient. Cette précaution ne servira à rien : les médisances et les ragots viennois se régaleront de l'extraction, jugée insuffisante, de la mariée. Contrairement à sa mère et à sa tante, Sissi n'est pas fille de souverain…

Le jeudi 20 avril 1854, à Munich, lors d'une messe dans le palais familial où elle a vu le jour, Sissi dit adieu à sa famille et aux domestiques dont beaucoup l'ont vue naître, leur distribue des cadeaux. Duchesse Élisabeth en Bavière, elle a renoncé à ses droits (hypothétiques) sur la couronne des Wittelsbach et dit au revoir à son univers. Dans une berline découverte tirée par six chevaux, qui fend la foule émue, la jeune fille, ovationnée, se lève et salue, pour la première fois. Munich et la Bavière sont fières, Sissi pleure de tristesse, avec le sentiment d'abandonner tout ce qu'elle a aimé et aime toujours. Peut-elle rester bavaroise en devenant autrichienne ? Le soir même, François-Joseph s'apprête à quitter Vienne pour aller à la rencontre de sa cousine qu'il aime. Il a le cœur léger, même si, avant de partir, il a signé un traité d'alliance austro-prussien, en espérant que la guerre de Crimée ne s'étendra pas à l'Europe : le mariage est dans quatre jours ! Le 21 avril, à deux heures de l'après-midi, l'escorte de Sissi atteint Passau, ville frontière entre la Bavière et l'Autriche où le débit du Danube est pratiquement doublé par son affluent, l'Inn. La suite

Élisabeth de Wittelsbach, Sissi, en 1853, un an avant son mariage. Née à Munich, elle passe son enfance au château familial de Possenhofen (au fond à droite), au bord du lac de Starnberg. Elle aime la nature, les animaux et rêve d'une existence simple.

bavaroise monte à bord de son bateau, escorté de deux vapeurs autrichiens décorés. À six heures du soir, ils arrivent à Linz, première escale en territoire des Habsbourg. Cloches à toutes volées, oriflammes, étendards et drapeaux claquant au vent, discours des autorités locales et surtout, ce qui n'était pas prévu, présence de François-Joseph : c'est la première fois que Sissi est officiellement traitée en imminente impératrice d'Autriche.

François-Joseph embrasse sa fiancée devant la foule : on n'a jamais vu cela à Vienne !

Le soir, au théâtre de Linz, a lieu un gala avec une pièce de circonstance, *Les Roses d'Élisabeth*, suivi d'illuminations et d'une retraite aux flambeaux. François-Joseph ne sent pas la fatigue : il repart pour Vienne à quatre heures et demie du matin ! Trois heures plus tard, ce 22 avril, Sissi et les siens embarquent sur le plus beau des vapeurs à aubes naviguant sur le Danube, le *François-Joseph*, dont le pont est transformé en jardin flottant grâce aux montagnes de roses coupées le matin même à Schönbrunn qui recouvrent même les flancs du bateau. Il arbore des drapeaux aux couleurs de l'Autriche (rouge et blanc), de la Bavière (blanc et bleu) et des Habsbourg (jaune et noir)[1]. Par ordre de l'empereur et sur 250 kilomètres, le seul bateau autorisé à naviguer est celui de sa fiancée.

1. Malgré la proclamation de la République en Autriche et en Allemagne, les couleurs nationales sont restées celles de l'Empire et de la Bavière royale.

Le 22 avril 1854, Sissi monte à bord du seul bateau autorisé à naviguer pendant vingt-quatre heures sur le Danube et parcourt une distance de 250 kilomètres. Elle va à la rencontre de François-Joseph. Tous les villages sont en fête. Le jeune empereur, impatient et amoureux, embrasse sa fiancée en public ; du jamais-vu !

Défilent l'abbaye de Melk, les tours de Dürnstein et autres lieux historiques, tous décorés. Les bords du fleuve sont noirs de monde, des fanfares jouent l'hymne impérial entre deux salves de canons. Tout le monde veut voir la fiancée de l'empereur qui salue sur le pont en agitant son mouchoir de dentelle. Elle redescend dans sa cabine aux parois de velours pourpre pour se changer avant l'arrivée à Nussdorf, un faubourg où Beethoven sollicitait l'inspiration. Sissi réapparaît dans une robe de soie rose à crinoline parée d'un manteau blanc, d'une mantille de dentelle blanche et d'un adorable petit chapeau blanc, lui aussi. Tous les carillons de la région viennoise sonnent dans une irrésistible kermesse ininterrompue. La manœuvre d'accostage n'est pas achevée que l'empereur saute à bord, prend Sissi dans ses bras et l'embrasse devant des milliers de spectateurs. Du jamais-vu de mémoire viennoise ! En songeant au premier baiser en public échangé sur le balcon de Buckingham Palace entre Charles et Diana le 29 juillet 1981, puis celui, réclamé, au même endroit, à Kate et William le 29 avril 2011, on constate que François-Joseph et Sissi avaient environ cent trente ans d'avance ! Ensuite, l'archiduchesse Sophie monte à bord pour saluer la fiancée. Puis, tout le monde redescend et se dirige vers un bâtiment magnifiquement décoré où une réception est prévue pour présenter à la future impératrice les autorités de la région, des représentants du clergé, de l'armée, de la noblesse, ainsi que le gouverneur de la province et l'archevêque de Vienne, le cardinal Rauscher, chargé d'un discours de bienvenue. À sa future épouse, François-Joseph présente chacune de ces personnalités. Un empire institutionnel en réduction. Le voyage reprend, mais cette fois dans un cortège de carrosses. Dans le premier prennent place le souverain et son futur beau-père, le duc Max ; dans le deuxième, l'archiduchesse Sophie et Sissi ; dans le troisième, Ludovica et l'archiduc François-Charles, père de l'empereur. Ils arrivent à Schönbrunn et gagnent le salon des cérémonies où se déroulent les événements familiaux. La pièce est dominée par un portrait grandeur nature de l'impératrice Marie-Thérèse en souveraine toute-puissante, qui avait fait de ce château à la fois une résidence d'été et le siège de son gouvernement, donc un centre de la politique européenne. François-Joseph présente à Sissi ses trois frères, aucun n'étant marié à cette époque. Ferdinand-Maximilien, alors âgé de 22 ans, est très différent de son aîné, plus joyeux (mais il deviendra très vite mélancolique), charmant et plutôt libéral, très populaire, ce que l'empereur n'apprécie guère. Il est aussi le favori de sa mère[1]. Le deuxième frère de l'empereur, Charles-Louis, est âgé de 21 ans en 1854. Ayant de grandes préoccupations artistiques et très religieux, Charles-Louis n'a jamais réellement joué un rôle politique – cela ne l'intéresse pas. Il sera néanmoins le père d'un archiduc héritier – François-Ferdinand, assassiné à Sarajevo le 28 juin 1914 –, le grand-père du dernier empereur et roi d'Autriche-Hongrie, Charles, dont le fils aîné sera l'archiduc Otto, brillant et fervent européen. Le troisième frère de François-Joseph, Louis-Victor, a 12 ans au moment du mariage de François-Joseph. Plus tard, il posera de nombreux problèmes à l'empereur : homosexuel, aimant se travestir en femme, surpris en fâcheuse posture dans des bains publics et impliqué dans divers scandales, amateur de ragots et peu aimé, il sera exilé dans un château près de Salzbourg. Enfin, François-Joseph avait eu aussi une petite sœur, Maria Anna, née en 1835 et morte en 1840.

1. Le 22 juillet 1832, à l'aube, le duc de Reichstadt, l'Aiglon, fils de Napoléon et de Marie-Louise, était mort à Schönbrunn emporté par la tuberculose, âgé de 21 ans. Quinze jours plus tôt, l'archiduchesse Sophie, qui était très proche du prince et lui tenait souvent compagnie, avait donné le jour à son deuxième fils, Ferdinand-Maximilien. Au décès du duc de Reichstadt, la réaction de Sophie avait été si spectaculaire que son état – elle était méconnaissable et amorphe – avait suscité une rumeur dérangeante : aurait-elle aimé et initié celui qu'elle appelait Franzi, du même diminutif que son fils aîné François-Joseph ? Le duc de Reichstadt serait-il le père de Ferdinand-Maximilien ? L'hypothèse, non avérée mais non impossible, supposerait que le frère cadet de François-Joseph eût eu du sang Bonaparte ! À ce jour, officiellement, aucun test n'a été réalisé pour résoudre cette énigme délicate, qui divise les historiens. Les restes du fils de Napoléon, sauf son cœur, ont été rapatriés à Paris, aux Invalides, sur ordre d'Hitler, le 15 décembre 1940, contrairement à ce que prétendait Bernard-Henri Lévy dans *Le Monde* du jeudi 2 mars 2000.

Ensuite, d'autres parents Habsbourg et Wittelsbach sont présentés à Sissi, puis les grands officiers de la Cour. Vient le moment de la remise des cadeaux de mariage, en particulier un diadème d'émeraudes. Ce joyau, qui était exposé à Schönbrunn, était tombé, par la faute d'une tante âgée de François-Joseph. On avait dû le faire réparer hâtivement par le joaillier de la Cour, mais l'archiduchesse Sophie n'avait pu s'empêcher de voir dans cet incident un mauvais présage… Puis, François-Joseph présente à Sissi sa « Maison » (car les Bavaroises qui l'accompagnent doivent s'effacer, après avoir reçu des cadeaux). Voici la première dame d'honneur de la future impératrice, la comtesse Esterházy-Liechtenstein, 56 ans, qui a presque un rôle de gouvernante, austère et cérémonieuse. Sissi ressent immédiatement une aversion à son encontre, que l'on pourrait comparer au sentiment de Marie-Antoinette vis-à-vis de Mme de Noailles, première dame d'honneur de la reine qu'elle surnommera « Madame l'Étiquette ». Sont ensuite présentés, avec respect, le chambellan, le prince de Lobkowitz, puis deux dames d'honneur, les comtesses de Lamberg et de Bellegarde, jeunes et avenantes. Voici, enfin, un secrétaire, une cameriste, deux femmes de chambre, deux filles de chambre, un valet de chambre, un portier, quatre laquais, un autre valet et une soubrette ! Une Maison impériale !

Le dernier devoir de la journée est d'apparaître au balcon de Schönbrunn, au premier étage, dont les volets verts s'harmonisent avec la façade jaune du château, devant une foule immense. Suit, enfin, un grand dîner de gala. Sissi est épuisée ! Mais elle est obligée de se coucher tard…

Après des journées épuisantes, Sissi est impératrice à 16 ans

Le 23 avril au matin, les fiancés et leurs familles sont conduits au Theresianum, long édifice du XVIIe siècle aux lignes sévères, où Marie-Thérèse avait installé un collège destiné à former les jeunes aristocrates aux carrières publiques, future école des diplomates. Sissi y rencontre tous les hauts fonctionnaires de la Cour qui vont l'escorter pour son entrée solennelle dans Vienne. Tard dans l'après-midi, après une très longue préparation, revêtue d'une robe de cour rose lamée argent, coiffée d'un somptueux diadème de diamants, Sissi monte avec sa mère dans un carrosse d'apparat tiré par huit lipizzans. L'empereur part de son côté directement à la Hofburg, le palais impérial. La voiture de Sissi est dotée de larges vitres afin de rendre visible celle qui va devenir impératrice le lendemain. On pourra constater qu'elle est émue, exténuée et en larmes. Le cortège est impressionnant avec ses laquais qui marchent aux portières et à côté des chevaux dont les crinières blanches sont tressées de rubans rouge et or. Ce carrosse est suivi par celui du grand chambellan, attelé à six chevaux seulement, et par ceux des dames d'honneur et de la Maison de l'impératrice. En tête, des trompettes à cheval, la musique, des gens d'armes de la garde. Sissi va inaugurer un nouveau pont, le pont Élisabeth, sur la petite rivière Wien (qui sera démoli après sa mort). Puis, le cortège se dirige vers les remparts ; toutes les cloches de la ville sonnent. Dans le centre, les rues et les places sont fleuries et décorées de tentures ; tout au long du parcours, des tribunes ont été dressées pour permettre

Les 23 et 24 avril 1854, les somptueuses cérémonies et fêtes de mariage de François-Joseph et de Sissi à Vienne sont aussi une revanche pour l'empereur dans la ville où avait éclaté la révolution six ans plus tôt, en 1848. L'insurrection avait obligé sa famille à fuir. François-Joseph avait reçu la couronne sans aucun faste.

aux Viennois de profiter du spectacle. Enfin, c'est l'arrivée à la Hofburg, où François-Joseph attend. Exténuée, au bord de l'évanouissement, Sissi, en larmes, trébuche en sortant du carrosse : comme elle vacille, son diadème heurte la portière. Encore un mauvais présage ? Dans l'aile de l'Amalienburg, où avait résidé le tsar Alexandre Ier pendant le congrès de Vienne, Sissi doit encore subir la présentation de généraux, d'officiers, du personnel affecté au palais et de leurs épouses. Il faut remarquer que cet interminable parcours est effectué sous les acclamations de la foule. Six ans après la révolution de 1848, Vienne ovationne l'empereur et sa future femme. C'est une revanche pour le monarque qui, depuis ces événements violents, n'avait pas cédé un pouce de son absolutisme et s'était montré impitoyable à l'égard des meneurs. Mais son mariage est aussi l'occasion de marquer sa bienveillance et d'afficher une forme de pardon. En effet, le souverain gracie deux cents détenus en forteresse pour délits politiques et cent autres voient leur peine réduite de moitié. Enfin, l'empereur décrète « une amnistie générale pour les crimes de lèse-majesté et atteintes à l'ordre public en 1848 en Galicie ». Par ailleurs, l'état de siège est levé à Vienne, à Graz, en Hongrie ainsi qu'en Lombardie et en Vénétie. À Prague, la peine de mort prononcée contre huit jeunes gens de la bonne société tchèque est commuée en travaux forcés. Ces sanctions, très lourdes, résultaient de la tentative d'assassinat de l'empereur le 18 février 1853. Ce jour-là, à Vienne, un peu après midi et demi, un ancien tailleur et forgeron s'était précipité sur François-Joseph qui, depuis un rempart, observait les troupes à l'exercice. Armé d'un couteau à longue lame et à double tranchant, l'homme avait frappé le souverain. Mais un instant avant, un cri de femme avait alerté l'empereur ; il avait détourné la tête et la lame avait glissé entre le col de l'uniforme et la boucle métallique de la cravate. À quelques centimètres près, François-Joseph aurait été égorgé. Il avait interdit que l'on exécute son agresseur, un Hongrois nommé János Libényi. La blessure, moins bénigne qu'on ne l'avait cru, avait bouleversé l'opinion et amplifié la popularité de l'empereur, victime du premier attentat contre un Habsbourg. Le monarque avait été sauvé par son uniforme, tout un symbole…

L'assouplissement des peines confirme que François-Joseph, tout amoureux qu'il soit de Sissi, veut faire de son mariage un retour « à l'ordre normal », effacer le cauchemar de 1848 et son avènement précipité bien loin de Vienne. Plus encore, l'empereur distribue une somme très élevée (2 000 000 florins) afin de « soulager le dénuement existant » ; les fonds seront répartis dans les diverses provinces de l'Empire. Il n'est pas surprenant que la journée s'achève à la Hofburg dans l'épuisement général.

24 avril 1854. Le mariage est célébré à sept heures du soir, par le cardinal Rauscher, en l'église des Augustins, la paroisse de la Cour qui jouxte la Hofburg[1]. L'heure tardive de la cérémonie annonce une soirée particulièrement éprouvante. L'église, entièrement drapée de rouge, est éclairée par quinze mille flambeaux qui font scintiller les diamants. Après un sermon extraordinairement long du « cardinal bavard » et la bénédiction nuptiale, le jeune couple est conduit au palais impérial. Sissi est impératrice. Le protocole reprend ses droits : Buol, le ministre des Affaires étrangères (médiocre et qui sera de très mauvais conseil pour la guerre de Crimée), présente au couple souverain les militaires victorieux de 1848-1849, en particulier le célèbre maréchal Radetzky, qui, en dépit de son âge – 82 ans –, avait écrasé la révolte des Sardes, puis des Piémontais. Johann Strauss père a dédié une marche célèbre, triomphale, à ce héros national. Il faut encore tenir pour la présentation des épouses de diplomates dans la salle des fêtes, puis recevoir d'autres félicitations dans la salle des cérémonies. Cela ne finira donc jamais ? Malgré sa fatigue, l'impératrice reconnaît deux cousines bavaroises, Aldegonde et Hildegarde, et veut les embrasser.

1. C'est dans cette église que se trouve, entourée d'un ruban tricolore, l'urne contenant le cœur du duc de Reichstadt, l'Aiglon.

Le 24 avril 1854, à sept heures du soir, le mariage religieux de François-Joseph et Sissi est célébré à Vienne, en l'église des Augustins, paroisse de la Cour. Drapée de rouge, l'église est éclairée par quinze mille flambeaux. Fidèle à sa réputation de « cardinal bavard », l'archevêque de Vienne, Mgr Rauscher, prononce un sermon interminable...

Horreur dans l'assistance ! Piteusement, celle qui voudrait n'être que Sissi dit :

– Mais ce sont mes cousines !

L'archiduchesse, intraitable, rappelle sa nièce et belle-fille à l'ordre :

– Seul le baisemain est dû à l'impératrice, sans oublier les révérences. Pas d'embrassades familiales !

Après ces corvées exténuantes, le couple impérial ressort du palais pour retraverser la ville dans un carrosse découvert, tiré seulement par deux chevaux. Tout Vienne en fête lui fait un triomphe. À l'heure du retour à la Hofburg, un souper solennel est servi de dix heures à onze heures du soir. La représentation officielle est terminée. Place, enfin, à l'intimité pour les jeunes époux, si l'on peut dire, car Sophie écrira dans son journal : « Nous conduisîmes, Ludovica et moi, la jeune mariée dans sa chambre. Je la laissai avec sa mère et m'établis dans le cabinet à côté de sa chambre jusqu'à ce qu'elle fût au lit et je cherchai mon fils et l'emmenai près de sa jeune femme que je trouvai, en lui disant bonne nuit, cachant son joli visage inondé de la profusion de ses beaux cheveux dans son oreiller, comme un oiseau effrayé se cache dans son nid. »

3

Une lune de miel sous surveillance

Lors du mariage de François-Joseph et de Sissi au printemps 1854, l'imagerie populaire multiplie les représentations du couple impérial. Ici, sur les collines proches de Vienne, on distingue le château de Schönbrunn (à gauche) et la cathédrale Saint-Étienne.

Les deux sœurs, deux mères émues, se sont retirées. Le silence s'est enfin emparé du vieux palais, mais dehors, dans la nuit viennoise, des dizaines de milliers de gens s'épuisent à se divertir. Pour Ludovica, c'est l'inquiétude qui domine : sa fille pourra-t-elle supporter cette nouvelle vie où chacun de ses gestes sera épié? Pour Sophie, c'est la satisfaction du devoir accompli : elle s'est sacrifiée pour son fils, le voilà marié; elle mettra toutes ses forces pour faire de sa nièce l'impératrice qu'elle avait renoncé à être.

François-Joseph et Sissi ont enfin le droit d'être mari et femme. Seuls. Mais cette liberté, avec ce qu'elle implique de secrets, est dérangée dès le lendemain matin. Ludovica et Sophie sont déjà prêtes! Elles ne s'étaient effacées que pour revenir surprendre le couple qui prend, très tôt, son petit déjeuner dans le cabinet de travail de l'empereur. Elles n'ont pu s'empêcher de « venir aux nouvelles », inspectrices indécentes et curieuses de la vie conjugale. Certes, par une fausse délicatesse, elles font semblant de ne pas vouloir rester, mais puisqu'elles sont là, François-Joseph n'ose les chasser. Même unis, les deux époux ne s'appartiennent pas et sont en représentation. Et une fuite en amoureux, sous la forme d'un voyage de noces, est inenvisageable dans l'immédiat; au contraire, on attend de l'empereur et de l'impératrice qu'ils soient visibles, présents, et honorent divers engagements. Leur couple incarne le renouveau de l'Empire. Si, à l'évidence, on ne saurait reconstituer la première nuit des jeunes mariés, le journal de Sophie nous assure que son fils est « rayonnant, l'image même du bonheur le plus doux (Dieu soit loué!), et Sissi paraissait tout émue quand sa mère la prit dans ses bras[1] ». Plus crédible, comme le pense Brigitte Hamann, est cette remarque de l'archiduchesse : « Chacun des deux époux s'entretient alors en particulier avec sa mère[2]. » L'inquisition commençait, insupportable, dans le domaine le plus privé. On présume que des questions précises furent posées ; elles n'eurent qu'une seule réponse : le mariage n'avait pas été consommé. Et on peut imaginer que ce secret, relayé par une domesticité aux ordres, devient très vite un ragot de la Cour. Pour l'archiduchesse Sophie, un tel comportement est on ne peut plus normal. Depuis son propre mariage, elle avait trop l'habitude du tout gérer dans sa famille, aussi bien la vie de son époux sans caractère que celle de ses quatre fils auxquels il semblait tout naturel de se soumettre à ses exigences. Elle considérait qu'elle ne faisait que son devoir et même qu'elle se sacrifiait pour assurer le bien-être et la réussite de sa progéniture. En ce qui concerne les jeunes mariés, et à la demande de François-Joseph, elle avait consacré les mois de fiançailles à faire aménager leurs appartements de la Hofburg et à superviser les travaux de ce qui serait désormais leur résidence de vacances à Bad Ischl, la Kaiservilla. Au départ, il s'agissait d'une « petite maison » que l'archiduchesse louait chaque été. Son fils l'empereur lui demanda de l'acheter et de l'agrandir. Cet endroit était pour lui symbolique, car c'était là que Cupidon l'avait frappé au cœur. Au pavillon central, on avait ajouté deux ailes, si bien que le plan dessinait un E, comme Élisabeth. Quant aux appartements de la Hofburg, c'était Sophie qui avait choisi les pièces constituant l'appartement conjugal ; il comprenait

1. Legs de l'archiduchesse Sophie aux Archives de Vienne.

2. *Ibid.*

L'archiduchesse Sophie de Habsbourg, mère de François-Joseph et de trois autres fils. L'absence de caractère de son époux François-Charles fait d'elle le chef de famille, aussi intransigeante dans la vie publique que dans la vie privée qui, selon elle, n'existe pas. Une tante et une belle-mère très autoritaire envers Sissi, car elle avait choisi sa sœur Hélène comme future impératrice, mais son fils lui a désobéi…

une antichambre, une salle à manger, une salle de réception, un salon, un bureau et une chambre commune. La salle à manger était là pour la forme, car il n'y avait pas de cuisine et le couple pouvait tout juste y prendre le petit déjeuner, puisque les repas principaux se tenaient, obligatoirement, en famille. Quant à la salle de bains, elle n'existait pas ; on se contentait de *tubs* apportés le matin. Ce n'est que bien plus tard, dans une autre partie de la Hofburg, que serait installée une véritable salle de bains, que l'on peut voir aujourd'hui. Une spectaculaire victoire pour Sissi, qui ne pouvait concevoir de vivre sans un bain quotidien. Le décor des appartements était somptueux ; Sophie avait puisé dans les collections et les trésors impériaux, fait appel aux meilleurs tapissiers et décorateurs de Vienne. Malgré sa volonté de faire les choses magnifiquement pour le jeune couple, Sophie avait dû, pour tous ces travaux, tenir un budget plutôt serré. François-Joseph y veillait, non par avarice, mais, souligne Brigitte Hamann, parce que, « si l'empereur Ferdinand le Débonnaire avait renoncé au trône en 1848 pour se retirer au Hradschin de Prague, il avait cependant conservé tous ses biens ; de sorte que les immenses domaines impériaux qui rapportaient annuellement des millions et des millions de florins n'appartenaient pas à l'empereur régnant, mais à son prédécesseur, bien qu'il eût abdiqué. C'est seulement à la mort de Ferdinand, en 1875, que cette fortune passa entre les mains de François-Joseph ». Jusqu'à cette date, le train de vie personnel de l'empereur fut donc modeste, bien que dans un trompeur apparat de cour. Dès le début de leur mariage, il fut généreux avec Sissi et le resta toujours.

Au Prater, l'impératrice redevient Sissi, passionnée de cirque

Ne lâchant pas les jeunes mariés, Sophie apprend, comme toute la Cour, que le mariage est enfin consommé, la troisième nuit. Ce matin-là, Sissi dit à son époux qu'elle refuse d'apparaître au petit déjeuner familial. Elle ne supporte plus ces regards silencieux et inquisiteurs. La discussion a dû être longue et pénible, car François-Joseph paraît seul, « en attendant que sa chère Sissi soit levée ». C'est évidemment un prétexte et Sissi, meurtrie, doit se livrer au regard impudique de sa belle-mère.

Les jours qui suivent le mariage sont remplis d'obligations, notamment la présentation des diverses délégations de l'Empire, y compris la Hongrie. C'est à cette occasion que l'impératrice revêt pour la première fois le costume national magyar, qu'elle porte admirablement, tandis que François-Joseph est en hussard hongrois. L'empereur d'Autriche est titulaire de quarante-sept appellations qui sont presque un annuaire de l'Europe centrale, mais la Hongrie rebelle est d'une importance particulière. Devant l'éclat de Sissi qui suscite une ferveur visible, le souverain déclare aux délégués, dans leur langue :

– Que Dieu vous bénisse ! Je vous amènerai bientôt votre reine en Hongrie et j'espère que vous l'accueillerez bien !

Le charme et surtout la jeunesse de la nouvelle impératrice rajeunissent spectaculairement l'atmosphère surannée de la Hofburg qui n'avait pas connu une animation comparable depuis le congrès de Vienne. L'empereur lui-même est transformé et, malgré la crise en Crimée et la mauvaise humeur du tsar de

Russie, il affiche son bonheur et son optimisme. Son regard bleu est devenu chaleureux. Après une audience, le duc Ernest de Saxe-Cobourg-Gotha, beau-frère de la reine Victoria, écrit : « Je trouve l'empereur extraordinairement changé à son avantage, plus énergique, plus vif et résolu dans ses mouvements. En dépit d'une situation politique des moins réjouissantes, on note chez lui de l'entrain et comme une sorte de réveil. Le bonheur domestique semble influer de la manière la plus heureuse sur son tempérament. »

Le point culminant de ces festivités est le grand bal de la Cour, le 27 avril, où Sissi éblouit tous les invités, vêtue de blanc, ceinturée et coiffée de diamants. Hélas ! le protocole lui interdit de danser avec son époux et choisit ses cavaliers comme il le fait pour l'empereur avec ses cavalières ; il ne s'agit pas de se faire plaisir, mais d'honorer le plus grand nombre possible de personnages importants, toujours au nom de la diversité ethnique des populations de l'Empire. Heureusement, Johann Strauss fils tient la baguette et va diriger, lors du cotillon final, un morceau qu'il a spécialement composé pour les noces impériales, mélangeant harmonieusement les hymnes de l'Empire et de la Bavière.

Le lendemain, aux fastes du bal de la Hofburg succède une soirée plus populaire, au Prater. Entre deux bras du Danube, tout Vienne s'y retrouve. C'est une promenade rituelle le soir où défilent l'élégance aristocratique et les familles, le long des cafés chantants et des allées de cet immense parc que l'empereur Joseph II, frère de Marie-Antoinette, avait ouvert au public. Le cirque berlinois Renz accueille le couple impérial. Quel bonheur que la famille Renz propose aussi un de ses spectacles à Vienne, dans un gigantesque amphithéâtre ! Ce soir, c'est un programme

Fin avril 1854, les noces du couple impérial sont suivies de plusieurs réjouissances. Ici, dans la nuit du 28 au 29 avril, la soirée populaire se déroule au Prater. L'empereur, l'impératrice et leur escorte passent sous les lampions devant la foule des cafés chantants avant d'assister à un spectacle du cirque Renz pour la plus grande joie de Sissi.

de gala et, cette fois, Sissi est aux anges. L'univers de la piste lui est familier grâce à son père et sera toujours, pour cette splendide écuyère, un lieu magique où elle peut, enfin, être elle-même. Elle demande qu'on lui présente le directeur, Ernest Renz. Un personnage pittoresque, illettré, ignare, mais prodigieux maître de manège qui fait travailler vingt-quatre chevaux en quadrille ! Une légende du cirque européen, un homme simple mais authentique, comme son père et elle les aiment.

Suit un dernier bal au manège impérial, pour lequel on a encore requis l'irrésistible talent de Johann Strauss fils ; il clôture les festivités officielles. Mais au grand désespoir de Sissi, ses proches, parents, frères, sœurs et cousins, regagnent la Bavière. La jeune femme, étourdie par ce qu'elle vit et ce qu'on lui impose, n'a supporté cet enchaînement de corvées que grâce à la présence de visages familiers. Soudain, elle se sent abandonnée et réalise qu'elle est mariée, à l'aube d'une nouvelle existence, qu'elle ne va plus vivre avec sa famille et ne la reverra que lors de visites. Un second adieu à la Bavière, plus contraignant et plus poignant que le précédent. Mariée ? Depuis une semaine ? Est-ce possible ? La jeune femme ne décide plus rien, on décide pour elle, ce qui est un bouleversement lourd à admettre. Elle est en perpétuel spectacle et bute sans cesse sur les interdits. Sissi est toujours en faute ! Entrer sans être annoncée et autorisée dans le bureau de l'empereur ? Cela ne se fait pas. François-Joseph, dont la popularité est en hausse grâce à son mariage, est vite conscient qu'il manque à cette union des moments de véritable isolement et il est très épris de son épouse ; il est donc temps que le couple impérial vive enfin sa lune de miel. Ce sera au château de Laxenburg, à une quinzaine de kilomètres au sud de Vienne, non loin des collines de la forêt qui inspirent tant de ravissantes mélodies et de villages de vignerons. Enfin, François-Joseph et Sissi seront l'un à l'autre, sans trop d'yeux indiscrets. Seuls, dans la nature, loin de la foule, espère l'impératrice qui a beaucoup de mal à endosser ce rôle…

Comment Sissi doit ruser pour être enfin seule avec son mari…

Laxenburg, une résidence d'été de la Cour, est un château reconstruit sous le règne de Marie-Thérèse, au cœur d'un parc

C'est au château de Laxenburg, au sud de Vienne, que François-Joseph et Sissi peuvent enfin être presque seuls… Mais dans cette résidence où avait été signé, en 1725, un traité de commerce entre l'Autriche et l'Espagne, l'empereur ne peut renoncer à ses dossiers : il se rend à Vienne chaque matin et ne revient que le soir. Sissi est seule dans la journée… mais toujours surveillée. Pour retrouver son mari, elle ruse !

de deux cent cinquante hectares. L'ensemble a l'exotisme des jardins à l'anglaise, enrichi de fabriques, de grottes et de cascades qui avaient été très à la mode dans la seconde moitié du XVIIIe siècle. Mais le goût pour la redécouverte du style gothique est également à l'honneur avec, dressé sur une petite île, un château imitant l'architecture médiévale, avec tours de guet et vitraux. Sissi s'en amuse. Dans ce décor romantique, loin des regards, dans une nature apaisante, elle reprend espoir, l'espoir d'une vie simple avec son mari. Hélas ! elle va vite perdre ses illusions, car François-Joseph, premier fonctionnaire de son Empire, ne s'accorde aucune détente. Chaque matin, il part pour Vienne, travailler comme toujours, et ne revient que le soir avec, comme seule exception, une chasse de temps en temps, où le couple disparaît dans les bois, mais toujours suivi, à distance, d'un personnel chargé de sa sécurité. Un empereur qui a été victime d'un attentat ne peut se promener seul. Lorsque son bureaucrate d'époux revient, Sissi court sur la pelouse pour se jeter dans ses bras, mais cela lui vaut un cinglant rappel aux bonnes manières. Car le drame s'est déplacé, de la Hofburg à Laxenburg, avec son essaim féminin, à commencer par la suite de l'archiduchesse Sophie, laquelle prétend « tenir compagnie » à sa belle-fille… Le pire est que la jeune impératrice, à qui l'on refuse le droit d'organiser, en toute innocence, sa journée, est soumise à un programme quotidien. Une volée de dames d'honneur l'escorte sans arrêt. Veut-elle prendre le thé avec François-Joseph le jour où il rentre moins tard que d'habitude ? Un rond de dames obséquieuses les entoure. Veut-elle flâner avec l'empereur sans but précis ? Ils doivent se réfugier dans la chapelle où on leur consent un isolement provisoire. Très vite, comme le souverain part en général tôt et revient tard, Sissi le voit peu. On lui vole sa lune de miel, mise sous surveillance, et seuls leurs appartements permettent au couple de se retrouver. Mais ce travailleur acharné qu'est l'empereur se couche tôt… Aussi, puisqu'elle ne le voit pas assez, Sissi a l'idée de l'accompagner à Vienne. Par ruse, un matin, elle se glisse dans l'équipage, et François-Joseph, ému et amusé, ne s'y oppose pas. Funeste ambition ! L'archiduchesse foudroie sa nièce : se prendrait-elle pour l'épouse d'un commerçant, d'un bourgeois, voire d'un petit fonctionnaire ? Oublie-t-elle déjà qu'elle est l'impératrice consort et que son statut implique des devoirs, des usages, des traditions ? Si l'on veut résumer cette situation artificiellement compliquée, on constate que la tendresse pudique mais naturelle et spontanée d'une Sissi désespérée de ne pas le voir assez n'est pas comprise par son mari. L'empereur est chevillé à son devoir et redoute que la Russie n'étende la guerre de Crimée aux principautés danubiennes. Mais que viennent faire ces inquiétudes dans la lune de miel du couple impérial ? Et l'archiduchesse n'a, elle, qu'un objectif : être au courant de tout comme un inévitable intermédiaire, une duègne omniprésente échappée de la cour d'Espagne. Or Sissi se trompe sur un point : sur le fond, Sophie ne cherche pas à briser l'intimité des jeunes mariés ; sur la forme, elle veille seulement – et sans doute maladroitement – à étayer le prestige impérial, à prolonger l'éclat du régime retrouvé lors des fêtes nuptiales en évitant un faux pas, une médiocrité, une attitude déplacée, voire familière. Selon l'archiduchesse, ce bonheur conjugal est d'abord une opération politique et il ne saurait s'épanouir sans elle. Sophie est certaine que cette exigence ne peut être obtenue sans son expérience ; et puisque ce mariage s'est conclu malgré elle, elle en récupère le fonctionnement officiel, quitte à polluer la vie intime des mariés. La mère de l'empereur s'attribue un rôle de garde-fou. « Il ne s'agit pas d'être, mais de paraître, et c'est bien là ce qui est pénible[1] », observe le comte Corti. Dans une correspondance à sa famille, vingt ans plus tard, Sissi écrit sa stupéfaction qu'on lui ait interdit d'être seule ou presque avec son mari pendant une journée. Elle souligne, fièrement, combien François-Joseph avait été radieux lors de cette escapade. Mais la colère que l'indiscipline de cette bru et nièce avait provoquée était telle que son adorable initiative fut sans lendemain : « Je n'ai pas recommencé. » Une dame d'honneur particulièrement désagréable se plaignant du comportement inadéquat de l'impératrice, celle-ci se confie, par lettre, à ses parents qui lui manquent ; elle se sent espionnée, critiquée dans le moindre choix de ses vêtements, et l'incident domestique le plus insignifiant devient presque un scandale d'État ! En fait, l'archiduchesse et sa brigade ne comprennent pas que l'adolescence brutalement interrompue de Sissi ne lui permet pas, en à peine quinze jours, d'acquérir la maturité d'une adulte. À Laxenburg, elle se sent prisonnière, dans une cage, et s'en libère par un poème au titre transparent, *L'Oiseau captif* :

En vain sous le ciel bleu,
Je languis, en prison
Les barreaux, rudes et froids,
Insultent ma nostalgie.

---

1. *Ibid.*

Le 8 mai, ignorant que l'Autriche et la Prusse soutiennent la position de la France et de la Grande-Bretagne dans la guerre de Crimée, Sissi pousse un nouveau cri, mais identique, dans un autre poème :

Je me suis réveillée dans une prison,
Les mains chargées de chaînes,
Et ma nostalgie s'accroît toujours :
Et toi, liberté, tu me fus ravie.

Alors que leur lune de miel est sous surveillance, François-Joseph et Sissi parviennent à s'échapper du protocole et osent parfois, sans escorte, se promener à cheval dans le parc de Laxenburg. Un bonheur pour la jeune impératrice, cavalière émérite.

Absorbé par l'affaire de Crimée, plongé dans les rapports et les dépêches sur la situation, l'empereur ne pense pas à en informer son épouse. Sans doute ce militaire qui lit volontiers l'annuaire des officiers pour se distraire (!) estime-t-il que ce ne sont pas les affaires d'une jeune femme, fût-elle la sienne. Qu'y comprendrait-elle ? Mais il se rend compte de son état dépressif et promet à Sissi qu'ils iront se promener tous deux à cheval... sans escorte ! Un miracle que le comte Grünne n'approuve pas, sans doute plus pour des raisons de sécurité que pour des questions de convenances. Le parc de Laxenburg est sûr, mais tout de même... Inutile de dire la joie de Sissi, enfin seule avec son époux dans la journée et pour une échappée sans témoins dans les bois. L'exploit – c'en est un ! – sera renouvelé, pour le plus grand bonheur des époux amoureux. Sissi se sent libérée ! Et la mère de l'empereur n'aura pu s'opposer à ces escapades... Le devoir et la rébellion se sont apaisés dans l'amour. Mais dès qu'elle souhaite déjeuner ou dîner en tête à tête avec son mari, un aide de camp est requis pour animer la conversation, et c'est exactement le résultat contraire qui est obtenu : Sissi n'ose pas parler et répond les lèvres serrées ! Quels que soient son dévouement et ses ordres, cet officier est un étranger ! De plus, la durée du repas est minutée ! Une règle des Habsbourg d'Espagne, explique-t-on à Sissi, stupéfaite.

Pour son premier voyage officiel, l'impératrice séduit les Tchèques

François-Joseph a une bonne raison de se sentir soulagé : en application d'une convention austro-turque, les troupes du tsar Nicolas Ier vont se retirer au-delà du Danube, probablement courant juin. L'empereur avait hésité à s'engager dans la guerre de Crimée et il décide de ne pas intervenir dans cette aventure trop risquée. Avec raison, il lui semble beaucoup plus important d'entreprendre un voyage en Bohême et en Moravie. Sa mère voudrait qu'il s'y rende seul, mais ce serait une grave erreur politique : les Tchèques seraient vexés de ne pas rencontrer l'impératrice, qui est aussi leur souveraine. Sophie a l'heureuse idée de ne pas être du voyage et cette bonne nouvelle est accompagnée d'un appréciable complément : la première dame d'honneur de l'impératrice, la sévère comtesse Esterházy-Liechtenstein, a le bon goût de se sentir trop âgée pour ce périple dans les chaleurs estivales. Elle se fait remplacer par la troisième dame d'honneur. Une aubaine ! Et encore mieux : face à sa mère qui persiste à lui démontrer que la présence de Sissi ne s'impose pas en Bohême et en Moravie, l'empereur tient bon, pour la première fois : Sissi accompagnera son époux ! Il le veut autant par amour que par stratégie politique : les terres de l'Empire doivent connaître l'impératrice. Le départ est fixé le 3 juin en direction de Prague, dans un train spécial, le premier emprunté par le couple. La ville est déjà dotée d'ateliers ferroviaires réputés qui construiront diverses rames pour la famille impériale, reflets de l'importante activité mécanique ; la Bohême est le poumon industriel de la monarchie, et elle est déjà bien desservie par le chemin de fer.

La présence de Sissi dans ces régions qui avaient aussi participé à la révolte contre les Habsbourg en 1848 est très remarquée. Même si ce long déplacement du couple impérial impose un cortège de personnes indispensables, des aides de camp aux femmes de chambre en passant par un médecin et un prêtre, Sissi est heureuse d'un voyage officiel où elle peut être elle-même ; elle ne se sent pas épiée, elle est accompagnée. Nuance ! Et elle est avec son mari. Elle conquiert les cœurs et amorce une courbe de popularité personnelle très impressionnante et révélatrice : elle sera adorée en Europe centrale et d'autant plus mal aimée et critiquée en Autriche, particulièrement à Vienne. François-Joseph est enchanté, mais pas réellement surpris. Que les Tchèques et les communautés allemandes rivalisent d'hommages est un succès politique, d'autant plus que la souveraine a très vite appris quelques mots de tchèque, une attention fort appréciée. François-Joseph mesure le rayonnement de son épouse. Pour Sissi, cette découverte à deux, sans regard subi, ni remarques acides, ni rappels aux usages, est son véritable voyage de noces. Enfin la liberté pour son couple ! Dans Prague, le carrosse avance, entouré de paysans très accueillants dans leurs plus beaux costumes, et même la fête donnée par l'aristocratie en l'honneur de la chevalerie est auréolée de la venue de l'impératrice. Un événement, puisque Prague est le centre du mouvement nationaliste tchèque revendiqué par l'insurrection de juin 1848 et qui avait été un échec, durement réprimé.

Cependant, le rythme du voyage des amoureux est épuisant et Sissi, spontanément et foncièrement attentive aux détresses, court de couvent en orphelinat, d'hôpital en pensionnat, acclamée et saluée partout. Parades, défilés, spectacles, discours des notables : le programme, chargé, se veut exemplaire, dans un esprit de réconciliation. Au bout de quinze jours, l'illustre visiteuse, bien que très heureuse, est épuisée et victime de malaises. Elle regagne Vienne, mais c'est une mauvaise nouvelle car, en l'absence de François-Joseph qui doit continuer son voyage vers Cracovie et la Galicie, sa mère ne va pas se priver de critiques… La pâleur du visage et les yeux cernés de Sissi finissent par inquiéter Sophie qui fait venir le médecin de la Cour, le Dr Seeburger. L'examen est plus que rassurant : l'impératrice est enceinte ! La merveilleuse nouvelle est transmise au plus vite à l'empereur, lequel est en train d'inspecter le dispositif mis en place pour gêner le tsar Nicolas Ier qu'il n'apprécie guère. Mais ce début de grossesse fournit un argument à l'archiduchesse pour intervenir de nouveau, sous le moindre prétexte. Elle entend veiller sur l'avenir de l'Empire et personne ne l'en empêchera ! Cette procréation est son affaire ! Son fils absent, Sophie représente l'autorité indiscutable.

Enceinte, Sissi, sur ordre de sa belle-mère, doit exhiber sa grossesse !

Le cauchemar recommence. Si seulement l'empereur revenait ! Mais il continue d'inspecter son dispositif et apprend, fin juin, que le choléra frappe les armées franco-britanniques sur les bords de la mer Noire. Comment échapper à l'archiduchesse ? Dans la journée, l'impératrice a l'idée de s'installer dans sa ménagerie qui l'a suivie depuis Possenhofen, ce qui scandalise ses dames

Photographie de l'impératrice Élisabeth en 1864 par Ludwig Angerer. Sissi a, entre autres, une passion pour les chiens qui la suivent presque partout, souvent à la table impériale, ce qui scandalise sa belle-mère. Sissi ne se renie pas : elle a été élevée au milieu d'animaux.

d'honneur. Bonne nouvelle, elles s'éloignent de l'impératrice qui transforme la Cour en cirque. Les animaux, voilà son monde. Un chien sur ses genoux, entourée d'autres chiens, Sissi reprend ses habitudes bavaroises. Même à table, elle les épouille, écrasant tiques et puces au milieu des assiettes ! Son entourage est horrifié ! Sophie, honteuse du sans-gêne de sa belle-fille, envoie un courrier aussi alarmant que burlesque à son fils : « Je ne pense pas que Sissi devrait s'occuper de ses perroquets car si, dans les premiers mois, une femme enceinte regarde trop les animaux, les enfants risquent de leur ressembler. » Bien qu'ayant eu cinq enfants, la mère de l'empereur a d'étranges notions de génétique ! Comme pour conjurer la menace d'une impératrice risquant d'accoucher d'un perroquet, l'archiduchesse contre-attaque et oblige Sissi à montrer son ventre qui, pourtant, ne s'est pas encore arrondi, puisqu'elle vient à peine d'apprendre qu'elle est enceinte. Une exhibition indigne. Très pudique, la future maman souffre. Faut-il vraiment que les promeneurs scrutent son état encore indécelable ? Montrer sa taille dans les jardins, à tous les regards, est insoutenable. Elle a le sentiment humiliant d'être une attraction foraine !

Heureusement, François-Joseph revient début juillet. Enfin ! C'est le temps, rituel, des vacances à Bad Ischl, où tout a commencé il y a un an. De vraies vacances, car la Kaiservilla n'a qu'un étage, ses pièces sont petites et il est difficile d'y organiser des mondanités. C'est une maison de famille, jaune à volets verts, avec de rares balcons et une balustrade. Une résidence principalement dédiée à la chasse, ce qu'illustrent quelques fresques, où le protocole est rare, voire absent. Quel soulagement pour la jeune femme qui pourra y mener une vie simple, comme le souhaite d'ailleurs François-Joseph qui y passera soixante étés de sa vie et y fêtera ses anniversaires ! Aimant cette demeure, il communique immédiatement sa joie à Sissi en lui faisant visiter la Kaiservilla qui vient d'être agrandie par l'archiduchesse consciente que son fils a besoin d'un cadre intime. Elle lui en fait cadeau, ce qui signifie qu'elle n'est plus la maîtresse de maison. Impériale, certes, la villa l'est avec une colonnade en marbre rose, mais bien loin des fastes obligatoires et souvent lourds de Vienne. Le site séduit immédiatement l'impératrice, car il lui rappelle sa chère Bavière. La nature y est intacte et, passé le pont de fer gris éclairé par des réverbères bientôt surmontés d'une couronne, toute trace de présence souveraine disparaît et le parc est un enchantement. La vie dans la maison est si détendue que le service laisse à désirer et que le premier valet de chambre de l'empereur néglige sa tâche. François-Joseph fait semblant de s'en plaindre au petit déjeuner. En riant. La maison est imprégnée de bonne humeur et Sissi renaît. Elle se sent chez elle, d'autant plus que sa famille vient la voir, avec des oiseaux en cage que l'on a failli perdre en route. Toujours cette ménagerie ambulante !

Sophie sent que sa présence est inutile et s'en va, non sans avoir recommandé à l'impératrice de montrer son état. Comme s'il était besoin de prouver à la population des environs que les mariés s'aiment ! Les nausées de l'impératrice ne sont pas feintes, mais elle se sent libre au point que l'archiduc Louis-Victor, le plus jeune frère de François-Joseph, âgé de 12 ans, écrit à sa mère cette vérité spectaculaire : « Depuis que vous êtes partie, l'impératrice fait ce qu'elle veut. » Une révolution joyeuse ! Enfin des vacances… à deux.

La guerre de Crimée perturbe la vie du couple impérial

Hélas ! Le télégraphe installé près du bureau de l'empereur lui rappelle qu'un souverain ne peut s'abstraire du monde et que le pouvoir n'a jamais de vacances. Les dépêches se succèdent, alarmantes. Toujours la Crimée… François-Joseph doit regagner Vienne. Sissi l'accompagne jusqu'à son train et pleure, ce qui ne lui était pas arrivé – du moins en public – depuis son arrivée. À peine une dizaine de jours de répit, hors de la folie guerrière des hommes. Un protocole, voulu par la France et l'Angleterre, vient d'annuler le protectorat russe sur la Moldavie et la Valachie. Mal conseillé par Buol, son ministre des Affaires étrangères, l'empereur s'y est rallié, non sans réticence, pour satisfaire Paris et Londres. Sa position déchaîne la colère du tsar Nicolas Ier, qui s'était proclamé « le gendarme de l'Europe ». À Vienne, François-Joseph affronte les reproches de ses vieux maréchaux, Radetzky et Windisch-Graetz, qui avaient apprécié l'appui russe lors des événements de 1848. L'Autriche perd un allié sans être assurée d'en avoir gagné d'autres. Puisque François-Joseph reste à Vienne, Sissi va bientôt quitter la Kaiservilla. L'impératrice, embellie bien que très lasse, ne songe qu'à retrouver son mari… et prolonger leur intimité enfin permise.

Mais que se passe-t-il ? L'archiduchesse revient en force, d'une manière sournoise. Pourquoi Sophie avait-elle quitté Bad Ischl ? Sissi le découvre, d'abord incrédule : sa belle-mère, qui a toujours la manie des travaux lui permettant d'imposer sa marque et une raison supplémentaire d'intervenir dans la vie du couple, a fait aménager une chambre d'enfant à côté de ses propres appartements, au lieu de laisser l'héritier ou l'héritière proche de ses parents. Sissi est effondrée : sa belle-mère ne s'est effacée que pour mieux s'arroger des droits de future grand-mère. Accablée, elle s'enferme et demande à François-Joseph de raisonner sa mère : l'enfant à naître n'est pas le sien, il est le leur ! L'impératrice est surtout stupéfaite que, sept mois avant sa naissance probable, le bébé soit déjà l'otage de l'archiduchesse, un nouveau et stupide ferment de querelles familiales.

Autant l'empereur avait tenu tête à sa mère pour le voyage chez les Tchèques, autant, dans cette question du choix de l'endroit de la nurserie, beaucoup plus sensible, il cède. Sa mère a raison. Sissi, accablée, ne sort presque plus, refusant de montrer son état. Non, sa grossesse, pénible, n'est pas un spectacle ! Sophie n'insiste pas, elle a gagné. En fait, François-Joseph ne peut pas se battre sur deux fronts, l'un étant celui des rivalités entre belle-mère et belle-fille, l'autre ayant la forme menaçante d'une presqu'île en mer Noire, la Crimée. Officier dans l'âme et de tempérament, le souverain n'est ni un stratège ni un tacticien. L'uniforme qu'il porte n'est pas un brevet. D'une part, sa rupture avec son allié russe est une faute et, d'autre part, l'engagement des Français et des Britanniques s'enlise, car un brillant officier tsariste du génie a admirablement fortifié le port de Sébastopol. Et pourtant, François-Joseph va encore plus loin : le 2 décembre 1854 (encore un anniversaire !), il signe un traité avec la France et l'Angleterre qui met définitivement fin à la Sainte-Alliance, étendue en Quadruple Alliance en 1815, dont faisait partie la Russie. François-Joseph ne se rend pas compte à quel point l'émotion est sensible en Prusse et Bismarck entretient habilement la colère des petits États germaniques. Tout ce qui est mauvais pour Vienne est bon pour Berlin…

Sissi tente tout de même de se tenir au courant des visées diplomatiques autrichiennes ; elle pose des questions, on ne lui répond pas, présumant qu'elle n'y comprendrait rien. On la considère comme une demeurée ou une petit fille. La guerre de Crimée l'isole dans la triste Hofburg. Elle voit peu son mari, enfermé avec son état-major ou souvent avec l'archiduchesse qui, elle, sait ce qu'est la politique. Sissi se défend en écrivant des poèmes, souffrant sans rien dire. François-Joseph ne se rend pas compte qu'elle a embelli, qu'elle a besoin de lui. Est-il conscient qu'il a tort de laisser la future maman à sa nostalgie ? Sans doute non. Il se sent heureux parce qu'elle n'est pas loin et pense à sa prochaine délivrance. Un soir, le couple se rend au Burgtheater, le vieux théâtre de la Cour où avaient été créées *Les Noces de Figaro*. Pour faire plaisir à Sissi. François-Joseph s'ennuie au *Songe d'une nuit d'été*, alors que la jeune impératrice est envoûtée par la féerie et la forêt enchantée décrites par Shakespeare. Il deviendra l'un de ses auteurs favoris. L'empereur n'a pas conscience de l'une de ses profondes différences avec son épouse : elle est une intellectuelle, une littéraire, lui non. Mais il est fou amoureux d'elle, qui l'aime de toutes ses forces malgré les obstacles des conventions et des préjugés.

François-Joseph et Sissi avec leur premier enfant, une fille, née le 5 mars 1855, onze mois après leur mariage : la petite Sophie est une déception, mais le couple se console avec le souvenir de l'impératrice Marie-Thérèse, incarnation du pouvoir au féminin.

Un deuil à Saint-Pétersbourg, une naissance imminente à Vienne...

Le 2 mars 1855, le tsar Nicolas Ier s'éteint. On colporte que l'ingratitude de François-Joseph l'a miné ; il est vrai que l'absence des troupes autrichiennes a gravement affaibli l'armée russe. Avec sa courtoisie innée, presque mécanique (et une bonne dose d'hypocrisie), François-Joseph décrète un deuil de quatre semaines à la Hofburg et envoie à la dynastie Romanov une lettre appliquée de condoléances. Il a un excellent prétexte pour ne pas assister aux funérailles du tsar à Saint-Pétersbourg et s'y faire représenter : son enfant est sur le point de naître. Enfin ! Le 5 mars, à sept heures du matin, l'empereur réveille sa mère et l'informe que le travail a commencé. Sissi est triste : sa mère Ludovica n'est pas là et cependant elle aurait dû venir de Bavière. Pourquoi est-elle restée à Possenhofen alors que sa fille devrait bientôt accoucher ? La Cour juge cette absence comme une faute, surtout pour un premier enfant ; Sissi ne comprend pas, elle a besoin que sa mère lui tienne la main, mais c'est l'archiduchesse qui s'installe dans la chambre, brodant auprès du lit de sa belle-fille. Y a-t-il eu un différend entre Ludovica et Sophie ? L'impératrice est meurtrie de cette absence. À onze heures, l'empereur prend la main de sa femme, l'embrasse, bouleversé, presque en larmes en voyant les douleurs qu'elle supporte. Il interroge sa mère : est-ce que tout se passe normalement ? Puis il sort, très excité, fume un cigare et bavarde nerveusement avec son frère Maximilien, évoquant des souvenirs de leur enfance. Dans la chambre, la sage-femme et une femme de chambre, requises par l'archiduchesse, s'affairent pour aider l'impératrice. Le travail dure, François-Joseph rentre dans la chambre, dit à Sissi qu'elle est courageuse. À deux heures de l'après-midi, l'enfant vient. C'est une fille. Une déception, bien sûr, mais la joie l'emporte.

– Oh ! maintenant, tout ce que j'ai souffert est sans importance, dit la jeune mère, soudain radieuse bien qu'épuisée.

L'archiduchesse est à la manœuvre, rassemblant la famille dans l'antichambre. L'empereur est félicité, le bébé lavé et habillé, et Sophie, d'autorité, le prend dans ses bras, s'assoit avec son fils, chacun d'un côté du lit. À son épouse, l'empereur offre un bracelet et un pendentif. On y placera une boucle des premiers cheveux de François-Joseph et une mèche de la petite fille. Sissi regarde son enfant avec tendresse, embrasse son mari qui l'embrasse sans cesse. Et le trio impérial s'extasie que la nouveau-née soit « grande et robuste ».

En fin d'après-midi, Sissi s'endort. On la laisse se reposer et l'archiduchesse commande un thé pour toute la famille. La nuit est tombée sur Vienne. Des volées de cloches s'échappent des clochers, des actions de grâce sont célébrées dans toutes les églises. À 17 ans, Sissi a donné une héritière à l'Empire. Certes, on aurait souhaité un garçon… Mais les Habsbourg avaient reçu, cent trente-huit ans plus tôt, une fille, Marie-Thérèse. Un des plus majestueux personnages de la dynastie et de l'histoire européenne, une femme qui avait impressionné l'Europe, dominé son mari en incarnant, chez les Habsbourg, le pouvoir au féminin. Quel prénom va-t-on donner à la petite fille ? Elle s'appellera Sophie : c'est l'archiduchesse qui choisit ce prénom, le sien ! Immédiatement. C'est un honneur, n'est-ce pas ? Et elle en sera la marraine. L'archiduchesse a tout décidé seule, presque en cachette. François-Joseph et Sissi n'ont rien deviné, rien pu exprimer ! Et François-Joseph ne peut refuser à Sophie d'être la marraine. Un autre honneur… La mère de l'empereur n'avait pas dit son dernier mot.

Die allerh. kaiserl. Familie.

4

La maternité punie

Le 12 juillet 1856, l'impératrice Élisabeth accouche d'une deuxième fille, Gisèle, ici dans son berceau. Cette fois, ce n'est pas la mère de l'empereur qui a choisi le prénom mais Sissi, car ce prénom était celui de l'épouse d'origine bavaroise du premier roi de la Hongrie chrétienne. Sissi s'impose…

Six semaines après son accouchement, vexée d'avoir été exclue, comme son mari, du choix d'un prénom pour leur fille, Sissi se venge : elle remonte à cheval et s'offre ce cadeau pour son premier anniversaire de mariage. Sa beauté est devenue une arme, un symbole de son identité. Ne pouvant remettre en cause les décisions de l'archiduchesse qui semble s'approprier la petite Sophie comme si elle était son propre enfant, l'impératrice se montre en voiture découverte au Prater où on la salue avec déférence, mais elle disparaît aussi dans la forêt viennoise pour des galops libérateurs. Sissi se plaint de ne pouvoir être une mère comme les autres, guettant avec émotion chaque jour l'évolution de ce petit être dont la naissance a comblé le couple impérial. Un sourire, bientôt la première dent. Sissi aurait tant aimé que sa mère Ludovica soit la marraine car, tout de même, l'héritière des Habsbourg a aussi du sang Wittelsbach ! Que s'est-il encore passé entre les deux sœurs ? Frustrée que la nurserie ne soit pas à côté de sa chambre, Sissi doit presque quémander le droit de voir sa fille quand on la change, quand on la baigne. Bien entendu, elle ne la nourrit pas, puisque cette mission est confiée à une nourrice, également sélectionnée par l'archiduchesse. La grand-mère se mêle de tout ! Pour une fois, même la rigide comtesse Esterházy-Liechtenstein se risque à défendre Sissi, ce qui lui vaut cette réponse cinglante de la mère de l'empereur :

– Lui donner son enfant ? Jamais !

Depuis des années, Sophie materne l'Empire et entend surveiller de près son avenir puisque, selon elle, sa nièce n'a pas la fibre maternelle ; quant à son fils, il est bien trop absorbé par la politique intérieure et la situation en Crimée où son ancien allié, la Russie, est assiégé. L'archiduchesse ne comprend pas que la Russie ne pardonnera pas l'abandon autrichien et que la présence des Habsbourg dans les Balkans exaspère Saint-Pétersbourg. Évidemment, Sissi remarque qu'au baptême de la petite Sophie, l'ambassadeur du nouveau tsar Alexandre II est absent : il est le seul diplomate ayant eu l'interdiction de paraître à cette fête dynastique.

Il est vraisemblable que le despotisme familial imposé par l'archiduchesse soit d'autant plus marqué que Sissi n'a pas donné un fils à l'Empire, alors que Sophie, elle, a eu quatre garçons. L'empereur ne se rend pas compte de la frustration subie par son

Le 6 mars 1855, la petite Sophie, premier enfant du couple impérial, est baptisée par Mgr Zeuner, évêque, dans la chapelle du palais de la Hofburg. Sissi est absolument furieuse de ne pas avoir été consultée pour le choix du prénom de sa fille.

épouse devenue une jeune maman. Sissi se sent à la fois effacée et observée car, quand on lui permet d'exister, c'est toujours sous le regard d'au moins un témoin. Toutefois, on pourra tempérer son impression d'être éliminée en sachant qu'une vingtaine de jours après la naissance, Sissi avait écrit à une de ses parentes : « Ma petite fille est déjà très mignonne et nous donne des joies incroyables, à l'empereur et à moi. Au début, cela m'a fait tout drôle d'avoir un enfant complètement à moi ; on découvre des joies inconnues ; et j'ai la petite auprès de moi toute la journée, sauf quand on l'emmène promener, ce qui, grâce au beau temps, est souvent possible[1]. »

On soupçonne l'impératrice d'avoir une influence politique…

Mais ces moments sont si rares, selon la jeune maman, qu'elle enchaîne ses escapades du palais le plus souvent possible pour se montrer dans Vienne, devant les cafés, mais aussi dans les rues. Les Viennois, toutes conditions confondues, sont étonnés de ces apparitions de l'impératrice presque seule, à cheval ou en voiture découverte. Ces évasions scandalisent sa belle-mère, mais François-Joseph les admet, même s'il exige, tout de même, une discrète escorte. Sissi ne veut pas se contenter d'être une figurante. Si son visage est resté celui d'une jeune fille, sa taille s'est marquée, devenant celle d'une femme. Elle est une amazone séduisante et, en matière d'équitation, elle n'a guère besoin

1. Brigitte Hamann, *Élisabeth d'Autriche*, *op. cit.*

de leçons. Hors du palais impérial où elle compte si peu, Sissi reprend confiance en elle et tente de s'imposer dans le monde extérieur. Elle construit une image d'indépendance que personne ne pouvait imaginer et contribue à la popularité impériale, ce que ne mesure pas l'archiduchesse. Dans le printemps viennois, avec cette silhouette élégante dans sa dix-septième année, Sissi incarne l'aube d'une nouvelle époque de la monarchie. La personnalité de l'impératrice laisse bientôt présumer qu'elle pourrait intervenir dans les affaires publiques et des placets arrivent en si grand nombre chez les dames d'honneur avec des demandes d'interventions que ce courrier inattendu doit être trié. Qu'en faire? Invariablement, sur ordre de François-Joseph, le cabinet impérial répond : « Sa Majesté l'impératrice n'use d'aucune influence. » Toutefois, Sissi n'est ni aveugle ni sourde; les événements lui échappent moins que ne le pensent l'empereur et sa mère. Ainsi, elle apprend que l'archiduchesse et le cardinal Rauscher, l'archevêque aux sermons interminables, conduisent les négociations en vue d'un nouveau concordat, signé le 18 août 1855, jour anniversaire de l'empereur. Sissi s'étonne que son mari, pourtant très jaloux de ses pouvoirs, abandonne d'importantes prérogatives à la papauté, qui contrôlera désormais l'enseignement dispensé dans les écoles et l'organisation des mariages. Religion d'État, le catholicisme introduit une dépendance officielle de l'Empire à l'égard de Rome. En contrepartie, le pape accorde son soutien au gouvernement autrichien. Sans doute les dispenses papales pour les unions entre proches parents imposent-t-elles des concessions à la Maison d'Autriche. Dans les milieux libéraux, on murmure, avec satisfaction, que l'impératrice, bien que fervente catholique comme toute sa famille, n'approuve pas cette domination de l'Église sur la vie quotidienne des sujets de Sa Majesté.

Dans l'horizon personnel plutôt sombre de Sissi, voici une éclaircie sous la forme d'un séjour en Bavière ; car l'empereur, appelé par une inspection militaire (une de ses activités favorites), laisse son épouse retrouver les siens. Quel bonheur ! Plus de protocole, sinon la présence d'une suite vite dépassée ! La joyeuse familiarité du père de l'impératrice fait du bien à sa fille, par exemple lorsque le duc Max joue au billard avec son garde-chasse. L'impératrice, triste d'avoir laissé son bébé à Vienne, a promis d'écrire à l'archiduchesse trois fois par semaine, ce qui est beaucoup puisqu'elle n'a rien à lui dire. Cette correspondance forcée est donc banale, Sissi répétant son dévouement, assurant à sa « chère belle-mère » qu'elle lui « baise les mains » et osant, ô fantaisie, signer une missive « Élise » ! L'impératrice souligne à sa mère Ludovica combien, en réalité, ses relations avec Sophie sont pénibles et artificielles. Ludovica, toujours impressionnée et terrorisée par l'autoritarisme de sa sœur, conseille la patience. Heureusement, cette corvée du courrier disparaît avec le retour de François-Joseph et le couple se retrouve, tendrement, à Bad Ischl. Au retour à Vienne, le bonheur d'être avec leur fille est contrarié par la difficulté que l'enfant éprouve à reconnaître sa mère. Sissi se promet de ne plus partir sans la petite Sophie. François-Joseph n'arbitre pas officiellement le conflit permanent entre sa mère et sa femme, qu'il soutient en secret et à qui, il faut le noter, il ne donne jamais d'ordre. Il voudrait la paix chez lui, comme un bon bourgeois. La paix dans une rivalité de générations et de caractères.

À Paris, Napoléon III a un fils. À Vienne, François-Joseph espère aussi un héritier...

Le 11 septembre 1855, Sébastopol tombe. La guerre de Crimée s'achève par une terrible défaite russe ; les troupes du tsar font sauter leurs derniers bastions et sabordent leur flotte. François-Joseph s'en réjouit. Pendant l'hiver, l'impératrice sort

Le château de Schönbrunn, résidence estivale de la cour à Vienne, est un ancien pavillon de chasse construit sous le règne de Marie-Thérèse, dans la seconde moitié du XVIIIe siècle. Napoléon Ier y signa le traité du 15 décembre 1805 avec la Prusse. Son fils, le duc de Reichstadt, y mourut en 1832. Fait exceptionnel, François-Joseph et Sissi y feront chambre commune. Une révolution pour la mère du souverain !

peu. Le 14 décembre, elle se rend à Schönbrunn pour revoir les magnifiques serres, accompagnée de la comtesse de Bellegarde. Sa voiture est attelée à quatre chevaux qu'elle connaît bien. Alors qu'elle arrive sur la Mariahilfer Strasse, longue artère qui conduit à Schönbrunn, un cheval prend le mors aux dents, les trois autres s'empêtrent dans les rênes et tous s'emballent en quelques instants, tandis que le cocher est éjecté de son siège. Privé de maître, l'attelage tangue dans une course folle et, paniquée, la dame d'honneur veut sauter de la voiture. Sissi, qui a déjà connu ces situations périlleuses, retient la comtesse. À ce moment, par chance, un commerçant témoin de la scène pousse sa charrette devant l'équipage, dont le timon se brise, mais les deux femmes sont indemnes, tremblantes et pâles. On hèle un fiacre pour l'impératrice et sa suivante, qui regagnent la Hofburg. François-Joseph est affolé et furieux de cet accident. Il fait venir d'urgence le Dr Seeburger. Le médecin rassure le souverain, sa femme a frôlé la mort alors qu'elle est enceinte de trois mois. La Hofburg bruisse de cette affaire qui aurait pu être une tragédie. Sissi semble regretter son sort ; dans une terrible réflexion, elle murmure :

– Que n'ai-je perdu la vie !

Napoléon III et la reine Victoria sont, d'une manière emblématique, les héros de la victoire franco-anglaise de Crimée. L'empereur des Français convoque une conférence de la paix à Paris, qui s'ouvre le 25 février dans un bâtiment si neuf que la peinture en est à peine séchée : le Quai d'Orsay, le seul édifice alors conçu et construit pour être un ministère. L'Autriche y est mal vue, bien que François-Joseph estime que le succès lui est, en partie, imputable par sa non-intervention armée. François-Joseph récolte la haine de la Russie et un isolement diplomatique qui aura presque autant d'inconvénients qu'une guerre. Mais on doit y ajouter deux événements essentiels, bien que fort différents : d'une part, le congrès de Paris signé le 30 mars 1856 efface, pour Napoléon III et les Français, l'humiliation du congrès de Vienne en 1815. Le neveu du vaincu de Waterloo se pose en maître d'une nouvelle Europe. En effet, il soutient le Piémont-Sardaigne, dont le roi Victor-Emmanuel II a eu l'intelligence politique d'envoyer en Crimée un contingent de quinze mille hommes aux côtés de l'armée française. On pressent l'émergence de l'unité italienne. Napoléon III a aussi des projets d'autonomie pour les provinces danubiennes de Moldavie et de Valachie, ambitions qui sont une double menace pour l'Autriche. Par ailleurs, l'impératrice Eugénie a eu la délicatesse de donner naissance, le 16 mars, à un fils, le prince impérial, premier enfant légitime de Napoléon III, une immense fierté pour l'ancien président de la République qui a déjà 48 ans. L'héritier des Bonaparte est né en plein congrès de Paris : c'est un merveilleux signe! Ainsi, l'avenir de la France impériale est assuré. Qu'en est-il de l'avenir des Habsbourg?

Quatre mois plus tard, le 12 juillet, Sissi, qui a eu 18 ans, accouche d'une deuxième fille. La déception des parents est profonde, bien que masquée.

François-Joseph fait preuve d'humour en avouant à Sissi qu'il aurait dû écouter les conseils d'un rabbin pour avoir un fils en collant le texte d'une prière hébraïque sur la porte de la chambre pendant l'accouchement!

Cette fois, ce n'est pas la mère de l'empereur qui choisit le prénom et Sissi est consultée : ce sera Gisèle, en souvenir de l'épouse du premier souverain de la Hongrie chrétienne,

Étienne Ier. Ce prénom est donc un nouveau geste de séduction politique envers les Hongrois. C'est aussi une manière de contenter Ludovica et la famille de Sissi, puisque la reine Gisèle était d'origine bavaroise. Toutefois, on ignore pourquoi Ludovica, qui est fière d'être la marraine de Gisèle, est absente à son baptême et se fait représenter par sa sœur Sophie, décidément inévitable. Sans doute la mère de l'impératrice aurait-elle été comblée d'avoir un petit-fils héritier de la couronne d'Autriche. Elle est déçue comme la population. Cette naissance ne donne lieu à aucune festivité particulière.

En Lombardie et en Vénétie, Sissi séduit des opposants

La venue au monde de Gisèle provoque un nouveau conflit entre belle-mère et belle-fille. D'autorité, l'archiduchesse impose que les deux enfants du couple impérial vivent non seulement loin des appartements impériaux jadis occupés par le maréchal Radetzky, mais à l'étage au-dessus, qui, comme par hasard, est le sien. Un « meilleur ensoleillement » est invoqué pour justifier cet éloignement. On peut s'interroger : l'archiduchesse ne serait-elle pas, en réalité, jalouse du bonheur de son fils qui est unanimement constaté, un bonheur qui l'éliminerait si elle ne défendait pas des prérogatives qu'elle s'est arrogées ? Cette fois, le conflit est très aigu : elle menace de quitter la Hofburg ! Qui va l'emporter : un prétendu déménagement aux vertus hygiéniques ou la logique au service de l'harmonie d'un couple ? Accablé par ce choix, François-Joseph prend son temps. Ce n'est qu'après une inspection de ses troupes qu'il se décide à dire son opinion à sa mère, dans une lettre du 18 septembre 1856. Il lui fait part de son désaccord, car les enfants seraient sans cesse dans une antichambre remplie de monde, visitées par des étrangers, et qu'il serait pénible pour Sissi, encombrée de sa crinoline, de monter par l'escalier pour les voir. Il insiste en priant sa mère de « juger Sissi avec indulgence, car, si elle peut être une mère trop jalouse, elle est pourtant une épouse et une mère si dévouée ».

Et cette phrase révélatrice : « Il n'est jamais venu à l'esprit de Sissi de vous retirer les enfants[1]... » L'empereur est plus diplomate que son ministre des Affaires étrangères ! On remarque la volonté du souverain : mettre ses instructions par écrit pour éviter de nouveaux affrontements. L'archiduchesse cède. C'est la première fois que, dans ce domaine étroitement familial, l'impératrice obtient gain de cause et que son mari la soutient. Sophie obéit à l'empereur, ne quitte pas le palais impérial et on imagine qu'elle prendra sa revanche. Dès que possible ! Pour l'instant, sa belle-fille remporte une victoire de mère, de femme et, peut-être, d'impératrice...

François-Joseph, soulagé comme s'il avait gagné une bataille, décide de repartir en voyage avec Sissi. Un périple de quinze jours, sans les enfants, une autre lune de miel dans des paysages admirables où les Alpes autrichiennes culminent à près de 3 800 mètres. Le couple, encadré par des montagnards expérimentés, s'avance, bien chaussé, sur des glaciers en Styrie. François-Joseph et sa femme, vêtus selon la tradition comme à Bad Ischl, sont très heureux. Sissi, à qui ce prodigieux cadre naturel rappelle la Bavière, encore

1. Jean-Paul Bled, *François-Joseph*, rééd. mise à jour, Perrin, coll. « tempus », 2016.

Après la naissance de leur deuxième fille, Gisèle, le 12 juillet 1856, François-Joseph et Sissi passent deux semaines en amoureux mais accompagnés de montagnards dans le décor féérique des Alpes de Styrie, dans le sud-est de l'Autriche. Une autre lune de miel… Les villageois sont fiers du choix du couple impérial.

fatiguée de ses couches récentes, s'arrête à un refuge d'où elle peut contempler l'éperon du Grossglockner, le plus haut sommet autrichien. L'empereur, très bon marcheur, continue son ascension jusqu'à plus de 2 000 mètres. En souvenir de cette excursion du couple impérial, les alpinistes surnommeront les deux endroits « le repos d'Élisabeth » et « le sommet François-Joseph » et répéteront, dans les vallées, que jamais un empereur d'Autriche n'était monté aussi haut.

À leur retour à Vienne, les parents de la petite Sophie sont inquiets de son état : elle est pâle et semble anémiée. François-Joseph est absorbé par la préparation de deux voyages qui, malheureusement, ne seront pas des vacances en amoureux. Il s'agit de deux déplacements politiques importants : l'un de quatre mois en Lombardie et en Vénétie, et l'autre, moins long, en Hongrie. Si le second voyage était une promesse de l'empereur lors de son mariage, le premier lui est imposé par le congrès de Paris. En effet, fidèle à sa promesse d'ancien membre de la société secrète des carbonari luttant contre les monarchies étrangères dans la péninsule italienne, Napoléon III entretient l'agitation contre les Autrichiens. Et au souverain de Piémont-Sardaigne, il a fait le serment d'aider l'unité italienne. Il s'en estime le protecteur.

Cette fois, Sissi annonce qu'elle emmènera sa fille aînée qui n'a pas encore 2 ans, certaine que l'air lui fera du bien, alors que l'archiduchesse se dit convaincue du contraire. Le médecin de la Cour approuve Sissi et l'archiduchesse devra se contenter de garder Gisèle, trop petite pour un tel voyage (elle n'a que 4 mois). Pour le gouvernement de Vienne, ce qui compte est la présence de l'impératrice aux côtés de l'empereur. N'est-elle pas populaire ? Partout elle est appréciée, partout elle séduit.

Pendant les préparatifs de ce voyage qui s'annonce délicat, deux fêtes réunissent la dynastie à Vienne. Le 4 novembre, le deuxième frère de François-Joseph, l'archiduc Charles-Louis, 23 ans, épouse la princesse Marguerite de Saxe, fille du roi Jean Ier. Comme Sissi lors de son mariage, elle n'a que 16 ans. Puis on prépare les fiançailles, qui auront lieu à Bruxelles en décembre 1856, du premier frère de l'empereur, l'archiduc Ferdinand-Maximilien, avec la princesse Charlotte de Saxe-Cobourg, fille de Léopold Ier, roi des Belges, et de Louise-Marie d'Orléans, fille aînée de Louis-Philippe, roi des Français de 1830 à 1848. François-Joseph se réjouit de ces alliances européennes qui, estime-t-il, consolident la place de l'Autriche.

Le départ a lieu le 17 novembre 1856. L'impératrice est très excitée à l'idée de découvrir les trésors italiens dont son oncle, le roi Louis Ier Bavière, et son père lui ont tant parlé. Ce périple au-delà des Alpes est une expédition comprenant d'abord le chemin de fer, puis des relais de poste et enfin une navigation fluviale. Malheureusement, le long cortège (trente-sept voitures!)

Le couple impérial autrichien arrive à Venise le 25 novembre 1856. L'atmosphère est glaciale sur la place Saint-Marc, traversée dans un silence pesant. Les Vénitiens ne supportent plus l'occupation autrichienne. À la demande de sa femme, François-Joseph prend des mesures libérales. C'est le réel début de l'influence politique de Sissi.

est très mal accueilli dès qu'il atteint le pays des Lombards. Il faut reconnaître que ceux-ci sont écrasés d'impôts servant à entretenir les garnisons autrichiennes. Vite confrontée à ce climat hostile, Sissi a un comportement exemplaire et inédit : elle se conforme rigoureusement au protocole, ne quitte pas l'empereur courageux. La rebelle est au côté du devoir. C'est la première fois qu'elle se comporte véritablement en impératrice. Elle fait face aux menaces et aux quolibets, choquée qu'on assure que le couple impérial n'est venu avec sa fille aînée que pour dissuader les mécontents de lancer une bombe sur le cortège ! On accuse les souverains de lâcheté ! Or, les menaces sont réelles. Ainsi, à Trieste, lors de l'arrivée du bateau impérial, une gigantesque couronne de cristal vole en éclats. Ce ne peut être qu'un sabotage. Et à Venise, après un accueil militaire grandiose par les troupes autrichiennes, François-Joseph, Sissi et la petite Sophie traversent la place Saint-Marc au milieu d'une foule dense, mais dans un silence glaçant. Les Vénitiens observent le trio et sa suite avec curiosité. Certes, on veut voir « la belle impératrice ». Oui, elle est belle, mais personne ne l'acclame tandis que les visiteurs gagnent leurs appartements au palais Correr[1], qui fait face à la basilique.

François-Joseph, conseillé par sa femme prônant la tolérance, prend immédiatement quelques mesures libérales : il abroge la confiscation des biens des exilés politiques et accorde l'amnistie aux condamnés qui ne sont pas de droit commun. L'empereur doit reconnaître, dans un courrier à Vienne, que « la beauté de

1. Ce palais était alors la résidence officielle des Habsbourg à Venise. Après une remarquable restauration en collaboration avec le Comité français pour la sauvegarde de Venise, les appartements impériaux ont retrouvé leur splendeur d'origine et sont ouverts à la visite. À ne pas manquer !

Sissi parvenait mieux à conquérir son Italie que n'auraient pu le faire ses soldats et ses canons ». Le consul britannique à Venise a beau juger que la beauté et le charme de Sissi sont en dehors de la politique, le statut d'impératrice implique que la moindre de ses attitudes et de ses interventions a une signification politique. Sissi l'a bien compris et constitue la partie indulgente du couple. Son influence commence à être visible.

Scandale à la Scala de Milan… mais pas à cause d'un opéra !

Le 15 janvier 1857, les souverains arrivent à Milan, deux mois après leur départ de Vienne. Les renseignements de l'armée et de la police sont négatifs. Le couple s'attend au pire, mais ce qui va se produire n'était pas prévisible. Une soirée de gala est organisée à la Scala, que Stendhal avait qualifiée de « plus beau théâtre du monde[1] ». À grand-peine, les autorités autrichiennes ont tenté de remplir les deux mille huit cents places. Les familles patriciennes ont assuré qu'elles occuperaient leurs loges. Un piège ! Lorsque le couple impérial fait son entrée, de l'orchestre aux quatre balcons et aux deux galeries, les spectateurs sont des laquais en livrée noire ! L'aristocratie milanaise s'est non seulement fait représenter par ses domestiques, mais de plus, ceux-ci sont en deuil ! L'affront est complet. François-Joseph a beau être, entre autres titres, roi de Lombardie-Vénétie depuis le 2 décembre 1848, il est ridiculisé par une foule de figurants. Le silence est pesant. On apprendra

1. Il s'agit alors de la première salle de la Scala, inaugurée le 3 août 1778.

plus tard qu'avec une parfaite coordination, le même jour, au parlement de Turin, le comte de Cavour, Premier ministre du roi Victor-Emmanuel II de Piémont-Sardaigne, petit homme qui éclate dans sa redingote, mais n'en est pas moins d'une grande habileté politique, avait chaussé ses lorgnons pour annoncer que « l'Italie [pouvait] parfaitement se gouverner elle-même », ce qui est l'opinion de Napoléon III. L'humiliation recommence quelques jours plus tard lors d'un concert auquel assistent à peine dix pour cent des femmes invitées ; mais là encore, l'aristocratie est absente et on a dû faire appel à des femmes de la bourgeoisie. Pire, des épouses de gros commerçants enrichis !

Que faire ? Sissi insiste pour que François-Joseph décrète immédiatement des mesures de clémence fiscale et des amnisties, comme à Venise. Elles sont annoncées chaque matin par *La Gazette de Milan*. Cela ne suffit pas puisque le couple trouve, à la même heure, des pamphlets antiautrichiens jusque dans ses appartements. Si l'impératrice maîtrise ses nerfs, c'est parce qu'elle ne supporte pas l'injustice et qu'elle n'a pas à batailler contre sa belle-mère pour de stupides questions d'intendance. L'impératrice ne gaspille pas son énergie et peut conseiller l'empereur présenté, dans des caricatures, comme un assassin et un esclavagiste. Il faut résoudre un problème urgent : le remplacement du maréchal Radetzky. Le glorieux soldat qui avait replacé la Lombardie et la Vénétie sous tutelle autrichienne en 1848 et 1849, et qui en est toujours le gouverneur général, est âgé de 90 ans et retombé en enfance. Il est méconnaissable. François-Joseph le relève de ses fonctions et lui fait donner une pension confortable. Qui va le remplacer ? L'empereur choisit son frère cadet, Ferdinand-Maximilien, qu'on appellera simplement Maximilien. Pourquoi lui ? Il a 24 ans et reste le favori de sa mère. Attiré par la marine, lieutenant de vaisseau en 1850, il avait été chargé d'accroître la petite flotte autrichienne. En naviguant dans le golfe de Trieste, il avait été fasciné par un vaste rocher s'avançant sur la mer et avait décidé, en mars 1856, d'y faire construire un château, Miramar. Sa nomination est bien accueillie par la population qui pense que sa jeunesse adoucira l'absolutisme[1].

D'ailleurs, peu à peu, l'atmosphère d'hostilité envers l'empereur se détend et l'opposition, beaucoup moins visible, reconnaît le rôle de Sissi. Le cabinet impérial est mécontent de sa bienveillance et la comtesse Esterházy-Liechtenstein, consternée, juge que l'impératrice prend le parti des révolutionnaires. Le 2 mars 1857, l'imposant convoi impérial quitte Milan. Lors d'une halte à Crémone, la cité de Stradivarius, Sissi rayonne de beauté dans une robe de taffetas brodée d'argent et garnie de dentelle. Bien que bousculé par la crinoline de l'impératrice, le prince Alexandre de Hesse, qui critiquait sa diction saccadée, admet qu'il est conquis en écrivant au tsar : « Elle est merveilleuse [...] Elle est unique... »

Quelles conclusions peuvent-elles être tirées de ce premier voyage officiel sur une terre autrichienne partout au bord de la

---

1. Lorsque Maximilien, en garnison à Vienne, avait appris l'attentat contre son frère le 18 février 1853, il s'était précipité auprès de l'empereur qui l'avait tancé d'avoir abandonné son poste ! L'archiduc, d'un tempérament généreux, s'est occupé ensuite de la construction d'une église votive pour rappeler la façon miraculeuse dont François-Joseph avait eu la vie sauve. La Votivkirche, édifiée dans le style néogothique, sur le lieu même de l'attentat, ne fut inaugurée qu'en 1879, pour les noces d'argent du couple impérial.

révolution, y compris à Vérone où se trouve le Grand Quartier général des troupes impériales ? La jeunesse de Sissi émeut et agit ; elle surprend et séduit. Hors de Vienne et malgré une atmosphère hostile, elle s'impose, même lors des bains de foule qu'*a priori* elle exècre. Elle y montre un courage insoupçonné. Loin du carcan de la Cour, Sissi s'efface au profit de l'impératrice libre de ses faits et gestes, mais qui gagne en prestige ; cette osmose profite à François-Joseph, car il a découvert des erreurs et des fautes sur le terrain et a sincèrement tenté de les corriger, même si cette lucidité est trop tardive. À Venise et à Milan, l'image du rigoureux monarque est provisoirement tempérée. Son épouse a supporté des visages de haine, le poids du mépris et même des regards assassins. Elle a été efficace, écoutée et entendue, car elle n'a pas eu à étouffer ses réactions ni à museler ses instincts. Si ce voyage s'achève sur des succès personnels, le couple est conscient que la situation est explosive. En regagnant Vienne l'année de ses 19 ans, elle déplore que l'empereur, attentif, disponible et souple lors de ces quatre mois, redevienne rigide, otage d'habitudes, de convenances et même d'horaires. Il n'est plus le même, il réintègre sa vie ordonnée de bureaucrate consciencieux, alors que Sissi ne s'épanouit que dans la spontanéité. La preuve a été apportée que si à Vienne, elle étouffe, loin de la Hofburg, sa neurasthénie se dissipe. L'archiduchesse Sophie, évidemment informée du laxisme déplorable de son fils et de sa belle-fille, est aussi contrariée de la mise à la retraite du malheureux maréchal Radetzky. C'est également un désaveu de l'époque et du prestige de l'archiduchesse. Néanmoins, son remplacement par Maximilien lui met du baume au cœur. Sissi a aidé François-Joseph à tourner une page héroïque. La rebelle a du bon sens, le couple existe et fonctionne. Ce n'était pas politiquement prévu...

Maintenant, un voyage en Hongrie, indispensable mais risqué

Au printemps 1857, le baron Bach, ministre de l'Intérieur, suggère un voyage en Hongrie, une terre beaucoup plus hostile que la Lombardie ou la Vénétie, mais, face aux desseins de Napoléon III en Italie, d'une importance capitale pour l'Europe centrale. L'Autriche voit son influence bloquée au nord par la

Le 28 mai 1857, François-Joseph et Sissi sont accueillis à Debrecen, à l'est de la Hongrie, au cœur d'une région rurale. La présence du couple impérial autrichien est un défi, car, le 19 avril 1849, Kossuth y avait proclamé l'indépendance de la Hongrie. La population est conquise par Sissi, très inquiète de l'état de santé de sa fille Sophie.

Prusse et la Russie ; une présence renforcée le long du Danube est donc indispensable. Comme pour le périple au-delà des Alpes, le ministre ajoute que la clé de ce voyage serait la présence, apaisante et charmeuse, de l'impératrice. Cette dernière est ravie : échapper à Vienne lui insuffle une énergie spectaculaire car elle se sent désormais utile. La rébellion encadrée au service du devoir. Et puis, Sissi va pouvoir revêtir le costume national magyar qui lui sied parfaitement et perfectionner sa connaissance de cette langue difficile. N'a-t-elle pas déjà appris par cœur quelques poèmes hongrois ? Ce pays mystérieux l'attire avec cette plaine immense, la Puszta, dont la terre a été foulée par tant de conquérants, de chevaux sauvages…

Comme on pouvait le pressentir, l'archiduchesse, qui déteste les Hongrois (l'un d'eux a tenté d'assassiner l'empereur), s'oppose à ce voyage. Mais sa voix compte moins maintenant. Toutefois, lorsqu'elle apprend que sa belle-fille a osé dire que les petites Sophie et Gisèle feraient partie du voyage, elle s'est mise en colère. Il est vrai que l'aînée, Sophie, est toujours d'une santé fragile, sujette à des vomissements inexpliqués. On consulte le Dr Seeburger et celui-ci, de nouveau, arbitre en faveur de l'impératrice qui ne supporte plus d'être séparée de ses enfants. À la Hofburg comme à Schönbrunn, on n'écoute plus l'archiduchesse ? Elle aura prévenu son fils…

Le 3 mai, la suite impériale monte à bord du vapeur qui, escorté, va descendre le Danube. Le débarquement a lieu le lendemain matin. Sissi découvre la ville séparée en deux par le Danube, le vaste palais royal, la vieille citadelle, à l'étroit sur son éperon rocheux avec les ruelles de Buda sur la colline, et sur l'autre rive, la ville neuve, Pesth, qui étale ses quartiers aérés grâce à une plaine vaste et boisée.

François-Joseph, en uniforme de général hongrois, défile à cheval. La foule est silencieuse. Il est suivi par Sissi en carrosse dont les vastes fenêtres permettent aux Hongrois d'apercevoir, lors de ses saluts, son corsage de velours avec ses manches de dentelle. L'impératrice d'Autriche est vêtue en Hongroise, ce qui est vivement apprécié. Mais ici, on sait déjà qu'outre sa beauté, Sissi tient tête à sa belle-mère et on s'en réjouit. Rapidement, l'intérêt se porte presque exclusivement sur la jeune femme. Le lendemain, 5 mai, la presse locale distingue l'empereur de son épouse et l'éloge, original, n'est que pour celle-ci : « La capitale accueille pour la troisième fois Sa Majesté impériale, royale et apostolique, mais la reine, qui réunit deux majestés, c'est-à-dire une terrestre, du trône, et une céleste, de la beauté, pénètre pour la première fois sur le sol de notre chère patrie. » Lorsque, quelques heures plus tard, elle paraît à cheval à côté de François-Joseph, son allure déchaîne un enthousiasme extraordinaire, sauf dans la suite des souverains où l'on juge, Dieu sait pourquoi, qu'il est « indigne d'une impératrice » de caracoler à côté de l'empereur.

Si la population, d'abord curieuse, est vite conquise, l'aristocratie se comporte comme à Venise en boudant les réceptions et festivités. Sissi constate que tout est inutilement compliqué, car François-Joseph doit s'exprimer en allemand, ce qui est mal vu pour les affaires strictement hongroises. Ces ministres et fonctionnaires sont-ils bornés ? Ici, la langue de Vienne ne peut convaincre, c'est une provocation. Sissi se promet de parler le hongrois le mieux et le plus vite possible. Le voyage se poursuit en province, là où les chevaux sont libres, et l'impératrice impressionne les cavaliers magyars par son expérience et sa maîtrise des étalons. Mais son visage se creuse, elle est une mère inquiète. En effet, les petites filles sont restées à Buda, car Sophie est très faible, victime de dysenterie et incapable de garder la moindre nourriture ou boisson. Le 13 mai, une dépêche rappelle Sissi à Buda car Gisèle est dans un état alarmant. Gisèle ! Elle aussi est malade. Le médecin se veut rassurant et invoque une forte poussée des dents. Pourtant, cette alerte dure une dizaine de jours. Le voyage reprend au son des *czardas*, parmi des trésors d'art médiéval et la mémoire des affrontements entre la monarchie chrétienne et les envahisseurs ottomans. Partout, l'impératrice est choyée. Les villes font de gros efforts pour lui être agréables ; ainsi, lorsqu'on lui offre une coiffure brodée d'or, celle-ci est enrubannée de soie blanche et bleue – les couleurs de la Bavière. Quelle attention délicate ! Sissi ne se sent pas une étrangère, elle est littéralement adoptée ; certaines femmes trouvent même qu'elle serait une magnifique reine de Hongrie…

Hélas ! Le 28 mai, une nouvelle dépêche rejoint le couple. Cette fois, le médecin est très pessimiste. Il s'agit de Sophie. Elle est très mal. Le reste du voyage est annulé, on rentre à Buda au plus vite. Abattue, les yeux presque éteints, la petite ne pleure plus, ne crie plus, le visage d'une pâleur morbide.

Les parents sont affolés et le Dr Seeburger incapable d'expliquer la raison de cet état. Pendant onze heures d'affilée, la maman lutte avec sa fille contre la mort. Sans espoir. À neuf heures et demie du soir, le 29 mai 1857, la petite princesse rend son dernier faible soupir. Elle avait 2 ans et 98 jours. François-Joseph s'effondre sur un fauteuil, Sissi est pétrifiée. Dans le télégramme qu'il fait envoyer à sa mère, l'empereur écrit : « Notre petite est un ange au ciel. Nous sommes anéantis. »

Paradoxalement, la mort de sa fille unit Sissi aux Hongrois

L'impératrice est secouée d'une colère impériale, traite le médecin de tous les noms, exige son renvoi et s'accuse de tout. François-Joseph se reprend, il veut connaître les causes du décès. Elles restent obscures. Fièvre typhoïde ? Peut-être. Rougeole transmise par la cadette à sa sœur aînée moins résistante ? Possible. Simple intoxication alimentaire mal traitée ? Concevable. Pour les parents dévastés, ne pas savoir la cause du drame est insupportable. Selon une réaction sinistre, mais systématique dans un tel cas, les Hongrois témoignent de leur affliction, les opposants observent le deuil avec compassion. Tout le monde sait maintenant que l'impératrice avait insisté pour ne pas quitter son premier enfant et la présenter aux Hongrois, un geste habile bien que sincère. Ce terrible malheur est un ciment qui place le père et la mère à égalité dans l'empathie populaire.

Dès le lendemain, ils sont de retour à Laxenburg. Le silence de l'archiduchesse est insupportable ; elle affiche le triomphe morbide de l'expérience et de la raison sur la jeunesse et l'inexpérience. À sa belle-mère, Sissi a désobéi, n'en a décidément fait qu'à sa tête, inconsciente et provocatrice, grisée par l'élan populaire et la sympathie qu'elle a péniblement récoltés en Lombardie et en Vénétie. Elle est châtiée. Enfermée, ne s'alimentant presque pas, fuyant même son mari, elle maigrit

Le décès de sa petite Sophie, âgée d'un peu plus de 2 ans, lors du voyage des souverains en Hongrie au printemps 1857, est plus qu'une tragédie familiale et dynastique. Pour l'impératrice, c'est un châtiment intolérable, ressenti comme une injustice. Si l'épouse de François-Joseph est aussi dévastée que l'empereur, la fierté des Hongrois appréciant la venue de celle qu'ils considèrent déjà comme leur reine va aider Sissi à surmonter l'épreuve. Dans les milieux populaires, elle est déjà leur future reine Erzsébet.

dangereusement, son visage se creuse et elle a le regard fixe. Elle ne veut même pas embrasser la pauvre Gisèle. Sissi vit la mort de sa petite Sophie comme une mère traquée. Elle n'a plus le droit d'exister, elle est redevenue prisonnière d'une geôle invisible. Désormais, on lui dira toujours qu'elle a tort, qu'elle se trompe, qu'elle n'a pas la maturité qui conviendrait, qu'elle est inconsciente. L'accusation est lourde, mais facile. Mère meurtrie, femme accablée, l'impératrice se sent traquée. On la juge, on la condamne. François-Joseph, désemparé, lui promet son appui et son amour intact, il l'aidera à porter leur fardeau. C'est un soldat. Il se réfugiera dans le travail. Ce dont personne ne peut se rendre compte à l'époque, c'est de l'étrange et subliminal pacte de solidarité entre la Hongrie et la souveraine qui s'accuse. Pour la Cour et de nombreux Autrichiens, elle est coupable d'amour maternel désordonné. Pour les Magyars, elle a voulu montrer une image familiale, naturelle, humaine par respect pour eux, envers leur histoire, pour leur dire qu'elle comprenait la révolte contre les Habsbourg dans la reconnaissance de leur identité. Elle était venue avec ses enfants pour connaître les Hongrois et, si possible, les aimer. Ils ne l'oublieront jamais.

5

Un bonheur : un héritier ! Un désastre : Solferino...

Le 21 août 1858, l'impératrice accouche d'un troisième enfant : un garçon ! Enfin un héritier pour l'Empire ! Cette naissance, tant attendue, conforte la place de Sissi qui pose ici avec le nouveau-né et sa fille Gisèle.

La Cour étant en grand deuil, aucun Habsbourg ne se rend à Bruxelles au mariage, le 27 juillet 1857, du frère de François-Joseph, Maximilien, avec la princesse Charlotte de Saxe-Cobourg, fille du roi des Belges Léopold Ier. Seuls sont présents la reine Marie-Amélie, veuve du roi des Français Louis-Philippe, et le prince Albert, époux de la reine Victoria. Vienne semble figée dans une douleur insoutenable, mais les jeunes mariés y passent lors de leur trajet vers Milan – puisque Maximilien est gouverneur de Lombardie et de Vénétie. Les témoins observent que, par un louable effort, le couple impérial autrichien donne l'image d'une entente parfaite. Tout est organisé pour que Charlotte, la nouvelle belle-sœur de Sissi, se sente à l'aise en famille. Hélas! La mère de François-Joseph multiplie les éloges à l'égard de Charlotte, ce que Sissi ressent comme autant de critiques contre elle. La mère de l'empereur laisse entendre que Charlotte est une belle-fille parfaite, encore une façon de rabaisser l'impératrice. Il s'ensuivra une animosité entre les deux belles-sœurs.

Si, face à la tragédie qui l'accable, l'empereur tient en restant vissé à sa mission d'autorité suprême incontestée et à son travail, c'est parce qu'un de ses diplomates, plus lucide que les membres du Cabinet, incite François-Joseph à une tentative de réconciliation austro-russe. Fin septembre, l'empereur rencontre le tsar Alexandre II, qui a endossé la défaite de Sébastopol et été contraint de demander la paix après la guerre de Crimée déclenchée par son prédécesseur. La rencontre se déroule en Thuringe, à Weimar, la ville de Goethe et de Schiller. Mais

Fin septembre 1857, le tsar de Russie Alexandre II et l'empereur d'Autriche François-Joseph se rencontrent au château du Belvédère à Weimar, la ville que Goethe et Schiller ont rendue célèbre. Sont également présents le duc Charles Alexandre de Saxe-Weimar et le prince Alexandre de Hesse-Darmstadt. Mais la réconciliation austro-russe échoue.

comme chacun des deux souverains s'entête à demander l'éviction du ministre des Affaires étrangères de l'autre, l'entrevue est un échec. Sissi n'a pas eu la force d'accompagner François-Joseph. Elle est devenue une silhouette fuyante sous les arbres du parc de Laxenbourg, disparaissant dès qu'un membre de sa suite cherche à l'approcher. Elle redoute qu'on lui impute la mort de la petite Sophie, persuadée que l'enfant serait vivante si elle n'avait pas fait partie du voyage en Hongrie comme l'avait exigé sa mère pour, entre autres, défier sa belle-mère. L'impératrice se juge coupable, bien que son entourage ne se risque pas à la moindre allusion et s'efforce de l'aider à vivre, malgré tout. Elle ne veut pas être vue, ressentant les regards, le silence et même les mots de compassion comme une accusation muette. Inquiets de la prostration de Sissi, François-Joseph et l'archiduchesse prient Ludovica de venir la voir. Sissi semble heureuse de retrouver sa mère et trois de ses sœurs, mais on s'inquiète que l'impératrice ne se soucie guère de son autre fille, Gisèle, redoutant, peut-être, une nouvelle malédiction qui s'abattrait sur la petite archiduchesse âgée d'environ un an.

Toutefois, en ne luttant plus contre sa belle-mère, Sissi s'est rapprochée de son époux. Cimenté par le drame, le couple paraît très uni, faisant preuve d'attentions l'un envers l'autre. Dès qu'ils le peuvent, ils sont ensemble. François-Joseph est très amoureux. Si elle rechigne toujours à paraître dans sa fonction d'impératrice, elle est une épouse consciente qu'elle ne peut priver François-Joseph de sa tendresse. En novembre, ils prennent tous deux la décision, salutaire, de déménager afin de quitter leurs appartements sinistres où tout, d'un petit fauteuil à un lit d'enfant, leur rappelle trop le souvenir de cet ange que la fatalité leur a pris si vite. Adieu les pièces lugubres ! Adieu les escaliers pénibles et les barrages dressés par la jalousie d'une belle-mère omniprésente !

Le couple impérial déménage et Vienne se transforme

L'archiduchesse n'a pu s'y opposer. Et Sissi, qui souffrait d'un rhumatisme à la main et d'une petite tumeur, heureusement bénigne, se débarrasse de l'étrange pansement que lui avait recommandé l'inévitable Dr Seeburger. Ce médecin est stupide ! Et c'est un suppôt de l'archiduchesse ! Mais la véritable raison du déménagement du couple est révélée en décembre : l'impératrice est de nouveau enceinte ! Cette heureuse nouvelle soulage la Cour, mais elle permet à l'archiduchesse d'essayer, de nouveau, d'intervenir dans la vie de sa belle-fille en lui recommandant de cesser son régime draconien et de ne plus porter des tenues trop étroites en renonçant à des corsets comprimant le ventre. Sissi se montre raisonnable, ne monte plus à cheval, même s'il lui en coûte, et marche beaucoup, le plus souvent possible avec François-Joseph quand il peut aménager son emploi du temps. Les nouveaux appartements impériaux sont installés au premier étage de la Hofburg, dans une disposition que l'on peut voir aujourd'hui. François-Joseph s'installe dans l'aile de la chancellerie, occupant une douzaine de pièces. Sissi choisit l'aile Amélie, qui forme un angle droit avec la précédente. Elle dispose de cinq vastes pièces en façade, mais, curieusement, ne veut pas de chambre. Le soir, on déploie un lit modeste qui disparaît le matin. Pas de chambre pour deux à la Hofburg, alors que le couple en partage une à Schönbrunn et y fait même lit commun, ce qui est rare à l'époque. Une excentricité, quand on songe que le palais impérial compte quelque deux mille six cents pièces ! Une façon pour Sissi de ne pas se sentir prisonnière de cette Hofburg qu'elle n'aime pas. Il est vrai que l'empereur lui-même dort sur un simple lit de fer, comme un officier en campagne, mais ce lit reste en permanence. La succession des pièces est somptueuse, avec les murs tendus de soie rouge, les lambris dorés, les tapisseries des manufactures de Bruxelles et des Gobelins, les lustres en cristal, les meubles en palissandre. Les immenses poêles en faïence rococo sont chargés de bûches par l'arrière, des couloirs dérobés permettant d'accéder aux commodités, à la garde-robe et aux pièces affectées aux domestiques, invisibles quand ils ne sont pas de service. En dépit des dimensions des pièces, ce spectaculaire changement rapproche les époux. Or, les bouleversements de ce cadre intime, évidemment désapprouvés par l'archiduchesse qui ne peut s'y opposer, vont de pair avec les transformations de la capitale. Le dimanche 20 décembre 1857, l'empereur écrit au baron Bach, son ministre de l'Intérieur : « Je désire que l'agrandissement du centre de Vienne soit réalisé le plus vite possible et que l'on prévoie une jonction appropriée du centre avec les faubourgs [...] À cette fin, je consens à la démolition des fortifications de la ville et au comblement des fossés. » Vienne ne craint plus l'invasion des Turcs qui avaient assiégé la ville à deux reprises. En vérité, l'empereur est très impressionné par les travaux du préfet Haussmann à Paris qui, avec une énergie approuvée par Napoléon III, transforme la capitale française, autant pour des raisons d'hygiène publique (le choléra sévissait encore à Paris en 1853) que stratégiques et esthétiques : des ruelles étroites vont disparaître et faire place à un large boulevard circulaire, appelé le *Ring* car il aura la forme d'un anneau. Vienne se doit d'être l'égale de Paris, une capitale d'où l'on chasse les miasmes et les coupe-gorge. L'archiduchesse grimace, serre les dents devant les nuages de poussière tourbillonnant sur les chantiers, devant les tonnes de gravats et les chevaux tirant des chariots : la Vienne de sa jeunesse s'effondre sous les coups des démolisseurs. La ville doit s'ouvrir au progrès et vivre à l'heure du chemin de fer. Adieu fortifications et bastions ! L'arasement des anciens remparts est le cadeau de Noël de l'empereur aux 450 000 Viennois ; ils vont bientôt bénéficier de deux aqueducs, respectivement de 95 et de 200 kilomètres, qui déverseront l'eau pure des Alpes. Toutes les capitales européennes succombent aux travaux haussmanniens. Vienne ne pouvait être en retard.

François-Joseph explique ses projets d'urbanisme à Sissi. Elle l'écoute, pose des questions et prie en secret pour que l'enfant qu'elle porte soit un fils. Elle n'écoute pas les permanentes recommandations de l'archiduchesse « qui sait tout » et elle fuit ses conseils, comme elle interdit au Dr Seeburger de se prononcer sur l'évolution de son état. Ah non ! Ce charlatan qui n'a su que lui faire un pansement à la main composé de deux pièces d'argent ! La douleur causée par cet emplâtre était devenue insupportable ! Mais cet incapable est toujours là, protégé par l'archiduchesse. En revanche, l'impératrice écoute les conseils de quelques femmes aimables et intelligentes et éventuellement les suit. Sissi est superstitieuse et croit aux signes... On constate qu'elle s'alimente normalement. Aurait-elle renoncé à son régime qui l'avait tant fait maigrir et affaiblie ? L'empereur le croit et s'en réjouit : allons, Sissi est raisonnable ! Pour une fois, l'archiduchesse n'a pas de raison de se plaindre de sa belle-fille...

François-Joseph est très affecté par la mort du vieux maréchal Radetzky, le 5 janvier 1858. Ce grand soldat, qui s'était engagé en 1784, n'aura profité que huit mois de sa retraite. Ses funérailles sont parmi les plus spectaculaires qu'on ait vues à Vienne. Des régiments entiers sont au garde-à-vous, le corbillard est suivi par un chevalier en armure et précédé par le propre cheval du maréchal, recouvert d'un drap noir dont les bords sont tenus par des valets en livrée de deuil. Huit jours plus tard, on apprend qu'à Paris, devant l'opéra, Napoléon III et Eugénie ont échappé à l'attentat commis par un patriote italien, Felice Orsini, et ses

Le 13 novembre 1858, un monument est inauguré à Prague, en mémoire du maréchal Radetzky von Radetz né en Bohême en 1766. L'illustre soldat était entré dans l'armée impériale en 1784 et avait servi… soixante-treize ans ! *La Marche de Radetzky* de Johann Strauss père conclut le traditionnel concert du nouvel an à Vienne.

complices, un Toscan, un Vénitien et un Napolitain. Une sorte d'union italienne dans le terrorisme. Leurs trois bombes ont fait de nombreuses victimes (huit morts, cent quarante-huit blessés). Les cours d'Europe sont très émues et on essaie de cacher des détails macabres à Sissi ; cependant, elle saura que l'impératrice des Français avait du sang sur sa robe blanche (celui du général Roguet blessé et présent dans la voiture impériale). Le 13 mars, avant d'être guillotiné, Orsini crie, d'une voix forte :

– Vive l'Italie ! Vive la France !

Par le comte von Hübner, son ambassadeur à Paris, François-Joseph est informé que la véritable cible d'Orsini est l'Autriche qui occupe la Lombardie et la Vénétie, car le but de l'attentat était de rappeler à Louis-Napoléon sa promesse d'aider à la formation de l'unité italienne, promesse non tenue jusque-là. Le 19 mars, François-Joseph écrit à Maximilien, son frère cadet qu'il a nommé gouverneur de ces provinces, son inquiétude du climat révolutionnaire entretenu par la promesse de Napoléon III d'unifier l'Italie : « [...] Je te recommande donc une grande vigilance et une ferme sévérité, même dans le cas d'une rébellion partielle. » Maximilien estime que c'est une erreur et qu'une autonomie serait préférable. Il n'est pas entendu.

Surprise : Sissi devient une impératrice marieuse de ses sœurs !

En Bavière, Ludovica cherche à marier ses autres filles, en particulier Hélène qui, encore humiliée d'avoir été évincée au profit de Sissi, ne semble guère pressée de trouver un mari. Elle se réfugie dans la peinture et les œuvres charitables, visitant malades et miséreux dans les villages. Mais dans cet hiver, on commence à parler de ses fiançailles avec le prince de Tour et Taxis dont la famille avait obtenu, au XVIe siècle, le monopole des Postes dans le Saint Empire et aux Pays-Bas. Le roi de Bavière refuse de donner son consentement à cette union, estimant, malgré la fortune des Tour et Taxis, que le prince n'est pas digne d'épouser une duchesse en Bavière. Ludovica ne pouvant, comme d'habitude, compter sur le soutien de son mari, s'adresse à Sissi. Celle-ci ne s'est jamais impliquée dans les mariages familiaux, mais elle vient au secours de sa mère. Après tout, c'est Hélène qui devait être impératrice ! Certes, c'est bien malgré elle que Sissi a été choisie par François-Joseph, mais il est probable qu'elle cherche à réparer le tort qu'elle a involontairement causé à sa sœur aînée. L'impératrice prend sa plume, intervient, s'engage et fait tout pour que ce mariage ait lieu. Elle réussit et personne ne l'aurait imaginée en ambassadrice de sa mère et de sa sœur. Sissi marieuse ! Qui l'eût cru ? La date des noces est fixée à l'été 1858 à Possenhofen. L'épouse de François-Joseph étonne même l'archiduchesse ! Pendant ce même hiver, voici qu'une autre sœur de Sissi, Marie, sa cadette de quatre ans, est demandée en mariage par le roi Ferdinand II des Deux-Siciles pour son fils le prince héritier François, duc de Calabre. On dit que ce Bourbon est très pieux et sans aucune personnalité. Et il est tout sauf un bel homme. Peu importe : l'impératrice s'entremet de nouveau et un courrier incessant circule entre Vienne et Munich. La mère de François-Joseph et sa sœur sont enchantées : leur nièce et fille Marie ne sera plus une « paysanne » (certes, il convient de faire son éducation à elle aussi !) et les Wittelsbach auront une nouvelle souveraine dans leur famille. Pendant cette nouvelle conspiration familiale, à Vienne on prend beaucoup de précautions pour épargner à l'impératrice le moindre désagrément. Ainsi, on lui cache que les résidents au château de Schönbrunn ont été réveillés et affolés à l'aube du 16 août par un bruit épouvantable : le grand lustre du salon des cérémonies, où Sissi avait rencontré officiellement la famille de François-Joseph, s'est écroulé. Ces négociations nuptiales conduites par sa femme détendent François-Joseph, soucieux des manigances de Napoléon III en faveur de la cause italienne. Maximilien partage son inquiétude. Les deux frères ont raison…

En effet, dès la mi-juillet 1858, l'empereur des Français s'apprêtait à venger son oncle Napoléon Ier : puisque le congrès de Vienne avait confirmé, en 1815, le contrôle d'une bonne partie de l'Italie du Nord par l'Autriche de Metternich, libérer l'Italie, ce serait exercer la dernière vengeance contre l'Europe de la Sainte-Alliance. Sous le prétexte médical, en partie vrai, d'une nouvelle cure dans une station aux vingt-sept sources d'eau chaude, Napoléon III se rend à Plombières, dans les Vosges. Le 20 juillet, au matin, dans un salon modeste, il rencontre un homme qui se fait appeler Camille Benso et a l'air d'un brave notaire de province, venu de Suisse. C'est Cavour, le Premier ministre du royaume de Piémont-Sardaigne. Décidée peu après l'attentat d'Orsini, l'entrevue secrète de Plombières est destinée à fixer les conditions du soutien français à l'unité italienne contre l'Autriche. Les deux hommes se séparent le 21. Avec sa diplomatie thermale, Napoléon III a préparé sa campagne d'Italie.

Sissi s'est installée à Laxenburg. Trois jours après le vingt-huitième anniversaire de François-Joseph, elle est prise par les douleurs, beaucoup plus violentes que pour ses accouchements précédents. Une journée de souffrances. Prévenue par télégramme, arrivée de Vienne, l'inévitable archiduchesse commence par faire exposer le saint sacrement dans la chapelle du château. Puis, elle vient s'asseoir en silence dans la chambre de sa belle-fille. Tout Laxenburg est en prière et Vienne, où la chaleur est pénible, respire à peine...

Ce 21 août 1858, Ludovica est encore absente. Mais cette fois, la mère de l'impératrice a une bonne raison de ne pas être auprès de Sissi : en effet, elle est à Possenhofen dans les préparatifs du mariage d'Hélène avec le prince de Tour et Taxis et la durée du voyage aller-retour ne lui permet pas de risquer d'arriver en retard à la cérémonie. Et puis, Sissi a déjà eu deux enfants. Et elle est très entourée. Pour Ludovica, Hélène devient prioritaire et elle a bien mérité que sa mère s'occupe d'elle. À Vienne, vers dix heures du soir, l'impératrice pousse des cris si aigus que l'archiduchesse et la comtesse Esterházy-Liechtenstein tombent à genoux, psalmodiant des prières, implorant la grâce divine. Elles sont très inquiètes car lors de ses précédents accouchements, Sissi s'était contentée de gémir. Un quart d'heure plus tard, c'est la délivrance ! Sissi, épuisée, très pâle, demande, dans un souffle :

– Est-ce un fils ?

François-Joseph est en larmes. Personne ne répond à la mère angoissée. Accablée, elle soupire :

– Alors, c'est encore une fille...

L'empereur pleure de joie et d'émotion. Il bredouille et formule ces mots ahurissants :

– On ne sait pas encore ! La sage-femme ne sait pas !

François-Joseph et Sissi, fin 1858. Après deux filles, dont l'une, Sophie, est décédée, le couple impérial a enfin un fils, Rodolphe. La naissance de l'héritier de l'Empire confère à l'impératrice une autorité et un prestige réels. Elle est respectée, enfin !

Mais si, on sait : c'est un garçon ! Un fils ! Un héritier ! L'empereur a enfin un successeur, mais il est tellement heureux qu'il ne se rend pas compte de ce qu'il dit !

Déjà, il détache le collier de la Toison d'or qu'il arbore sur sa poitrine et le pose sur le nouveau-né[1]. Sissi se redresse, pressentant qu'on n'ose pas lui dire la vérité. C'est bien un garçon ! Enfin ! Merci mon Dieu ! L'empereur reprend ses esprits et annonce que son héritier sera prénommé Rodolphe en souvenir de son illustre ancêtre Rodolphe qui, en 1278, avait conquis la Bohême, devenue un fief des Habsbourg. Et par un geste d'amour et de reconnaissance, François-Joseph offrira à son épouse un splendide collier de trois rangs de perles estimé à 75 000 florins. L'empereur est un mari heureux, un père comblé et un monarque rassuré. Il n'a jamais été aussi enthousiaste depuis son mariage.

Réjouissances à Vienne, inquiétude pour l'impératrice

Sissi n'entend pas les cent un coups de canon qui réveillent la capitale endormie ni l'enthousiasme populaire qui envahit les rues. La foule ne se réjouit pas seulement de cette naissance qui donne un prénom masculin à l'avenir : des largesses, des

1. L'ordre de la Toison d'or, symbolisé par un bélier en or suspendu à une chaîne d'or, avait été fondé en 1429 à Bruges par le duc de Bourgogne Philippe le Bon, afin d'unifier la noblesse et de propager la foi catholique. La maîtrise de l'ordre passa ensuite aux Habsbourg, avec Charles Quint, aux Bourbons rois d'Espagne, puis fut, enfin, exercée à la fois par les souverains du Saint Empire et les monarques espagnols. Aujourd'hui, le grand maître de la Toison d'or est le roi d'Espagne Felipe VI, mais le trésor de l'ordre se trouve à Vienne depuis le XVIIIe siècle.

dons, des mesures libérales doivent accompagner l'événement tant attendu depuis quatre ans. N'oubliant jamais que l'armée est l'indispensable ciment de l'Empire, François-Joseph nomme immédiatement son fils colonel du 19e régiment d'infanterie. L'empereur ne saurait en douter : Rodolphe sera un militaire...

L'impératrice est lasse, mais elle savoure une fierté secrète : mère du futur empereur, elle voit se renforcer sa position à la Cour si souvent critiquée, y compris face à sa belle-mère. Cette dernière a tout de même un excellent prétexte pour rappeler son importance : jugeant que sa belle-fille est beaucoup trop faible pour nourrir son fils, elle lui interdit de l'allaiter, évidemment soutenue par le Dr Seeburger, le médecin formant avec l'archiduchesse un pénible duo de conseils négatifs et péremptoires. Le résultat n'est pas heureux pour Sissi car si, selon la tradition, c'est une solide nourrice qui est choisie, elle-même est fiévreuse et souffre de malaises provoqués par ses montées de lait inutiles. Et la conséquence est inévitable : la mère, qui n'a aucun appétit, est dans l'incapacité de s'occuper du nouveau-né. C'est donc, une fois encore, son impériale grand-mère qui maîtrise la situation et règne sur la nurserie! Un cercle infernal où François-Joseph n'a pas le droit de donner son avis. Et Sissi s'aperçoit vite que l'héritier qu'elle a donné au trône, loin de conforter sa situation, avive la discorde avec l'archiduchesse. Celle-ci informe sa sœur Ludovica, laquelle se désole que ce grand bonheur de la naissance soit assombri par ces rivalités pédiatriques. Est-il donc impossible de savourer une joie profonde sans se chamailler autour d'un berceau? Même le cadeau que sa belle-mère et son beau-père offrent à Sissi le jour du baptême, le collier et les boucles d'oreilles que l'archiduchesse avait reçus pour la naissance de

François-Joseph vingt-huit ans plus tôt, ne peut être un baume. Selon Sophie, Sissi n'a aucune compétence maternelle : n'a-t-elle pas échoué tragiquement ? Ayant donné un fils à l'empereur, elle se sentait protégée, mais, paradoxalement, on la tient à l'écart du nourrisson. Comme avant… L'archiduchesse a raison d'être méfiante, mais elle a tort d'interdire à Sissi de jouer son rôle naturel de mère. Heureusement, quand elle voit le bonheur de François-Joseph, elle retrouve quelques forces.

Le seul espoir de l'impératrice est la visite de sa famille. Ludovica arrive à Vienne en septembre, accompagnée de ses trois dernières filles et du Dr Fischer ; celui-ci se révèle aussi peu efficace que son confrère viennois. Néanmoins, la présence de sa mère et de ses sœurs rend Sissi heureuse. Comme toujours, leur départ est un déchirement ; mais le visage de Sissi s'éclaire de nouveau lors de la venue de sa sœur Marie en janvier 1859, cinq mois après la naissance de Rodolphe. Marie vient d'épouser, par procuration, l'héritier du royaume des Deux-Siciles et s'arrête une quinzaine de jours à Vienne sur la route de Naples[1]. Quelle joie pour Sissi ! Marie, plus jeune et plus brune qu'elle, est sa sœur préférée. La métamorphose de l'impératrice est immédiate : elle se lève, retrouve l'appétit et, bien qu'encore faible et mal remise de ses couches, elle fait découvrir à Marie ce qu'elle aime à Vienne, le Burgtheater et surtout le Prater et le cirque Renz. Encore mieux : un bal est donné à la Hofburg et le couple impérial y paraît, dix-huit mois après le décès de la petite Sophie. François-Joseph est soulagé que Sissi retrouve enfin un comportement acceptable

1. L'ancien royaume de Naples, restitué aux Bourbons en 1815 par le congrès de Vienne, avait pris le nom de royaume des Deux-Siciles en 1816.

et rassurant, lui qui n'avait pu ni voulu trancher le différend perpétuel entre sa mère et sa femme.

À Trieste, le grand port autrichien sur l'Adriatique, l'impératrice, la future reine et leur frère aîné Louis, qui les accompagne, sont reçus par le gouverneur avec tous les honneurs et un cérémonial particulier : dans l'immense salle du palais du gouvernement, un long ruban est tendu, symbolisant la frontière entre la Bavière et les Deux-Siciles. Marie, duchesse en Bavière, s'avance, cesse d'être bavaroise et devient, pour l'instant, princesse de Calabre, en attendant d'être souveraine des Deux-Siciles, à 17 ans. Sissi est émue de voir partir Marie et inquiète, car son futur beau-frère passe pour maladif et anxieux, voire presque débile. On essaie de lui trouver une qualité en assurant qu'il est un mystique. Les deux sœurs s'embrassent, en larmes. Mais l'impératrice sourit : Marie n'a pas pu se séparer de son canari ! Malgré son nouveau destin, elle reste bien une Wittelsbach et la digne sœur de l'impératrice, pour qui les animaux sont préférables à la plupart des humains !

François-Joseph quitte Sissi, effondrée, pour la guerre...

Le royaume des Deux-Siciles vers lequel vogue Marie est politiquement aussi agité que d'autres États italiens aspirant à l'unité de la péninsule. On a dit la haine anti-Habsbourg en Lombardie-Vénétie, mais le souffle révolutionnaire est aussi fort en Toscane, à Modène et à Parme où les troupes des garnisons autrichiennes ne sont plus supportées. Partout, les autorités de

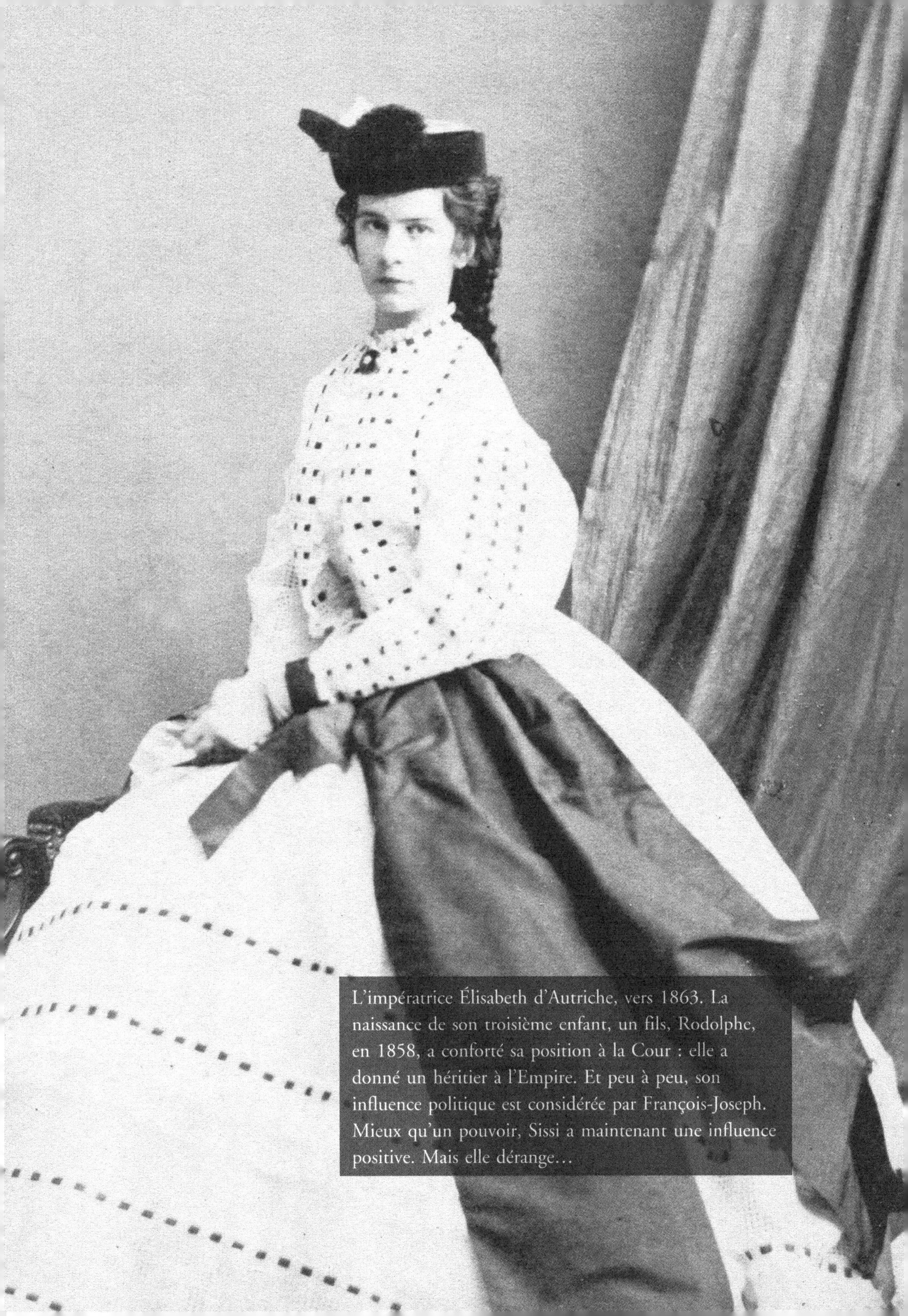

L'impératrice Élisabeth d'Autriche, vers 1863. La naissance de son troisième enfant, un fils, Rodolphe, en 1858, a conforté sa position à la Cour : elle a donné un héritier à l'Empire. Et peu à peu, son influence politique est considérée par François-Joseph. Mieux qu'un pouvoir, Sissi a maintenant une influence positive. Mais elle dérange…

Piémont-Sardaigne, le roi Victor-Emmanuel II et son astucieux ministre Cavour entretiennent la révolte, soutenus secrètement, on l'a vu, par Napoléon III. Derrière son regard voilé et ses distractions feintes, l'empereur des Français nourrit son rêve d'unir les Italiens. Dès le lendemain de son coup d'État du 2 décembre 1851, il avait promis à Cavour :

– Je ferai quelque chose pour l'Italie.

Après leur entrevue de Plombières, un traité, signé le 10 décembre 1858, promettait que la France enverrait deux cent mille hommes dans la péninsule si l'Autriche commettait quelque acte agressif contre l'Italie. Il fallait donc pousser François-Joseph à commettre cette faute… Il suffisait d'allumer la mèche, c'est-à-dire d'amplifier la subversion contre Vienne. François-Joseph constate l'échec de son frère Maximilien qu'il a, par erreur, privé de pouvoirs militaires dans ses fonctions de gouverneur de la Lombardie et de la Vénétie. Et sa belle-sœur Charlotte, ambitieuse, volontaire et rêvant d'une couronne, est très impopulaire ; à Venise, elle a même été insultée. À Vienne, les rapports que reçoit l'empereur lui montrent combien il est isolé diplomatiquement, la Russie ne lui ayant pas pardonné son absence de soutien en Crimée et Cavour ayant poussé le machiavélisme jusqu'à négocier avec un rebelle hongrois, le général Klapka, adversaire des Habsbourg. À Berlin, tout ce qui peut affaiblir l'Autriche est bien reçu et encouragé. Et malgré des échanges personnels se voulant chaleureux avec Napoléon III, François-Joseph est informé de la brochure du Français en faveur de l'Italie unifiée et constate combien il est indulgent pour le Piémont-Sardaigne. Sissi voit à peine son mari, accaparé par la politique européenne. Elle voudrait l'aider, mais se sent inutile. Décidément, elle gêne.

Exaspéré par les agressions contre les symboles autrichiens en Lombardie et en Vénétie, l'empereur adresse un ultimatum à Turin le 19 avril 1859, exigeant la démobilisation des troupes du Piémont-Sardaigne et la dissolution des corps francs. Auparavant, pris d'un doute, François-Joseph avait débarqué à l'aurore chez l'ancien chancelier Metternich, maintenant âgé de 86 ans, affaibli et alité. De toutes ses forces fuyantes, Metternich n'avait cessé de répéter : « Pas d'ultimatum ! Pas d'ultimatum ! » Mais François-Joseph ne l'avait pas écouté... ni entendu.

Rejeté au bout de trois jours par Victor-Emmanuel II et Cavour, l'ultimatum de Vienne est astucieusement présenté comme une déclaration de guerre. François-Joseph est tombé dans le piège qui présente les Piémontais et les Sardes en victimes. Le combat politique est élevé, à la hauteur d'un duel impérial. Le souverain de Vienne n'a pas 30 ans, la diplomatie est sa faiblesse et il ignore les effets dévastateurs d'un ultimatum qui fait de lui l'agresseur. Le monarque des Tuileries a 50 ans et son passé d'aventurier conspirateur ayant conquis le pouvoir prouve qu'il est, entre autres, rompu aux habitudes du sérail européen et qu'il soutient son allié de Crimée dans le rôle de la victime. Contre l'avis de ses ministres, François-Joseph part pour le front piémontais le 29 avril. Plus grave, l'Autriche n'est pas prête à cette nouvelle guerre. François-Joseph ne l'a préparée ni sur le plan politique ni sur le plan militaire. Il faudra du temps à l'armée autrichienne pour gagner le terrain des combats, ce qui permettra aux troupes de Napoléon III de faire leur jonction avec les troupes piémontaises.

Sissi, bouleversée, s'accroche à son mari. Elle reste avec lui dans le train impérial jusqu'à une centaine de kilomètres au sud de Vienne. Les adieux du couple sont déchirants dans la petite gare de la ligne du Semmering, la première construite en Europe sur un itinéraire de haute montagne. L'impératrice pleure. Elle et lui vont être séparés par la guerre, par l'impensable guerre, et Sissi est à la fois effondrée et furieuse. Pourquoi, pourquoi doit-il partir, lui ? Il y a des maréchaux et des généraux pour ces missions. Rien n'y fait : François-Joseph est un soldat, pas un déserteur. L'impératrice lui fait jurer d'être prudent, de penser à elle, aux enfants, Gisèle, qui n'a que 3 ans, et Rodolphe, dans son neuvième mois. À Karl Ludwig von Grünne, le fidèle aide de camp, Sissi multiplie les recommandations :

– Gardez l'empereur ! Il est ma seule consolation en ces temps terribles…

Rentrée à Vienne, elle écrit à Grünne, le suppliant de veiller sur l'homme qui est tout pour elle. L'impératrice s'enferme avec Gisèle, pleure sans arrêt. Ce sont des larmes d'amour et de panique à l'idée que François-Joseph puisse mourir. Elle ne dit rien, assise dans un coin. Être séparée de son mari si bon lui est insupportable. Sissi est désespérée, alors que la naissance de Rodolphe et le séjour de Marie lui avaient redonné des raisons de vivre et d'oublier le carcan du devoir. Et voilà que cette maudite affaire italienne balaie tous ses efforts. Si seulement elle pouvait rejoindre l'empereur ! Mais il l'interdit. La guerre est une affaire d'hommes et il ne saurait « donner le mauvais exemple ». Alors, Sissi fuit à cheval pendant des heures, ne mangeant presque rien, surtout pas avec l'archiduchesse qui organise des thés afin de maintenir une relative cohésion familiale. Signe de grave crise chez l'impératrice : de nouveau, elle maigrit. On l'empêche d'être avec son époux ; à ses côtés, elle n'aurait pas peur. Encore une frustration.

La guerre est ravageuse ; elle coûte très cher en vies humaines. La victoire française de Magenta, le 4 juin 1859, laisse quatre mille morts du côté de Napoléon III et des Piémontais, dix mille du côté autrichien et vingt-cinq mille blessés ou malades des deux côtés. L'impératrice et l'archiduchesse sont au chevet de blessés rapatriés, tandis que Vienne s'inquiète des erreurs de commandement du général Ferencz Gyulai. François-Joseph le relève de ses fonctions et décide de le remplacer lui-même. À Sissi, il écrit : « L'armée n'a pas été bien commandée. Gyulai n'a pas répondu à mes espérances. La retraite au-delà du Ticino n'était pas nécessaire. Au lieu de cela, il aurait été préférable de passer à l'offensive. » Effectivement, Magenta est une défaite, mais les troupes de François-Joseph sont encore opérationnelles. Sissi n'est pas rassurée : maintenant, son mari va être directement très exposé et responsable de tout ce qui pourrait arriver...

Après la crise politique, le couple affronte une crise conjugale

Le 24 juin, à trois heures de l'après-midi, Metternich, effondré par l'engagement maladroit de François-Joseph et les nouvelles qu'il a reçues, s'éteint. Une Autriche meurt, une Autriche est vaincue. Le 24 juin, à cinq heures du matin, au sud du lac de Garde, une terrible canonnade secoue un village niché en haut d'un mamelon couronné d'une tour. L'endroit se nomme Solfe-

La bataille de Solferino, près de Mantoue, le 24 juin 1859, oppose cent trente-trois mille Franco-Sardes commandés par Napoléon III à cent quatre-vingt mille Autrichiens sous les ordres de François-Joseph. Le caractère sanglant des combats incitera un témoin, le Suisse Henry Dunant, à fonder la Croix-Rouge. Sissi a tremblé pour la vie de son « Franzi » qui, courageux, a été exposé en première ligne.

rino. Alors commence un affrontement épouvantable entre deux souverains qui sont apparentés[1]. Voyant ses troupes massées autour de la colline (cent quatre-vingt mille hommes), François-Joseph s'écrie :

1. En effet, l'empereur François Ier d'Autriche, oncle paternel de François-Joseph, avait eu de son deuxième mariage avec Marie-Thérèse des Deux-Siciles une fille aînée qui fut l'archiduchesse Marie-Louise, devenue en 1810 la seconde épouse de Napoléon Ier et l'impératrice des Français.

– Ah! Les Français! Je les tiens donc!

Ce qu'il tient est la tour de Solferino, surnommée «l'espionne de l'Italie», qui symbolise la domination autrichienne dans la région. Après douze heures de combats sous un orage fracassant, Solferino et les hameaux voisins sont perdus pour les Autrichiens. Le bilan est effroyable : dix-sept mille morts du côté franco-piémontais, vingt-deux mille chez les troupes des Habsbourg. Une boucherie. Au milieu des cadavres éventrés et des ruines fumantes, un jeune courtier de banque suisse, horrifié par le spectacle, se jure de créer des auxiliaires de secours. Il s'appelle Henry Dunant et sera le fondateur de la Croix-Rouge.

Deux jours plus tard, à Vérone où se trouve son quartier général, François-Joseph, l'empereur vaincu, doit reconnaître que, s'il est soldat, il n'est ni stratège de génie ni efficace tacticien. À sa chère Sissi, il écrit : «Je dus ordonner la retraite... Je partis à cheval [...] Voici la triste histoire d'une journée épouvantable où fut fourni un grand effort, mais où la chance ne nous sourit pas. J'ai acquis de l'expérience et j'ai appris à connaître les sentiments d'un général battu [...] Ma seule consolation, ma seule joie est maintenant d'aller te rejoindre, mon ange. Tu imagines combien je me réjouis. Ton dévoué Franzi.» L'impératrice, angoissée puis consternée par ces nouvelles, entendra des rumeurs pénibles répétant que l'incompétence de son époux a été évidente. Mais pourquoi donc a-t-il ordonné si vite cette retraite? Pourquoi n'a-t-il pas fait donner les régiments en réserve? Il a commis la même faute que son ancien général en chef. Mais son Franzi est vivant et revient...

Bien que victorieux, Napoléon III demande la paix, car sur intervention de la Prusse, agacée par le désastre, la Confédération germanique mobilise trois cent cinquante mille hommes. Pour que sa chère victoire de Solferino ne soit pas effacée par une vengeance des États allemands, la France doit céder.

Le 12 juillet, à neuf heures du matin, au premier étage d'une maison sise sur la grande rue d'une bourgade appelée Villafranca, les deux souverains se retrouvent pour des préliminaires de paix et, accessoirement, pour un petit déjeuner. François-Joseph n'y touche pas, furieux de ce tête-à-tête « avec ce misérable Napoléon », « une fripouille » ! Très agité, il refuse de céder la Lombardie à Victor-Emmanuel II. Il la remet à la France et conserve la Vénétie dont il promet de changer l'administration. À son adversaire, il déclare :

– Je vous donne ma parole d'honneur. La Vénétie sera non seulement heureuse, mais satisfaite[1].

Très calme, Napoléon III se justifiera en disant :

– J'ai donné mon accord car j'avais affaire à un chevalier.

L'entrevue dure une heure. Rouge d'émotion et sans doute furieux contre lui-même, François-Joseph signe l'armistice en ayant ce propos amer :

– Je fais un immense sacrifice. La Lombardie était ma plus belle province.

De retour à Vienne, l'empereur constate qu'il est d'une dangereuse impopularité. Le peuple réclame des sanctions, l'atmosphère est quasi révolutionnaire. Vienne gronde à cause des dizaines de milliers de morts, des sacrifices financiers imposés par l'effort exigé par cette maudite guerre ; une défaite causée par les erreurs de

1. Michael McGarvie, *Francis Joseph I*, The Monarchist Press Association, Londres, 1966.

l'empereur incite certains à affirmer que ce dernier a été battu par lui-même…

Mais François-Joseph n'a pas le courage de le reconnaître. Il congédie trois ministres – dont l'un se tranchera la gorge –, révoque des généraux, exige une enquête pour établir les responsabilités de l'état-major. Cela n'améliore pas la réputation militaire et politique de l'empereur, au contraire. Son prestige personnel est dissous dans la colère. La défaite est nationale, mais c'est aussi celle, personnelle, du souverain. Il se cloître à Laxenburg, ce qui est sans précédent, pendant que sa mère fustige « la volonté du peuple », coupable, selon elle, de saper l'autorité impériale. La purge n'épargne pas le comte Grünne, qui, dit-on, n'aurait pas informé l'empereur de la gravité de la situation. Démis de ses fonctions d'aide de camp général et de chef de la chancellerie militaire, il ne conserve que sa charge de grand écuyer. Sissi, qui l'a apprécié dès leur première rencontre à Bad Ischl, est choquée par cette mesure. Quelle injustice ! Elle lui écrit une longue lettre, désolée de le voir remplacé : « [Je vous souhaite] des jours meilleurs et plus heureux que ceux que nous avons traversés […] Mon seul réconfort est de savoir que nous ne vous avons pas entièrement perdu, et vous savez combien je vous en suis reconnaissante[1]. »

Lorsque le 12 septembre, François-Joseph reparaît en public, l'accueil de la foule est glacial. Des passants refusent de le saluer. Un mot circule : « Abdication ! » En faveur de son frère Maximilien, selon des rumeurs. À l'Opéra, c'est l'impératrice qui est ovationnée, car elle incarne le bon sens.

1. Brigitte Hamann, *Élisabeth d'Autriche*, *op. cit.*

La défaite de François-Joseph à Solferino, en 1859, entraîne une crise politique à Vienne. Des rumeurs d'abdication circulent et le bon sens de Sissi est mis en valeur. Une crise conjugale frappe le couple impérial. L'impératrice assume son indépendance : elle fait installer des anneaux pour sa gymnastique à la Hofburg. Pour sa belle-mère, c'est un signe d'anarchie.

Sissi se sent aimée, soutenue, mais elle est affligée de ne pouvoir partager les soucis politiques de son époux. Il y a peut-être de la pudeur, de la prévenance chez l'empereur, mais cette réserve est maladroite, car l'impératrice se sent exclue des conversations importantes, alors qu'elle doit sans cesse batailler contre sa belle-mère à propos d'insipides problèmes domestiques. Alors, Sissi se venge et forge son image pour exister : elle fume des cigarettes, organise des soirées dans ses appartements pour des couples de jeunes gens de la haute société et n'y convie pas l'archiduchesse. Si elle assiste aussi aux bals privés dans Vienne (une révolution !), il lui arrive de ne regagner la Hofburg qu'à l'aube, alors que François-Joseph est déjà parti à la chasse. Elle fait installer une salle de bains complète chez elle et des anneaux suspendus à des cordes près de sa coiffeuse, afin de pratiquer des agrès après l'équitation. Bien entendu, la vision de cet équipement insolite dans la galerie de la Hofburg scandalise sa belle-mère et les dames d'honneur. L'impératrice veut-elle transformer le palais impérial en gymnase ? En cirque ? Quel besoin a sa belle-fille de se livrer à des acrobaties ? Est-ce indispensable de prendre un bain chaque jour ? Pour l'archiduchesse, Sissi est une anarchiste ! Son comportement n'est pas, semble-t-il, une provocation de plus, mais une réaction à un ragot. Une bonne âme aurait informé Sissi d'une prétendue liaison de l'empereur avec une jolie comtesse polonaise qui avait été sa maîtresse avant leur mariage. Est-ce vrai ? Est-ce faux ? Pire : d'autres médisances assurent que le caractère de l'impératrice est si imprévisible et si instable que l'on peut excuser François-Joseph de ses écarts de conduite. Après la crise politique qu'il a affrontée sans succès, le couple fait face à une crise conjugale. La première.

6

Une si longue absence

En octobre 1860, Vienne bruisse d'une rumeur : François-Joseph aurait une liaison avec une comtesse polonaise qui avait été sa maîtresse avant son mariage. Est-ce pour cette raison que l'impératrice décide de partir en voyage, loin de la Cour et des ragots ?

C'est un véritable coup de tonnerre qui ébranle la Cour en octobre 1860 ! On apprend que l'impératrice va partir en voyage, seule, sans l'empereur, sans leurs enfants et avec une suite réduite. Où va-t-elle ? On ne le sait pas encore. Pourquoi veut-elle partir ? Une raison familiale ? Depuis plusieurs semaines, l'impératrice est épuisée, mais ne renonce surtout pas à ses sorties équestres, allant au-delà de ses forces. Tendue, pâle, passant d'un état prostré à une vive excitation, elle s'alimente peu, prétendant que son régime lui convient. Elle ne mange aucune viande, uniquement du lait, des œufs et des fruits. Si sa haute taille met en évidence sa gracieuse silhouette, la jeune femme est passée de la minceur à la maigreur. Ne pesant pas plus de 50 kilos, elle est fragile. Elle fume beaucoup, y compris dans sa voiture et à table. Quand les potins du Gotha arriveront chez la reine Victoria, celle-ci sera scandalisée ! En dehors de ses harassantes courses à cheval et de ses marches à pied dans Vienne à une cadence telle que ses dames d'honneur ne peuvent la suivre (Sissi s'en amuse !), elle ne satisfait pas aux obligations de son rang, mais organise toujours de petits bals chez elle qui choquent l'opinion traumatisée par Solferino ; et elle voit à peine ses enfants qui sont sous bonne garde, comme si l'on se méfiait des excentricités de leur maman. Bien qu'accablé et dépassé par les soucis politiques, François-Joseph tente de la raisonner. Malgré sa tendresse pour Sissi, il n'y parvient pas et se heurte à un mur. Il la supplie même de cesser sa gymnastique sévère sous les lambris de ses appartements. Inévitablement, on s'interroge : l'impératrice serait-elle malade ? Vraiment souffrante ? Et de quoi ? Certes, elle avait eu

La famille impériale en 1859. Assis, de gauche à droite : Sissi tenant son fils Rodolphe, avec la petite Gisèle, debout ; les parents de François-Joseph, Sophie et l'archiduc François-Charles. Debout, de gauche à droite : l'empereur, son frère Maximilien, sa belle-sœur Charlotte de Belgique, ses frères Louis-Victor et Charles-Louis.

trois grossesses en quatre ans – elle en restait anémiée –, mais sa toux était inquiétante. Tout comme ses rires soudains succédant à des crises de larmes. À cette époque, on redoute toujours la tuberculose, qui fait des ravages. Même l'archiduchesse a fini par juger que sa belle-fille était dans un état inquiétant et exige un avis médical. Le Dr Seeburger ? Ah non ! Surtout pas ce charlatan. La mère de l'empereur, connaissant tout ce qui compte à Vienne et ne manquant jamais de le rappeler, fait venir, en accord avec son fils, un phtisiologue réputé, le Dr Skoda. Après examen, le praticien considère que la patiente a besoin de soleil, d'un climat doux, car Sa Majesté n'est pas en état d'affronter les brumes et le froid de l'hiver viennois qui s'annoncent.

Avec le recul de l'histoire, on peut formuler un diagnostic plus complexe qu'une maladie pulmonaire. La rumeur d'une liaison extraconjugale de son mari, avérée ou sans fondement, est certes stupéfiante et douloureuse à supporter, mais ne saurait être la seule raison du mal-être de Sissi. Il y a d'abord – et toujours – l'environnement protocolaire, insupportable carcan des dames d'honneur aux ordres de l'archiduchesse ; ces « gardiennes de la tradition » auraient jugé – en confidences vite répandues par les femmes de chambre et les valets – que, décidément, la mère de l'empereur était « la véritable impératrice » ! À ces perpétuels dénigrements qui l'exaspèrent s'ajoutent des considérations politiques. L'impératrice a acquis une réputation, justifiée, d'idées libérales et manifeste de la méfiance à l'égard du clergé, bien qu'elle soit profondément catholique. Elle s'est enthousiasmée lorsqu'elle a su que François-Joseph avait concédé aux peuples de l'Empire l'ébauche d'une Constitution, signée le 20 octobre, sous le nom surprenant de « Diplôme ». Depuis le 31 décembre 1851, la Constitution octroyée par le jeune empereur le 7 mars 1849 était abolie. Apprenant la décision de son fils qui adoucissait l'absolutisme impérial, l'archiduchesse, horrifiée, avait pronostiqué l'inévitable ruine de l'Empire, funeste conséquence des révolutions appelées « le printemps des peuples » à la moitié du siècle. François-Joseph l'avait rassurée en lui écrivant : « Certes, nous allons connaître une certaine vie parlementaire, mais le pouvoir reste entre mes mains, et tout cela sera bien adapté à la situation autrichienne. » Une situation qui n'est pas brillante, aussi bien à l'intérieur, à cause des catastrophiques défaites militaires, qu'à l'extérieur, car il est patent que l'Autriche est menacée en Vénétie par l'ambitieux calcul du roi Victor-Emmanuel II et de Cavour, tandis que la puissance de la Prusse commence à dominer le monde germanique, sans oublier les succès de Napoléon III ni le mécontentement russe.

Sissi organise sa première fuite : elle choisit l'île de Madère

On le sait aujourd'hui : la plus troublante affection dont souffre l'impératrice est de ne pouvoir s'accommoder de sa condition officielle. Elle ne supporte plus Vienne ; la Hofburg et Schönbrunn sont des prisons où on lui reproche son tempérament et sa volonté d'indépendance. Elle s'estime captive d'un monde de préjugés et de convenances. À Paris, le préfet Haussmann s'active à donner « de l'air, de la lumière et de l'eau » aux habitants ; mais à Vienne, en dépit des travaux gigantesques, Sissi étouffe psychologiquement derrière les murailles décrépies de la tradition. Si l'impératrice doit changer d'air, c'est surtout d'une autre atmosphère sociale, sans critiques ni surveillance, qu'elle a besoin, indépendamment d'une thérapie pour vaincre une laryngite chronique diagnostiquée par le Dr Skoda. Un climat doux ? Du soleil pour passer l'hiver ? François-Joseph propose la Riviera autrichienne, en Croatie. Sans succès. Peut-être sur les conseils du Dr Skoda, peut-être sur les conseils de sa belle-sœur Charlotte qui y a séjourné, mais peut-être tout simplement parce que Sissi adolescente a toujours aimé les îles, celle, portugaise, de Madère est retenue, ce qui est médicalement un non-sens, car le climat y est presque tropical, donc humide et déconseillé pour remédier aux affections dites « de poitrine ». La réalité est autre : une île dans l'Atlantique ne permettra à personne de venir troubler le repos impérial. On n'imagine pas l'empereur abandonnant Vienne où son autorité est contestée et la situation critique, gagnant Lisbonne (ce qui serait déjà une expédition !) et s'embarquant ensuite pour un trajet de près de 1 000 kilomètres supplémentaires.

La rébellion de Sissi consiste non seulement à partir, mais aussi à se réfugier dans un endroit difficilement accessible, peut-être pour décourager son mari s'il a été infidèle, en tout cas pour être tranquille et invisible. Un long voyage : quel bonheur pour la jeune femme qui veut s'évader ! L'empereur, lui, souffre des conflits quasi permanents entre sa mère et sa femme, une situation toujours pénible. Il est désemparé, juge le choix de Madère inapproprié, mais que faire ? Il aime son épouse compliquée, mais si attachante aussi, lui fait tous les cadeaux qu'il peut, bien que, comme on l'a dit, il vive modestement, n'étant que l'héritier potentiel de son oncle, l'ex-empereur Ferdinand Ier, qui malgré son abdication a gardé la fortune impériale et vit toujours retiré dans le château de Prague. François-Joseph ne confond pas son train de vie personnel avec celui de l'État. Il faut préciser que l'annonce de ce départ pour un séjour hors du continent européen nuit à la réputation de l'impératrice qui avait régénéré la Cour si rigide et parcheminée. Les milieux proches de la Hofburg plaignent l'empereur d'avoir une épouse aussi capricieuse et égoïste et d'être laissé seul ; ils sont également choqués qu'une mère abandonne ainsi ses enfants, tandis que les milieux populaires sont attristés d'une si longue absence de leur souveraine, en qui ils voient une avocate de la liberté et de la raison. Aux deux extrémités de la société, Sissi a tort et déçoit : elle déserte alors qu'on a besoin d'elle. La comtesse Esterházy-Liechtenstein, écartée du voyage qu'elle n'aurait sans doute pas apprécié d'entreprendre, sera remplacée par deux femmes plus jeunes dont l'une partira avec son mari. Une suite réduite et aimable pour changer, avec les domestiques.

Si la mère de François-Joseph condamne officiellement le départ de sa belle-fille, en réalité elle a de bonnes raisons de s'en réjouir : l'archiduchesse régnera sans partage sur les enfants et, espère-t-elle, retrouvera son fils le plus souvent possible, glissant de nouveau son influence dans la conduite des affaires et se méfiant des réformes. Ainsi, elle reprendra sa place.

L'organisation du voyage est complexe, car aucun navire autrichien n'est disponible pour ce périple lointain et sans précédent. Les ambassadeurs interrogent les souverains d'Europe qui se hâtent de proposer leur aide. La reine Victoria met son yacht personnel à la disposition de la voyageuse. Le 17 novembre, c'est une Sissi fragile, mais souriante et transformée, qui part, accompagnée de François-Joseph, pour Munich, où elle a le temps d'embrasser sa famille ; Ludovica s'émeut de la voir « moins florissante que l'été dernier », mais se veut rassurée alors qu'une rumeur prétendait sa fille au plus mal. Puis Sissi gagne Bamberg, au nord de la Bavière. C'est là que François-Joseph dit au revoir à la femme qu'il aimera toujours, même si sa nature l'aurait poussé à donner, dit-on, des coups de canif dans le contrat. L'empereur est désemparé et sombre : il sait que Sissi part pour environ quatre mois et qu'il vivra Noël, cette essentielle fête chrétienne et familiale, sans elle. L'impératrice ne sera pas à côté

Le yacht royal britannique, celui de la reine Victoria, est obligeamment prêté à l'impératrice d'Autriche pour sa première longue absence de Vienne. Elle aura une prédilection pour les îles et les rivages ensoleillés.

de lui et des enfants devant l'arbre de Noël. La rébellion s'en va, le devoir reste.

Les bagages sont si volumineux qu'ils remplissent un fourgon. Sissi retrouve le Rhin à Mayence et y passe la nuit. Enfin, elle part pour Anvers où l'attend le *Osborne*, premier yacht royal britannique propulsé par la vapeur ; c'est une délicate attention de la reine Victoria de prêter ce navire à Sissi[1]. Cap au sud.

1. Mesurant 92 mètres, filant 15 nœuds, le bâtiment à deux cheminées est aussi équipé de roues à aubes « pour le confort de Sa Majesté ». Lancé en avril 1843 sous le nom de *Victoria and Albert*, ce yacht royal, jaugeant 1 000 tonnes, a été rebaptisé *Osborne* en 1854, en référence au nom de la résidence campagnarde de la reine Victoria et de son époux le prince Albert sur l'île de Wight. Le couple royal l'a utilisé pour une vingtaine de voyages vers l'Europe. Le yacht sera désarmé en 1867.

Les passagers sont malades, car la houle est forte dans le golfe de Gascogne. Tous malades ? Pas l'impératrice, dans une forme insolente. Comme son cousin Louis – le futur roi Louis II de Bavière –, complice de son enfance romantique, elle est fascinée et même vivifiée par les tempêtes et les orages. À Madère, en cette fin de l'année 1860, grâce à un influent personnage de l'île, le comte de Carvalho, l'impératrice d'Autriche s'installe dans l'ancien palais de la Quinta Vigia, une vaste maison claire, admirablement située au-dessus de la capitale, Funchal, étalée en amphithéâtre. Les toits de tuiles, les fenêtres à petits carreaux, les bananiers et les lianes noueuses ravissent la visiteuse, certainement une personne importante puisque le roi Pedro V l'a fait recevoir avec beaucoup d'honneurs, trop d'honneurs pour vivre incognito…

Sissi découvre son véritable mal : elle n'est bien nulle part…

Les pêcheurs, les maraîchers et tous les habitants vont mettre du temps à découvrir qui est cette belle inconnue venue de loin. Ils se renseignent et apprennent que cette jeune femme de 23 ans n'est autre que l'impératrice d'Autriche. Quel honneur ! Refusant les invitations et toute ébauche de vie sociale d'ailleurs très réduite, elle exige une vie simple, entourée d'oiseaux, collectionnant les papillons, recueillant un crapaud géant et poursuivant des duos cocasses avec des perroquets. Elle se promène beaucoup, souvent seule malgré les protestations de sa petite escorte. Bien sûr, elle monte à cheval et disparaît dans un de ces attelages fleuris caractéristiques de Madère pour gravir les pentes volcaniques. Sa carriole est tirée par des poneys blancs, elle en a loué huit. Elle a un compagnon qui ne la quitte plus, un énorme chien, un superbe lévrier irlandais, cadeau de la reine Victoria. Il se montre si attaché à elle qu'elle lui donne le nom de Shadow et il devient, effectivement, son ombre. Si le vent du large souffle, Sissi se couvre d'un grand châle jeté sur ses épaules et sur sa crinoline. Elle apprend à jouer de la mandoline, mais pince mal les cordes et ne produit que des sons discordants. Les dames d'honneur devront être patientes ! Elle se cache du soleil, portant un large chapeau. Peu à peu, la malade éprouve une amélioration physique certaine, toussant moins et se reposant derrière les vitres de la serre au pied de la maison. Mais au bout de quatre semaines, la nostalgie de l'éloignement l'étreint. Ses enfants lui manquent, ses chevaux aussi ! Pense-t-elle à François-Joseph, qu'elle a laissé sans imaginer qu'il serait malheureux ? A-t-elle aussi voulu le punir de son inconduite présumée ? Ou bien est-elle lasse de l'amour physique avec un homme vigoureux ? Elle a souvent prétexté des « migraines », mais on peut penser qu'elle redoutait une nouvelle grossesse et une certaine réticence sexuelle a pu gâcher leur intimité. Le couple s'aime, mais leurs exigences de mari et d'épouse sont peut-être désynchronisées, car l'empereur avait connu des femmes peu farouches, dévouées sur ordre. Et cette comtesse Potocka, aristocrate polonaise d'une illustre famille fidèle aux Habsbourg, jolie femme que l'on dit charmante, est-elle, de nouveau, la maîtresse de François-Joseph ? À la Hofburg, les bruits de couloir assuraient que l'empereur avait fait acheter une photographie de la comtesse « avec une lourde tresse

De tous les chiens dont l'impératrice s'entourera, celui-ci sera son favori. Ce superbe lévrier irlandais est un cadeau de la reine Victoria. Sissi l'appellera Shadow et il la suivra comme son ombre bien que d'une taille très impressionnante.

de cheveux enroulée autour du bras, comme un serpent». Sissi a-t-elle voulu savoir ou ignorer cette menace? Quitter Vienne n'était-il pas dangereux? Pour une fois, sa mère Ludovica, que l'on ne saurait considérer comme psychologue et intellectuelle, avait écrit à sa fille avant son départ : «Mon enfant, il y a deux sortes de femmes : celles qui réalisent leurs vœux et les autres. Tu appartiens, je le crains, à la seconde catégorie. Tu es très intelligente, tu es une contemplative et tu ne manques pas de caractère. Mais tu ne fais pas assez de concessions. Tu ne sais pas vivre ni faire la part des exigences de la vie moderne. Tu es d'un autre âge, celui des saints et des martyrs. Ne te donne pas trop des airs de sainte ou ne te brise pas le cœur en imaginant que tu es une martyre.» Presque un diagnostic...

Alors que le séjour insulaire lui fait du bien (ses œdèmes aux genoux et aux pieds ont disparu), la fugitive écrit à son époux au bout d'un mois. Ses lettres prennent des semaines à arriver à Vienne. Après quelques mots tendres, l'impératrice parle des enfants et beaucoup de ses chevaux : «Je ne peux guère attendre le moment où je monterai Forester ou Red Rose. Je me réjouis de retrouver Gipsy Girl, car j'ai un chapeau qui va particulièrement bien avec un cheval noir.» Mais derrière ces futilités, on sait la réalité profonde de son état d'esprit, révélé par une lettre de Ludovica affirmant que Sissi «languit terriblement loin de chez elle, loin de son mari et de ses enfants». Tout de même. L'empereur envoie des messagers, deux hommes de confiance en alternance, avec des courriers, mais tout est si long... Et Sissi envoie des cadeaux, à Vienne et à Munich. François-Joseph s'inquiète de la période de Noël, qui est aussi celle de l'anniversaire de Sissi, le premier loin l'un de l'autre depuis leurs fiançailles. Cette absence est vraiment très dure. L'émissaire est arrivé avec un sapin et Noël est célébré « à l'autrichienne ». C'est probablement en cette circonstance que l'exilée volontaire se rend compte qu'elle ne pourra rester encore longtemps loin de sa place officielle d'épouse et de mère. La vie dans cette petite île exotique devient monotone et nuisible à la réputation de Sissi à Vienne. Sa maladie ne serait-elle pas le refus de son statut ? Une photographie du groupe désœuvré, au soleil de vacances jugées inopportunes, circule dans Vienne. Son effet est désastreux. Brigitte Hamann observe justement : « Les petits étaient sans mère, l'empereur sans épouse, l'Empire sans impératrice[1]. » Une escadre russe faisant escale à Madère, Sissi invite l'amiral et ses officiers à dîner, puis à quelques danses pour les dames d'honneur, soulagées d'être enfin réveillées de leur ennui. Les visiteurs s'en vont, tous amoureux de l'impératrice, ce qui divertira la cour de Saint-Pétersbourg. Et on apprendra que Sissi ne cesse de remonter le mécanisme d'une boîte à musique massacrant les mélodies bouleversantes de *La Traviata* qui, depuis six ans, font pleurer ou scandalisent avec succès. François-Joseph connaît bien cette œuvre puissante, bien que son compositeur revendique l'unité italienne. Et Sissi sait que la romance tragique de cette fille de mauvaise vie a toujours ému son mari. Est-ce l'influence du mal qui emporte l'héroïne de *La Traviata* ? Soudain, l'impératrice se remet à tousser, s'alimente peu, expédiant les repas en vingt-cinq minutes. C'est pire qu'à la Hofburg. Et Sissi s'angoisse des nouvelles alarmantes de sa sœur la reine Marie des Deux-Siciles, assiégée et héroïque dans Gaète bom-

1. Brigitte Hamann, *Élisabeth d'Autriche*, *op. cit.*

À Madère, Sissi essaie de jouer de la mandoline. Entourée de ses dames d'honneur, elle se rend compte que malgré le charme de l'île, elle ne pourra y rester. Son absence lui cause un grand tort à Vienne, d'autant plus qu'elle est en territoire étranger. Son mari et ses enfants lui manquent. Elle repart au bout de six mois, en avril 1861.

Au printemps 1861, avant de repartir pour Vienne, l'impératrice (de dos) s'entretient à Madère avec sa suite luttant contre l'ennui. Debout, de face, Hélène de Tour et Taxis, la sœur aînée de Sissi. Au piano, la comtesse Mathilde Windisch-Graetz.

bardée par les révolutionnaires de Garibaldi, alors que son mari, roi et homme à tous égards défaillant, est forcé de capituler le 13 février 1861, après cinq mois d'une résistance dont Marie restera l'emblème, avant que le couple désuni ne se réfugie à Rome. À Vienne, l'archiduchesse est effondrée, plus soucieuse de la chute de cette monarchie que du sort de sa nièce, devenue une légende du courage.

Enfin, le 28 avril, malgré la joie causée par la visite de sa sœur Hélène de Tour et Taxis, Sissi se décide à repartir pour Vienne, après six mois d'insularité. Elle souffre trop d'être privée de François-Joseph et de ses enfants. L'archiduchesse ? Peut-être sera-t-elle plus conciliante. Dans une sorte d'autoanalyse, l'impératrice avoue : « Il se trouve que je veux toujours aller plus loin et bouger. Chaque bateau qui part me donne envie d'être à son bord. Quelle que soit sa route, le Brésil, l'Afrique… N'importe où, seulement pour ne pas rester au même endroit trop longtemps. »

Elle quitte l'île-jardin, ses hautes falaises, ses parfums et sa population affligée de son départ. Elle a distribué de l'argent, des décorations et des cadeaux. À bord du yacht *Osborne*, que Victoria a de nouveau mis à sa disposition, elle vogue, cette fois par mer calme, vers l'Espagne. Son entourage, qui n'en pouvait plus, renaît. Sissi laisse beaucoup de regrets et ses illusions alors que s'éloignent les hautes falaises. Elle voudrait rentrer le plus vite possible, mais de Cadix à Séville, où elle réussit à se cacher dans un train ordinaire, elle se heurte aux bonnes intentions de la famille royale espagnole qui tient absolument à l'honorer et se vexe de ses refus de paraître. L'Espagne ne peut pas faire moins que le Portugal ! Revoilà le protocole et la curiosité souveraine ! Sissi assiste quand même, passionnée, à une corrida. L'ambassadeur d'Autriche à Madrid, chargé de la mission impossible d'une partie de cache-cache obstinée, relate, le 10 mai : « Sa Majesté a réellement conquis tout le monde. Ici, où la pompe la plus grandiloquente alterne avec le sans-gêne le plus fruste, la grâce de son maintien et son élégante simplicité devaient fatalement faire la plus grande impression[1]. » Elle est tellement attendue qu'on en oublie ses caprices quand, enfin, elle consent à se montrer. Et elle séduit. Le yacht repart : Gibraltar, Majorque, Corfou.

1. Archives d'État de Vienne, citées par Egon César, comte Corti, *Élisabeth d'Autriche*, *op. cit.*

Le 18 mai 1865, une chaloupe du yacht royal britannique, prêté par la reine Victoria à Sissi, accoste à Miramar, près de Trieste. L'impératrice a séjourné à Madère pendant six mois. Dans la chaloupe, François-Joseph et son frère Maximilien. Sur le quai, Sissi, en sombre, est accueillie par sa belle-sœur Charlotte qui ne l'aime guère.

Pour cette île splendide, l'impératrice éprouve un choc : elle est conquise et, pour une fois, demande à prolonger cette escale. Mais François-Joseph s'impatiente par télégrammes. L'empereur attend Sissi, son épouse qui lui manque tant ; il a été privé d'elle pendant près de sept mois ! François-Joseph s'est installé chez son frère Maximilien et son épouse, fille du roi des Belges Léopold Ier, dans un incroyable château dont les travaux viennent d'être achevés. Est-ce Windsor ? Est-ce l'Alhambra de Grenade ? C'est Miramar, pastiche mauresque et gothique avec tours, tourelles et loggias sur un éperon qui surplombe l'Adriatique. Un site extraordinaire. Le yacht de la reine Victoria mouille dans la baie de Miramar. François-Joseph, les larmes aux yeux, et Maximilien vont chercher Sissi à bord de l'*Osborne*. Tous trois accosteront au pied des escaliers du château. Nous savons tout de cet instant puisqu'il a été immortalisé dans un immense tableau du peintre italien Cesare Dell'Acqua, que l'on peut toujours admirer lorsqu'on visite aujourd'hui Miramar. Charlotte, vêtue de rose, accueille sa belle-sœur Sissi, en noir mais chapeautée de bleu. François-Joseph, à bord de la chaloupe et escorté de son frère, salue l'officier anglais du yacht britannique royal (le drapeau, l'Union Jack, en fait foi) qui commande la chaloupe.

Sissi est sublimement belle et bouleversée que son mari soit si heureux. Le beau-frère de l'impératrice est plus que cordial, tout à fait charmant, mais son épouse est toujours aussi insupportable, « ambitieuse et prétentieuse », selon Sissi, parce qu'elle est fille de roi et non une simple duchesse en Bavière promue, par hasard, impératrice d'Autriche. Pour cette raison, l'archiduchesse la tient en haute estime. Alors que les deux belles-sœurs se méprisent, l'antagonisme mondain atteint le gros chien de Sissi qui se jette sur le petit chien de Charlotte et le blesse mortellement.

Sèche, volontairement indifférente au drame qui lui vaut un regard de haine de Charlotte et des mots violents, Sissi, impériale dans son mépris, répond :

– Je n'aime pas les petits chiens…

Shadow non plus !

7

Sissi rechute, un couple en crise, Bismarck inquiète François-Joseph

L'empereur François-Joseph, en 1861, avec ses deux enfants, l'archiduchesse Gisèle (5 ans) et l'archiduc héritier Rodolphe (3 ans). Le trio a souffert de la longue absence de Sissi (sept mois...) à Madère, qui a suscité de nombreux jugements négatifs.

L'empereur et l'impératrice se sont retrouvés et Sissi est particulièrement heureuse de prendre ses enfants dans ses bras ; ils lui ont tant manqué… Mais leur mère leur a-t-elle manqué ? Oui, bien sûr, les premières semaines ; mais après plusieurs mois d'éclipse, ils l'ont oubliée et elle a l'impression d'être une étrangère. Comme avant son départ. Pire : une étrangère dans un monde où l'on persiste à décider pour elle, jugée incapable et inconsciente. Un monde où elle gêne, comme une intruse. Évidemment, en son absence, il fallait bien que Gisèle et Rodolphe soient entre les meilleures mains, c'est-à-dire sous l'autorité indiscutable de l'archiduchesse Sophie. La mère de François-Joseph ne se prive pas de faire remarquer combien elle s'est dévouée. Encore pire : le personnel est presque hostile envers l'impératrice, accusée d'avoir sacrifié son devoir d'épouse et de mère à un caprice.

La femme de François-Joseph a eu tort de partir, elle a tort de revenir ! Sissi pensait vivre, au minimum, un armistice ; il dure à peine quatre jours ! Le cinquième jour, l'impératrice ne supportant toujours pas l'autoritarisme de sa belle-mère, annonce à François-Joseph qu'elle va s'installer à Laxenbourg, n'importe où mais loin des critiques, des ragots et des regards méprisants. Cette décision du 29 mai 1861 est approuvée avec résignation par l'empereur qui a bien d'autres soucis en tête. Ces incidents entre les deux femmes ne sont que des bisbilles dérisoires à côté du drame politique et diplomatique vécu par l'Autriche des Habsbourg : en effet, depuis deux mois, Victor-Emmanuel II de Savoie, roi de Piémont-Sardaigne, dont la mère était une Habs-

Le 7 novembre 1860, Victor-Emmanuel II de Savoie, roi de Piémont-Sardaigne, fait son entrée dans Naples, capitale du royaume des Deux-Siciles intégré dans le nouveau royaume d'Italie. Le souverain est accompagné de Garibaldi avec son vieux manteau et sa célèbre blouse rouge. L'unité italienne est un cauchemar pour l'Autriche.

bourg, a été proclamé premier roi d'Italie grâce aux manœuvres de Napoléon III, de Cavour et au ralliement, inattendu, de Garibaldi, puisque le révolutionnaire à la chemise rouge est entré dans Naples au côté du souverain, composant un duo équestre acclamé par la foule. Libéral, doté d'un solide bon sens et surnommé « le roi gentilhomme », le monarque est âgé de 41 ans. À cette Italie unifiée ne manquent que la Vénétie et Rome, où la papauté semble territorialement en sursis. La sœur de Sissi s'y est réfugiée, chassée de Naples comme son époux, le piètre roi Bourbon des Deux-Siciles. Le plus grave pour François-Joseph est que Victor-Emmanuel II a osé consulter les populations de la mosaïque d'États dans la péninsule. Sissi se rend-elle compte de cette catastrophe pour son époux ? Quel échec ! Et quelle inquiétude pour l'avenir ! Ah ! Ce Verdi et ses opéras patriotiques aux mélodies reprises en chœur par les foules à Parme, à Modène, en Toscane, presque partout dans la péninsule ! Il y a, justement, une fibre théâtrale chez Victor-Emmanuel II, avec ses invraisemblables et gigantesques moustaches rousses en forme d'équerre que l'impératrice Eugénie juge ridicules ! Mais quel slogan musical que ce nom de VERDI, dont les cinq lettres majuscules correspondent au titre du nouveau monarque : *Victor-Emmanuel Roi D'Italie* ! L'opéra populaire, récupéré par le patriotisme, se mue en tragédie historique pour François-Joseph, puisque c'est le triomphe d'un droit nouveau, celui des nationalités. Comment la Vénétie ne serait-elle pas contaminée par l'italianisme ?

À son retour, Sissi, bien que déçue d'être toujours repoussée, mesure l'ampleur de cette nouvelle révolution européenne et n'en est pas étonnée. Elle l'avait pressentie. Cependant, furieuse d'être encore aussi blâmée et méprisée, elle réclame du calme, de l'isolement. Il est vrai qu'elle tousse de nouveau, qu'elle est fiévreuse, sans appétit et souhaite se ménager. Fait-elle exprès d'être souffrante ? Certains le prétendent. Son installation à Laxenburg n'arrange pas sa réputation, mais, avec le recul de l'histoire, le diagnostic est sans appel : l'impératrice souffre, au minimum, d'une grave allergie à sa belle-mère et à la Cour. Selon le Dr Skoda, dont la psychologie n'est pas la spécialité reconnue, son véritable mal serait la « phtisie galopante », autrement dit la tuberculose, encore et toujours… Et le traitement n'a pas varié : la malade a besoin de soleil et d'un climat sec. Pour la sauver, il faut qu'elle reparte. Elle sait où se rendre et y pense depuis son retour : Corfou l'a séduite.

Les Viennois sont vexés : Sissi est malade chez eux, mais guérie en voyage…

La rumeur enfle dans Vienne. L'impératrice était revenue de Madère avec un teint magnifique et sa beauté était éclatante. On la jugeait guérie et voilà que, le 19 juin, l'annonce de son nouveau départ, imminent, se répand. Selon certains, Sissi serait en grand danger et n'aurait eu qu'une rémission. Le Dr Skoda aurait même évoqué une proche issue fatale si la souveraine restait dans les environs de Vienne. L'ambassadeur de Bavière auprès de François-Joseph écrit à son gouvernement que l'on craint le pire. Ludovica est affolée ! Ici, on doit s'interroger : le Dr Skoda et son confrère bavarois, le Dr Fischer, de nouveau appelé à la rescousse, sont-ils d'une incompétence monumentale ou bien ont-ils compris que le changement d'atmosphère dont leur patiente a besoin est avant tout psychique et que personne n'ose le dire ? Les diplomates eux-mêmes ont du mal à saisir la réalité de cette situation. Et nul n'oserait admettre et encore moins affirmer que le mal profond dont souffre Sissi est le caporalisme de l'archiduchesse. Quand, dans les conversations, se glisse le nom de Corfou, lord Bloomfield, ambassadeur de la reine Victoria, souligne que l'île, alors sous protectorat britannique et dirigée par un lord haut-commissaire, est particulièrement mal choisie : elle est infectée par la malaria ! Il en conclut que c'est le dernier endroit indiqué pour se soigner, quelle que soit la maladie dont souffrirait l'impératrice. Celle-ci se sent si faible qu'elle renonce à se rendre à Munich pour assister au mariage de sa sœur Mathilde, 18 ans, avec le comte Louis Trani, prince des Deux-Siciles, beau-frère de son autre sœur Marie.

Et François-Joseph ? Déjà accablé par le triomphe « italien » de Victor-Emmanuel II, le pauvre empereur est affligé que son épouse veuille repartir. Déjà ! Et le laisser seul, comme les enfants. Il essaie de comprendre : Sissi part se reposer et se dit fatiguée par le voyage, mais elle veut repartir. C'est un cercle infernal ! La tristesse s'abat sur le souverain, amoureux et malheureux. Sissi

En 1861, dans la villa impériale de Reichenau, en Basse-Autriche et au pied du col du Semmering, les deux enfants du couple impérial, Gisèle (5 ans) et Rodolphe (3 ans), sont promenés dans une voiture à âne, cadeau que le jeune archiduc a reçu pour son anniversaire. Leur mère, absente pendant près de six mois, veut déjà repartir !

ne serait-elle donc épanouie et en bonne santé que loin de son mari ? Quel est donc ce mal mystérieux qui empêche le couple de vivre uni ? L'aime-t-elle encore ? A-t-elle étouffé tout désir physique ? A-t-il conscience que l'absence de concessions entre sa mère et sa femme entretient leur animosité permanente ? Non, sans doute. Et, ne voulant ni trancher en faveur de l'une ou de l'autre ni prendre le moindre risque avec la santé de Sissi, il s'en remet aux médecins. Le Dr Skoda fera partie de cette nouvelle transhumance.

Le 23 juin, très ému, mais attentionné, l'empereur accompagne Sissi jusqu'à Trieste, où Maximilien le marin prend en charge sa belle-sœur et la conduit à Corfou. L'impératrice se rend-elle compte du risque politique qu'elle fait courir à l'image monarchique ? Il est tout de même fâcheux qu'elle se sente mieux dès qu'elle respire l'air du large. On comprend pourquoi adolescente, elle se comparait déjà à une mouette. L'île, si italienne avec ses lauriers-roses et ses sombres cyprès, la régénère immédiatement. Le gouverneur britannique a mis à sa disposition sa résidence de campagne, ce qui permet à la visiteuse d'être à l'abri de tout engagement officiel. Le 4 juillet, les autorités de Vienne comme celles de Londres sont informées que « la toux de Sa Majesté s'est calmée et qu'elle n'a plus de fièvre ». Le Dr Skoda juge sa présence inutile et repart. Sissi se baigne sans éprouver de difficultés respiratoires alors qu'elle s'en plaignait et elle passe des heures sur la plage. Deux mois après son départ, le 23 août, l'impératrice reçoit la visite de sa sœur Hélène avec son mari, le prince de Tour et Taxis, envoyés par leur mère Ludovica. « Néné », celle qui devait être impératrice, constate qu'elle a un meilleur sort que sa cadette. Les deux sœurs sont heureuses de se retrouver. La petite brouille entre elles est oubliée depuis longtemps, mais ce qui inquiète Hélène est l'aspect physique de l'impératrice, pâle, très amaigrie, persistant à ne s'alimenter qu'au minimum. Sans doute pour que son corps ne connaisse aucune des difformités de l'âge ou de la maternité... En revanche, elle n'est plus dépressive et compare son séjour à celui où elle avait découvert Madère en lui préférant Corfou, avec une jolie formule : « Chacun peut faire de soi une île. » À force de patience, de tendresse et parce qu'elle se rend compte que Sissi vit une situation peu souhaitable, Hélène parvient à ce que sa sœur se nourrisse mieux et, en bonne Bavaroise, trouve de la bière que l'impératrice boit même le matin ! C'est un progrès. Encore mieux : elle mange de la viande, sous forme de boulettes qu'elle semble apprécier.

François-Joseph est informé assez facilement, car Corfou n'est pas aussi inaccessible que Madère. L'empereur ne sait plus quoi penser. Sissi est-elle vraiment malade ? De quoi ? Est-ce dans sa tête ? Lui en veut-elle ? Il se sent humilié que son épouse aille mieux quand elle est loin de lui. Serait-elle vraiment malheureuse en partageant sa vie la plus intime ? Il n'est guère flatteur pour lui que l'impératrice soit repartie si vite. Les commérages sont d'un genre déplaisant : et s'il était le vrai coupable de cette situation ? Toujours cette histoire de liaison ? Vienne imagine, Vienne suppute, Vienne invente. L'empereur ne supporte plus cette situation et le 30 septembre, il annonce à sa mère qui règne sur les enfants à Laxenburg : « Je voudrais profiter des premiers jours d'octobre pour me précipiter chez ma chère Sissi ; après une séparation si longue, j'ai grand hâte de la revoir. » Presque comme s'il lui en demandait la permission. L'impératrice a écrit à ses enfants, leur demandant de penser à elle, mais a-t-elle réellement pensé à eux, désemparés par cette maman courant d'air et qu'il ne faut pas fatiguer ? Il semble qu'Hélène ait servi d'intermédiaire, consciente que cette fuite en avant ne réglera rien et que les époux doivent d'urgence réorganiser leur vie commune, car l'instabilité conjugale nuit à la monarchie. Au matin du 13 octobre, l'empereur arrive à Corfou. Immédiatement séduit par le charme de l'île, il écrit à sa mère, trois jours plus tard : « La végétation et les jeux de lumière sur la mer et sur les montagnes ne se laissent pas décrire. Soit avec Sissi, soit seul, j'ai déjà fait quelques excursions à l'intérieur de l'île, où l'on se promène sans jamais quitter un jardin et où l'on découvre constamment de nouveaux endroits ravissants donnant sur de magnifiques panoramas[1]. » Mais quel est l'état de ses relations intimes avec Sissi ? En dix mois, il n'a vécu avec elle que dix pauvres semaines. S'il souffre, il ne le laisse pas paraître, tellement soulagé de la retrouver. Il s'habille en civil – ce qui veut dire qu'à Corfou il se sent libre du fardeau du pouvoir –, monte à cheval, puis son tempérament de militaire reprend le dessus et il ne résiste pas à suivre les mouvements des troupes anglaises occupant l'île, des soldats que l'on fait presque défiler pour lui. Mais cet exil ne peut durer et l'empereur, soudain grave, parle franchement à son épouse fuyante : ils doivent réorganiser leur vie. Leur nouvel éloignement l'un de l'autre a nourri les commérages et lézardé l'image de la monarchie.

---

1. Dr Franz Schnürer, *Briefe kaiser Franz Josephs I. an seine Mutter*, Munich, 1930, cité par Jean-Paul Bled, *François-Joseph*, *op. cit.*

À Venise, le couple impérial s'efforce de trouver un compromis

Pour François-Joseph, c'est urgent, car l'opinion autrichienne est particulièrement choquée que l'impératrice ait encore choisi de se reposer en terre étrangère alors que l'Empire ne manque pas de lieux de villégiature, comme la station thermale de Meran[1], dans le Haut-Adige. Le dédain affiché par Sissi pour les terres des Habsbourg a provoqué une irritation dans quasiment tous les milieux. Si le choix de Madère avait surpris (mais on l'avait à peu près admis), celui de Corfou scandalise : en désertant le domaine de la Couronne, la souveraine commet une faute géopolitique. Très conscient des ravages de cette erreur, François-Joseph fixe donc les nouvelles relations de Sissi avec ses obligations officielles : elle accepte de reprendre son rôle et sa vie auprès de l'empereur et, dans l'immédiat, ils s'accordent sur un séjour à Venise. C'est la première fois que le souverain réagit à une pression populaire impliquant le comportement de sa femme. Mais pour François-Joseph, Venise est aussi une tentative de conjurer la progression de l'unité italienne : il espère naïvement que la cité des Doges résistera à la vague patriotique. Remarquons que Venise, particulièrement humide dans les brumes hivernales, est contre-indiquée pour une personne souffrant, peut-être, de tuberculose; mais dans cette crise du couple et ses diagnostics peu fiables, ce ne sont pas les contradictions qui manquent! Si l'empereur a gagné en obtenant ce séjour de son épouse à

1. Meran deviendra Merano lorsque la ville sera rattachée à l'Italie en 1919, aujourd'hui dans la province de Bolzano.

Lors de son nouveau séjour à Venise au début de l'hiver 1861-1862, Sissi obtient que ses enfants Gisèle et Rodolphe la rejoignent. François-Joseph aurait aimé les retrouver malgré le climat politique hostile, mais il doit rester à Vienne où il est accaparé par une étrange proposition faite à son frère Maximilien : la couronne impériale du Mexique, initiative soutenue par Napoléon III. François-Joseph vit mal sa solitude…

Venise, qui est encore sous obédience autrichienne, l'impératrice triomphe aussi : les enfants viendront à Venise sans leur grand-mère ! Enfin !

Sissi précède son mari, qui la rejoindra dès que les affaires publiques le lui permettront. Dans l'immédiat, inquiet de la médiocre qualité de l'eau potable dans la Sérénissime, François-Joseph fait livrer à Venise des bonbonnes d'eau de source de Schönbrunn et repart pour Vienne, soulagé politiquement que Sissi ait accepté de revenir à Venise mais inquiet de ses œdèmes au visage et aux pieds, ceux-ci rendant sa marche douloureuse et lente, ce qui est inhabituel. L'empereur fait preuve d'une grande patience envers son épouse qui passe des souffrances réelles à l'état de malade imaginaire, puis retrouve son dynamisme. Le 26 octobre, au soir de son arrivée où elle a été accueillie par une délégation d'archiducs, la place Saint-Marc est illuminée en l'honneur de l'impératrice « libérale » qui n'a laissé, elle, que de bons souvenirs de son précédent séjour. Mais malgré la courtoisie forcée de la municipalité, les instructions du gouverneur et la personnalité généreuse de l'impératrice, il n'y a pas foule et l'aristocratie locale est restée dans ses palais. Toutes classes confondues, les Vénitiens supportent de moins en moins l'occupation autrichienne et certains cafés de la place Saint-Marc sont des foyers révolutionnaires.

Une semaine plus tard, le 3 novembre, Gisèle et Rodolphe arrivent. La joie de leur mère est brève, car la comtesse Esterházy-Liechtenstein répète les instructions sévères de l'archiduchesse, restée à Vienne sur ordre de son fils. Une fois de plus, même en l'absence de sa belle-mère, Sissi est mise sous tutelle. Mais pourquoi François-Joseph n'est-il pas venu ? Hélas ! Le souverain est face à un problème diplomatique d'une dimension inattendue : son ministre des Affaires étrangères s'est rendu à Miramar, le château de l'archiduc Maximilien et de son épouse Charlotte, pour leur transmettre une proposition spectaculaire : celle de la couronne impériale du Mexique, prétendument de la part d'une assemblée de notables mexicains. En réalité, Napoléon III, conscient du poids croissant de la Prusse, souhaite se rapprocher de l'Autriche et lui accorder une compensation après sa perte de la Lombardie. L'empereur des Français estime qu'en soutenant la candidature du frère de François-Joseph au trône du Mexique, les Habsbourg seront des alliés de la France en cas de conflit avec la Prusse.

Maximilien, désœuvré, et son épouse Charlotte, princesse de Belgique complexée et ambitieuse, sont immédiatement tentés par cette aventure chimérique. Le couple rêve d'une couronne lointaine, mais les tractations vont durer près de deux ans et demi[1].

Lorsque François-Joseph revient à Venise, il trouve une Sissi exaspérée par la comtesse Esterházy-Liechtenstein. L'impératrice obtient son renvoi et cette victoire retire à l'archiduchesse son influence à distance. L'empereur a pris cette mesure d'apaisement car Sissi est anémiée. Sa mère Ludovica et l'irremplaçable Dr Fischer, appelés par l'empereur, constatent que la souveraine souffre d'hydropisie, ce qui la contraint à l'immobilisme. Une cure à Bad Kissingen est recommandée, mais en attendant, Sissi

---

1. Le frère de François-Joseph, qui était vice-roi de l'Italie du Nord jusqu'à la chute de la Lombardie autrichienne, n'a plus d'avenir politique dans l'empire des Habsbourg. L'hypothétique trône du Mexique serait donc une compensation. Dans cette république où, en cinquante ans, cinquante-deux présidents ou dictateurs se sont succédé, l'instabilité politique est devenue anarchique. Après une violente guerre civile (1858-1861), le révolutionnaire libéral Juárez a triomphé, mais il ne reconnaît pas les dettes extérieures des conservateurs envers la France, l'Angleterre et l'Espagne. Pour indemniser les spoliés, une opération militaire limitée est prévue. Maximilien et Charlotte ne quitteront Miramar pour le Mexique que le 14 avril 1864. Finalement, l'Angleterre et l'Espagne acceptent les offres de Juárez et retirent leurs troupes. Mais l'empereur des Français veut profiter de la guerre de Sécession pour tenter d'installer un empire catholique au sud des États-Unis (Eugénie y est favorable) afin de contrer l'hégémonie américaine sur le continent. Napoléon III engage la France dans une expédition qui sera un désastre absolu, et l'éphémère empereur Maximilien sera fusillé par Juárez le 19 juin 1867. Cette exécution fera sombrer dans la folie sa veuve, l'impératrice Charlotte. Voir, du même auteur, *Eugénie, la dernière impératrice*, Perrin, 2000.

s'ennuie dans une ville où sa présence est de moins en moins tolérée. Elle inaugure un passe-temps original, demandant aux ambassadeurs de son mari de lui envoyer des photographies de beautés féminines. Les diplomates seront embarrassés car l'impératrice insiste : seule la beauté compte. Les femmes des harems de Constantinople n'ont pas l'habitude d'être exposées à des regards étrangers. À Paris, la princesse de Metternich, épouse de l'ambassadeur d'Autriche, glissera dans ses envois des portraits de prostituées. Dès qu'il le peut, François-Joseph revient, à la fin de l'année 1861 puis au printemps 1862, notamment après la signature d'un traité de commerce franco-prussien. Comment vit-il sa solitude d'époux sans épouse? En travaillant. S'il a des aventures, elles sont discrètes. En mai, le couple est d'accord : ce séjour vénitien n'a que trop duré et l'impératrice ne souffre pas d'une maladie pulmonaire. En revanche, les épanchements qui alourdissent son corps et tordent son élégante silhouette doivent être soignés. Début juin, Sissi prend la direction de Bad Kissingen, en Bavière, station au milieu de montagnes boisées, fréquentée notamment par des Anglais et des Russes. Les eaux chlorurées sodiques sont réputées, mais pour l'impératrice, c'est le retour dans son pays natal qui est le remède idéal, surtout quand elle retrouve sa famille à Possenhofen, notamment ses sœurs Marie et Mathilde dont les époux sont restés à Rome, où ils sont réfugiés. Sissi se sent beaucoup mieux, même si elle a encore un peu de mal à marcher. Elle est débarrassée des maux qu'elle imaginait. Et miracle : tout à coup, elle souhaite rentrer à Vienne! Elle y arrive le 14 août 1862. Après quatorze mois d'absence, elle s'installe à Schönbrunn, fêtée par une chorale et une retraite aux flambeaux. Elle ne parle pas de repartir, puisque l'influence de l'archiduchesse a été neutralisée. François-Joseph ne la quitte guère et, s'il doit s'absenter pour une audience ou une réunion du cabinet, elle l'attend dans le jardin à l'ouest du château ou dans celui, symétrique, créé pour les princes héritiers, très apprécié de Rodolphe qui vient d'avoir 4 ans. Enfin, Sissi est auprès de l'homme qui l'aime. Elle est à sa place.

Après quatorze mois d'absence, Sissi est fêtée à Vienne

Schönbrunn est une exception notoire dans la vie du couple, puisque les souverains y font chambre commune. Deux lits voisins et deux armoires identiques, en palissandre. Ce mobilier, lourd et sombre, est égayé par les tentures et rideaux en soie bleue de Lyon installés en 1854 ; c'était le cadeau de mariage de l'Association des ébénistes viennois à l'empereur[1]. Le couple prend son petit déjeuner très tôt, soit au lit sur des petites tables réglables, soit dans un salon orné des médaillons de fleurs brodés par l'impératrice Marie-Thérèse et ses filles, dans des cadres rococo. Dans la salle de bains, l'impératrice protège sa longue chevelure par un collier-douche autour de son cou. Selon leur compromis, Sissi et François-Joseph reprennent, officiellement, une existence normale. Mais si la jeune femme de bientôt 25 ans a accepté de jouer son rôle de souveraine consort, leurs rapports

1. Selon une tradition chez les Habsbourg, l'héritier du trône devait apprendre un métier. Certains archiducs étaient qui un menuisier, qui un horloger, qui un peintre, qui un orfèvre. Très jeune, François-Joseph s'était initié à l'ébénisterie, et c'est en cette qualité d'ébéniste qu'il avait reçu ces meubles qui devaient être utilisés.

physiques demeurent espacés, puisque le Dr Fischer a prescrit à l'impératrice l'abstinence sexuelle. Pour quelle raison ? Le goût de la solitude de Sissi combiné à la crainte d'une nouvelle grossesse. Il semble, dans la mesure où l'on puisse supposer ce genre de détails et avec toutes les réserves qui s'imposent, qu'ils ne reprendront une vie intime complète que près de trois ans plus tard, en 1865. Il est vrai qu'entre sa gymnastique « aux anneaux », ses promenades à cheval qu'elle reprend doucement, ses brèves marches, l'impératrice se dépense physiquement beaucoup. Elle ne ressent des douleurs aux pieds que si elle reste debout.

Mais si l'impératrice se sent mieux, notamment parce que l'archiduchesse est absente, la présence de ses enfants est essentielle dans ce retour à une vie à peu près normale. Elle suit les progrès de son fils, le petit Rodolphe, qui, selon une correspondance de l'été 1862 avec sa sœur Hélène de Tour et Taxis, « est devenu ravissant, gai, naturel, très intelligent et très joli ». Enfin, Sissi agit comme une mère. Et extérieurement comme une épouse, accompagnant souvent l'empereur et l'attendant dans un jardin clos quand elle ne peut le suivre dans son rôle de souverain. Bien sûr, le cordon des dames d'honneur est toujours là pour la surveiller et éviter que Sa Majesté ne sorte seule, son plus grand plaisir, surtout quand François-Joseph part chasser. Il ne cesse de lui être agréable, déborde d'attentions et de gestes, essaie de lui organiser une existence la plus plaisante possible. Mais ce qu'elle continue à fuir et à détester, c'est la vie de la Cour, car il y est interdit de rire et d'en bouleverser l'ordre établi. Pour Sissi, seul l'imprévu permet de supporter la vie.

Comprend-elle que son époux a besoin d'être soutenu, y compris dans l'intimité ? Est-elle seulement au courant de ce qui se passe à Berlin ? François-Joseph est informé que le 29 septembre 1862, le roi de Prusse Guillaume Ier, 65 ans, soldat, économe, a rappelé son ambassadeur à Paris, Bismarck, pour le nommer Premier ministre avec la mission d'obtenir du Parlement des crédits militaires pour réformer l'armée et la rendre beaucoup plus efficace. Le roi déteste les querelles avec les membres de la Diète, Bismarck s'en chargera. Quand François-Joseph est informé de sa nomination, il feint une calme inquiétude, mais en réalité, il est atterré. Bismarck le déstabilise, car il agit retranché derrière sa discrétion. Après son ambassade à Saint-Pétersbourg, nommé à Paris, Napoléon III l'a reçu en ami au nom d'une alliance inconditionnelle franco-prussienne, et Bismarck a trouvé l'impératrice Eugénie « plus belle que jamais ». Mais à Londres, le Premier ministre favori de la reine Victoria, Benjamin Disraeli, a recommandé la prudence : « Prenez garde à cet homme, car il pense ce qu'il dit. » Napoléon III se trompe en disant : « Ce n'est pas un homme sérieux. »

François-Joseph sait très bien que la rivalité entre la Prusse et l'Autriche ne se réglera pas par des discours et des votes, mais, selon l'expression de Bismarck, « par le fer et par le sang ». Et ce n'est pas un hasard si le chancelier est également titulaire du portefeuille des Affaires étrangères. Qui va dominer le monde germanique : la Prusse ou l'Autriche ? D'une intelligence remarquable, Bismarck fait savoir que Berlin aidera Vienne en cas de troubles extérieurs, à condition que l'Autriche abandonne le Hanovre et la Hesse à la Prusse. Un marché inquiétant : Bismarck va fragiliser l'empire des Habsbourg, trop vaste, trop disparate. François-Joseph le pressent, Berlin trouvera un prétexte. Heureusement, la santé de Sissi est presque rétablie, l'archiduchesse, vexée, est

Le chancelier Otto von Bismarck près de Nikolsburg, en Moravie, en 1866. Convaincu de la grandeur de l'Allemagne dont il veut réaliser et cimenter l'unité, il y parviendra en deux temps : d'abord en diminuant l'Autriche, puis en unissant les États allemands contre la France.

Un couple royal détrôné en 1860 : François II des Deux-Siciles, personnage sans envergure et mari désastreux, avec son épouse Marie, une jeune sœur de Sissi. L'impératrice d'Autriche est préoccupée par sa famille mais se rend enfin compte qu'elle ne peut plus laisser François-Joseph longtemps seul ; les Viennois lui en voudraient et l'empereur a déjà assez de soucis avec l'ambition prussienne et les revendications italiennes.

un peu moins dirigiste et la vie du couple impérial est en apparence sereine. Mais l'impératrice, toujours proche affectivement de sa famille qui lui manque, est très inquiète de la situation de sa sœur Marie, la reine détrônée des Deux-Siciles. Son mariage est cauchemardesque depuis le début. Elle a fui Rome où s'est réfugié son pitoyable époux et, en ce début d'automne, est volontairement recluse dans le couvent des Ursulines d'Augsbourg, à l'ouest de Munich. La sœur de l'impératrice se moque des ragots, elle n'en peut plus de son mari qui l'a rendue malheureuse dès leur première nuit. Marie s'est enfuie. Sissi aussi, deux fois, mais elle est revenue et rien ne laisse supposer qu'elle va repartir. L'impératrice sourit et charme celles et ceux qui l'approchent. Sa présence à Vienne rassure la population qui plaignait l'empereur délaissé. Sissi va même paraître lors d'un bal, pour la première fois depuis trois ans...

8

Pièges pour deux empereurs

Le 3 juillet 1866, au village de Sadowa (en allemand, Königgrätz), en Bohême orientale, l'armée prussienne bat l'armée autrichienne, grâce à son armement (notamment le fusil à aiguille). Ce triomphe inquiète toute l'Europe et accable François-Joseph. Sissi, qui s'est tenue informée des opérations, soutient son mari : « Notre pauvre empereur est bien éprouvé. » C'est la Prusse qui dominera le monde germanique.

Lorsque Sissi paraît, à la mi-février 1863, dans un bal annoncé comme « intime » (il n'y a que deux cent cinquante invités...), c'est véritablement en impératrice que Vienne la retrouve pour son retour dans la vie officielle. La rareté de sa présence la rend précieuse. Les privilégiés sont d'abord surpris puis séduits. Elle a reconquis sa silhouette, elle sourit malgré sa mauvaise dentition qui la complexe et si son visage est moins émacié, son charme opère immédiatement. François-Joseph lui-même est ébloui : ainsi le temps des crises est révolu et son épouse se comporte comme on l'attend. Du moins pour les courtisans et autres observateurs dont la principale préoccupation est de traquer les défauts et les erreurs... en y ajoutant volontiers une dose de fiel. Car l'impératrice était sous surveillance depuis son séjour à Corfou. On examinait ses faits et gestes, on essayait de jauger son humeur. L'opinion lui en voulait. On admirait la patience, voire l'abnégation de François-Joseph, mais peu de gens pouvaient savoir combien il avait souffert si on se réfère à cette lettre envoyée à l'archiduchesse : « Comme je suis heureux de retrouver Sissi à mes côtés et, après une si longue privation, d'avoir un foyer ! » Privation : le mot est fort. Homme et mari de bonne volonté, il a souffert. Et il a été patient. On le dit...

Deux sœurs de l'impératrice sont infidèles ! Sissi s'en doutait...

De son côté, son épouse affronte une rumeur qui ne la concerne pas directement, mais qui implique deux de ses sœurs qu'elle aime et dont elle a toujours pensé que les mariages étaient des erreurs. Elle avait vu juste. Lors d'un séjour à Possenhofen à la fin de l'automne 1862, elle avait appris que Marie et Mathilde n'étaient pas irréprochables dans leur exil romain ; certes, elles avaient des excuses, mais on ne les admettait pas à l'époque. Sissi comprenait. Si Mathilde, épouse du comte Trani, frère de l'ex-roi des Deux-Siciles, s'était vengée dans les bras d'un grand d'Espagne de la légèreté conjugale de son époux, la conduite de Marie, reine détrônée des Deux-Siciles, avait dramatiquement dépassé le niveau d'un adultère. Sissi avait donc appris la raison, honteuse, pour laquelle sa sœur était cachée chez les Ursulines d'Augsbourg, religieuses catholiques dans une ville historiquement marquée par le souvenir de Luther et la propagation de la Réforme au XVIe siècle, sous le règne de Charles Quint. Lasse de la consommation impossible ou laborieuse de son mariage, à cause d'une malformation sexuelle de son époux, Marie, charnellement lésée, avait vécu une passion avec un aristocrate belge, officier de la garde pontificale. Au bout de quelques semaines, elle était enceinte. Affolée, mortifiée par le scandale qui couvait, elle avait fui Rome et s'était cachée chez ses parents, à Possenhofen, prétextant une maladie et un besoin de repos. Compatissant, le médecin de famille avait dû rompre son secret professionnel et révélé à Ludovica la vérité. La duchesse était effondrée, larmoyante comme d'habitude, répétant qu'elle n'avait pas mérité une telle opprobre ; mais son mari, le duc Max, un coléreux souvent confronté aux réalités de la vie, n'avait pas condamné sa fille et ramené le calme dans le gynécée en émoi :

– Allons ! Ce sont des choses qui arrivent ! À quoi bon ces piailleries[1] !

Il était tout de même regrettable que l'héroïne légendaire du siège de Gaète eût été engrossée par un zouave pontifical ! D'indiscrétions en rumeurs, ce n'était plus seulement l'impératrice, visiblement raisonnable dans sa vie de femme, que scrutait la société viennoise, mais sa famille bavaroise, son père fantasque, sa mère fébrile et ses sœurs dont les destins conjugaux et politiques étaient provocants et romanesques. Une tribu aux vies agitées et imprévisibles au milieu de laquelle l'épouse de François-Joseph paraissait, chose incroyable, tenir son rang. Sissi pense à sa sœur Marie que des chroniqueurs ont traquée près de la frontière de la Bavière et de l'Autriche, à Altötting, priant dans l'église de ce haut lieu de pèlerinage bavarois dédié à la Vierge. Pourquoi vient-elle se recueillir ici ? Ces observateurs l'ignorent alors. On apprendra plus tard qu'en novembre 1862, au couvent des Ursulines, Marie avait accouché d'une petite fille confiée à son discret, bien que connu, père naturel. Et en mars 1863, Marie regagne Rome, retrouve son mari, lui avoue son infidélité (on peut supposer qu'il s'en était tout de même douté !), et l'ex-roi consent à se faire opérer pour reprendre une vie conjugale que l'on jugera, pudiquement, « relativement harmonieuse ».

En juin, l'impératrice accepte de refaire une cure à Bad Kissingen car elle en garde un bon souvenir. Cela lui permet de remonter à cheval, même si sa gymnastique est un rite quotidien. Sissi étonne par sa bonne santé et émeut par sa disponibilité

---

1. Marie-Louise von Wallersee, *Die Heldin von Gaeta*, Leipzig, 1936, cité par Brigitte Hamann, *Élisabeth d'Autriche*, *op. cit.*

envers les pensionnaires, se proposant comme garde-malade et surtout accompagnatrice d'infirmes ou de curistes esseulés. Au moins, l'impératrice n'est pas dans une île ! Sa Majesté veut se rendre utile.

A-t-elle réellement besoin de reprendre des soins ou bien est-ce encore un prétexte pour fuir les obligations de la Cour ?

Son époux, certes peiné de son absence, a peu de temps à lui consacrer. François-Joseph, empereur soucieux de conserver à son Empire la place qui lui revient dans le monde germanique, organise à Francfort un congrès des Princes, du 16 août au 1er septembre 1863. Le choix de Francfort est révélateur : cette ville de Hesse fut celle où, en 1152, Frédéric Barberousse avait été élu empereur du Saint Empire. Quatre siècles plus tard, Francfort ravissait à Aix-la-Chapelle son privilège d'être la ville du couronnement, qui lui resta acquis jusqu'à la dissolution du Saint Empire par Napoléon, en 1806. En 1863, Francfort est le siège de la Confédération germanique, œuvre de Metternich en 1815 et groupant trente-neuf États dont l'empereur d'Autriche entend être le mentor. François-Joseph compte sur la présence du roi de Prusse Guillaume Ier, qu'il a rencontré et sondé au début d'août. Le souverain Hohenzollern hésite : il serait fâcheux d'être absent à cette réunion exceptionnelle de tous les princes allemands. Mais Bismarck lui démontre que s'y rendre serait un aveu de faiblesse, voire une humiliation. Guillaume Ier renonce, préférant séjourner à Baden-Baden. Si François-Joseph avoue à Sissi sa déception, c'est à sa mère l'archiduchesse, toujours pointilleuse sur le prestige des Habsbourg et qui aurait souhaité que ce soit Vienne plutôt que Francfort qui accueille le congrès, qu'il

L'impératrice Élisabeth et son frère Charles-Théodore en 1862, à Bad Kissingen, station thermale bavaroise très appréciée de Sissi qui, d'une manière anonyme, se propose d'aider des curistes handicapés lors de leurs promenades. C'est la stupeur quand on découvre que, derrière sa voilette, c'est l'épouse de François-Joseph qui est une infirmière dévouée ! Heureuse de rendre service, elle semble apaisée.

écrit ses regrets : « C'est la dernière tentative d'unir l'Allemagne afin de la mettre en état d'accomplir sa mission pour l'équilibre et la paix de l'Europe. C'est le dernier moyen de sauver les souverains allemands de la ruine devant la montée de la révolution. Malheureusement, par jalousie comme par aveuglement, la Prusse refuse de s'associer à l'entreprise, ce qui augmente la difficulté de l'affaire ; en contrepartie, les acceptations arrivent de toutes parts, même de gouvernements qui étaient jusqu'alors totalement asservis à la Prusse. » Il en conclut que l'Autriche et lui-même seront les maîtres de cette assemblée de têtes couronnées catholiques et protestantes. Une illusion entretenue par Bismarck, déjà expert dans ce domaine.

L'impératrice soigne des curistes ignorant son identité...

Sissi n'avait aucune raison de l'accompagner à Francfort, très absorbée par sa collection de photographies, puis la prolongation de sa cure. Elle ne sait pas qu'en son absence, le 31 juillet, en jouant, le petit Rodolphe, bientôt 5 ans, est tombé d'un arbre et que sa tête a heurté une dalle. Hurlements, affolement, cris, imprécations : on a porté l'enfant jusqu'à son lit où on l'a déposé sans connaissance. Sur ordre de l'archiduchesse (cette fois, Sophie a raison), on ne prévient pas l'impératrice, dont l'équilibre nerveux reste fragile. En revanche, François-Joseph accourt, craignant le pire. Deux médecins, dont le jeune docteur Widerhofer, expert en traumatologie, rassurent l'empereur et la Cour : Rodolphe en sera quitte pour un hématome. On respire. François-Joseph décide de ne rien dire à Sissi, ce qui est certainement avisé dans l'immédiat. Elle le saura, par inadvertance, plus tard. Le rempart dressé entre la mère et ses enfants reste solide. Même si ses relations avec sa belle-mère sont moins tendues, la quasi-impossibilité d'être seule avec Gisèle et Rodolphe et de leur témoigner son amour fait de l'impératrice une mère frustrée, encore jugée capricieuse et originale. Boire de la bière à table, se suspendre aux anneaux en récitant des poèmes en hongrois, permettre à ses chiens d'envahir ses appartements, est-ce vraiment révolutionnaire ? Est-ce l'anarchie que dénonce sa belle-mère ? Ce carcan étouffant les réactions naturelles explique sans doute que lors de sa dernière cure à Bad Kissingen, Sissi se soit spontanément occupée de la promenade d'un aveugle, le duc de Mecklembourg, et de celle d'un hémiplégique, un Anglais du nom de John Collet. Les premiers jours, ce dernier ignore que c'est la jeune impératrice d'Autriche qui le distrait. Lorsqu'il découvre qui elle est, encore plus séduit par son rayonnement et les trésors de vie qu'elle déploie, il lui fait porter une lettre : « Vous pourriez me rendre réellement heureux avec une toute petite chose : une boucle de vos cheveux. Si cette prière est indiscrète, veuillez me la pardonner. Le prix que j'y attacherais ne viendrait pas du fait que vous êtes impératrice, mais de ce que vous exercez vraiment sur moi une puissance miraculeuse et que j'estime infiniment votre amitié en elle-même. » Sissi ne donnera pas une mèche de son abondante chevelure, longue de un mètre et qu'elle surnomme « ma vraie couronne », sans doute pour ne pas faire de jaloux et encourager un éventuel trafic de reliques, sans parler des ragots ! L'Anglais, confus, lui tournera quelques vers reconnaissants dans sa langue :

Que Dieu préserve la Dame juste et sincère,
Dont le cœur compatissant peut sentir la douleur des autres[1].

Sissi, « ange » inattendu dans cette ville d'eaux, entretiendra une correspondance révélatrice avec John Collet dont on peut retenir cet aveu de l'impératrice : « Vous êtes si souffrant et si fatigué et pourtant vous n'oubliez pas de prier pour moi, comme c'est gentil à vous. Oh ! Je vous en prie, continuez et demandez à Dieu de m'accorder la seule chose pour laquelle je Le supplie matin et soir et tous les jours à la messe. » On peut supposer, comme le comte Corti, que Sissi implore une guérison totale, mais aussi – et même surtout – de résister à une tristesse larvée, à son éternelle nostalgie, et de ne pas étouffer en respirant, selon le beau mot de Goethe, « un air trop vif pour une poitrine trop étroite ».

La fin du congrès des Princes met en lumière la stratégie de Bismarck : par son absence, la Prusse a pesé d'un poids supérieur à celui dont elle aurait bénéficié si Guillaume Ier avait participé aux travaux. François-Joseph croit que la politique du « fauteuil vide » lui a été favorable, ce qui est faux. Et la volonté de l'empereur d'Autriche de s'appuyer sur les États moyens est une erreur : leur faiblesse les rend peu fiables. Une nouvelle réunion à Nuremberg, au nord de la Bavière, pour la mise en application pratique des décisions se heurte à un refus. Il faut écouter la Prusse. François-Joseph est d'autant plus vexé que Rechberg, son ministre des Affaires étrangères, l'avait dissuadé de réunir ce congrès, car depuis ses défaites en Lombardie et

1. Traduction de l'auteur.

À l'été 1863, François-Joseph réunit à Francfort les trente-neuf princes allemands de la Confédération germanique. Il espère dominer la Prusse. Sur ce document, le mari de Sissi (elle est en cure en Bavière) pose avec les autorités municipales de Brême, Francfort, Hambourg et Lübeck. Le congrès des Princes sera un échec, une erreur de plus de l'Autriche en politique étrangère aveuglée par le génie de Bismarck.

la réalité de l'unité italienne, le souverain Habsbourg ne peut prétendre guider le monde germanique. Le dessein de François-Joseph est aussi irréaliste que le menu du premier dîner de gala, le 17 août, est indigeste : il comportait vingt-neuf plats!

L'archiduchesse Sophie est consciente de ce nouvel échec, accablée que le temps de Metternich et du congrès de Vienne soit, une fois encore, piétiné et renvoyé au musée de l'Histoire. Alors, elle passe son humeur sur sa belle-fille. Quand François-

L'archiduc Maximilien, populaire frère de François-Joseph, et son épouse Charlotte de Saxe-Cobourg-Gotha, fille du roi des Belges Léopold Ier et de la princesse Louise d'Orléans. Mariée en 1857, Charlotte devient impératrice du Mexique quand, après de longues hésitations, son mari accepte cette couronne improbable. Sissi avait mis sa belle-sœur en garde contre ce piège. En vain… Charlotte est trop ambitieuse.

Joseph se dit ravi que Sissi fasse des progrès en hongrois, sa mère balaie cet éloge d'un coup d'éventail, d'autant plus exaspérée que sa belle-fille n'est pas douée pour les langues étrangères et s'exprime, dit-elle, aussi mal en français qu'en italien. Le fait que l'impératrice apprenne aussi facilement le hongrois est exaspérant, car elle est convaincue que les Hongrois détestent les Habsbourg. Pire : ils vénèrent Sissi ! Et elle s'intéresse de plus en plus à eux. Lorsque, quelques soirs plus tard, le couple impérial, en pleine harmonie, paraît au théâtre dans sa loge devant la salle debout, l'archiduchesse, armée de sa lorgnette, examine celle qui se rend coupable de sympathies pour les Magyars. Horreur ! Les cheveux, légendaires, de l'impératrice d'Autriche sont recouverts d'une coiffe brodée d'or, comme en portent les épouses des dignitaires hongrois ! Sophie n'en croit pas son lorgnon et, comme elle continue de fixer sa belle-fille, tout le monde voit la scène. Le spectacle a commencé avant même le lever du rideau ! Un murmure s'élève du parterre et des balcons. Le couple souverain se lève et quitte la salle, ce qui donne lieu à une double interprétation : François-Joseph est-il furieux qu'on le critique ? Ou s'est-il rendu compte que sa femme avait provoqué l'opinion viennoise peu favorable à la Hongrie ?

Charlotte n'écoute pas Sissi : elle aussi veut être impératrice...

Il y a beaucoup plus préoccupant. Le 20 octobre 1863, dans leur château de Miramar, l'archiduc Maximilien et son épouse Charlotte reçoivent une délégation mexicaine qui confirme officiellement au frère de François-Joseph qu'on lui offre la couronne du Mexique… une couronne inventée. Or, face à cette proposition qui remonte à deux années pendant lesquelles le pays a été en guerre, Maximilien reste indécis. La France entend se retirer de ce guêpier devenu une tragédie en laissant Maximilien face à une tâche insurmontable. Napoléon III a fait savoir que si l'archiduc ne se décidait pas, la France trouverait facilement en Espagne un infant pour accepter ce trône, un candidat qui aurait l'avantage de parler la même langue que les Mexicains ! Charlotte, qui voit s'éloigner son rêve impérial, est furieuse qu'on songe déjà à remplacer son époux et donc elle-même ! Elle intervient. Son avenir étant morne dans l'Empire de son frère, Maximilien accepte, rappelant avec humeur qu'il a donné sa parole deux ans plus tôt à neuf millions de Mexicains – mais ce peuple en révolte en était-il réellement informé ? François-Joseph consent au départ de son frère, secrètement soulagé qu'on lui ait trouvé un destin. Maximilien est plus populaire que son frère, il a de l'imagination, aime les arts, ce qui l'avait rapproché de Sissi. François-Joseph n'a pas apprécié que Max ait colporté de surprenants propos peu aimables sur l'impératrice alors qu'il s'entendait très bien avec elle. Un commérage ? Et l'empereur reproche à son frère de se mettre sous la seule tutelle de la France. L'offre de Napoléon III est-elle aussi généreuse qu'elle le paraît ? Sissi ne se pose pas la question de savoir si, en cette seconde moitié du siècle, l'idée d'un empire mexicain dans ce pays ravagé est concevable ou totalement irréaliste. Pendant l'hiver, à Vienne, les discussions entre les deux belles-sœurs sont nombreuses. L'impératrice d'Autriche explique à Charlotte combien une couronne est lourde et qu'elle donnerait tout pour ne pas en porter une. Une couronne, même impériale, est un honneur stérile, un esclavage qui vous prive de vie. Sissi est très aimable, affectueuse, tout en mettant Charlotte en garde. Mais le « rêve mexicain » est devenu une obsession chez la fille du roi des Belges. Elle se veut, elle aussi, impératrice, à n'importe quel prix. Les complexes, les jalousies, les ambitions et le manque de lucidité lui dictent de ne pas laisser passer cette chance, pure folie de l'avis général. Toutefois, avant de s'embarquer pour le Mexique, Maximilien devra renoncer à tous ses droits sur le trône des Habsbourg. François-Joseph remet à son frère un mémoire sur les successions dynastiques, rappelant le cas voisin d'un fils de Louis XIV, le duc d'Anjou, qui devait abandonner tous ses droits sur la couronne de France, pour lui et ses héritiers, s'il régnait en Espagne. Or, l'héritier direct de François-Joseph est évidemment son fils Rodolphe, mais la santé de l'enfant inquiète ses parents. Le prince a des malaises, quelquefois brefs, quelquefois longs, que personne ne peut expliquer ; il fait des caprices et se montre désagréable sans raison. A-t-on bien mesuré les conséquences de sa chute ? S'agit-il d'autre chose ? Les médecins sont perplexes.

– Ils sont stupides ! crie l'impératrice, furieuse qu'on lui ait caché l'accident de son fils.

Les deux parents sont soudés dans l'angoisse. Le 5 décembre, leur petit garçon a un spectaculaire accès de fièvre. On craint le typhus, dont une épidémie a été signalée en Europe centrale. D'urgence, l'empereur fait venir un pédiatre réputé de Prague, le Dr Loschner. Pendant quinze jours, l'enfant souffre de convulsions en tremblements. La semaine avant Noël, il se rétablit, laissant François-Joseph et Sissi épuisés, ayant frôlé le désespoir. C'est au même moment, le 18 décembre, qu'un frère de François-Joseph, l'archiduc Charles-Louis, a un fils. Le neveu de François-Joseph est prénommé François-Ferdinand. Même avec la renonciation au trône de Maximilien, la succession des Habsbourg est donc désormais assurée par deux héritiers masculins. Noël sera paisible.

L'impératrice est bientôt atteinte par des deuils dans sa famille : le 10 mars 1864, le roi Maximilien II de Bavière, un de ses oncles, meurt subitement, « trop tôt » selon sa veuve, la reine Marie, née princesse de Prusse. C'est son fils, le cousin de Sissi, Louis, qui monte sur le trône. Il a 18 ans, mesure 1,90 mètre, n'aime que Wagner, les montagnes et les lacs, et déteste la politique, toujours hypocrite. Louis II est intelligent, mais il n'a pas été préparé à régner. Peu lui importe : comme Sissi, son aînée de huit ans, il recherche la solitude, les courses à cheval, la poésie. Dans leur enfance, ils se voyaient avec plaisir. Trois semaines après la disparition du souverain bavarois, une sœur du roi défunt est au plus mal. Sissi a le temps de revoir sa tante *in extremis*. Elle est très émue. À qui confie-t-elle son impression, parce que c'est, dit-elle, la première fois qu'elle voit mourir un adulte ? À son correspondant anglais rencontré à Bad Kissingen, John Collet. Un étranger presque devenu un proche de manière épistolaire et à qui elle écrit : « Combien sont à envier ceux qui quittent cette terre de misère dans l'inconscience de l'enfance. »

Sissi a du mal à comprendre pourquoi François-Joseph s'estime contraint de s'engager dans un conflit lointain, avec le Danemark. Un parfait exemple de manipulation géopolitique, une situation anarchique et un conflit perturbant le trafic maritime de l'Europe du Nord. Et surtout le premier chef-d'œuvre de Bismarck ; il s'appelle la guerre des duchés.

Dans ce casse-tête successoral et diplomatique, c'est de nouveau la question des nationalités qui émerge : le 3 janvier 1864, la Prusse et l'Autriche décident d'intervenir conjointement dans les duchés du Schleswig-Holstein, n'acceptant pas leur annexion pure et simple au royaume de Danemark. François-Joseph pense qu'il est utile de s'allier à la Prusse après la déconvenue de Francfort. Les troupes autrichiennes remportent les premiers succès des alliés dans cette campagne, mettant du baume au cœur de l'empereur en compensant un peu ses désastres militaires et la perte de la Lombardie. Sissi, étrangère à ce litige pour des territoires marécageux et de landes entre la mer du Nord et la mer Baltique, devient réellement infirmière au début de février alors que les blessés autrichiens affluent par train à la gare centrale de Vienne. À la stupéfaction des équipes soignantes, elle parvient à s'exprimer en hongrois avec les blessés magyars.

Contre toute attente, l'affaire du Mexique rapproche Sophie et Sissi

Dans ce printemps 1864, Maximilien et Charlotte font le tour des cours européennes, des Tuileries, où Napoléon III et Eugénie se félicitent de leur acceptation du trône du Mexique, à la cour de St. James, où l'on est beaucoup moins enthousiaste. Le Premier ministre de la reine Victoria, lord Palmerston, considère que cette aventure est vouée à l'échec. Le retour à Vienne, le 19 mars, est encore moins réjouissant : François-Joseph veut faire signer à son frère un « pacte de famille » par lequel il renonce à jamais, pour lui et ses héritiers potentiels, à tous droits de succession en Autriche, mais aussi à sa fortune privée actuelle et à venir.

S'estimant dépouillé, Maximilien refuse de signer ce « pacte » et l'empereur le menace de ne pas lui donner son assentiment à l'acceptation du trône mexicain. Il s'ensuit une très violente altercation à la Hofburg le 20 mars entre les deux frères, en présence de Charlotte et de Sissi. Cette dernière sera la seule à raconter, plus tard, ce douloureux affrontement. François-Joseph exige toujours la signature du pacte, mais Maximilien le supplie :

– Oh! mon Dieu! Donnez-moi la force d'accepter mon devoir.

L'impératrice ajoute : « Il avait un visage désemparé, j'avais envie de crier. » Quant à Charlotte, voyant que son mari allait peut-être céder et signer, elle sourit « ignoblement ». Elle est prête à tout. Sissi n'a jamais aimé Charlotte qu'elle surnomme « l'ange de mort de Maximilien ». Le 22 mars, Maximilien et Charlotte repartent pour Miramar, le pacte n'est toujours pas signé. Avant de repartir, ils ont partagé un dernier dîner avec l'archiduchesse Sophie. Elle écrit dans son journal que ce soir-là, elle avait eu le sentiment de partager avec son fils « le repas d'un condamné ». Sa mère est en effet très bouleversée par le choix de son fils d'accepter ce trône si lointain, mais elle ne peut désavouer son autre fils François-Joseph pour le pacte qu'il impose à son frère. C'est le trône des Habsbourg qui est en jeu : s'il arrivait malheur à François-Joseph avant la majorité de Rodolphe (il a alors 6 ans), ce serait Maximilien qui devrait assurer la régence, charge totalement incompatible avec le titre d'empereur du Mexique. Curieusement et peut-être pour la première fois, Sissi est consciente des tourments de sa belle-mère et lui en fait part. Elles se rapprochent toutes les deux, partageant à la fois la prémonition d'un désastre à venir pour Maximilien et une détestation totale à l'égard de Charlotte qui le pousse à tous les renoncements à condition qu'ils deviennent empereur et impératrice. Sophie qui, dans un premier temps, avait accordé sa préférence à Charlotte aux dépens de Sissi, a complètement changé. L'ambition et la désastreuse influence de Charlotte sur son mari lui ont ouvert les yeux. Sissi a fait de même. Elle aime beaucoup Maximilien, qui lui a manifesté son admiration et son affection quand il l'a reçue à Miramar et accompagnée sur son yacht jusqu'à Corfou. Tous ces sentiments mélangés rapprochent la vieille archiduchesse et la jeune impératrice qui ont le même pressentiment d'une catastrophe annoncée.

De retour à Miramar, Maximilien tergiverse beaucoup – c'est le fond de son caractère –, annonçant dans un premier temps qu'il renonce au trône du Mexique, provoquant une panique aux Tuileries. Napoléon III et Eugénie convoquent l'ambassadeur d'Autriche, le prince de Metternich. Puis, Maximilien songe à partir pour le Mexique sans signer le « pacte de famille ». Il y renonce, réalisant que ce serait une désertion incompatible avec son titre d'empereur. Finalement, pour la plus grande joie de Charlotte, il consent à signer…

Le 9 avril 1864, le train impérial de François-Joseph s'arrête dans la minuscule gare de Miramar. L'empereur est accompagné de ses deux autres frères, les archiducs Charles-Louis et Louis-Victor. L'empereur et Maximilien vont s'enfermer dans la bibliothèque au premier étage, pendant plusieurs heures. Nul ne sait ce qu'ils se dirent, mais on peut supposer que ce fut douloureux, pour l'un comme pour l'autre. Finalement, les deux frères redescendent dans le grand hall et Maximilien signe devant l'empereur, ses deux autres frères et leur suite, ce fameux pacte de renonciation. Charlotte fait son entrée une fois cette formalité accomplie, rayonnante de joie. François-Joseph ne passe même pas la nuit à Miramar, il regagne son train avec ses frères ; Maximilien et l'empereur se saluent militairement. Après le protocole, ils s'embrassent. Ils ne se reverront jamais. Le 14 avril, Charlotte et Maximilien quittent Miramar à bord de la frégate *Novara*. Le

Le 14 avril 1864, Maximilien, frère de François-Joseph, et son épouse Charlotte de Belgique, ayant accepté l'hypothétique couronne impériale du Mexique, s'embarquent à Miramar, leur résidence près de Trieste, à destination du Mexique. Pour une fois, Sissi et sa belle-mère sont d'accord : l'aventure mexicaine est une folie. Ce tableau est de Cesare dell'Acqua, le même peintre qui avait illustré au même endroit le retour de Sissi de Madère. C'était trois ans auparavant, le 18 mai 1861, dans la joie…

sort en est jeté. La scène est immortalisée par le même peintre qui avait illustré l'arrivée de Sissi à Miramar à son retour de Madère.

Le 1er mai 1865 est un jour de fête pour l'empereur, l'impératrice et tous les Viennois. Après huit ans de travaux pharaoniques qui avaient défiguré la capitale, le boulevard circulaire, le *Ring*, est enfin terminé. Les armées impériales défilent en uniforme de parade pour l'inauguration de cette artère somptueuse. Puis les Viennois, comme toujours, dansent au son de la musique de Johann Strauss, cette fois sur la « polka de la démolition » ! Le 14 août, la guerre des duchés s'achève par la convention de Gastein ; la Prusse reçoit le Schleswig et l'Autriche le Holstein. François-Joseph accepte cet accord parce qu'il symbolise pour lui l'entente austro-prussienne. Mais en réalité, cet arrangement met l'Autriche en position délicate, car le territoire dont elle a la responsabilité est éloigné de l'Autriche et très proche de la Prusse. Bismarck est maître de la situation. Il pourra provoquer des incidents susceptibles d'entraîner une guerre contre l'Autriche. C'est son but : il veut éliminer les Habsbourg des affaires allemandes.

À Bad Ischl, un ultimatum de Sissi : elle menace de partir définitivement !

L'impératrice observe son fils avec inquiétude. Le petit Rodolphe est très nerveux. Pourquoi ? Pour quelles raisons a-t-il peur du moindre bruit et de l'obscurité ? Pourquoi est-il si souvent malade ? Après une enquête tardive et difficile sur le domaine réservé de sa belle-mère, Sissi découvre que le précepteur de Rodolphe, le colonel Léopold de Gondrecourt, évidemment choisi par l'archiduchesse avec l'approbation de l'empereur, est un militaire bigot qui vient de s'illustrer dans la guerre des duchés et assiste quotidiennement à la messe, d'une manière ostensible afin d'être bien vu par François-Joseph et sa mère. Selon eux, il réunit deux qualités : être un militaire et un bon chrétien. Que veut l'empereur sans grande imagination ? Que son fils et futur successeur soit familier du métier des armes, donc du danger et du courage. Sissi, effarée, découvre que Gondrecourt n'a pas eu de meilleure idée que d'enfermer le garçonnet dans une réserve de chasse du parc de Schönbrunn et, l'ayant laissé seul à l'intérieur, de crier :

– Prince ! Prenez garde ! Un sanglier vous charge !

La stupidité de cette expérience est consternante ! Sissi est révoltée, son cœur de mère souffre, mais son instinct, qui l'avait alertée, ne la trompe pas : en poursuivant ses délicates investigations, elle constate que l'on juge indispensable d'imposer à l'enfant des douches très froides en toutes saisons et, ce qui est bien plus grave, de tirer des coups de revolver dans sa chambre pendant son sommeil ! Rodolphe est tout simplement terrorisé, confronté en quasi-permanence à l'imminence de la mort. L'archiduc héritier est traumatisé. Évidemment, cette éducation débile n'a pu être mise en œuvre qu'en l'absence de Sissi. L'entourage de Rodolphe a profité de l'éloignement de sa mère pour élever, selon l'archiduchesse, son petit-fils dans la foi de Dieu et lui forger une « haute valeur morale ». L'enquête de l'impératrice est accablante. Peu à peu, gouvernante et femmes de chambre parlent à cette mère soudain très présente. Fait nouveau : Sissi a maintenant des alliées. Elle apprend ainsi que Gondrecourt, outre le fait d'être un imbécile servile, n'est qu'un tartuffe qui fait exprès de passer à six heures du matin sous les fenêtres de l'empereur en tenant, bien visibles, un rosaire et un livre de prières gravé d'une croix. Les jardiniers l'ont surnommé « l'avaleur de crucifix » ! Et ils assurent qu'en réalité ce volume n'est qu'un coffret à cigares et qu'en guise de dévotions le précepteur de Rodolphe va prendre un petit déjeuner chez sa maîtresse, une blonde et peu farouche choriste de théâtre ! De plus en plus furieuse, Sissi constate qu'au lieu d'encourager ses qualités intellectuelles – l'enfant est intelligent et aime lire –, on est en train de fabriquer un adolescent abruti d'efforts, de contraintes et de peurs. Sissi est hors d'elle ! Mais en dénonçant la dramatique bêtise de cette « instruction », l'impératrice s'attaque à une forteresse : le couple que constituent son mari et sa mère.

L'impératrice a du mal à dissimuler sa colère :

– C'est de la folie ! lance-t-elle à l'empereur, qui convient que sa mère a peut-être été trop stricte, mais qu'elle est animée des meilleures intentions et que son jugement est précieux.

Ainsi, François-Joseph craint toujours sa mère ! Il regrette les excès de l'officier, promet d'intervenir, mais, en fait, son épouse est sûre qu'il n'en fera rien. Au nom de la tradition, ce cauchemar ! Et de

Le colonel de Gondrecourt, précepteur de Rodolphe, terrorise l'enfant en voulant l'aguerrir. Sissi exige son départ : ce sera lui ou elle !

sa mère… Le 27 août 1865, à Bad Ischl, Sissi, méconnaissable, joue le tout pour le tout :

– Je ne puis tolérer cela ! Ou Gondrecourt ou moi !

C'est un véritable ultimatum conjugal et familial. L'impératrice, se sentant une mère coupable, trop longtemps absente, met toute sa vie en jeu. Jamais les vacances à la Kaiservilla, réputées paisibles autour de l'anniversaire du souverain, et qui représentent un entracte essentiel dans la vie officielle, n'ont été bouleversées par une telle crise ! Un instant après cette mise en demeure, Sissi s'installe dans son bureau tendu de brocart beige, mais meublé simplement de bois clair. Elle s'enferme pour confirmer par écrit sa décision. Cet « ultimatum d'Ischl » est l'étincelle qui peut faire sauter la poudrière familiale ; dépassant l'angoisse, légitime, à propos de Rodolphe, Sissi écrit :

> Je désire avoir pleins pouvoirs pour tout ce qui concerne mes enfants, le choix de leur entourage, le lieu de leur résidence, la direction complète de leur éducation, en un mot c'est à moi de décider de tout jusqu'à leur majorité. Je désire, en outre, que, pour ce qui est de mes affaires personnelles, telles que le choix de mon entourage, mon lieu de résidence, tous les changements dans la maison, etc., je sois seule à décider.
>
> Élisabeth

Une salve d'avertissements ! Après douze années de quasi-soumission depuis son mariage au cours desquelles ses retours de voyages n'avaient fait qu'aggraver sa dépression, la rebelle Sissi menace de tout quitter. Ce n'est plus une colère, encore moins un caprice. Elle est passée de l'impatience à l'autorité. Claire et ferme et par écrit. C'est une injonction!

François-Joseph comprend qu'il ne s'agit plus de sautes d'humeur. Son épouse est sérieuse. Elle veut, enfin, diriger sa vie personnelle, familiale et même, dans une certaine mesure, son existence officielle, ce qui est encore plus grave. Ce n'est plus la fantasque Sissi qui s'exprime, c'est l'impératrice et la mère de famille. En quelques lignes, elle est devenue adulte et la désastreuse éducation de son fils est le détonateur d'une réaction profonde. François-Joseph, confiant dans son accord avec la Prusse et qui comptait chasser, serein, dans ses chères montagnes, comprend que l'exaspération de sa femme n'est pas une scène de ménage. Ce coup de tonnerre domestique est immédiatement suivi d'une autre révolution à la Cour : l'empereur donne raison à l'impératrice! Il cède, l'assurant de son indépendance de mère, de femme et de maîtresse de maison. À 28 ans, Sissi a usé de tous ses arguments, y compris sa beauté, dont elle connaît le pouvoir sur son mari. Gondrecourt est immédiatement remplacé par le comte Joseph Latour de Thurnberg, qui se révélera un excellent éducateur, et le docteur Hermann von Widerhofer se chargera de suivre la santé du prince et de sa sœur Gisèle. À ces deux hommes, elle demandera des rapports fréquents, posera des questions, exigera des réponses, alors qu'auparavant elle était laissée dans l'ignorance et même écartée de la réalité. Elle est coupable de négligence et entend réparer ses torts de mère distante, autant que faire se peut. Comme on pouvait s'y attendre, l'archiduchesse Sophie subit l'oukase de sa belle-fille, validé par son fils. La mère de l'empereur ne dit rien, n'en pense pas moins, mais elle a perdu un combat essentiel, celui de son influence et de celle de ses courtisans. Le rapprochement entre les deux femmes lors du dilemme mexicain fait place à une cohabitation pénible, entre silences et regards. Certes, dans la reprise en main de sa vie et de celle de ses enfants, l'impératrice victorieuse commet quelques excès en passant d'un conservatisme aussi dangereux que figé à un libéralisme revendiqué où l'instruction religieuse passe au second plan, ce qui mettra en évidence la spectaculaire précocité de Rodolphe.

À ces bouleversements succède un automne radieux, conjugalement serein puisque Sissi, très belle, apaisée, est soutenue par son mari qui, dans le fond, l'approuve, fier de sa lucidité. La victoire de sa femme est aussi celle de leur couple, et la gaieté revenue rejaillit sur leur vie intime. Le 4 octobre, jour de la Saint-François, Sissi organise un déjeuner pour fêter le saint patron de l'empereur. À Rodolphe, le soir, elle raconte :

– À table, nous avons beaucoup ri. J'ai obligé toutes les dames à vider une coupe de champagne à la santé de papa… Une dame d'honneur a failli devenir trop gaie et une autre avait de la peine à se tenir debout !

En arrachant son indépendance à l'empereur, elle s'est rapprochée de son mari. Sissi est heureuse. Son triomphe est aussi celui de l'amour.

Sissi revoit son étrange cousin devenu le roi Louis II de Bavière

À la Cour et même dans certains journaux, le coup d'État familial n'étonne pas tout le monde. Certains intimes se demandent si derrière sa colère, légitime à cause des aberrations qu'elle a découvertes, l'impératrice n'est pas également mue par une force encore plus spectaculaire, un courant politique manifeste depuis quelque temps. Un an plus tôt, à l'été 1864, lors d'un de ses séjours à Bad Kissingen, l'impératrice a reçu la visite du nouveau souverain bavarois, le jeune Louis II. Elle était impatiente de le revoir, car les avis les plus contradictoires sont émis à son sujet. Les uns sont enthousiastes, les autres déroutés. Avec sa haute taille, sa démarche malhabile, sa beauté, il est le point de mire de toutes les curiosités. Il ne parle que d'art et de nature, vante le souffle wagnérien si incompris que lui, le roi, se doit de l'aider à « déployer les ailes puissantes de son génie » et a fait venir le musicien à Munich, a payé ses dettes, l'a installé fastueusement, sans imaginer que Richard Wagner était l'amant de Cosima, la fille de Franz Liszt et l'épouse du chef d'orchestre von Bülow… Louis II n'était venu à Bad Kissingen que pour admirer sa belle cousine l'impératrice, partager ses idées originales, revoir celle avec qui, enfant, il correspondait en laissant des messages dans l'île des Roses, au milieu du lac de Starnberg, elle à Possenhofen, lui à Starnberg, chacun sur sa rive, mais poursuivant les mêmes rêves. À Bad Kissingen, Louis II ne devait qu'apparaître brièvement. Il ne voulait pas s'attarder. Mais, fasciné par Élisabeth, il était resté près d'un mois, la « contemplant sans désir, comme un être surnaturel », attiré « par ce qu'il y a d'extraordinaire dans toute sa personne[1] », pas par sa féminité, mais par sa personnalité peu conventionnelle. Elle était spectaculaire et le roi s'imaginait au théâtre où tout est plus beau que dans la vie. Le jeune souve-

1. Egon César, comte Corti, *Élisabeth d'Autriche*, *op. cit.*

Louis II de Bavière, un cousin de Sissi qui partage avec elle sa haine du protocole et des convenances, est monté sur le trône au printemps 1864. Ici, en 1865, le souverain, qui déteste la guerre, pose en uniforme de colonel du 4e régiment de chevau-légers. Pour lui, l'impératrice n'incarne pas la féminité, mais l'indépendance et le rêve.

rain n'avait eu qu'une attention de convenance pour la délicate tsarine Maria Alexandrovna, épouse du tsar Alexandre II. Elle était de santé fragile et venait se soigner à Bad Kissingen. Louis II était reparti, laissant Sissi perplexe, mais éblouie par les yeux bleus et le regard de son cousin qui lui avait longuement parlé de *Lohengrin*, la légende de ce chevalier au cygne peinte sur les murs du château de sa jeunesse, Hohenschwangau. Son protégé Wagner en avait fait un opéra qui l'avait bouleversé alors qu'il était prince héritier, âgé de 16 ans. Une émotion définitive.

Puis, après le départ du roi, l'impératrice avait ouvert ses livres hongrois. À l'aide d'un dictionnaire, elle progressait lentement, mais avec application, dans la connaissance de cette langue. C'était vraiment difficile. Elle avait besoin d'une dame de compagnie hongroise. Sissi chargea une de ses dames d'honneur de lui trouver une jeune femme qui serait aussi – et c'était essentiel – une confidente sûre. Une liste, impressionnante, fut dressée parmi les plus grands noms de l'aristocratie magyare. Mais l'impératrice rebelle cherchait surtout une personne pouvant l'aider, sans préjugés ni conventions et surtout pas paralysée par le protocole! Il ne s'agissait pas de mondanités futiles. Surtout pas! Elle voulait une jeune femme sincère. Et en examinant les noms qu'on lui présentait, Sissi retint celui d'Ida Ferenczy, se fit montrer une photographie : la jeune fille n'était pas jolie, mais douce et modeste. Après que l'on eut pris des renseignements confirmant que l'intéressée était saine et intelligente, l'impératrice déclara :

– Je suis sûre que celle-ci me plaira.

Ce qui comptait le plus pour Sissi était que la jeune fille aimât son pays, car c'était l'amour de la Hongrie qui devait les réunir, d'autant plus que François-Joseph avait dit à son épouse qu'elle devrait être, dès que possible, la reine de Hongrie. Dans cette perspective, l'élue ne serait évidemment pas soumise à l'archiduchesse. Cette condition était impérative, mais ne serait pas facile à faire admettre. C'est en revenant d'une promenade à cheval que l'impératrice rencontra, en novembre 1864, la jeune fille rougissante, apparue gracieuse et attachante.

Sissi eut l'élégance et l'audace de l'accueillir en hongrois :

– Vous me plaisez, nous serons beaucoup ensemble.

Restait un obstacle : Ida Ferenczy, de rang social modeste, ne pouvait être titrée dame d'honneur et ce n'était pas du tout ce que recherchait l'impératrice, fuyant ce qu'elle considérait comme une basse-cour plus encombrante qu'utile. On trouva une fonction inédite auprès de l'impératrice : Ida devint *lectrice de Sa Majesté*. Une révolution! Une Hongroise lectrice de hongrois, quelle provocation pour l'archiduchesse! Une jeune fille qui n'a que cinq ans de moins que l'impératrice : que peut-elle savoir des usages de la Cour?

Stupeur : l'impératrice devient l'avocate de la Hongrie !

Les incidents sont immédiats. Sissi met en garde la jeune fille en lui ordonnant de ne jamais divulguer le moindre mot ni la plus infime réaction de sa part. Ida doit être muette pour l'entourage de l'impératrice dont elle fait soudain partie, en ayant droit à l'appellation *Madame*. La discrétion est le ciment de la confiance. Mais on pouvait s'y attendre : la première dame d'honneur, vexée de l'intrusion de cette jeune inconnue dans ce cercle restreint, exige d'elle de savoir tout ce que dit, pense et fait Sa Majesté! Sissi teste Ida, l'interrogeant à son tour, car Dieu sait ce que «le parti de l'archiduchesse» pourrait inventer pour compromettre cette nouvelle recrue que personne n'attendait. François-Joseph bénéficie de cette complicité entre son épouse et sa lectrice : Sissi, qui sait maintenant qu'elle peut avoir confiance en Ida, est apaisée et très en beauté. L'empereur s'adresse à Franz Xaver Winterhalter pour qu'il réalise trois portraits de sa femme. Peintre des cours d'Europe, l'artiste, originaire de la Forêt-Noire, croule sous les commandes. On le sollicite partout et il est le portraitiste préféré de l'impératrice Eugénie. Requis à Vienne, il peint d'abord un tableau de Sissi en pied, parée de ses bijoux. Ainsi, même si la manie des voyages la reprenait, Sissi serait toujours présente à la Hofburg. Puis, l'empereur demande au maître qui restitue si parfaitement les beautés féminines de l'époque deux tableaux beaucoup moins classiques. Le premier représente Sissi saisie dans son intimité, en déshabillé, les cheveux défaits, sans doute au réveil. Une vision qui aurait due être réservée au seul regard de son époux amoureux. Le second, encore plus intime, montre l'impératrice ayant noué deux pans de son abondante chevelure comme un fichu sur sa poitrine. Et c'est cette œuvre, inconvenante, que François-Joseph fait placer dans son cabinet de travail, face à son bureau. L'archiduchesse est outrée de cet exhibitionnisme. C'est sûrement une idée de sa belle-fille! Non, c'est l'empereur qui, dès l'aube à son travail, aime lever les yeux vers celle qu'il a quittée à regret… quand elle n'est pas absente. Et il se réjouit que la compagnie d'Ida Ferenczy ait un effet bénéfique sur Sissi, qui a désormais une

En 1864, Sissi étant apaisée et confiante envers sa lectrice de hongrois, sa beauté s'épanouit. François-Joseph, très amoureux, veut glorifier l'image de l'impératrice dont la personnalité politique s'impose peu à peu. Au peintre des cours d'Europe, Franz Xaver Winterhalter, originaire de la Forêt-Noire, il commande ce premier portrait de l'impératrice « les cheveux détachés », une vision intime que la Cour aurait préféré réservée à l'empereur. L'œuvre montre la complicité du couple impérial et son audace. Elle révèle le rapprochement intime entre les deux époux.

alliée auprès d'elle. Il balaie les objections de sa mère qui lui fait remarquer que Sissi tutoie sa lectrice et qu'elle lui confie des tâches qui incomberaient normalement aux femmes de chambre. La seule ombre à cette parfaite entente entre la souveraine et sa lectrice est la santé d'Ida, atteinte, semble-t-il, d'un souffle au cœur et pour qui le rythme énergique de l'impératrice est interdit, notamment les longues courses à cheval.

Il est certain que la jeune femme admire l'épouse de l'empereur dans ses efforts pour mieux connaître et comprendre les Hongrois. Leur proximité est telle qu'Ida lit des poèmes hongrois à Sissi à sa table de toilette tandis qu'une coiffeuse lisse les cheveux de l'impératrice. Un long rite. Peu à peu, la Hongrie s'infiltre à la Hofburg et à Schönbrunn, puisque l'épouse de l'empereur ose lire dans le texte les poètes Eötvös et Jókai, parfois à haute voix pour qu'Ida contrôle sa prononciation. Mais Ida a un fiancé et Sissi tremble à l'idée que sa jeune lectrice se marie et la quitte.

Cette influence est telle que l'impératrice songe à se rendre à Buda et à Pesth, mais elle y renonce, à la demande de François-Joseph[1]. En revanche, la nomination de plusieurs dames du palais hongroises ne serait plus impossible. Sissi, il faut le dire, enthousiaste et fière de sa victoire domestique, ne se rend pas compte que la nation qu'elle veut défendre pose de nombreux problèmes à François-Joseph. La population hongroise est partagée entre deux tendances : les irréductibles opposants, inspirés par le révolutionnaire Kossuth exilé en Italie, et les modérés, représentés,

1. Les deux parties de la ville, Buda et Pesth, ne seront réunies officiellement qu'en 1873.

notamment, par le séduisant comte Andrássy, surnommé « le beau pendu de 1848 » à la suite de sa condamnation à mort par contumace pour haute trahison, qui s'était réfugié à Paris puis à Londres, et que l'empereur avait amnistié en 1857. Élu député au parlement hongrois en 1861, il est prêt à de nombreuses conciliations recherchées par les Habsbourg et admettrait une politique étrangère et militaire commune avec Vienne.

François-Joseph s'est donc rendu, à l'été 1865, en Hongrie, seul, sans Sissi, dans le dessein de maintenir la cohésion de l'Empire. Il a été fort bien reçu, si bien qu'il y retourne dans l'hiver et constate qu'il n'y est question que de l'impératrice, de sa lectrice hongroise, de ses progrès linguistiques et de son intérêt affiché pour ses idées brassées à Buda et à Pesth. Le 14 décembre, à l'ouverture de la Diète magyare, la popularité de François-Joseph est telle qu'il doit promettre de revenir avec l'impératrice. L'empereur s'interroge : et si son imprévisible épouse pouvait réussir là où les politiciens échouent ? Pourquoi Sissi ne serait-elle pas le lien entre les clans opposés ? À son retour à Vienne, il se promet d'organiser ce voyage du couple qu'on lui réclame. Et il constate que depuis l'été, depuis l'ultimatum qu'elle lui a lancé à Bad Ischl, Sissi a acquis une indépendance réelle dans sa vie personnelle et dans sa mentalité politique. Les deux rébellions sont liées. L'impératrice y trouve-t-elle son compte ? Pas encore, puisque, pendant que l'empereur se dirigeait vers la Hongrie, Sissi lui a envoyé un télégramme au palais royal de Buda l'informant qu'elle se rendait à Munich pour consulter le Dr Fischer car, de nouveau, elle souffre des dents. Dans cette dépêche, Sissi demandait son accord à son mari, mais sa réponse était inutile, la voyageuse étant déjà partie, en toute indépendance, reprise par le démon de l'impatience, de la fuite, de l'irrésistible et soudain besoin d'être ailleurs. Désormais, l'impératrice se passe d'autorisation conjugale ! Mais on peut aussi voir dans ce départ immédiat la colère d'une femme acquise à la cause hongroise et qui est privée d'acclamations là-bas, sur les deux rives du Danube où elle est sûre qu'on l'attend. Les courtisans viennois relèvent la tête : le temps des caprices revient ! Que, sur l'heure, l'impératrice parte pour la Bavière une dizaine de jours avant Noël et son anniversaire, n'est-ce pas le signe d'une crise comme il y en a eu tant ?

Ce que l'empereur et la Cour ignorent, c'est qu'il s'agit de haute politique….

Sissi retourne chez son cousin Louis II trahi par Wagner…

Lorsque François-Joseph, arrivé à Buda, apprend le départ imprévu de Sissi pour Munich, il est furieux ! Et il prie son ambassadeur auprès du roi de lui demander de rester discret sur le séjour inattendu de sa cousine. Or, Louis II, très déçu de ne pouvoir accueillir l'impératrice avec faste, vient la visiter secrètement chez ses parents. Pourquoi est-elle venue ? Or, c'est Sissi qui lui réclame une explication. Qu'a-t-elle appris ? Que veut-elle savoir ? Louis II, souverain pacifique pour qui les soldats ne devraient que parader, a néanmoins suivi de très près les manœuvres de Bismarck dans la guerre des duchés. Mais soucieux d'éviter un affrontement diplomatique dès le début de son règne, il vient de reconnaître le royaume d'Italie et son monarque, le populaire Victor-Emmanuel II. C'était bien ce que redoutait l'impératrice, un coup de poignard dans le dos de François-Joseph et de l'Autriche, doublé d'un affront personnel, puisque le nouveau royaume entérine l'abdication et la fuite de sa sœur Marie, chassée du trône de Naples. Stupéfaite de cette trahison, en colère, l'impératrice finit par se calmer, éclairée par l'ambassadeur, le comte Blome. Il lui rappelle combien le roi de Bavière est meurtri d'avoir dû congédier Wagner qui s'était montré insupportable, intéressé, hypocrite, et dont les excès avaient provoqué une crise politique rappelant, par certains aspects, celle qui avait conduit le grand-père de Louis II, le roi Louis Ier, à renoncer au trône à cause de la scandaleuse Lola Montez[1]. Louis II, un idéaliste qui ne veut pas voir certaines réalités des comportements humains, avait eu le courage politique de suivre l'avis de son gouvernement et de chasser le profiteur, mais il en restait effondré. Comprenant sa douleur, Sissi le remercie de ses éclaircissements : « Cher cousin, sois assuré que, quelles que soient mes opinions, je ne t'en voudrai pas et je n'aurai jamais envers toi le moindre ressentiment. Je ne puis te cacher que, justement, de la part de la Bavière, la reconnaissance de l'Italie m'a beaucoup étonnée, car chacune des familles princières dépossédées compte des membres de la Maison de Bavière ; mais je pense que les raisons qui t'ont poussé à cet acte inexplicable doivent être si graves que, en présence des grands intérêts et des devoirs sacrés que tu représentes, mon modeste avis ne peut être pris en considération. Le reconnaissant, je suis doublement touchée du geste d'amitié qui t'a dicté la lettre que

1. Voir, du même auteur, *Louis II de Bavière ou le Roi foudroyé*, Perrin, 1997.

tu m'as adressée et je te prie, quoi qu'il advienne, de croire à l'amour sincère qui m'attache à ma petite patrie et la franche et cordiale amitié que j'ai pour toi en particulier[1]. » Sissi est courageuse, mais déchirée entre son pays d'origine et sa terre d'adoption. Ainsi, son voyage n'était pas un caprice, mais la volonté de comprendre. À François-Joseph toujours en Hongrie, elle assure qu'elle sera rentrée à Vienne pour Noël ; mais, clouée par l'angoisse, elle n'en a pas la force et passe la Nativité et son anniversaire dans sa famille. L'empereur est très déçu, car il avait annoncé aux enfants le retour de leur mère. Il est triste surtout pour Rodolphe et Gisèle. Figure tutélaire, Sophie ne dit rien des sautes d'humeur des duchesses en Bavière, mais n'en pense pas moins… Enfin, le 30 décembre, Sissi est de retour à Vienne avec sa mère. L'impératrice semble apaisée. François-Joseph veut croire que cette fugue n'était qu'une alerte. Mais soucieux et un peu dépassé par la complexité de la situation, quels vœux peut-il formuler pour l'année qui vient, sinon que sa rebelle épouse soit moins désordonnée et brusque dans ses attitudes ?

Auprès des Hongrois, le triomphe de Sissi efface l'échec des politiciens

Vienne, 8 janvier 1866. L'impératrice fait sa première réapparition publique à la Cour, peut-être à la demande de François-Joseph pour rassurer l'opinion et museler les commères. Mais Sissi affiche un comportement qui, pour les uns, est une provocation politique de plus et, pour les autres, un calcul visant

1. Egon César, comte Corti, *Élisabeth d'Autriche*, *op. cit.*

Le comte Gyula Andrássy, né en 1823, a pris part à la guerre d'indépendance hongroise et a été condamné à mort par contumace par l'empereur ; réfugié à Paris, puis à Londres, il rentre en Hongrie en 1858 en étant amnistié. Il travaille à la réconciliation entre les patriotes magyars et les Habsbourg. Séduisant et séducteur, il trouve en Sissi une alliée déterminée qui veut faire triompher la cause hongroise. À tout prix !

à régler la délicate question magyare. Une délégation hongroise est venue, officiellement, souhaiter un heureux vingt-huitième anniversaire à l'impératrice… avec quinze jours de retard. Dans la salle du trône de la Hofburg, elle attend, revêtue du costume national hongrois qui lui sied parfaitement : jupe brodée, tablier de dentelle, corselet de velours à manches de mousseline, bonnet surmonté d'une couronne de diamants. Elle est resplendissante et a pris soin d'être entourée de huit dames du palais, toutes de nationalité hongroise. On imagine avec quelle aigreur les familles autrichiennes proches de la Cour sont offusquées ! La délégation, conduite par le cardinal primat de Hongrie, a grande allure dans ses uniformes à brandebourgs, le mantelet rejeté sur l'épaule et les bottes polies comme des miroirs. Ces hommes sont dominés par le séduisant comte Andrássy, 42 ans, la barbe couvrant son cou et les cheveux en bataille. Depuis son amnistie personnelle, il est un soutien des Habsbourg et, à l'évidence, un admirateur de l'impératrice. Il souhaite avoir l'honneur « comme tous les Hongrois de la recevoir dans leur capitale ». Elle lui répond en hongrois :

– Je n'ai pas de souhait plus cher que de revoir cette ville splendide.

La foudre tombant sur la Hofburg aurait eu moins d'effet ! Une ovation monte des poitrines chamarrées :

– *Éljen Erzsébet !* Vive Élisabeth !

Une victoire éclatante ! En ces magiques secondes, Sissi savoure un triomphe personnel. Son mariage, inattendu, l'avait muée en impératrice, la Hongrie lui promet un destin de reine populaire. Ce que les laborieuses discussions constitutionnelles, le parlementarisme avorté et des rancœurs tenaces n'ont pu obtenir, un ange gracieux vient d'y parvenir. Le douloureux pacte d'amour avec la Hongrie qui remontait à la mort de sa petite Sophie (il y a déjà huit ans) est conclu dans la ferveur et la gratitude. François-Joseph admire sa femme qui réussit là où ministres et hauts fonctionnaires ont échoué. Maintenant, elle leur parle presque sans le secours de sa lectrice-traductrice, la précieuse Ida Ferenczy.

Le 29 janvier, par train spécial, le couple impérial arrive à Pesth où il devient, selon la terminologie officielle, « le couple héréditaire » puisqu'il n'est pas encore couronné. En revoyant la chambre du palais royal construit par Marie-Thérèse et que la révolution de 1849 avait incendié, les parents de la petite Sophie, qui y était décédée, sont en larmes. Mais l'accueil des parlementaires des deux Chambres, le 1er février, est si chaleureux que l'intérêt, qui s'était mué en sympathie pour Sissi, devient une réelle affection. Quelle revanche sur Vienne ! Ici, on ne la critique pas, on l'aime. Elle est dans la lumière. Et François-Joseph est le souverain qui l'accompagne. Certes, lorsqu'il laisse entendre que les revendications ne pourront être toutes exaucées, cette précaution jette un froid que Sissi compense immédiatement en parlant de « désirs réalisables » (ce qui revient au même) ; elle est acclamée. Commence alors un tourbillon de fêtes, épuisant, mais qui n'a rien d'une corvée protocolaire. Le 3 février, six cents invités scrutent cette souveraine jeune, belle et sincère. Le lendemain, épuisée, elle n'apparaît pas à l'autre bal. Sa migraine est réelle, la déception des hôtes aussi. Au bal suivant (un rythme viennois !), elle redouble d'éclat et de charme. Son seul regret : l'absence des enfants. Elle écrit à Gisèle : « C'est si fatigant de rester debout et de parler longtemps! » Mais ce qu'elle n'a jamais supporté à Vienne, elle l'endure à Buda et à Pesth. François-Joseph est stupéfait de la métamorphose de Sissi : elle est conciliante, astucieuse pour ne briser aucun espoir, en résumé une diplomate engagée, bien sûr, mais une diplomate! Qui l'eût cru? À sa mère qui, de Vienne, suit, par ses informateurs exaspérés, la tendance au libéralisme modéré que le couple promet de respecter, l'empereur répond : « Que Dieu nous préserve des bien-pensants de Vienne! Les choses vont lentement, mais nous arriverons : il faut de la fermeté, de la confiance, de l'affabilité et du savoir-faire à l'égard du caractère hongrois. » Soudain lucide, aussi bien sur les exigences autrichiennes que sur les espoirs magyars, le souverain, chantre de l'absolutisme, réalise qu'il a besoin de Sissi. Pour la première fois, ils constituent un duo politique. Il l'avoue à l'archiduchesse, par un hommage : « Sissi m'est d'un grand secours par sa politesse, son tact plein de mesure et sa connaissance du hongrois. Et il est des remontrances que le peuple accepte plus volontiers dans sa langue et venant d'une jolie bouche. »

L'influence des rapports privés entre les époux sera désormais une réalité : lorsqu'ils sont sereins, à défaut d'être passionnés, l'atmosphère politique sera positive. On peut penser qu'Ida Ferenczy, témoin de situations qu'elle ne devrait pas connaître, renseigne ce séducteur d'Andrássy sur la vie intime du couple. Elle est alors des plus réduites, l'impératrice refusant toujours de concevoir un nouvel enfant. La maternité qu'elle porte, c'est l'espoir d'une autonomie hongroise. Le 5 mars, avant de quitter le palais royal qui, avec la citadelle, couronne la colline de Buda et d'où la vue sur Pesth embrasse un incessant trafic de bateaux à vapeur, de radeaux, de barques et de moulins flottants, l'impératrice tient ce propos à Andrássy :

– J'ai confiance en vous. Aussi vous dirai-je ce que je ne dirais pas à tout le monde. Si les affaires de l'empereur vont mal en Italie, cela me peine. Mais si c'est le cas en Hongrie, cela me tue.

Au moment où le « couple royal » monte dans son train, Andrássy et ses compagnons remarquent que Sissi a les larmes aux yeux. Elle quitte un pays où, en six semaines, elle a été adulée. À l'arrivée à Vienne, François-Joseph est accueilli chaleureusement, reflet de son épouse sans son éclat. Il a su, croit-il, se faire respecter. Sissi, elle le sait, a su se faire aimer. Nuance…

Mais sur le bureau de l'empereur, d'inquiétants rapports et dépêches l'attendent. C'est Bismarck qui lui donne rendez-vous avec l'histoire.

La Prusse veut éliminer l'Autriche des affaires allemandes

L'impératrice court de Vienne à Possenhofen. Elle s'inquiète du bonheur de sa plus jeune sœur Sophie-Charlotte, sa cadette de dix ans, qui n'est toujours pas mariée, après avoir été vaguement fiancée au duc de Wurtemberg. Mais il y a pire : un beau-frère de Sissi, l'archiduc Louis-Victor, le dernier enfant de l'archiduchesse Sophie, a débarqué à Possenhofen, sur l'insistance de sa mère, pour demander la main de Sophie-Charlotte. C'est une aberration de l'archiduchesse car l'archiduc Louis-Victor est déjà connu pour ses mœurs homosexuelles, ses apparitions en travesti et, accessoirement, sa méchanceté envers l'impératrice.

La délicieuse Sophie-Charlotte a répondu poliment qu'elle ne l'aimait pas suffisamment… Sissi est d'autant plus soulagée que cette union, si elle avait été consommée, aurait encore aggravé la consanguinité dynastique. Mais l'impératrice continue à chercher pour sa sœur un mari « qu'elle aime et qui la rende heureuse ».

Depuis plusieurs mois, depuis la convention de Gastein du 14 août 1865 qui soldait la guerre des duchés, le chancelier de Prusse prépare une crise européenne dirigée, en fait, et une nouvelle fois, contre l'Autriche. Le chef du gouvernement de Berlin envenime soigneusement l'application de ladite convention. Son but est, bien sûr, de pousser François-Joseph à la guerre sous prétexte de réorganiser la Diète de la Confédération germanique. Cette unique institution fédérale, sans pouvoir réel, ne peut imposer une politique commune. Pour y parvenir, Bismarck s'assure d'abord de la neutralité de la France : à Napoléon III, il fait miroiter des compensations sur le Rhin, mais ne signe rien. La Russie d'Alexandre II espère prendre sa revanche sur l'Autriche « défaillante » dans la guerre de Crimée. L'Angleterre n'aime pas Bismarck, mais n'interviendra pas en raison des liens familiaux l'unissant au roi Guillaume Ier : la fille aînée de la reine Victoria a épousé le prince héritier. En revanche, Bismarck joue la carte italienne : le 8 avril 1866, la Prusse signe un traité commercial avec le royaume de Victor-Emmanuel II, qui est en réalité une alliance militaire, mais l'Italie est ainsi neutralisée pour trois mois. Cependant, elle se montrera vite agressive afin de récupérer la Vénétie, toujours autrichienne, ce qui est insupportable pour les autorités de Florence[1].

---

1. Depuis 1865, la capitale du royaume d'Italie avait été transférée de Turin à Florence. Rome ne deviendra la capitale italienne qu'en 1870.

Il faut noter une autre convention secrète, bizarre et souvent oubliée, entre Napoléon III et François-Joseph : en cas de conflit, la France ne soutiendra pas la Prusse. En raison de sa non-intervention, la France recevra la Vénétie qu'elle remettra à l'Italie, permettant à Napoléon III de conclure lui-même la dernière phase de sa promesse de soutien à l'unité italienne. Quand François-Joseph apprend qu'à Francfort Bismarck souhaite un parlement élu sans l'Autriche, il refuse évidemment ce plaidoyer en faveur du suffrage universel. Alors Bismarck clame bien haut qu'il s'agit-là d'une violation de la convention de Gastein. Et, dans le rôle de l'offensé, la Prusse envahit le Holstein sous administration autrichienne. La guerre semble inévitable. L'impératrice est consternée ; elle avait mis toutes ses forces dans l'amélioration des relations entre Vienne et les Hongrois et voilà que la Prusse, hypocrite, veut éliminer l'Autriche des affaires allemandes. Hélas ! Sissi sait qu'il est trop tôt pour que la Hongrie puisse aider François-Joseph. Mais il y a plus grave : elle apprend que le luthérien, ancien avocat et révolutionnaire Kossuth, toujours exilé, négocie avec Bismarck la création d'une légion hongroise qui combattrait aux côtés de la Prusse… contre l'Autriche ! Des Hongrois contre Vienne, comme en 1848 ? Pour l'impératrice libérale, ce serait une catastrophe impensable. Est-il possible que tous ses efforts, tous ses contacts et la mission qu'elle s'est assignée soient détruits à cause des ruses de Bismarck ? Elle ne peut le croire et se rend à Mariazell, le pèlerinage le plus fréquenté d'Autriche où, depuis le XIVe siècle, on vénère la Vierge symbolisant une force spirituelle qui protège la cohésion de l'Empire. Non, pour Sissi, les Hongrois ne peuvent s'allier à la Prusse, ce serait trahir leur prochaine reine. François-

En 1865, devant les menaces prussiennes, Sissi ne veut pas quitter François-Joseph. On voit beaucoup le couple impérial galopant dans les forêts autour de Vienne. L'impératrice, dont la conscience politique s'est aguerrie avec la cause hongroise, soutient son mari pour qu'il n'entre pas en guerre… Sissi a un instinct politique.

Joseph en discute avec sa femme et, chaque fois qu'il le peut, ils se promènent ensemble. Les Viennois, qui croisent le couple en forêt plutôt qu'au Prater, trop mondain et trop fréquenté, s'interrogent : que va-t-il se passer ? On ne sait exactement, mais Sissi écrit à sa mère : « Je ne veux pas laisser l'empereur seul quand la guerre est à la porte. » Et elle se promet de le quitter le moins possible. C'est une guerre qu'il ne faudrait pas commencer car, en raison de difficultés budgétaires, l'armement autrichien est démodé et ne pourra rivaliser avec celui de l'armée prussienne forgée par Moltke et Roon. L'impératrice le sait, mais seul un miracle pourrait calmer l'ambition prussienne d'affaiblir l'Autriche.

Et la Bavière? Sissi y retourne, en promettant de vite revenir. Son roi romantique ne veut pas la guerre, ne mobilisera que contraint et forcé; il est arraché à ses rêveries et contraint de participer au conflit qui semble imminent. Avec pertinence, il note : «C'est une guerre civile.» En effet, les Allemands du Nord, protestants, vont se déchirer avec ceux du Sud, catholiques. Et Louis II se désintéressera de ce piège; son monde reste celui des légendes, de la chevalerie, d'un Wagner idéalisé avec qui il continue de correspondre. Le 14 juin, après un vote, la Confédération germanique est dissoute. Il n'y a plus que le Nord contre le Sud. Le monde germanique s'engage dans sa guerre de Sécession fomentée par Bismarck. La même nuit, le chancelier arrache à Guillaume Ier la déclaration de guerre prussienne et les troupes pénètrent en Bavière; Louis II se cache sur l'île des Roses et fait tirer des feux d'artifice alors que les vrais canons vont tonner à l'aube. Le comportement du souverain est de plus en plus incohérent. Comme en 1859, Sissi veut organiser des secours à Laxenbourg. Elle laisse Gisèle et Rodolphe à Bad Ischl pour rejoindre l'empereur. Les courtisans se bornent à constater que l'impératrice est auprès de son mari; son devoir. Mais contrairement à ce que l'on colporte, face au danger, à la mort et à toutes les menaces possibles, Sissi demeure calme, courageuse, déterminée. Que deviennent ses frères qui se battent dans l'armée de l'imprévisible Louis II? Pour le savoir, elle se jette sur les journaux publiant des communiqués, puis elle retrouve l'empereur, toujours consciencieux et qui ne montre pas son inquiétude. Malgré une guerre qui l'oblige à se battre sur deux fronts, au nord en Moravie et en Bohême, au sud en Lombardie, il est confiant puisque le 24 juin, sur le front italien, au hameau de Custoza, près de Vérone, l'archiduc Albert est victorieux des Italiens à l'endroit même où, en 1848, Radetzky avait écrasé les troupes sardes.

Pendant que l'impératrice se rend auprès des blessés dans les hôpitaux et réconforte comme elle peut les amputés, les nouvelles des combats en Moravie sont de plus en plus inquiétantes. Même si François-Joseph se montre, écrit-elle, d'un « calme admirable », Sissi pressent un désastre, mais se tient auprès de son mari. Il y a chez elle un comportement digne que beaucoup n'auraient pu imaginer. Depuis l'éclosion de sa popularité auprès des dignitaires hongrois, elle se sent concernée, elle aussi, par les affaires de l'État, sortant de la réserve où l'archiduchesse voulait l'enfermer.

Le 3 juillet à sept heures du soir, une dépêche est posée sur le bureau de l'empereur : « Armée battue à Königgrätz, en fuite vers forteresse, en danger d'y être enfermée[1]. » Quarante mille Autrichiens sont tués, blessés ou prisonniers. Le désastre est total, il annule les victoires du front sud. La supériorité de l'armement prussien, avec le fusil à aiguille qui ne se charge plus par le canon mais par la culasse, ce qui est trois fois plus rapide, a fait la différence. L'empereur est assis, blême. Sissi est à côté de lui. Le silence de la défaite révèle qu'en sept semaines la Prusse a éliminé les Habsbourg de l'Allemagne du Nord. Et malgré la victoire de Custoza, la Vénétie est déjà perdue en application de

1. En France, cette bataille décisive est connue sous le nom du village voisin de Sadowa, à environ 110 kilomètres à l'est de Prague. L'appellation tchèque est Hradec Králové.

l'accord secret conclu avec Napoléon III. On peut craindre aussi pour l'Empire, car la route de Vienne est ouverte au vainqueur. Les Prussiens vont-ils agir comme les Français de Napoléon en 1805 ? Si le roi Guillaume Ier a bien l'intention d'entrer dans Vienne, Bismarck l'en dissuade, non sans mal : « Sire, cela ne servirait à rien d'humilier notre adversaire. L'Autriche nous sera beaucoup plus utile comme alliée – le plus vite possible – que si nous en faisons notre ennemi juré[1]. » C'est plus la mise en place d'une Allemagne prussienne que l'anéantissement de l'Empire autrichien qui était recherché, « et ce but-là était atteint[2] ». Dans sa lettre rédigée à l'aube de cette interminable nuit, Sissi écrit au précepteur de Rodolphe : « Notre pauvre empereur est vraiment bien éprouvé », et elle lui laisse le soin d'informer Rodolphe de ce qu'il doit savoir. Il est jeune, mais il est le prince héritier.

Les mauvaises nouvelles s'accumulent. Ainsi, les Bavarois capitulent à Kissingen, ce qui déclenche la colère conjointe de l'archiduchesse et de sa belle-fille, furieuse contre le roi Louis II dont l'inconscience est jugée comme une véritable trahison. L'angoisse monte car on croit que les Prussiens marchent sur Vienne où la population, déjà accablée par une chaleur torride, craint que la capitale ne soit occupée. En Europe, la nouvelle cause une vive surprise, et en France, l'état-major de Napoléon III comprend que cette victoire prussienne annonce d'autres opérations militaires d'envergure.

---

1. Irmgard Schiel, *Stéphanie, princesse héritière dans l'ombre de Mayerling*, préface de Georges-Henri Dumont, trad. Dominique Mols, Racine, 1999.

2. *Ibid.*

Après la défaite de Sadowa, Sissi appelle la Hongrie au secours

Peu à peu, la vérité se fait jour : François-Joseph a mal choisi ses généraux et les a placés à de mauvais endroits. L'empereur, sombre, n'a qu'un moment de relative détente, le soir, assis à côté de sa femme silencieuse devant une fenêtre ouverte. Toute la journée, Sissi va d'un hôpital à l'autre, particulièrement auprès des victimes hongroises, car « les pauvres diables n'ont ici personne qui puisse leur parler ». Elle est l'interprète inattendue de leurs douleurs. L'archiduchesse découvre soudain les qualités de sa nièce et belle-fille, pâle, épuisée, mais vaillante. Le 5 juillet, de Schönbrunn, elle écrit à son petit-fils Rodolphe : « Dieu merci, ton pauvre papa est en bonne santé et ta chère maman le soutient comme un bon ange, elle est toujours près de lui et ne le quitte que pour aller d'un hôpital à l'autre et apporter aide et consolation. » Un « bon ange » ! Il aura fallu une guerre perdue, la chute de la prédominance autrichienne et des dizaines de milliers de victimes pour que la rigide Sophie reconnaisse que Sissi, toujours critiquée et dénigrée à Vienne, y est, en ces circonstances tragiques, comprise et appréciée. Certes, elle se préoccupe surtout des soldats hongrois et certaines voix se demandent encore ce qu'elle peut leur dire… L'impératrice sait que la Hongrie peut sauver l'Empire en péril et l'empereur en convient. Le 9 juillet, il envoie Sissi et Ida Ferenczy à Buda-Pesth, ce qui ressemble à un début d'exode, mais est plutôt un appel au secours. Le motif officiel de ce voyage est la visite de la souveraine à l'hôpital installé dans le palais royal d'Ofen. Mais la situation est politiquement catastrophique car l'affaiblissement autrichien pourrait être le levier permettant au nationalisme magyar de s'imposer enfin. Andrássy voit en l'épouse de l'empereur battu l'alliée de la Hongrie. Mais il estime qu'il ne faut pas en profiter pour rejeter les Habsbourg maintenant ; c'est prématuré. Et, alors qu'il attend Sissi à la gare, il déclare, avec autant d'élégance que de perspicacité, à ses compagnons qui, eux, sont sans clémence :

– Ce serait une lâcheté de se détourner de la reine maintenant qu'elle est dans le malheur, tandis que récemment encore, quand tout allait bien pour la dynastie, nous sollicitions son intérêt.

La reine a vite conclu que la Hongrie pourrait être un point d'appui inespéré après la déconfiture des armées autrichiennes. Elle juge qu'Andrássy resterait un allié, sans doute pas pour longtemps, mais si François-Joseph le nommait ministre des Affaires étrangères, un véritable dialogue pourrait être amorcé, et une entente, car, désormais, l'Autriche est isolée. Trois jours plus tard, l'impératrice est déjà revenue à Vienne, où l'on craint toujours une invasion prussienne. Elle supplie l'empereur de l'écouter : Andrássy ! Seul le populaire Andrássy peut tenir les arrières de l'Empire dont la cohésion est menacée. François-Joseph hésite. Il pense gagner du temps, en réalité il en perd. Il ne manque pas de courage, on le sait, mais le sens politique lui fait défaut. Il se rend toujours compte trop tard des réalités.

Le lendemain, 13 juillet, rejointe par Gisèle et Rodolphe, Sissi va repartir pour Buda et Pesth. Les Viennois sont toujours paniqués, guettant, depuis les collines, l'avancée des troupes prussiennes dont certains croient déjà voir les feux des bivouacs. Avant de monter dans son train, elle a supplié le chancelier des Affaires hongroises à Vienne et vieil ami de son père, le duc Max, de convaincre l'empereur de nommer Andrássy, ce qui « apaiserait

Le 20 juillet 1866, à Lissa (aujourd'hui Vis, en Croatie), la flotte autrichienne, commandée par Tegetthoff, remporte une victoire complète sur les Italiens. Mais ce succès arrive trop tard : battue à Sadowa, à l'est de Prague, l'Autriche, qui redoute l'occupation de Vienne, a déjà entamé des pourparlers de paix avec la Prusse.

le pays, lui rendrait confiance et maintiendrait le royaume dans le calme jusqu'au moment où les événements permettraient de régler la situation intérieure». Sur le quai, devant sa voiture-salon, l'impératrice prend soudain la main de l'empereur et l'embrasse avec une tendresse fougueuse. Cette fois, son départ ressemble à un exode, car le convoi est, à tous points de vue, précieux. Dans des fourgons, on a entassé le trésor de la Hofburg, les joyaux de la Couronne, de l'or, de l'argent. Parures, colliers et reliques du Saint Empire prennent le chemin de l'exil. Parmi ces joyaux, une agrafe de chapeau, garnie de brillants, est illuminée par un célèbre diamant, le «Florentin». Il pèse 137 carats et appartenait à Charles Quint. Le palais royal étant entièrement occupé par l'hôpital où elle s'était déjà rendue, Sissi loue une villa sur les hauteurs de Buda. Le lendemain, elle reçoit Andrássy. Elle a le pouvoir de le convaincre, car lui seul peut sauver la monarchie. Il accepte!

À cet instant, ce n'est pas l'empereur, mais sa femme, qui a l'instinct de l'avenir. Par dépêche chiffrée, elle informe François-Joseph et ajoute : «Télégraphie-moi immédiatement si Andrássy doit partir pour Vienne par le train du soir.» Derrière ses mots, Sissi cache son angoisse. Elle s'est jetée dans la politique avec la conviction d'une mère. Si son mari ne l'écoute pas, elle s'abstiendra «pour toujours». Elle écrit encore : «Alors, il ne me restera plus qu'à me consoler avec la conscience que, quoi qu'il arrive, je pourrai un jour dire honnêtement à Rodolphe : j'ai fait tout ce qui était en mon pouvoir, je n'ai rien à me reprocher.» Un nouvel ultimatum...

Après un contact de l'empereur avec Ferenc Deák, l'ancien chef des libéraux modérés cherchant, lui aussi, un accord,

François-Joseph envoie, deux jours plus tard, à cinq heures du matin, un télégramme codé à Sissi lui annonçant qu'il attend Andrássy à Vienne : « Je l'écouterai tranquillement et le laisserai parler [...] Je me languis de vous [...] Ton François qui t'aime. » L'impératrice a gagné ! Enfin presque, car l'audience avec Andrássy laisse une impression mitigée au souverain : est-il assez fort ? Est-il bien entouré ? L'empereur se méfie de l'exaltation de sa femme, fatiguée, et des dons de séducteur d'Andrássy, qui ont déjà fait des ravages. D'ailleurs, c'est sans doute avec une pointe de jalousie que François-Joseph s'étonne que dans sa villa dominant le Danube, comme le lui a dit Sissi en décrivant cette résidence, sa chambre ait une porte vitrée, et il n'est pas rassuré de ce manque d'intimité ! Le mari amoureux, toujours attaché aux convenances, écrit à sa belle épouse qui bouleverse tant d'hommes que cette porte vitrée « permet certainement aux regards indiscrets de te voir quand tu fais tes ablutions et cela m'inquiète. Fais donc poser un grand rideau devant cette porte. Ton dévoué petit mari ». Une scène !

Si François-Joseph prend son temps, c'est aussi parce qu'il ne veut pas donner aux Tchèques l'impression qu'il a cédé aux Hongrois, car cela pourrait donner des idées à la population de Prague et de Bohême. Le 20 juillet, à Lissa[1], l'Autriche remporte une victoire navale sur la flotte italienne. L'honneur est sauf, mais il est trop tard : depuis deux jours, les préliminaires de paix sont engagés à Nikolsburg, à 50 kilomètres de Vienne. Guillaume Ier et Bismarck acceptent, comme cela avait été convenu secrètement, que Napoléon III intervienne comme médiateur.

1. Aujourd'hui Vis, île de Croatie, dans l'archipel dalmate.

Le 26 juillet, les préliminaires sont signés. Il faudra attendre le 23 août pour que la paix soit conclue par un traité à Prague. Malgré la tristesse et l'absence de Sissi, repartie pour la Hongrie, François-Joseph lui écrit : « Je t'aime d'un amour si grand qu'il est indescriptible. » La Vénétie est remise par l'empereur des Français au roi d'Italie ; en perdant sa dernière province italienne et sa tutelle sur le duché du Holstein, l'Autriche est privée de son influence en Europe du Nord et du Sud et elle se heurte aux deux nationalismes les plus affirmés d'Europe, l'allemand et l'italien, lesquels pourront avancer sur la voie de l'unité. Le piège de Bismarck a fonctionné. À ce moment, l'Autriche ne peut plus tourner ses regards que vers l'est, en direction de la Hongrie. Elle est rejetée vers le bassin du Danube.

Le Mexique est, lui aussi, un piège pour l'empereur Maximilien

Lorsqu'il regagne Vienne, François-Joseph a le désagrément d'entendre des cris hostiles sur son passage :

– Abdication ! Vive Maximilien !

Et des affiches réclamant son départ sont placardées la nuit, sur les murs de la Hofburg. Commentant la situation, le père de François-Joseph, qui avait abdiqué pour son fils, répète, avec un humour glacé :

– Même moi j'aurais pu mieux faire !

On réclame Maximilien ? C'est ignorer que pendant ces événements en Europe et au même moment l'empereur du Mexique et son épouse Charlotte ont vécu des instants difficiles. Napoléon III a décidé de rappeler les troupes françaises empêtrées dans ce « bourbier », sauf la Légion étrangère. La rébellion mexicaine, soutenue par les États-Unis, progresse et Juárez s'est emparé de la ville de Chihuahua, au nord de Mexico. Pour l'empereur du Mexique, la situation militaire et financière est catastrophique. Charlotte décide de regagner l'Europe afin de demander du secours à Napoléon III. Maximilien est si découragé qu'il veut rentrer avec elle. Une terrible scène éclate entre eux : Charlotte rappelle à son mari que le roi Charles X puis son grand-père le roi Louis-Philippe ont abdiqué et qu'ils ont tout perdu. « Les empereurs n'abdiquent pas, l'abdication est une faute ou une lâcheté », dit-elle. Le 9 juillet 1866, six jours après Sadowa, Charlotte quitte leur résidence de Chapultepec. Maximilien l'accompagne à Ayotla, sans pouvoir aller plus loin – il est malade ; leurs adieux sont déchirants. Le 13 juillet, à Veracruz, Charlotte embarque, ironie de l'histoire, sur le vapeur *Impératrice Eugénie.* Elle ne reverra ni Maximilien ni le Mexique… Le frère de François-Joseph a finalement décidé de rester et de faire son devoir. Mais, tout comme l'empereur d'Autriche, il sait que c'est un combat perdu d'avance.

9

Un couronnement, une grossesse : les bonheurs d'un couple

Le 8 juin 1867, à Budapest, l'empereur et l'impératrice d'Autriche sont couronnés roi et reine de Hongrie. Ferenc József et Erzsébet font de Budapest l'égale de Vienne en droit international. L'Autriche-Hongrie est une victoire personnelle de Sissi qui a réussi par son prestige et sa détermination. Un bouleversement politique et diplomatique en Europe.

La défaite autrichienne n'est pas uniquement militaire et diplomatique. Elle est aussi économique, financière et sociologique. François-Joseph est confronté à une situation difficile et Sissi, toujours à Buda avec ses enfants, ne se rend pas compte que son mari est furieux de son absence. L'impératrice est déçue qu'en dépit des efforts qu'elle a déployés, qui tournent à l'obsession, la place de la Hongrie soit toujours en discussion à Vienne. Sissi boude. Les relations du couple sont tendues. L'empereur lui écrit : « Bien que tu aies été vraiment sèche et agressive, je t'aime si infiniment que je ne puis rester sans toi. » Puis, deux jours plus tard, dans une colère à peine feinte : « Je suis content que tu te reposes bien et que tu dormes longtemps, bien que je ne croie pas que ton séjour ici et ma compagnie t'aient tellement épuisée. » François-Joseph se résigne à supporter l'absence de son épouse. « J'ai déjà beaucoup supporté à cet égard, et on finit par s'habituer. » Non, il ne s'habitue pas à cette désertion conjugale. Non seulement le souverain se sent abandonné, mais il doit faire face au mécontentement des Tchèques, car la fidèle Bohême a été dévastée par la guerre. La population est dans la misère ; de plus, l'épidémie de typhus et de choléra n'est pas jugulée. La grave erreur de Sissi, presque fanatique, est de ne penser qu'à la Hongrie, alors que les autres composantes de l'Empire souffrent, elles aussi. Inconsciente et égoïste, l'impératrice ne mesure pas davantage le désastre budgétaire qui résulte de la victoire prussienne : le roi Guillaume Ier et Bismarck ne retireront leurs troupes que contre le versement d'une indemnité de 20 millions de thalers. Or, l'Autriche est exsangue et son gouvernement doit rogner sur toutes les dépenses pour payer cette somme et hâter le départ des troupes victorieuses. Dans l'immédiat, l'empereur supprime 2 millions de frais courants ; le budget de la Cour est amputé de tout ce qui est jugé inutile.

Curieusement, Sissi, qui s'était glissée dans le moule du pouvoir, veut ignorer les conséquences de cette guerre perdue. Sous prétexte que la villa qu'elle a louée est trop petite, que le palais royal d'Ofen reste transformé en hôpital et que même la col-

À une trentaine de kilomètres au nord-est de Budapest, le château de Gödöllő (ici vers 1870) sera offert par Andrássy, au nom du peuple hongrois, à la reine Erzsébet (Sissi) en remerciement de son action inlassable en faveur de la Hongrie. Le château, édifié au XVIIIe siècle, fut, entre autres, occupé par l'Armée rouge. Il a été magnifiquement restauré, dans le souvenir de celle qui demeure, en Hongrie, la reine des Hongrois.

line de Buda est une fournaise, Sissi se met à rechercher une autre résidence en Hongrie, à la campagne. On (Andrássy ?) lui a parlé d'un château à une trentaine de kilomètres au nord-est de Pesth, Gödöllő, où des blessés ont été regroupés. C'est un palais baroque édifié au XVIIIe siècle par un grand seigneur, homme de confiance de l'impératrice Marie-Thérèse. Quand Sissi écrit à François-Joseph son enthousiasme pour Gödöllő, il lui répond qu'il est hors de question de l'acheter, qu'il doit faire « de terribles économies », et l'avertit qu'ils devront « vivre très parcimonieusement ». Et pour bien se faire comprendre, il lui annonce qu'« il faudra vendre presque la moitié des écuries ». Se séparer de chevaux qu'elle aime est pour l'amazone une horrible nouvelle... alors qu'un des anciens propriétaires de Gödöllő a élevé une statue à la mémoire de l'une de ses montures préférées. Il y a pire : par son ambassadeur en France, François-Joseph apprend que sa belle-sœur Charlotte, débarquée du Mexique à Paris, demande l'aide de Napoléon III ! C'est un coup de tonnerre car, le courrier mettant entre quatre et six semaines pour arriver à Vienne, on ne se doutait pas que la situation de Maximilien était si catastrophique. À la perspective d'une arrivée de Charlotte, son beau-frère lève les bras au ciel : « J'espère seulement qu'elle ne viendra pas ici, il ne nous manquerait que cela dans les circonstances actuelles. » La réalité est cruelle : au drame européen s'ajoute l'effroyable échec du rêve impérial mexicain. Un cauchemar pour les Habsbourg ! Alors que la paix avec la Prusse est en négociation, mais toujours pas signée...

Dans un moment de lucidité, Sissi décide de revenir à Vienne pour l'anniversaire de l'empereur, le 18 août. Elle le lui annonce cinq jours avant. Ayant surmonté sa colère, il en est bouleversé, pathétique, mendiant presque sa présence : « Je te remercie de te montrer si bonne et de me rendre de nouveau visite [...] Je t'aurai toute à moi [...] Quand tu viendras, sois gentille avec moi, car je suis bien triste et seul, et j'ai besoin d'un peu de réconfort[1]. » Hélas ! le pauvre empereur n'en aura guère : sa fantasque épouse ne reste qu'une journée à Vienne. Dès le lendemain, elle est de retour à Buda pour fêter la Saint-Étienne, patron de la Hongrie ! La légèreté, pour ne pas dire l'irresponsabilité, de l'épouse de François-Joseph est stupéfiante. On s'interroge : l'influence du comte Andrássy sur Sissi, « sa reine », est évidente. Jusqu'où va-t-elle ? Elle suscite des commérages. Ida Ferenczy, à qui sa santé ne permet pas d'accompagner Sissi dans ses cavalcades, s'inquiète surtout de son agitation, de son impossibilité de se reposer et de réfléchir, de penser à son mari. Andrássy sent le danger. Il conseille à l'impératrice de modérer ses revendications en faveur des Hongrois. L'empereur risquerait d'en être agacé et cela pourrait nuire au progrès de leur cause. Que l'archiduchesse soit courroucée en silence n'est pas nouveau, mais que le gouvernement et la population, éprouvés par les conséquences de la défaite, se disent choqués par les absences de Sissi est plus grave. On ne sait jamais où est Sa Majesté. On sait seulement qu'elle n'est pas à Vienne et qu'en quittant l'empereur, elle était gaie, trop gaie....

François-Joseph, lui, ne tient que par son sens absolu du devoir.

---

1. Georg Nostitz-Rieneck (éd.), *Lettres de l'empereur François-Joseph à l'impératrice Élisabeth*, Vienne, 1966, cité dans Brigitte Hamann, *Élisabeth d'Autriche*, *op. cit.*

Un échec politique de Sissi, une reprise en main de l'empereur

Le 30 octobre, à l'opposé des espoirs et interventions obstinées de l'impératrice, François-Joseph nomme comme nouveau ministre des Affaires étrangères le baron Friedrich von Beust, ancien Premier ministre du roi de Saxe. Que cet homme, âgé de 59 ans, soit choisi à la place d'Andrássy est un camouflet pour celui-ci et pour Sissi. Tout le monde est étonné, les adversaires de l'impératrice s'en amusent. Cette décision de François-Joseph signifie qu'il n'entend pas être manipulé ni forcé. Par qui que ce soit, y compris par sa femme. Il est clair que l'empereur, mari jaloux et souverain pointilleux sur l'absolutisme, est exaspéré par l'entente un peu trop visible entre Sissi et Andrássy. Est-ce, pour autant, un revers que subit le parti prohongrois ? Non, car Beust, l'habile diplomate nommé par François-Joseph, a su en imposer à Bismarck ; il peut permettre aux idées favorables à la Hongrie d'évoluer sans heurter directement la susceptibilité autrichienne, déjà à vif. Devant cette situation, Beust explique lui-même sa mission, avec une ironie cinglante :

– Je suis une espèce de blanchisseuse qu'on a fait venir pour nettoyer à fond le linge sale de l'État autrichien.

Évidemment, l'amertume de l'impératrice est profonde, mais elle se rend compte que, malgré cette déconvenue, les sentiments de son mari ont progressé. Sissi avait rencontré Beust à Dresde, sa ville natale, et ne l'avait pas apprécié. Mais par nécessité et prudence, elle n'en dit rien. Elle prendra sa revanche. Pour tromper sa déception et son attente, elle se replonge dans

Que Sissi fasse venir secrètement à la Hofburg Max Falk (1828-1908) prouve son courage et sa détermination à faire progresser la cause hongroise. Pendant plusieurs mois, ce brillant journaliste, né à Budapest, d'origine juive, dont les écrits dans le *Pester Lloyd*, qu'il dirige, lui ont valu condamnation et prison, va donner des leçons d'histoire à l'impératrice. Pour la première fois, elle défie l'autorité politique de François-Joseph. L'empereur comprend que la Hongrie peut sauver l'Autriche. Le calcul de Sissi…

l'étude du hongrois en essayant de se débarrasser de son accent allemand qu'elle juge trop lourd. Comme par hasard, sa lectrice, Ida Ferenczy, lui parle d'un journaliste juif hongrois qui vit et travaille à Vienne, mais écrit aussi dans un journal de Pesth des propos contre le régime impérial qui lui ont valu un séjour en prison. Il s'appelle Max Falk et il est aussi, bien sûr, un ami intime d'Andrássy. Que sa lectrice demande à l'impératrice si elle peut faire quelque chose pour Max Falk n'a rien de surprenant, mais Sissi ose le faire venir clandestinement pour être son répétiteur de hongrois. Max Falk entre dans la Hofburg par un passage discret. En dehors d'Ida Ferenczy, complice réjouie et fière d'être dans le secret, seul, en principe, un valet est au courant de la venue du journaliste. Ce visiteur connaît la répulsion de l'impératrice à l'encontre de tout cérémonial, usage et protocole, mais il est tout de même étonné. Que lui veut donc cette souveraine si originale ? Des leçons pour approfondir sa connaissance du hongrois. Max Falk répond à Sissi :

– Je ne suis plus au temps où j'étais contraint de donner des leçons, mais, bien entendu, le souhait de Votre Majesté est pour moi un ordre et un grand honneur.

Évidemment, François-Joseph, qui parle hongrois depuis son enfance, est vite informé de cette initiative et, bien que jaloux, il n'est pas du tout fâché de la démarche théoriquement confidentielle de sa femme, car Falk est intelligent et cultivé. François-Joseph et Sissi se mesurent politiquement, peut-être pour la première fois. Rapidement, les leçons de l'histoire du peuple magyar selon le professeur Falk seront complétées par des conversations générales, y compris politiques. L'impératrice se permettra même de lire des pamphlets interdits apportés par

La colline de Buda, sur la rive droite du Danube et Pesth, sur la rive gauche. Un site admirable. Buda, centre intellectuel, et Pesth, centre commercial et économique, seront réunis en 1873. La capitale de la Hongrie deviendra l'une des plus belles villes d'Europe très fréquentée sur la ligne de l'Orient-Express, à partir de 1883.

Falk, violents discours contre l'Empire prédisant l'effondrement de l'Autriche, et des poèmes sulfureux. Mais en cet automne 1866, l'impératrice ne songe nullement à saper les bases du régime, au contraire : elle estime que la Hongrie est indispensable à l'Autriche pour son avenir et elle doit être le soutien dont Vienne a besoin face à la puissance prussienne. Mais que de commentaires aigris de la Cour lorsque ces rencontres sont peu à peu dévoilées ! L'impératrice rebelle est accusée de soutenir des idées révolutionnaires ! Ainsi, dans une petite pièce proche de ses appartements à la Hofburg, Sissi règne-t-elle sur une véritable ambassade hongroise ! Une lectrice, un répétiteur professeur, des dames d'honneur : Buda et Pesth tiennent salon au cœur de Vienne ! Comment l'empereur peut-il tolérer ces intrusions permanentes ? François-Joseph est très fatigué et meurtri par les suites de sa défaite, mais il a compris que dans ses provocations, Sissi ne fomente pas une dislocation de l'Empire. Au contraire... Elle lui dit que le dualisme austro-hongrois est la solution, la seule peut-être, mais les Tchèques font savoir que ce favoritisme dont ils sont exclus est choquant. Et puis les véritables inquiétudes de l'empereur se portent vers l'ampleur du fiasco mexicain. Sa belle-sœur Charlotte semble avoir perdu la raison. Napoléon III lui ayant refusé son aide, l'épouse de Maximilien s'est rendue à Rome pour une audience avec le pape. Une audience mouvementée, car Charlotte a cru que Sa Sainteté voulait l'empoisonner en lui offrant une « mauvaise » tasse de chocolat ! La délirante impératrice du Mexique se trompe : Pie IX n'est pas un Borgia et son véritable ennemi est le patriotisme italien ; le pape n'avait été rétabli dans son pouvoir temporel que par l'intervention des troupes françaises sous la IIe République et sa position demeure fragile, encerclée par l'extension du royaume d'Italie. Les rapports reçus par François-Joseph confirment que sa belle-sœur s'enfonce dans la folie. Elle sera pratiquement enfermée dans son château de Miramar, près de Trieste, sous les soins vigilants d'un médecin aliéniste et de deux infirmières. Quant à son mari Maximilien, au nom de l'honneur, il s'obstine à rester au Mexique sur son trône chancelant, convaincu d'être le seul à pouvoir empêcher l'anarchie républicaine, certitude partagée par sa mère, l'archiduchesse Sophie, plus soucieuse du sort de son fils préféré que des conspirations hongroises de Sissi…

Rumeur : Louis II de Bavière va-t-il épouser une sœur de Sissi ?

Depuis quelque temps, le jeune et séduisant souverain bavarois s'intéresse à une jeune fille, ce qui n'était pas dans ses habitudes. On sait qu'il a un favori, Paul de Tour et Taxis. La passion du théâtre les a réunis, mais cette amitié masculine semble distendue. Le roi demeure marqué par le départ forcé de Richard Wagner un an plus tôt, fin 1865, en raison des scandales qui l'entouraient. Lorsque Louis II est en visite dans sa famille, à Possenhofen, une âme dévouée et compatissante tente de combler sa solitude : une de ses cousines, la plus jeune sœur de l'impératrice d'Autriche, Sophie-Charlotte, joue au piano la musique de Wagner. Le roi est touché qu'elle prenne ainsi la défense artistique du musicien. Elle chante aussi, pas très juste, mais c'est une attention délicate. Elle est la seule des Wittelsbach à comprendre le désarroi de son cousin et à lui dire combien elle est navrée de l'hypocrisie des Bavarois. Dans Munich, ses 17 ans sont un ravissement. Une tournure élégante, un joli sourire, elle est la grâce même. On l'a souvent fiancée, mais elle tient à être sincèrement éprise. Sa mère Ludovica, vexée que sa cadette soit aussi difficile et encore libre, lui fait observer qu'il n'est pas nécessaire d'aimer pour se marier. Sophie-Charlotte ne l'écoute pas, elle a le caractère indépendant de Sissi, ce qui séduit Louis II. Il se sent proche de cette cousine qui ressemble tant à Sissi et l'on peut penser que, sous l'amitié amoureuse qui le rapproche de Sophie-Charlotte, se cache une sorte de transfert inconscient. Il résume ainsi son attrait, une émotion qu'il n'a jamais connue : « À supposer que je puisse m'entendre avec une femme, je ne saurais mieux faire que de choisir une sœur de l'admirable impératrice. » Ludovica, toujours aussi bien intentionnée que maladroite, fait semblant de surprendre les deux cousins dans leur évocation wagnérienne. « Convaincue qu'elle agit avec discernement, la duchesse saisit les mains des jeunes gens et les réunit dans les siennes, comme si elle voulait bénir une future union[1]. » Choqué, le roi s'enfuit, affolé ; en cette jeune fille, Louis II ne voit qu'une héroïne d'opéra, une femme désincarnée. Leur union n'est qu'artistique, une sorte de croisade théâtrale pour réhabiliter Wagner, avec, en filigrane, le visage de Sissi. Ils passent des heures ensemble, mais rien n'arrive, ni une déclaration ni le plus chaste baiser. On ne parle que de « l'absent », en déplorant son éviction. À Sophie-Charlotte, le roi fait une cour de plus en plus bizarre qui inquiète même le duc Max, pourtant peu attaché aux usages. Que le roi appelle Sophie-Charlotte par un prénom sorti d'une légende et charge, éventuellement, un aide de camp de faire sa cour à sa place, à

1. Dominique Paoli, *Sophie-Charlotte, duchesse d'Alençon*, Racine, 1995.

l'aube, finit par être inquiétant ! Ludovica s'impatiente. Pourquoi le roi ne se décide-t-il pas ? Elle interroge sa fille, qui répond qu'elle en a assez de parler de Wagner et d'être comparée à une héroïne lyrique. Elle espère un peu d'amour, être aimée pour elle-même. En vain. Elle se rend compte qu'elle ne joue qu'un rôle de substitution. Soucieuse elle aussi du sort de sa sœur, l'impératrice l'interroge : non, il n'y a rien entre eux, aucun attrait physique. Non, pas même une ébauche de baiser. Sissi est partagée entre l'envie de rire et la consternation. Ludovica somme sa fille cadette de cesser ses rendez-vous musicaux et ses promenades nocturnes. Le 10 janvier 1867, le roi écrit une étrange missive à Sophie-Charlotte, la suppliant de ne pas lui en vouloir, n'espérant que le retour de Wagner grâce à la nomination d'un nouveau Premier ministre à la tête du gouvernement bavarois. Dès lors, puisque l'Ami sera là, bien vivant, pour exalter son propre mythe, le culte de son souvenir deviendra inutile. Avant même d'être officiellement fiancé, Louis II rompt avec la pauvre Sophie-Charlotte. Leur amitié n'était que la réunion de deux tristesses. Doublure du musicien, la jeune fille n'a plus de raison d'être dans les projets du roi. Plus de fiançailles.

Mais voici la surprenante soirée du 22 janvier 1867. Au palais de la Résidence, à Munich, la Cour donne un grand bal. Le roi danse beaucoup avec Sophie-Charlotte, qui ne sait plus quoi penser. Derrière son éventail, Ludovica suit avec la plus grande attention d'une mère marieuse ce tourbillon de valses. Le roi aurait-il changé d'avis ? Il se résigne au mariage, puisque son favori et son grand écuyer vont eux-mêmes se marier. Le roi ne voit qu'une fin dans le mariage, leur déclarant :

– Eh bien, j'en ferai autant pour vous tenir compagnie…

Comme s'il ne voulait pas regarder en arrière, à six heures du matin, Louis II fait irruption dans la chambre de sa mère, la reine Marie, née princesse de Prusse. Il lui déclare son intention d'épouser Sophie-Charlotte. Une heure plus tard, très excité, il se fait annoncer chez le duc Max, à peine réveillé et furieux. La demande en mariage ? Le père de Sophie-Charlotte a des doutes. Sophie-Charlotte est questionnée. Et bouleversée, elle accepte son cousin comme futur époux. Témoignant d'une touchante bonne volonté, elle pardonne au roi son incroyable lettre d'adieu. Personne ne sait que Louis II écrit le même jour à Wagner que « Siegfried a trouvé sa Brünnhilde » et que dans une totale confusion Sophie-Charlotte pourrait être une Walkyrie, fille favorite du dieu Wotan !

– Sophie-Charlotte est fiancée ! annonce Sissi à François-Joseph, perplexe.

L'impératrice monte dans son train et part en direction de Munich pour féliciter sa sœur. Allons, toutes ces folles rumeurs sont balayées ! Sissi n'avait cessé de répéter à Ludovica :

– Si seulement elle trouvait un mari qu'elle aime et qui la rende heureuse... Mais qui ?

Le roi, victime d'un refroidissement, grelotte de fièvre, mais il tient à accueillir Sissi à la gare, alors que son médecin l'a supplié de ne pas sortir.

Sissi n'est-elle pas le « modèle » de Sophie-Charlotte ? Les deux sœurs, au comble de la joie, s'embrassent longuement. On parle du mariage, fixé au 25 août, jour de la Saint-Louis et anniversaire du roi qui aura 22 ans. L'impératrice ne s'attarde pas : une autre de ses sœurs, Mathilde, devenue comtesse Trani, vient

Alors que Sissi mène une action politique clandestine en faveur de la Hongrie, sa jeune sœur Sophie-Charlotte est brièvement fiancée à son cousin, le roi Louis II de Bavière. Cette photographie de 1867 est le seul document où on les verra ensemble sans donner, selon les diplomates, l'impression d'un réel bonheur… Ce mariage n'aura pas lieu et la sœur de Sissi épousera le duc d'Alençon et périra dans l'incendie du Bazar de la Charité à Paris, le 4 mai 1897, en ayant tenté de sauver des jeunes filles.

d'accoucher d'une fille à Zurich. Les voyages de l'impératrice sont maintenant organisés à son rythme : elle veut partir sur l'heure, avec une suite très réduite. Il faut suivre! À n'importe quel moment, elle aime manger des boulettes de viande en petites quantités, boire du lait. Un régime alimentaire qui continue de désespérer François-Joseph. Le séjour de Sissi en Suisse serait plaisant si elle n'était accompagnée partout d'écoliers bruyants. Ils la guettent à la sortie d'une pension de famille, normalement fermée l'hiver, mais qui a été ouverte spécialement pour elle et qui deviendra un prestigieux palace, le Baur au Lac. Le 31 janvier, l'impératrice écrit à son mari pour savoir où en sont les négociations avec les Hongrois : « J'espère que tu ne tarderas pas à m'apprendre que la question hongroise est résolue et que nous irons bientôt là-bas. Si tu m'écris que nous y allons, j'aurai le cœur en paix, puisque alors le but sera atteint. »

Le but. Toujours le même. Le 1er février, fatigué et très pâle, l'empereur, dans son uniforme de maréchal hongrois, reçoit à la Hofburg une délégation magyare. Lisant, sans passion, un texte où il est question d'un « arrangement », il arbitre en faveur du dualisme. Le 8 février, Sissi est de retour à Vienne, impatiente... Et le 17, François-Joseph annonce la nomination du comte Gyula Andrássy au poste de Premier ministre de Hongrie. Tous les efforts de l'impératrice ont abouti, elle a gagné. Après des mois de tractations et d'audace, le triomphe d'Andrássy est son triomphe. L'archiduchesse et son entourage sont effondrés de voir l'empereur soumis au dangereux libéralisme de sa femme. C'est elle qui a tout manigancé. Se prendrait-elle pour une nouvelle Marie-Thérèse? Ces rancœurs ne dépassent pas l'univers déconfit de la Cour, mais elles consacrent l'élimination de la mère de François-Joseph dans les calculs politiques. L'archiduchesse n'a plus son mot à dire…

François-Joseph reconnaît l'instinct politique de Sissi

La nouvelle situation se met en place, avec un royaume hongrois indépendant de l'empire d'Autriche, les deux monarchies étant liées par une union héréditaire dans la postérité des Habsbourg. Pour le droit international, il n'y aura qu'un seul État, l'Autriche-Hongrie, et seules seront gérées en commun la politique étrangère et les affaires militaires et financières. Sissi est tellement heureuse qu'elle ne sait plus comment manifester sa gratitude à François-Joseph. Elle est attentive, elle le rassure, est le plus souvent possible auprès de lui. L'affaire hongroise avait failli détruire le couple ; au final, il en sort renforcé. Plutôt que de voir l'affaiblissement de l'Autriche, punie par la Prusse, obligée de s'appuyer sur la Hongrie, l'empereur et l'impératrice font valoir l'extension danubienne de l'Empire. Un État multinational va naître. Et si la popularité de Sissi s'effondre à Vienne, autour de Buda et de Pesth elle est au zénith. Andrássy, des politiciens et des milieux intellectuels se chargent de faire savoir ce que les Magyars doivent à l'impératrice. Si elle a appris leur langue et leur histoire, c'est pour les comprendre et non pour les juger. Afin de la remercier, ils veulent qu'elle soit, effectivement, leur reine. Une reine qui sera couronnée dans la longue tradition hongroise et acclamée par le peuple. Une reine qui aidera à oublier la dure répression des révoltes il y a près de vingt ans. Une reine symbolisant la réconciliation ? Oui : Bavaroise devenue Autrichienne, qui doit effacer le nom des Habsbourg pour le remplacer par son prénom en hongrois, Erzsébet, que tout le monde vénère déjà autour du palais royal d'Ofen. Sans elle, sans son entêtement, sans sa naïveté, mais aussi sans son instinct, cette union très spéciale n'aurait jamais été conclue. Sissi est fière et très près de son époux, reconnaissant. Toutefois, François-Joseph est vite informé que les Tchèques réclament une union tripartite, avec la renaissance d'un royaume de Bohême. Et quelle sera l'attitude des Croates, des Slovènes, des Polonais, des Roumains et des autres peuples de la mosaïque habsbourgeoise ? Vont-ils être oubliés ? Le triomphe des Magyars donne des idées à leurs voisins...

Réclamé en Hongrie afin d'y préparer son couronnement prévu en juin, le couple prévoit de s'y rendre le 12 mars. Mais trois jours avant, Sissi apprend le décès de sa belle-sœur Sophie de Saxe, épouse de son frère préféré, Charles-Théodore, surnommé Gackel. L'impératrice prend le deuil et renonce à quitter Vienne. La fatalité l'empêche de savourer son triomphe avec l'empereur, mais ses liens familiaux demeurent prioritaires. Au fait, que devient sa petite sœur, Sophie-Charlotte, fiancée patiente et troublée de l'imprévisible cousin Louis II de Bavière ? Le jour où Sissi est informée de la mort de sa belle-sœur, le dimanche 9 mars, Richard Wagner est revenu à Munich. Sans tapage, très discrètement, comme convenu avec le nouveau chef du gouvernement. Le but de son voyage est de donner sa bénédiction au prochain mariage du roi et de lui remettre un cadeau, exceptionnel et personnel : la partition des *Maîtres chanteurs* ! Mais ce mariage est-il vraiment dans l'esprit du roi ? On peut en douter quand Sissi apprend que Louis II, tout en couvrant sa fiancée de bijoux, veut partir en voyage avec son nouvel écuyer, Richard Horning. Ce n'est pas bon signe…

François-Joseph, si heureux de son entente conjugale, est navré de repartir seul pour la ville étalée des deux côtés du Danube qui, en application du compromis, sera, diplomatiquement, l'égale de Vienne. Il y est accueilli d'une manière inimaginable pour lui : la foule, ivre de joie, l'entoure. Au comte Andrássy, lui aussi très déçu de l'absence de sa « reine », l'empereur dit :

– Je ne savais pas que Buda et Pesth étaient aussi peuplées…

Le Premier ministre de Hongrie indique à François-Joseph que la nation magyare, en gage de gratitude envers son épouse qui ne s'est jamais découragée et a tant œuvré pour elle, lui offrira le château de Gödöllő où des travaux seront entrepris, ce qui permettra au couple d'y séjourner agréablement et, éventuellement, à Erzsébet d'y venir seule. Les préparatifs du couronnement sont maintenant engagés et la date est fixée au 8 juin. Mais il y a tant à faire que le couple s'y rend un mois à l'avance. Une fois de plus, mais avec une intensité inédite, François-Joseph est l'homme qui accompagne la future reine. Le baron József Eötvös, ancien chef de l'opposition libérale modérée, auquel est confié le portefeuille des Cultes et de l'Instruction primaire, écrit : « Il ne nous restait plus qu'une chance, c'est qu'un membre de la Maison d'Autriche aimât notre nation du plus profond de son cœur. Maintenant que nous avons trouvé cela, je ne crains plus l'avenir. » L'empereur sait parfaitement ce qu'il doit à la beauté et à l'obstination de sa femme, la plus ardente partisane hongroise de la cour de Vienne. Elle suit les débats parlementaires en se faisant remettre leurs comptes rendus, maintenant que la langue n'est plus un obstacle. Avec fierté et humour, elle se félicite elle-même en disant à François-Joseph :

– Je reconnais que de plus en plus je suis extrêmement avisée, bien que tu n'apprécies pas à sa juste valeur mon jugement hors de pair.

Ce n'est pas modeste ! Mais l'empereur sait qu'avec la création de la double monarchie, la Hongrie sauve l'Autriche et lui redonne une place de choix dans la géopolitique européenne, certes sans régler tous les problèmes internes.

On craint le pire au Mexique, on espère un mariage en Bavière

Des télégrammes familiaux arrivent. Alors que la Diète hongroise vote, le 29 mai, le compromis austro-hongrois, deux dépêches apprennent à l'archiduchesse Sophie et à François-Joseph qu'au Mexique, le 14 mai, l'ancien avocat républicain Benito Juárez a fait prisonnier Maximilien à Querétaro, une ville au nord de Mexico. Depuis trois mois, Maximilien, souverain d'un empire fantôme, se battait à la tête de ses partisans, seul puisque les Français étaient repartis, embarqués à Veracruz. Comment est-il admissible que ce télégramme urgent ait mis quatorze jours pour arriver à ses destinataires ? Impossible d'en savoir plus, mais l'inquiétude fait place à l'angoisse : que s'est-il passé ? Que va-t-il se passer ? François-Joseph maudit l'ambition de son frère. À Vienne, l'archiduchesse, livide, prie le ciel d'épargner son fils, qu'elle estime si courageux et si digne. Un autre télégramme, heureux celui-là, révèle qu'en traversant la Bavière,

Napoléon III et Eugénie se sont arrêtés à Munich où le roi leur a présenté Sophie-Charlotte, laquelle, diront les témoins, « semblait perdue dans sa crinoline et portait un minuscule chapeau à plume ainsi qu'une broche de turquoise montée sur diamants ». L'impératrice Eugénie, heureuse de connaître la si charmante future reine de Bavière, a oublié le protocole et embrassé le roi sur les deux joues. Il en a rougi. Il a toujours eu peur des femmes.

Bien que très affecté par le sort de Maximilien, François-Joseph ne peut repousser la date du couronnement ; d'autant moins que c'est une double cérémonie : il y a si longtemps qu'un roi et une reine de Hongrie n'ont pas été sacrés que ce serait une faute politique majeure d'annuler ce rite. Sissi ne la lui pardonnerait pas, bien que le couple semble avoir repris une vie conjugale. La future reine est absorbée par le respect d'émouvantes traditions. Ainsi, elle doit faire elle-même des travaux d'aiguille nécessaires à la remise en état du manteau de saint Étienne que le souverain doit porter lors de l'événement. De même, elle doit adapter sa couronne royale aux dimensions de sa tête, visiblement plus petite que celle de la souveraine l'ayant précédée : elle la fait garnir d'une doublure de velours. Mais la particularité du couronnement d'Erzsébet est qu'elle sera couronnée en même temps que son époux, alors que, selon l'usage, les deux intronisations devraient être décalées. Un honneur exceptionnel qu'approuve l'empereur car, théoriquement sans pouvoir politique, c'est bien la future reine qui, par son influence, a permis l'adoption du compromis. Le 6 juin, l'héroïne de ce bouleversement écrit à Ludovica : « Ce que j'appréhende le plus, ce sont les bals et les représentations théâtrales car, même la nuit, il fait encore très chaud. » Et quelle corvée, ces essayages de traînes, de robes, de diadèmes ! En plus, il faut parler à toutes ces dames qui s'affairent autour d'elle. Un essaim bavard ! Et pendant ce temps, au palais royal d'Ofen, des caisses sont arrivées de Vienne par train spécial avec du linge de table, de la porcelaine, du mobilier, tandis que, transporté par bateau, le carrosse aux roues dorées démontées est préparé pour le grand jour. C'est celui dans lequel le couple a traversé Vienne le jour de son mariage.

Samedi 8 juin 1867, sept heures du matin. La masse du palais royal d'Ofen blanchit déjà sous le soleil. François-Joseph est prêt. À cheval. En uniforme de maréchal hongrois, il prend la tête d'un cortège. Le carrosse suit, tiré par huit chevaux. Derrière les vitres, on voit Sissi qui, dit-on, n'a jamais été aussi sublime. Elle porte une robe de brocart rebroché d'argent confectionnée à Paris par l'Anglais Charles Frederick Worth, inventeur de ce que l'on peut déjà appeler la haute couture. Sissi l'a essayée une dernière fois la veille au soir pour les ultimes ajustements. L'empereur, ravi, l'a embrassée sur le front. Elle lui a souri. Elle était heureuse. L'impératrice porte aussi un corselet de velours noir et une couronne de diamants. La lourde voiture avance lentement, entourée de gardes en costumes brodés, galonnés de fourrure, coiffés de toques où oscillent des plumets colorés. Brandebourgs, bottes souples, tiares, dolmans, décorations : c'est un spectacle qui résume des siècles d'histoire de l'Europe centrale, même si, selon un diplomate suisse, certains de ces atours d'un autre âge sont… rapiécés ! On sait que l'impératrice abhorre la solennité et les fastes des temps anciens. Mais cette fois, elle n'en est pas une figurante, elle en est l'inspiratrice et l'actrice principale. Sans elle, les rues du quartier de Buda ne seraient pas devenues ce théâtre du pouvoir ni celui de son influence. La montée a été

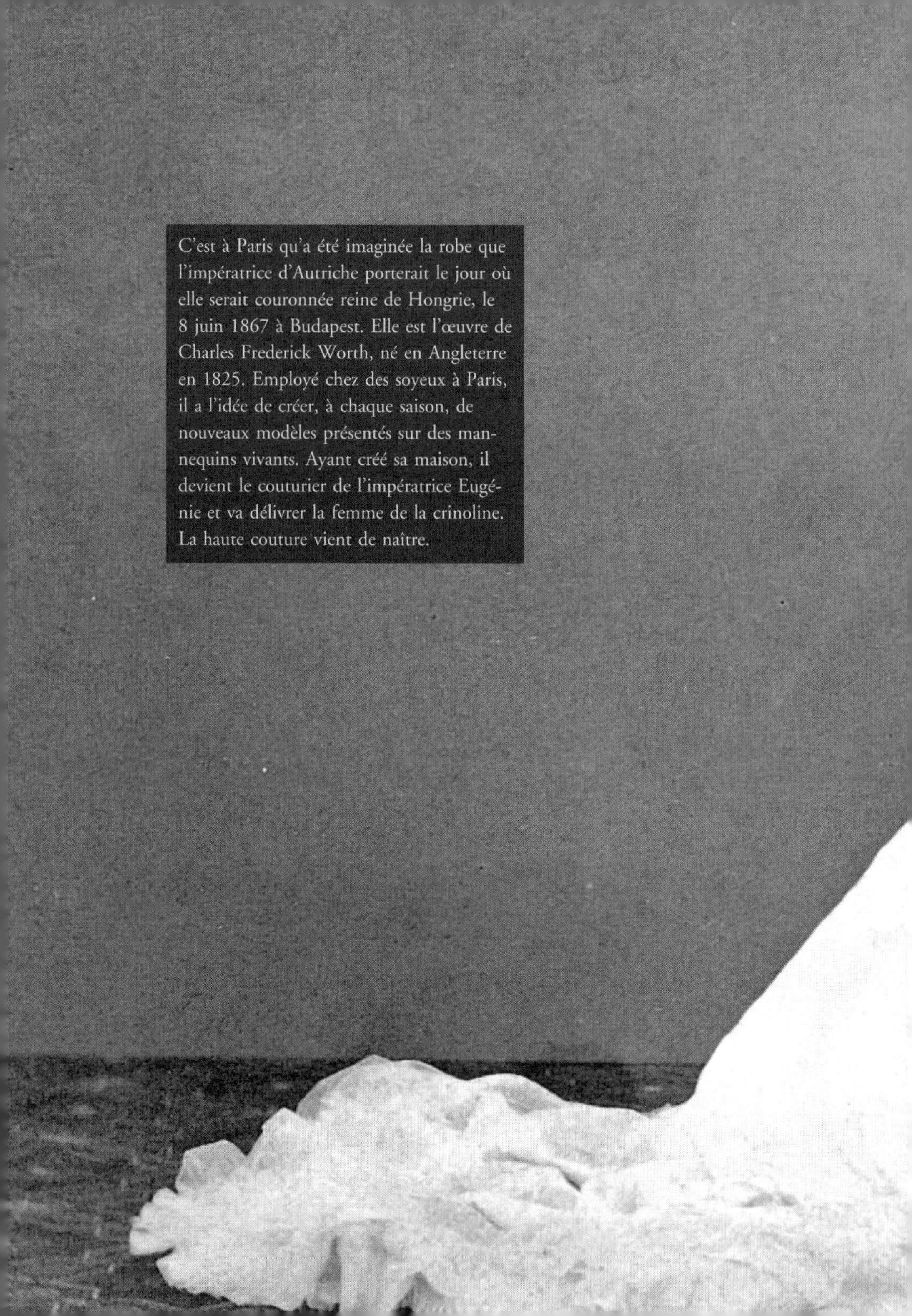

C'est à Paris qu'a été imaginée la robe que l'impératrice d'Autriche porterait le jour où elle serait couronnée reine de Hongrie, le 8 juin 1867 à Budapest. Elle est l'œuvre de Charles Frederick Worth, né en Angleterre en 1825. Employé chez des soyeux à Paris, il a l'idée de créer, à chaque saison, de nouveaux modèles présentés sur des mannequins vivants. Ayant créé sa maison, il devient le couturier de l'impératrice Eugénie et va délivrer la femme de la crinoline. La haute couture vient de naître.

Le 8 juin 1867, François-Joseph et Élisabeth, empereur et impératrice d'Autriche, deviennent le roi Ferenc József et la reine Erzsébet de Hongrie. Leur couronnement dans l'église Saint-Mathias, sur la colline de Buda, marque le triomphe personnel de Sissi. Contrairement à l'opinion viennoise, elle a pressenti que l'Autriche, affaiblie par la Prusse et l'Italie, avait besoin de la Hongrie. Le compromis ayant fait naître l'Autriche-Hongrie est aussi un événement ayant rapproché les époux dans leur vie intime.

longue, mais enfin, le carrosse s'immobilise sur la grande place de la Trinité, entre l'hôtel de ville et l'église Saint-Mathias, la cathédrale du couronnement. Ceux qui sont, depuis l'aube, au premier rang remarquent que l'impératrice est au bord des larmes quand elle voit la haute silhouette d'Andrássy qui l'attend, en qualité de seigneur palatin, équivalent d'un vice-roi. L'émotion de la souveraine sera très commentée… C'est à lui, assisté du primat de Hongrie, que revient l'honneur de poser la première couronne sur la tête de François-Joseph. Qui aurait pu imaginer une telle scène ? Dix-neuf ans après avoir été condamné à mort par François-Joseph, Andrássy, proscrit amnistié et devenu Premier ministre grâce au charme et à l'instinct obstiné de Sissi, tient la couronne de saint Étienne, un joyau du XIe siècle pesant un kilo et demi. L'empereur transpire sous le lourd manteau ravaudé en satin bleu-vert. À l'instant où le monarque ceint la couronne spécialement redorée, ornée d'émaux et incrustée de perles, soudée à une couronne couverte de style byzantin et dominée par une petite croix oblique, sa métamorphose commence : encore quelques instants et, quand il aura reçu le sceptre, il sera le roi Ferenc József de Hongrie, successeur de plusieurs dynasties et héritier de certains Habsbourg. Assise sur un banc de velours protégé par un baldaquin cramoisi, Sissi regarde attentivement son mari. Elle est la cheville ouvrière qui a permis cette réconciliation entre les deux rives de la Leitha, cette rivière séparant l'Autriche de la Hongrie[1]. Alors vient le grand moment pour l'impératrice : selon l'usage respecté par le cardinal archevêque, la couronne est placée un instant sur son épaule droite, geste qui différencie l'épouse du monarque régnant, mais atteste qu'elle est l'épouse d'un roi apostolique, qui a donc reçu l'agrément du pape. Mais pour les Hongrois, c'est surtout elle qui a permis ce rapprochement et cette complémentarité scandalisant les esprits viennois étriqués, convaincus que c'est la Hongrie qui a besoin de l'Autriche alors que c'est l'inverse. Élisabeth est leur reine sous le prénom d'Erzsébet, le seul qui lui sera donné ici. On conçoit que pour Andrássy, il est plus émouvant de couronner symboliquement la reine que politiquement le roi, car le Premier ministre est particulièrement sous le charme de la souveraine.

---

1. Selon le compromis de 1867, l'Autriche devient la Cisleithanie, tandis que la Hongrie est la Transleithanie. Née en Autriche près du col du Semmering, la Leitha (Lajta en hongrois), longue d'environ 180 kilomètres, se jette dans un bras de la rive droite du Danube.

Roi et reine de Hongrie : c'est le couronnement d'un couple

Le sacre et le couronnement de la souveraine obéissent à un protocole particulier : le roi demande au cardinal « de bénir l'épouse unie à Dieu devant Lui, de la toucher avec la couronne royale pour la louange et la glorification de Notre-Seigneur Jésus-Christ ». C'est alors que dans l'édifice primitivement roman et transformé, au XVe siècle, en monument gothique avec l'adjonction de la haute tour, les grandes orgues entonnent une vibrante *Messe du couronnement.* Elle a été composée par Franz Liszt et c'est lui-même qui est aux commandes des claviers : Liszt, le grand Liszt, dont les tournées ont enchanté l'Europe romantique séduite par sa virtuosité et qui, depuis près de deux ans, ayant reçu les ordres mineurs, vit à Rome dans une semi-retraite. Son âme hongroise, si évocatrice dans ses dix-neuf rhapsodies, l'avait déjà incité à composer un oratorio, la *Légende de sainte Élisabeth*, créé à Buda deux ans auparavant[1]. Liszt n'attendait plus qu'un bonheur : jouer enfin sa *Messe du couronnement.* Sa présence est elle-même un événement. Portée par la grâce qui rejaillit sur elle en ce moment, la reine oublie sa fatigue et sa hantise du cérémonial. Elle est très émue et on peut dire qu'elle épouse la nation hongroise. À la sortie de Saint-Mathias, la foule crie à plusieurs reprises : « *Eljen Erzsébet!* Vive Élisabeth ! » Au pied de

---

1. Il s'agit de la fille (1207-1231) du roi André II de Hongrie. Mariée à 14 ans et veuve à 20 ans de Louis IV de Thuringe, elle entra dans le Tiers-Ordre de saint François et se consacra à Marburg, en Hesse, au secours des malheureux et victimes de la peste. Vénérée dans toute l'Europe, elle sera canonisée en 1671. Cela explique la popularité du prénom Élisabeth/Erzsébet en Hongrie.

l'escalier qui conduit à la tribune, on peut toujours voir un buste de la reine dans sa robe du couronnement, sculpté à l'initiative de femmes hongroises.

Dans sa trentième année, l'ancienne sauvageonne, duchesse en Bavière, puis impératrice d'Autriche en rébellion contre les convenances, est devenue un ange salvateur du peuple magyar. En la regardant, Liszt, comme la foule, remarque qu'elle ne marche pas : elle glisse. Et l'organiste écrit à sa fille, Cosima, maîtresse et future seconde épouse de Richard Wagner : « Je ne l'avais jamais vue si belle. Elle apparaissait comme une vision céleste dans le déroulement d'un faste barbare. » François-Joseph est si amoureusement ébloui qu'il demandera au peintre Georg Raab de faire le portrait d'Erzsébet dans sa robe du couronnement, coiffée d'un diadème, et le fera placer dans un somptueux cadre ovale juste au-dessus de son bureau en palissandre de la Hofburg, en face de son fauteuil. Ainsi, désormais, il traitera des dossiers de la double monarchie sous le regard de la souveraine adorée des Magyars. Puis, la cérémonie se poursuit par un rite original et spectaculaire. C'est le serment public du sacre, en plein air, à la fois mystique et politique car il dépasse le cadre magyar pour s'adresser aux principaux peuples qui sont désormais les sujets de la double monarchie. Puis, sur son cheval blanc, très nerveux, ayant gravi un monticule, le roi pointe son épée en direction des quatre points cardinaux, « pour défendre le royaume » quelle que soit la direction d'où viendraient les ennemis.

Il est ovationné, puis le ministre des Finances distribue des milliers de pièces d'or et d'argent. Dans la bousculade, deux chevaux se cabrent et jettent à terre deux évêques, ce qui fait rire la reine, toujours sévère avec les piètres cavaliers. Le roi fait

Le portrait officiel de Sissi en reine Erzsébet de Hongrie est commandé, en 1867, par François-Joseph au peintre autrichien Georg Raab (1821-1885). L'empereur fera placer ce tableau face à son bureau, à la Hofburg, à Vienne.

ouvrir deux coffres contenant chacun 100 000 ducats en or. C'est un cadeau personnel du couple royal aux orphelins, aux veuves, aux miséreux et aux victimes de la répression des Habsbourg. Une rumeur circule : cette générosité est sûrement l'idée de la reine. Tout ce qui est bon et libéral lui est attribué, que ce soit avéré ou non... Un témoin, le comte Crenneville, ennemi de ces largesses et de toutes les mesures favorables aux Hongrois, écrira à sa femme : « Je suis fou de rage ! Offrir le cadeau du couronnement aux révolutionnaires... J'aimerais mieux être déjà mort que de vivre une telle honte ! Où va-t-on ? Ce n'est plus régner que de suivre de tels conseils. Andrássy mérite encore plus le gibet qu'en 1849 ! » L'opinion, très largement positive, estime que jamais l'influence politique de l'impératrice-reine n'a été aussi décisive. L'Autriche-Hongrie est son œuvre. Et la volonté lucide d'un couple. Le « roi Habsbourg » décide une amnistie générale et la restitution des biens confisqués. Les révolutionnaires exilés rentreront au pays et jureront obéissance au souverain et aux lois spécifiquement hongroises, applicables dans cette partie de l'Empire. Seul Kossuth refuse, ne siège pas à la Diète où il sera élu à deux reprises et mourra en exil, à Turin, en 1894[1]. Erzsébet et son escorte regagnent le palais royal. Des femmes de chambre débarrassent la reine de sa robe alourdie par la traîne. Sissi est maintenant en crinoline de tulle et traverse le Danube sur un petit vapeur. Au balcon d'une maison décorée de fleurs bleues et blanches, hommage aux couleurs de sa Bavière natale, elle assiste à un banquet. Il est midi. Il est temps de reprendre des forces ! Portée par l'enthousiasme populaire, la reine ne sent pas

1. Ses restes seront ensuite transférés à Pesth et il sera considéré comme un héros national hongrois.

la fatigue. Ces réjouissances ne lui sont pas imposées, elle les a inspirées et sont principalement en son honneur. Et tant mieux si, pendant près de cinq jours, elle accompagne plus de mille personnes gavées de goulasch et abreuvées de tokay!

La fête la plus originale est un extraordinaire défilé d'animaux vivants qui rappelle à la reine le surprenant cirque aménagé par son père dans son palais munichois. Un poulain est offert à Rodolphe, désormais prince royal de Hongrie, qui a assisté au couronnement de ses parents. Un journal de Pesth écrit que la reine est « un des êtres les plus nobles de la Terre ». Enfin, le 12 juin, épuisés mais au zénith d'une popularité patiemment reconquise, le roi et la reine de Hongrie prennent la route de Bad Ischl pour un repos très mérité. Erzsébet va redevenir l'impératrice Élisabeth, mais elle restera l'ambassadrice de la paix dans l'édifice politico-diplomatique le plus compliqué d'Europe. Son rayonnement désarme les quelques Hongrois réticents. Le couple tient à éviter Vienne où l'écho du couronnement et des festivités en pays magyar a entraîné une vague de critiques, aigreurs et commentaires négatifs. D'innombrables Viennois sont vexés. Sissi est jugée largement responsable et son mari accusé d'être trop faible. Ou trop amoureux, donc aveugle et sourd face aux lubies de son extravagante épouse.

Une tragédie au Mexique, deux drames bavarois : l'été 1867 est douloureux

Le mercredi 19 juin 1867, dans le calme de la Kaiservilla où elle attend l'empereur, l'archiduchesse Sophie écrit dans son journal intime : « Les nouvelles de Mexico nous font espérer de plus en plus un retour de Max. Dieu soit loué pour cela. » On ne sait où elle a puisé cet espoir, sinon qu'elle se refuse à admettre l'angoissante réalité. En effet, le même jour, son fils Maximilien, 35 ans, après un simulacre de procès dans le théâtre de Querétaro, est fusillé par les compagnons de Juárez. Le peloton d'exécution a tiré six balles qui ont toutes traversé son corps, les impacts formant une croix symbolique pour crucifier de plomb un souverain catholique, mais surtout étranger. Une seule balle était mortelle. Juárez a justifié la mise à mort de Maximilien en se référant à l'arrivée des conquistadores : « Même après quatre

La tombe provisoire de l'empereur Maximilien du Mexique, ambitieux frère de François-Joseph, fusillé sur ordre de Juárez à Querétaro le 19 juin 1867. Il est exécuté en même temps que deux proches, les généraux Mejía et Miramón, ce dernier ayant été fait grand maréchal et ambassadeur du Mexique à Berlin de 1864 à 1866.

siècles, le péché de Charles Quint doit être expié.» Tragédie de l'ambition et de la lâcheté, c'est aussi celle de l'aveuglement né de la frustration d'un fils préféré, mais qui n'était pas l'aîné. Toutefois, cet homme mou et peu sûr de lui a su quitter la vie avec dignité. Comme un Habsbourg, il n'avait pas peur de la mort. Sa mère n'apprendra la terrible nouvelle que dans la nuit du 29 au 30 juin : transmise par le câble sous-marin atlantique, la dépêche, envoyée par les États-Unis, informe Vienne, Bruxelles et Paris. L'archiduchesse avait regagné Vienne. Elle traite Napoléon III d'assassin de son fils, refuse les condoléances «du Bonaparte» et quand elle apprend que Maximilien a été jugé dans un théâtre, elle y voit un accablant symbole de la manière artificielle dont cette aventure lamentable avait été organisée. Sissi tente d'exprimer sa compassion à sa belle-mère, mais se heurte à une femme soudain vieillie, murée dans un mélange de douleur et de colère et dont le seul secours sera la foi catholique. L'impératrice juge décent de l'éviter. En fait, elle est beaucoup plus affectée par le décès prématuré de son beau-frère, le prince Maximilien de Tour et Taxis, qui avait épousé Hélène, dite Néné, la sœur de Sissi, initialement destinée à être impératrice d'Autriche. Elle et son époux formaient un couple très heureux et l'on vantait leur union; le drame est d'autant plus poignant que Maximilien et Hélène venaient d'avoir un quatrième enfant. François-Joseph et sa femme assistent aux funérailles à Ratisbonne, fief des Tour et Taxis, quand ils apprennent l'exécution de Maximilien. L'empereur avait-il le pressentiment ou des informations sur cette tragique issue? Il supporte le choc avec son éducation et son caractère, sans se plaindre, mais il est décomposé. N'est-il pas en partie responsable de la mort de son frère en l'ayant laissé croire à cette folie? Décidément, en cet été 1867, la mort s'acharne sur la famille. Revenant vers la Bavière le 2 juillet avant de gagner Bad Ischl, Sissi, inquiète de rumeurs persistantes, a voulu savoir où en est le projet de mariage de sa petite sœur Sophie-Charlotte avec le roi de Bavière, dont le comportement est de plus en plus bizarre. La rumeur assure qu'il la délaisse et la traite comme une marionnette, répétant la cérémonie nuptiale en faisant rouler dans Munich le carrosse qui conduira le couple à la cathédrale. Après plusieurs passages sur le trajet prévu du cortège, l'apparition de ce carrosse vide finit par être malsaine. Le mariage du roi ne serait-il qu'un spectacle sans mariés? Plus grave : Louis II ne parle plus du tout de son mariage.

Le roi ne pouvait résister à l'invitation de l'impératrice : en gare de Munich, il envahit la voiture-salon de la souveraine et commence à parler. Il parle pendant deux heures. Sissi l'écoute et n'a pas besoin de poser de questions pour savoir que sa sœur souffre : le roi apparaît, disparaît, ne prévient jamais, continue d'évoquer Wagner, ses opéras qu'il espère faire entendre aux Bavarois. D'amour, de bonheur, de l'avenir d'un couple il n'est nullement question. Sissi est sans doute la seule personne qui sache mesurer les bizarreries de son royal cousin. Après cette entrevue qui n'a été qu'un long monologue de Louis II, l'impératrice a de plus en plus de doutes sur l'imminence du mariage. Plus grave est la lettre que Louis II envoie à Sissi alors qu'il vient à peine de la quitter! Aucun doute, le roi confond les deux sœurs : Sissi est le modèle de son « amour rêvé », parfaite, mais inaccessible, tandis que Sophie en est la réplique plus terne, si fade qu'il la fuit. D'ailleurs, la fuite du roi avec son nouvel écuyer Richard Horning à Paris, sous le prétexte de visiter l'Exposition universelle, n'est pas passée inaperçue, même si le roi a jugé prudent de se faire appeler le « comte de Berg ». La police de Napoléon III a vite démasqué sa véritable identité et organisé pour le roi une promenade dans le jardin des Tuileries : il préfère largement les femmes de pierre qui le décorent aux « créatures » de chair du demi-monde parisien. Le roi a été fasciné par une visite spéciale du château de Pierrefonds, qui l'impressionnera durablement. Quand il regagne Munich pour la reprise de *Tannhäuser* le 1er août, la ville attend que le roi et sa fiancée apparaissent ensemble dans la loge royale, puisque leur union est toujours prévue dans trois semaines. Hélas ! Louis II est seul dans sa loge, Sophie-Charlotte dans une loge latérale, et elle ne reçoit la brève visite du roi, embarrassé d'un bouquet, qu'à l'entracte. Un témoin résume l'impression générale en écrivant à son amie la princesse de Wittgenstein : « Les ardeurs matrimoniales de Sa Majesté semblent fort tempérées. » Un euphémisme sous la plume de ce témoin illustre, qui n'est autre que Franz Liszt ! Sissi est furieuse quand elle apprend que la date du mariage de sa pauvre sœur est repoussée du 25 août au 12 octobre, passant ainsi de l'anniversaire du roi à ceux de son père et de son grand-père. Le fiancé recule devant la réalité, finit par appeler son hypothétique future épouse de presque tous les prénoms du catalogue des héroïnes wagnériennes : Elsa, Isolde, Brünnhilde et même, ô transfert, Élisabeth !

Ludovica est mortifiée que sa cadette intéresse aussi peu le roi. Sissi, qui reçoit un courrier de sa sœur convaincue que Louis II ne l'aime pas et qu'il joue à mettre en scène son mariage, est exaspérée. Elle en parle à François-Joseph qui lui promet, très gentiment, d'essayer d'y voir clair et d'en savoir plus sur l'invraisemblable et humiliant comportement de l'imprévisible monarque. Mais, toujours avec une grande douceur, l'empereur lui répond qu'il y a plus urgent et surtout plus important...

Un face-à-face impérial : Sissi rencontre Eugénie à Salzbourg

Depuis l'exécution de Maximilien, Napoléon III et Eugénie doivent une visite de condoléances aux souverains austro-hongrois, puisque François-Joseph avait annulé sa venue à Paris pour cause de deuil. La rencontre, délicate, aura lieu à Salzbourg. Sissi, restée à Bad Ischl, essaie de ne pas accompagner François-Joseph. Elle lui écrit à Vienne. Elle pense être au début d'une grossesse, mais n'en est pas tout à fait sûre. Elle se plaint de malaises et d'une grande fatigue : « Peut-être suis-je enceinte ? Dans ce cas, la rencontre de Salzbourg me serait très pénible. Je pourrais pleurer toute la journée tellement je suis triste. Console-moi, ma chère âme, car j'en ai grand besoin. Je n'ai plus envie de rien, ni de monter à cheval ni de me promener, tout m'est égal. » Après la tension des événements hongrois où elle s'est surpassée en ne montrant aucune lassitude, la mort de ses deux beaux-frères et l'invraisemblable conduite du roi de Bavière à l'égard de Sophie-Charlotte, complètement désemparée, Sissi estime avoir de bonnes raisons pour se reposer à Bad Ischl. Et si François-Joseph venait la rejoindre ? Le 1er août, elle lui écrit avec un soupçon de jalousie : « Qu'as-tu à faire à Vienne pour l'instant ? Ou bien t'amuses-tu si bien à Laxenburg (je ne vois pas avec qui) que tu ne peux pas t'en arracher ? » Pour une fois, c'est elle qui se plaint ! Elle réclame son mari pour elle seule. Plein d'espoir à l'annonce d'une

Deux impératrices vues par un même artiste, Franz Xaver Winterhalter, le peintre des cours d'Europe et de la haute société. Ici, l'impératrice Eugénie (1826-1920) représentée devant le parc du château de Saint-Cloud, en 1855. Elle porte les insignes de l'ordre des Dames de la reine Marie-Louise d'Espagne.

Élisabeth, dite Sissi (1837-1898), appelée ici « aux étoiles » qu'elle porte dans ses cheveux, en 1865. Les deux femmes se rencontreront à Salzbourg à l'été 1867. On comparera leur éclat, leur élégance, leur allure... Un sommet de la féminité.

grossesse espérée et très épris, François-Joseph refuse toutefois ce prétexte : il est essentiel que Sissi l'accompagne et que les deux impératrices se connaissent. Elles ont un point commun : chacune a été peinte par Winterhalter, ce qui était très délicat pour l'artiste. Sissi accepte donc d'accompagner l'empereur, tout de même curieuse de rencontrer sa « rivale »... en portrait. Les deux couples arrivent à Salzbourg le 18 août. Leur première entrevue commence mal, car la municipalité de Salzbourg refuse de recevoir l'empereur des Français qui a poussé Maximilien vers le Mexique et l'y a abandonné. Sur ordre de François-Joseph, une réception est tout de même organisée. La rencontre entre les deux couples commence dans un silence oppressant. Aucune musique dans la ville natale de Mozart ! Napoléon III, aimable, mais malade, tend une main moite à l'empereur Habsbourg qui hésite à la prendre et reste sur la défensive, visiblement troublé. L'atmosphère, forcée, est glaciale, malgré la température qui dépasse les 25 degrés. On peut remarquer combien, à cette époque, les souverains européens ont la curieuse habitude de se faire la guerre, puis de se rendre des visites de condoléances ou de courtoisie. Les deux gouvernements veulent tenter de raccommoder les relations après la catastrophe mexicaine et, surtout, la démonstration de la puissance prussienne. N'est-ce pas dans l'intérêt commun de Paris, de Vienne et maintenant de Budapest ? Beust, le ministre des Affaires étrangères de François-Joseph, considère les discussions comme essentielles, surtout après la rencontre historique à Paris, dix semaines plus tôt, de Napoléon III, Guillaume Ier de Prusse et Alexandre II de Russie, à l'initiative de Bismarck, lors d'un dîner au menu également historique préparé par le célèbre Dugléré, dont toute l'Europe a parlé. À Salzbourg, le sommet diplomatique austro-français est suivi avec une curiosité quasi journalistique par les populations pour déterminer laquelle des deux impératrices est la plus belle ! Un sommet de la féminité ! Sur le passage du cortège, les ombrelles des deux femmes et leurs voilettes rendent la comparaison difficile. Lorsqu'elles descendent de leurs calèches, les avis sont partagés. Eugénie, qui a neuf ans de plus que Sissi, paraît fort belle, majestueuse et de grande allure. Mais Élisabeth est plus élancée, moins altière et d'une grâce charmante... quand elle le veut bien ! Et en cet instant, elle est radieuse. Quelle compétition ! Les deux impératrices sont, diplomatiquement, à l'opposé l'une de l'autre : Eugénie avait passionnément soutenu l'expédition du Mexique ; Sissi a forgé, avec autant d'obstination, l'accord favorisant la Hongrie. Un désastre, un triomphe. Les voici maintenant dans leurs appartements. En 1932 – soixante-cinq ans après leur rencontre –, un membre de la délégation autrichienne, le comte Hans Wilczek, racontera à ses petits-enfants par quel hasard, perdu dans les couloirs, il commit une indiscrétion cocasse et demeurée si longtemps secrète : « J'ouvris la porte sans faire de bruit car je devais passer par deux chambres vides jusqu'au cabinet de toilette dont la porte était entrouverte. En face, il y avait un grand miroir et les deux impératrices, le dos contre la porte, mesuraient avec des rubans la longueur de leurs jambes qui étaient les plus belles d'Europe. Cette scène était incroyable et je ne l'oublierai jamais[1]. » Il est vrai qu'à la cour de Vienne, quand Sissi arrivait en retard à table, l'archiduchesse se plaignait publiquement de ce que sa belle-fille fût certainement

1. Brigitte Hamann, *Élisabeth d'Autriche*, *op. cit.*

encore en train d'admirer ses chevilles et ses chaussures qu'elle n'avait dû porter qu'une fois en application d'un protocole stupide, vite balayé par la rebelle Sissi !

Le lendemain, l'archiduc Charles-Louis, deuxième frère de l'empereur, écrit à sa mère avec une évidente fierté : « Bien qu'Eugénie soit encore belle femme, elle est la très humble servante de la nôtre. Lorsque Sissi s'avança pour l'embrasser et que l'impératrice des Français souleva sa voilette, tout ce que l'on vit fut un pastel encore plaisant ainsi que des mains parfaites et des pieds qu'elle prit grand soin de montrer en retroussant sa jupe d'une façon que les plus sévères de nos dames n'estimèrent pas entièrement convenable pour une impératrice. » Ici encore, on présume qu'elles en restèrent à la comparaison de leurs chevilles et de leurs souliers... De toute façon, l'archiduchesse est pétrifiée de douleur. Qu'on ne lui parle pas de l'épouse de « l'assassin de son fils », aussi responsable, sinon plus, que ce maudit Bonaparte !

Au soir du 23 août, Napoléon III se risque à inviter François-Joseph à Paris, à l'automne. Cette fois, il accepte, mais Sissi refuse : elle ne supportera pas un voyage aussi fatigant. Son éventuelle grossesse lui permet d'avancer cette excuse. Les mondanités étant achevées, elle quitte Salzbourg pour Zurich afin d'y retrouver ses sœurs Marie et Mathilde, mais une épidémie de choléra l'oblige à se réfugier à Schaffhouse, sur la rive droite du Rhin, où le fleuve bascule en impressionnantes chutes. Elle se sent mal, certaine que ses malaises confirment qu'elle est enceinte. François-Joseph, aux petits soins, amoureux débordant de prévenance et espérant être de nouveau père, vient la chercher. Il est temps de regagner Vienne. L'empereur arrive heureux, mais un télégramme de ses parents contraint Sissi à s'arrêter à

Munich : le roi Louis II est de plus en plus excentrique et sa pauvre fiancée en pleine dépression...

Louis II de Bavière ne se mariera pas, mais Sissi est enceinte

Une fois de plus, Sophie-Charlotte est en larmes et s'effondre dans les bras de Sissi. Il faut voir la vérité en face : fiancé insupportable, le roi est un mari improbable. À son secrétaire particulier, il affirme, fin septembre :

– Je préférerais me jeter dans l'Alpsee plutôt que me marier !

La noyade pour éviter le mariage ! Ludovica insiste pour que Sophie-Charlotte rende sa liberté à son cousin qui ne sait pas – ou ne peut pas – se décider. Louis II a une réaction étrange : il s'enferre dans ses hésitations et demande que le mariage soit encore retardé. Un délai de grâce, jusqu'en décembre. L'impératrice, qui aime beaucoup sa sœur, est furieuse. Les extravagances de son cousin ne sont plus amusantes. Sophie-Charlotte et toute cette branche des Wittelsbach est blessée.

À Vienne, François-Joseph reçoit une délégation de notables tchèques : eux aussi réclament un couronnement qui aurait lieu à Prague ; le dernier sacre d'un Habsbourg roi de Bohême remontant à 1836 était celui de Ferdinand Ier, oncle paternel de François-Joseph.

Sissi n'est pas fortement impliquée dans la revendication des Tchèques, mais elle aime la Bohême. Sur ordre médical, elle se repose. On lui a confirmé l'heureuse nouvelle qu'elle espérait : elle est enceinte de deux mois ; mais elle ne tient pas à ce que son état soit révélé maintenant. L'enfant a probablement été conçu lors des festivités hongroises et peut-être même en terre magyare. Quel bonheur pour Erzsébet ! Elle n'en doute pas, c'est un cadeau de la Hongrie ! L'intimité retrouvée des deux époux, la reprise de leurs rapports physiques s'accompagne d'une ambition qu'elle avoue dans son journal où elle écrit tous ses poèmes : « J'aimerais donner un fils, un roi à la Hongrie, un esprit clair, un homme fort. » Elle en oublie Rodolphe ! À 30 ans, auréolée de son prestige, l'impératrice se jure qu'elle s'occupera elle-même de ce nouvel enfant. François-Joseph est comblé, fier, même si l'exécution de Maximilien reste une blessure à vif. Quand, au printemps, Sissi asticotait son mari en lui reprochant de rester à Laxenburg alors qu'elle était à Bad Ischl et prétendait qu'on lui avait rapporté que plusieurs jolies femmes avaient des audiences avec Sa Majesté, il avait parlé de ragots, de gens qui n'ont rien d'autre à faire que de raconter n'importe quoi. Comme d'habitude, disait-il, oubliant d'avouer que ces potins, souvent colportés à table, l'amusaient beaucoup. Les commères sont déçues : un amour complet a rapproché les époux. L'archiduchesse ne dit rien. Elle prie pour l'âme de Maximilien, tandis que sa veuve Charlotte, qui avait plus rêvé de trône et de couronne que d'amour, considérée comme démente et enfermée au château de Miramar, ne peut pas se rendre compte que son mari est mort.

Même si, en raison de son état, Sissi reste un peu éloignée des élucubrations de son cousin Louis II, elle est désespérée de l'avanie qu'il lui fait subir en repoussant toujours la date de la cérémonie. Tout le monde est exaspéré ! Le 3 octobre, le duc Max envoie un ultimatum au roi : le mariage doit avoir lieu au plus tard fin novembre. Il y va de l'honneur de la branche ducale. Louis II prend très mal cette mise en demeure. À son secrétaire, il demande :

– Est-ce ainsi qu'un sujet s'adresse à son souverain ?

Le fonctionnaire répond :

– Sire, le duc Max ne vous a pas écrit comme un sujet, mais comme un père.

De cet ultimatum, Louis II fait un incident décisif. Après trois jours de tourment, il écrit à Sophie-Charlotte une lettre de rupture, aussi pathétique que courageuse. Il parle d'un « amour fraternel », l'assure qu'il l'aime « comme une tendre sœur ». D'un ton détaché, il préfère une séparation maintenant, « sans nous engager pour l'avenir », mais il se contredit par cette proposition pitoyable : « Si, dans un délai de un an, vous n'avez pas trouvé quelqu'un qui pût faire votre bonheur et qu'il en soit de même pour moi (éventualité nullement impossible), nous pourrions alors nous unir à jamais, si bien entendu vous en aviez encore le désir. » Une hypothèse guère réjouissante ! La malheureuse « fiancée » s'écroule dans un torrent de larmes, tandis que ses parents sont choqués, mais surtout soulagés. Le roi, plus lucide qu'il n'y paraît, sait que son homosexualité ferait le malheur de Sophie-Charlotte. Il a le courage de ne pas lui imposer un mariage blanc. En l'apprenant, Sissi, qui se repose à Schönbrunn, écrit à sa mère le 19 octobre : « Mon indignation est à son comble, comme celle de l'empereur. Il n'est pas d'expression pour qualifier pareille conduite. Je ne comprends pas que Louis ose encore, après tout ce qui s'est passé, se montrer dans Munich. » François-Joseph et sa femme sont pareillement en colère, mais, le calme revenu et après réflexion, l'impératrice avoue à sa mère : « Je suis contente

Sophie-Charlotte de Wittelsbach, de dix ans sœur cadette de Sissi, est l'éphémère fiancée du roi Louis II de Bavière. Ce mariage n'ayant pas lieu, elle épouse en 1868, le duc d'Alençon, un petit-fils du roi des Français Louis-Philippe. Elle mourra carbonisée (elle s'est sacrifiée) le 4 mai 1897 dans l'incendie du Bazar de la Charité, à Paris.

que Sophie-Charlotte prenne aussi bien les choses. Dieu sait qu'elle n'aurait jamais été heureuse avec un pareil homme. Et je souhaite maintenant qu'elle en trouve un très gentil. Mais qui ? » Sissi ignore qu'à ce moment, Louis II, conscient de sa vraie nature qui ne voit qu'un cauchemar dans le corps féminin, est, en revanche, inconscient des ravages personnels et familiaux qu'il a causés, puisqu'il écrit à Wagner : « Cette année aura été heureuse et nous aura donné du bonheur. » Un comble !

François-Joseph accepte l'invitation de Napoléon III à découvrir le Paris haussmannien et de l'Exposition universelle qui va s'achever où se succèdent les têtes couronnées. Sissi ne veut pas l'accompagner car elle n'a pas envie de se rendre en France et, surtout, ne veut prendre aucun risque avec sa grossesse. Elle porte l'enfant de la réconciliation, celle de son couple et celle de la Hongrie avec l'Autriche.

10

Sissi mère abusive, François-Joseph en voyage : un autre compromis...

En novembre 1869, invité par Napoléon III à l'inauguration du canal de Suez, François-Joseph escalade la grande pyramide de Chéops. Il y parvient en dix-sept minutes. L'empereur d'Autriche est venu seul, sans Sissi, et l'impératrice Eugénie remplace son mari trop absorbé par les incertitudes politiques et diplomatiques.

Avec une courtoisie très sincère, Sissi écrit à l'impératrice Eugénie qu'en raison de sa grossesse – elle est au troisième mois –, il lui est impossible d'accompagner son mari à Paris et qu'elle le regrette. Mais à sa mère Ludovica, l'impératrice d'Autriche et reine de Hongrie avoue, au même moment, qu'il lui convient tout à fait de ne pas assister aux festivités parisiennes. Le couple impérial français est désolé car il comptait renforcer le laborieux apaisement diplomatique obtenu à Salzbourg; la venue de la sublime Sissi aurait ajouté un rare joyau au défilé du Gotha. François-Joseph, lui aussi, est navré, mais devant la fatigue de Sissi, il est rassuré qu'elle n'entreprenne pas ce voyage. Pour une fois, c'est donc lui qui part, seul! Le 23 octobre 1867, il découvre un Paris nettoyé, agrandi et rénové par l'énergique baron Haussmann sur les instructions de Napoléon III, fier, entre autres, que la reine Victoria ait été la première souveraine à visiter la capitale française douze ans plus tôt, alors que, soudain, « l'air sentait bon », purifié d'une épidémie de choléra. L'Exposition universelle, où l'Autriche déploie ses réalisations, est grandiose. L'Empire français joue sa plus belle carte, celle de la réussite économique. Enjoué, enchanté, François-Joseph, à peine arrivé, écrit une première lettre à Sissi depuis « l'Élisée [*sic*] Napoléon » que l'empereur a fait restaurer et doter d'une entrée grandiose pour accueillir et héberger les illustres hôtes étrangers de la France. François-Joseph s'y sent si bien qu'il y dort jusqu'à six heures du matin, ce qui ne lui arrive jamais. Le 24 octobre, le mari de Sissi lui révèle par écrit qu'en se rendant au palais de Saint-Cloud la veille, il a « vu le bois de Boulogne avec de nombreux équipages, des cavaliers, des cavalières et, au total, beaucoup de petites putains[1] ». Il ne les a pas comptées. Le soir, il fait la même remarque libertine à l'impératrice Eugénie, un peu surprise, mais guère étonnée : avec Napoléon III, elle en a entendu d'autres ! Le ton libre et amusé de François-Joseph prouve que Paris, ayant échappé à la pudeur victorienne, est visiblement plus frivole que Vienne. C'est la confirmation d'une solide et durable réputation parisienne dans l'organisation de la galanterie tarifée. Quatre jours plus tard, sans doute gagné par *La Vie parisienne* du génial Offenbach, François-Joseph, décidément d'humeur gaillarde, ajoute dans une nouvelle lettre à Sissi : « Des petites putains, j'en ai vu beaucoup et de bien belles, mais je ne pense qu'à toi, tu peux être tranquille. » En réalité, il est malheureux sans elle et ils s'écrivent tous les jours. « Je vais très bien et je m'amuse beaucoup. » C'est vrai et c'est faux… Le 28 octobre, inquiet des malaises et des douleurs dont se plaint la future maman, il compte les jours avant son départ : « Je regrette que tu souffres autant et que tu sois de mauvaise humeur. Bientôt, je serai là. »

Le 3 novembre, l'empereur d'Autriche et roi de Hongrie est reçu à Compiègne. Il passe un long moment avec Napoléon III dans le fumoir et tous deux, enveloppés de volutes de cigares, analysent les perspectives européennes, les drames dynastiques et le jeu prussien. Puis, comme Sissi lorsqu'elle voyage, il demande à être incognito pour assister à un vaudeville au théâtre du Palais-Royal, une salle où l'on sait se divertir.

1. Georg Nostitz-Rieneck (éd.), *Lettres de l'empereur François-Joseph à l'impératrice Élisabeth*, *op. cit.*

« J'ai beaucoup ri », écrit-il. Et encore ceci, qui est assez cocasse à propos du prince impérial, âgé de 11 ans : « Le petit Napoléon est très intelligent, mais très petit. Nous avons mieux ! » De banquet en inauguration, François-Joseph, qui ne s'est jamais aussi bien délassé, ne cesse de songer à Élisabeth et à l'enfant qu'elle porte, fruit de leurs retrouvailles. Le programme de l'empereur a été préparé par la princesse Pauline de Metternich, ambassadrice d'Autriche à Paris depuis 1859, très proche de l'impératrice Eugénie. Sissi ne l'aime pas car la princesse, qui s'était rendue célèbre en disant dans les salons : « Je ne suis pas jolie, je suis pire », avait envoyé à Sissi des photographies de courtisanes et de prostituées mélangées à celles de « femmes honnêtes », à l'époque où l'épouse de François-Joseph collectionnait des portraits de beautés féminines et chargeait les diplomates de les lui envoyer. Il est possible que la rancœur de Sissi ait pesé dans sa décision de ne pas venir à Paris et elle sait que l'ambitieuse Pauline n'a pas laissé un instant de répit à son souverain. Elle fut brillante, efficace, très organisée, au point que François-Joseph se dit fatigué par son emploi du temps. « Je suis contente de ne pas y être. Pour les hommes, tout est quand même plus simple et plus facile », écrit-elle, songeant sans doute aux envahissantes crinolines.

Au bout de quinze jours, François-Joseph se sent bien seul, d'autant plus que tout le monde regrette l'absence de son épouse jamais venue à Paris. N'étant pas un esprit compliqué, l'empereur, pour qui sa femme et ses enfants constituent ses véritables joies, lui écrit, avant de partir : « J'ai envie de vous tous, mon seul univers, mon seul vrai bonheur. » Et juste avant de quitter Paris, il lui avoue : « Où est-on mieux qu'au sein de sa famille ? Je t'embrasse, ma magnifique femme. » Cette déclaration d'amour

Le 24 novembre 1867, l'empereur François-Joseph visite l'Exposition universelle à Paris. Elle est installée au Champ-de-Mars et dans l'île de Billancourt. Les premiers bateaux-mouches sont mis en service sur la Seine. Le mari de Sissi regrette l'absence de sa femme qui attend un nouvel enfant. Après un programme très chargé, François-Joseph, impatient, se hâtera de la retrouver. Avec de nombreux cadeaux.

est importante car elle révèle la différence des tempéraments dans le couple : même s'il y est contraint, par exemple pour des raisons militaires, François-Joseph n'est jamais heureux de voyager seul, au contraire de Sissi, enthousiaste dès qu'elle s'éloigne du monde qui la juge, fût-ce au prix d'être séparée de ses enfants. Ces deux semaines ont permis au couple, paradoxalement, d'être très uni par la pensée, des attentions, des remarques, car Sissi a répondu à toutes les lettres de François-Joseph dès leur réception. Pour la première fois, les deux époux sont tristes d'être séparés sans qu'aucun caprice en soit responsable.

Le 4 novembre, après une chasse à tir, l'empereur d'Autriche et roi de Hongrie quitte Paris dans son train spécial à neuf heures du soir, après avoir très courtoisement baisé la main de l'impératrice Eugénie. Il est le dernier monarque à avoir visité l'Exposition qui s'est achevée sur un triomphe et il a reçu en cadeau, comme tous les hôtes de marque, deux gros volumes de toile rouge aux armes de la Ville de Paris. Ce *Paris-Guide*, remarquablement complet et rédigé par d'illustres plumes, est préfacé par Victor Hugo. Hypocritement, toujours exilé à Guernesey, le plus doué des opposants à « Badinguet » n'aurait pas supporté que Paris fût présenté par un autre écrivain que lui, ce qui avait beaucoup amusé Napoléon III. Le séjour de François-Joseph, même sans son épouse, a mis un baume sur la plaie mexicaine. En l'étreignant puis en le saluant, Napoléon III a dit à son hôte : « Nous sommes alliés sans être liés. » En réalité, la plaie ouverte de Querétaro ne se refermera jamais.

L'impératrice d'Autriche osera-t-elle accoucher en Hongrie ?

À Vienne, Sissi, heureuse de retrouver celui qu'elle surnomme, avec malice, son « petit homme », fait déballer les présents rapportés par son mari : un bijou en forme d'oiseau dont les plumes et la queue sont en rubis, des diamants, des perles, un éventail peint par Watteau (cadeau d'Eugénie pour qui l'éventail est un auxiliaire du pouvoir féminin), mais aussi des dentelles, des étoffes et des châles. Dans ses malles, François-Joseph a rapporté un peu de Paris. L'empereur est vite lassé de ses obligations souveraines et les discussions entre libéraux et nationalistes l'assomment.

Pour la plus grande joie de Sissi, il décide de partir pour Gödöllő, sous le prétexte d'en surveiller les travaux. En réalité, le couple, complice, fuit une nouvelle rumeur viennoise : on rapporte que la souveraine voudrait accoucher en Hongrie et que, si elle avait un garçon, elle lui donnerait le prénom d'Étienne, en l'honneur du saint patron des Hongrois. On soupçonne ce maudit Andrássy d'avoir imaginé cette humiliation à l'encontre des Autrichiens. Le départ annoncé du couple pour Gödöllő ne fait qu'alimenter le ragot, beaucoup plus excitant que la nomination d'un nouveau Premier ministre, le prince Karl von Auersperg. Mais il y a d'abord une triste formalité à accomplir : à la mi-janvier 1868, sept mois après son exécution, le corps de Maximilien est enfin rapatrié du Mexique, à bord de la *Novara*, le bâtiment autrichien qu'il avait commandé lors de son voyage d'Europe au Mexique avec Charlotte. Attendu avec les honneurs et salué par les archiducs Charles-Louis et Louis-Victor à Trieste, le cercueil est conduit jusqu'à Vienne, que le convoi funèbre traverse de nuit, avec une grande escorte militaire, dans un silence pesant. La capitale est ensevelie sous la neige, le glas sonne à la cathédrale. À la Hofburg, l'archiduchesse Sophie, au bord de la syncope, en larmes, se jette sur la bière, enfin recouverte du pavillon de guerre autrichien, rouge-blanc-rouge, car Maximilien est mort en soldat. Une petite vitre permet à la mère de l'empereur du Mexique de revoir son fils. Il est curieusement revêtu d'un habit noir aux reflets luisants. Son visage maquillé est prolongé par une spectaculaire barbe postiche à deux pointes. On apprendra que le corps avait été plongé dans un bain d'arsenic et que ses yeux avaient été fermés après son exécution : Maximilien avait regardé la mort en face. François-Joseph est pâle en saluant son frère, mais on épargne ce spectacle macabre à Sissi en raison de son état. Le 20 janvier 1868, le cercueil est descendu dans la crypte des Capucins où, depuis le milieu du XVIIe siècle, sont inhumés la plupart des membres de la famille impériale. L'empereur du Mexique repose dans la partie alors la plus récente de la nécropole. Sa veuve Charlotte, démente, est depuis l'été précédent enfermée au château de Tervueren, en Belgique. La reine Marie-Henriette des Belges, épouse de Léopold II, était venue la chercher en train spécial, à Miramar, le 31 juillet 1867, ajoutant une énigme à la tragédie : Charlotte a-t-elle finalement conscience que son mari est mort ? Ou bien feint-elle la folie ?

Fin janvier, François-Joseph, éprouvé par les pénibles formalités des funérailles de son frère, part pour la Hongrie. Pour une fois, il s'y rend seul, précédant sa femme, puisque Sissi ne le rejoint que le 5 février ; son départ a été retardé par sa fatigue : elle est enceinte de sept mois. Les caquetages de la Cour deviennent assourdissants : ainsi, c'était vrai, l'impératrice s'en va pour accoucher en terre hongroise ! Et l'empereur l'approuve ! Ce même 5 février, la comtesse Thérèse de Fürstenberg écrit à sa sœur qu'une personnalité de la haute société viennoise, exaspérée de ce nouvel affront aux intérêts autrichiens, a été jusqu'à dire que si l'impératrice avait un accident, il serait mérité ! Cette remarque, monstrueuse, révèle la profondeur du malentendu entre Sissi et les Viennois vexés qu'elle se détourne d'eux. Ils se trompent : la mise en application du compromis austro-hongrois exige que Vienne fasse encore des efforts en faveur de la Transleithanie et Sissi-Erzsébet estime qu'elle n'a pas achevé sa mission ; celle-ci ne sera remplie qu'avec la naissance de son nouvel enfant, au printemps. Au bal du 18 février, l'impératrice ne paraît pas, ce qui entraîne des commentaires aussi stupides dans un sens que dans l'autre : Sa Majesté a bien fait ou Sa Majesté n'a pas osé affronter la Cour. La situation est nouvelle : l'empereur travaille en Hongrie et comprend, enfin, combien sa femme a souffert des sarcasmes viennois et pourquoi cette atmosphère étouffante l'a rejetée vers des milieux plus accueillants et plus humains. On la jugeait d'un romantisme dépassé, alors qu'elle a une nature spirituelle. On la disait hystérique, elle est sensible et délicate. Elle n'a pas rejeté Vienne qui la méprisait, elle a pris sa revanche à Buda et à Pesth. Les Viennois aggravaient sa dépression. « Il a fallu la banqueroute de cette Cour pour élever Élisabeth à son vrai rôle. Dès lors, on ne la condamne plus à une existence de frivolité : elle a pris place dans la réalité[1]. » Et ceux qui espéraient les désaccords du couple sur leurs enfants sont

1. Karl Tschuppik, *Élisabeth, impératrice d'Autriche,* trad. Gabrielle Godet, Plon, 1933.

privés de ce plaisir : Gisèle et Rodolphe font le bonheur de leurs parents, l'archiduc héritier étant très proche de sa mère parce qu'il aime l'équitation et qu'il est intelligent. Rares sont donc les Viennois qui découvrent que l'impératrice, après avoir été jugée distante, est une mère attentive, à qui il importe peu que Rodolphe ne soit pas très appliqué dans ses dévotions ! L'empereur regagne Vienne, puis revient à Ofen où Sissi s'est installée en prévision de son accouchement. Elle oblige ainsi son mari à des allers-retours incessants entre les deux villes ; elle a voulu être le plus tôt possible en Hongrie, craignant que sa fatigue ne l'immobilise à Vienne. Pas question ! C'est en terre hongroise qu'elle fera cadeau de cet enfant aux Magyars ! L'archiduchesse est mortifiée : sa belle-fille ne sait-elle qu'être une provocatrice ?

À l'empereur, qui est retenu à Vienne, Sissi dit : « Je vais bien, mais j'aurais besoin de ta société pour me remonter. » À chaque fois, ils se retrouvent comme des amoureux et il arrive toujours pressé de la serrer dans ses bras. François-Joseph aimerait un autre fils, Sissi sent que ce sera une fille et elle a déjà choisi son prénom. Sans en parler à sa belle-mère, dévastée par la vision de son fils Maximilien conservé dans la mort comme le pantin désarticulé d'une tragédie insensée. L'archiduchesse tente de penser à l'avenir et s'inquiète car, après un débat à la Chambre haute de Vienne, la religion perd de son influence dans la vie publique autrichienne : le 21 mars, la compétence des tribunaux civils est rétablie pour les mariages et l'Église ne contrôle plus l'enseignement. Le pape Pie IX se déclare irrité par cette modification unilatérale du concordat.

Nerveuse, Sissi est heureuse d'être enfin avec son époux qui ne va plus la quitter car la naissance est imminente. L'essentiel

Sous l'influence de sa femme, l'empereur et ses enfants (ici Gisèle et Rodolphe) vivent très souvent en Hongrie et à la mode magyare. Ils sont le roi Ferenc József et la reine Erzsébet des Hongrois ; ceux-ci sont reconnaissants et fiers de cette attitude.

n'est-il pas que le couple royal de Hongrie soit en Hongrie pour l'événement ? Le 22 avril, au palais royal d'Ofen, la reine Erzsébet donne naissance à une fille, comme elle l'avait prédit. Ses parents lui choisissent le prénom de Marie-Valérie. La mère est particulièrement heureuse : elle a puissamment aidé la Hongrie à exister sur le plan international et la Hongrie lui a permis de forger sa propre existence. Cet enfant est une reconnaissance de dette et la preuve d'un pacte.

Andrássy serait-il le père du quatrième enfant de Sissi ?

La naissance de l'archiduchesse Marie-Valérie provoque une série de polémiques, alors que le bonheur du couple est profond malgré la grande fatigue de l'accouchée. Les Hongrois auraient préféré un garçon, car selon eux, un futur souverain aurait permis, à long terme, un royaume indépendant des Habsbourg. En revanche, à Vienne où l'on a tant critiqué cette naissance hors de l'Autriche, on se réjouit : personne ne doute qu'une fille est moins menaçante qu'un garçon pour l'unité de l'Empire – c'est faire peu de cas des femmes remarquables qui, au nom de diverses dynasties, ont su s'imposer dans l'histoire de la Hongrie royale. Et l'archiduchesse Sophie est soulagée : un fils aurait pu être un prétexte à séparer la Hongrie du reste de l'Empire. C'est ainsi : depuis l'entrée en vigueur du compromis, Vienne tient une comptabilité sourcilleuse de tout ce qui affaiblit la Hongrie, donc fortifie l'Autriche, et inversement – cette équation étant loin d'être avérée ! Il y a cependant plus sournois que ces calculs approximatifs. De médisances en ragots, on murmure que le

Premier ministre Andrássy serait le père de Marie-Valérie ! Rien que cela ! Certes, son amnistie et sa nomination au poste de Premier ministre de Hongrie valent bien des jalousies au comte Andrássy, très attaché au lien politique entre les deux parties de l'Empire sous l'égide de la dynastie des Habsbourg. Séduisant, séducteur, il mêle le charme à l'intelligence. Plus âgé de quatorze ans que l'impératrice, dont il a fait la reine de Hongrie, il a déjà suscité bien des commentaires douteux de par sa proximité avec Sissi. Sans doute était-il secrètement épris de l'épouse de François-Joseph, lui-même jaloux de cette relation trop proche dans l'élaboration du compromis austro-hongrois. Sans doute l'obsession prohongroise de Sissi avait-elle, sans qu'elle en fût consciente, nourri cette rumeur d'une liaison, mais son tempérament n'était pas celui d'une épouse volage, ce qui n'empêcha pas les commérages. Plusieurs officiers de l'entourage de l'empereur étaient naturellement séduits par la beauté de Sissi et son esprit indépendant. C'était presque un jeu pour le couple impérial. Ainsi, quand un aide de camp, le comte de Bellegarde, « laissait voir un faible pour la belle impératrice » et qu'elle se trouvait seule avec lui, Sissi, d'humeur taquine, avait rassuré François-Joseph par ce billet : « Bellegarde est arrivé. Sois tranquille, je ne suis pas coquette, ni avec lui ni avec personne[1]. »

Toutefois, Andrássy était trop fin pour se lancer dans une romance qui n'aurait pu que nuire, si elle avait eu lieu, aux deux amants et détruire leurs efforts politiques dans un scandale gigantesque et sans précédent.

1. Egon César, comte Corti, *Élisabeth d'Autriche*, *op. cit.*

Parce qu'il avait réussi à faire de l'impératrice son alliée et à convaincre l'empereur, ses ennemis tentaient de le compromettre. Pure calomnie, la rumeur circulera longtemps, surtout à Vienne, et ne s'effondrera totalement que lorsque la ressemblance entre François-Joseph et sa fille Marie-Valérie, notamment dans leurs regards, s'imposera spectaculairement, après des années de supputations. Marie-Valérie est une Habsbourg avec du sang Wittelsbach. Selon les moments, ces potins révolteront ou amuseront Sissi. Beaucoup d'Autrichiens ne pouvaient pardonner à l'impératrice son engagement[1]. Il ne semble pas que François-Joseph ait eu, à la naissance de Marie-Valérie, le moindre doute sur sa paternité. Très heureux de cette naissance qui témoigne de son intimité renouée avec sa femme, l'empereur-roi décrit à Rodolphe, âgé de 11 ans et resté à Vienne, le premier portrait de sa petite sœur huit jours après sa naissance : « Elle est bien jolie, elle a de grands yeux bleu foncé, un nez encore un peu trop gros, une toute petite bouche, des joues énormes et des cheveux foncés si épais qu'on pourrait les coiffer. Elle est très forte et gigote vigoureusement. »

Cependant, l'archiduchesse Sophie s'étrangle de rage lorsqu'elle apprend que sa nouvelle petite-fille est baptisée au palais royal d'Ofen, lors d'une grande cérémonie, en présence de ses deux marraines, deux sœurs de Sissi, Marie, ex-reine de Naples, et Mathilde, comtesse Trani. Et lorsque la mère de l'empereur est

1. Le fils de Gyula Andrássy (1860-1929), portant le même prénom que son père et dit « le Jeune », sera ministre de l'Intérieur de l'Empire de 1906 à 1910 et, à l'automne 1918, le dernier ministre des Affaires étrangères austro-hongrois. Demeuré fidèle aux Habsbourg, il participera, en octobre 1921, à la vaine tentative de l'empereur Charles Ier et roi Charles IV de remonter sur le trône de Hongrie.

Quatrième enfant de François-Joseph et de Sissi, l'archiduchesse Marie-Valérie est le seul né en terre hongroise, par la volonté de sa mère ! Le 25 avril 1868, Marie-Valérie est baptisée au palais royal d'Ofen, sur la colline de Buda, en présence du prince Constantin de Hohenlohe et de l'ex-reine Marie des Deux-Siciles, sœur de l'impératrice. Cette cérémonie, loin de Vienne, choque la cour.

informée qu'au théâtre de Pesth, son fils est froidement accueilli, elle lance ce cri de colère : « On voit bien là combien cette nation est ingrate ! » Sophie ne peut admettre que son fils soit moins populaire que sa belle-fille... Sissi ne quitte pas des yeux Marie-Valérie ; on lui avait pris ses autres enfants, on ne lui prendra pas celle-ci qui, de fait, sera sa préférée, puisqu'elle ira même jusqu'à dire : « Elle est mon seul enfant. » Elle l'entourera d'un amour démesuré, souvent étouffant, comme pour compenser les frustrations qui lui avaient été imposées. Quand l'impératrice s'échappe avec sa toute petite fille, l'empereur redouble de tendresse à l'égard de Gisèle et de Rodolphe qui ne doivent pas se sentir délaissés ; ce père attentif est évidemment épaulé par l'archiduchesse et une escouade de surveillantes. Mais c'est François-Joseph qui organise leurs loisirs, malgré son emploi du temps volontairement très lourd. Et quoi de plus merveilleux qu'un spectacle de cirque ? L'empereur, de retour à Vienne, fait immédiatement réserver des places pour une matinée avec ses enfants, alors que l'impératrice est absente. De plus en plus venimeuse, Thérèse de Fürstenberg écrit : « Cela ne serait pas arrivé si l'antre du dragon n'avait été vide ! » Le « dragon » étant Sissi, évidemment[1] ! La Cour continue de déplorer la mauvaise influence de l'impératrice amazone sur l'empereur, comme si un spectacle de cirque avec les enfants était scandaleux !

Les Viennois seront encore plus dépités en découvrant que leur impératrice, lasse et mal remise de ses couches, ne s'arrête que brièvement dans la capitale au début de juin. François-Joseph sait qu'il ne faut pas contrarier Sissi dans cet état, puisqu'elle est désespérée de ne pouvoir encore remonter à cheval ! Chez Sissi, la dépression post-partum est spectaculaire et l'empereur se doute que le souvenir de leur petite Sophie décédée en Hongrie hante sa femme. Avec tendresse, il lui conseille d'aller se reposer dans sa famille. Il est lui-même harcelé par une délégation de quatre-vingt-huit députés tchèques l'implorant de se faire couronner avec Sissi à Prague, en ceignant la couronne de saint Wenzel. Les Hongrois ont fait des jaloux. Aux parlementaires de Prague, il demande du temps pour réfléchir. Il faut noter que l'empereur est troublé par la promulgation des « lois confessionnelles » rognant

1. Brigitte Hamann, *Élisabeth d'Autriche*, *op. cit.*

le catholicisme en Autriche. L'archevêque de Vienne fait savoir qu'il va publier une lettre pastorale condamnant cette atteinte à la foi officielle des Autrichiens. Le 9 août, Sissi arrive avec tous ses enfants sur les bords du lac de Starnberg, chez son frère aîné Louis-Guillaume. La Bavière, enfin ! La perfide Thérèse de Fürstenberg dresse un portrait de famille élogieux, mais en réalité au vitriol : « Ils sont adorables ; ce sont des enfants tout à fait gentils et charmants, des enfants si bons, si affectueux, qu'on croirait qu'ils ne tiennent que de leur père ! » Leur mère, justement, tellement heureuse en famille chez elle, aimerait se reposer, mais voilà qu'on lui demande d'intervenir auprès du roi Louis II afin de rétablir des relations familiales tendues depuis qu'il a si mal traité la pauvre Sophie-Charlotte. Sissi supplie son époux de la rejoindre, car les échos du comportement de son cousin l'inquiètent. Il y a de quoi ! Le 13 août, le fantasque souverain de Bavière arrive. Exalté, il ne parle que du triomphe des *Maîtres chanteurs de Nuremberg* à l'opéra de Munich. François-Joseph et Sissi apprennent que la représentation a duré cinq heures dans une chaleur tropicale et que le roi veut reconstruire, près de sa résidence de Hohenschwangau, un vieux château en ruine sur un éperon adossé aux cimes qui jalonnent la frontière autrichienne. Louis II se lance dans son rêve de pierre qui, aujourd'hui encore, nous étonne et nous fascine. Mais pourquoi le roi se fait-il conduire l'hiver au manège royal de Munich à huit heures du soir et galope-t-il dans le manège, sans en sortir, jusqu'à trois heures du matin, suivi de son écuyer ? Carte en main, il calcule alors la distance qu'il a, selon lui, parcourue et déclare : « Nous sommes chez l'impératrice. » Puis il soupe et regagne son palais, persuadé d'avoir été jusqu'à Innsbruck !

À ce récit, l'empereur et l'impératrice sont partagés entre un fou rire et l'anxiété, car Louis II, parfois très attachant, est vraiment étrange. Est-il heureux ? Malheureux ? Conscient que son comportement théâtral déconcerte ? Que cherche-t-il ? Mais très vite, Sissi est beaucoup plus préoccupée par les troubles digestifs de son bébé chéri. Mère maniaque, excessive pour tout ce qui concerne son nouvel enfant, elle accuse la nourrice d'être peu consciencieuse et la congédie. Sa réaction, injuste, s'explique, encore, par l'agonie de sa petite Sophie, morte, pense-t-elle, faute de soins appropriés. Heureusement, Marie-Valérie se rétablit : il ne s'agissait que de sa première dent, et il y aura bien d'autres alertes.

Enfin mariée, la jeune sœur de Sissi devient la duchesse d'Alençon

En voyant le roi de Bavière montrer des signes d'instabilité de plus en plus alarmants, Sissi est soulagée que sa jeune sœur Sophie-Charlotte ne l'ait pas épousé. La jeune fille, maintenant âgée de 21 ans, qui s'était imaginée être victime d'une malédiction, va enfin se marier. Le 28 septembre 1868, moins d'un an après ses pénibles fiançailles avec le roi mécène de Wagner, elle épouse le duc d'Alençon, deuxième fils du duc de Nemours et petit-fils du roi des Français Louis-Philippe. La cérémonie se déroule à Possenhofen dans la plus stricte intimité, au grand dam du père du marié, le duc de Nemours. Mais les parents de Sophie-Charlotte, qui ne voulaient en aucun cas la présence de Louis II, n'avaient invité aucun monarque.

Il est tout de même établi que le roi a reçu les fiancés, peut-être pour solder sa mésaventure quand il ne voyait la sœur de Sissi qu'en héroïne wagnérienne. Le dîner de mariage n'est « pas spécialement bon », selon le frère aîné de Sophie-Charlotte, Louis, qui ajoutera : « Pendant que nous étions à table, on jouait le chœur des noces de *Lohengrin*. Pour l'ancienne fiancée du roi, cela a dû être étrange. Le fait que la veille au soir Berg et le lac fussent illuminés paraissait également une curieuse façon de célébrer la veille des noces de son ex-fiancée[1]. » Chez Louis II de Bavière, la vie doit être un spectacle qu'il met en scène pour fuir la réalité.

Quand la cour viennoise apprend que François-Joseph, Sissi et les enfants sont de nouveau en Hongrie, elle laisse exploser sa colère : encore? Oui, et de plus en plus! Cette rage est inutile, car l'empereur a bien compris que Sissi n'est réellement heureuse, épanouie et adorable que dans deux mondes : celui de son enfance bavaroise avec sa famille et celui de son épanouissement psychologique et politique, la Hongrie. Or, peu à peu, François-Joseph a reconnu que les « jalousies viennoises » étaient un poison dont on pourrait se passer. D'ailleurs, Sissi elle-même, lorsqu'elle est la reine Erzsébet à Gödöllő, ne veut pas que l'on se serve d'elle. Au grand poète Jókai – lui aussi ébloui par la beauté de la souveraine – qu'elle vient de rencontrer, elle adresse un avertissement en souriant :

– Je n'entends rien à la politique!

Député nationaliste et rédacteur en chef d'un journal d'opposition, il lui répond :

---

1. Dominique Paoli, *Sophie-Charlotte, duchesse d'Alençon*, *op. cit.*

Au château de Gödöllő, cadeau du peuple magyar au nord-est de Budapest, la famille royale vit à la mode hongroise et le plus simplement possible. Ici, en 1871, Ferenc József et Erzsébet sont avec leur trois enfants, Gisèle, Rodolphe et Marie-Valérie.

– La meilleure politique est de gagner le cœur d'un pays et Votre Majesté s'y entend parfaitement.

Il dira aussi : « Ce n'est pas la reine que nous voyons en elle ni la femme, mais le génie de notre pays. »

À Gödöllő, le protocole est assoupli et l'on compte beaucoup plus de chevaux que de dames d'honneur, même hongroises ! Sissi y fait construire un manège avec de grands miroirs, comme il se doit. Si la reine y est aussi heureuse, c'est parce que ce château lui a été donné et qu'elle l'a aménagé à son goût. Elle n'y réside pas en invitée, elle est chez elle. Et le roi son mari s'y trouve d'autant mieux qu'il y soigne ses rhumatismes ! La vraie politique est son domaine à lui. Après la démission du prince Karl von Auersperg à Vienne, François-Joseph nomme Premier ministre le comte Eduard Taaffe, précédemment ministre de l'Intérieur. Le dualisme progresse, non sans heurts. Si l'empereur impose une nouvelle loi militaire à la Hongrie, les honveds, les éléments jadis révolutionnaires, constituent désormais une garde civique[1]. Erzsébet en est ravie, mais elle déchante quand elle apprend que les commandements ne seront pas formulés en hongrois – ce que souhaitait Andrássy –, mais toujours en allemand. Le 14 octobre 1868, François-Joseph note dans son journal : « L'Empire n'est plus l'empire d'Autriche, mais la monarchie austro-hongroise. » Le compromis fonctionne, en dépit des prédictions catastrophiques de l'archiduchesse Sophie.

À Gödöllő, la famille royale s'amuse dans la bonne humeur, connaît des joies simples, ce qui change de la Hofburg et de Schönbrunn où les fous rires sont rares. Ainsi, le 2 novembre, Sissi raconte à son époux reparti pour Vienne une chasse à la souris : le rongeur s'était réfugié dans la chambre de Marie-Valérie où sa nourrice lui chantait des *czardas* d'une voix grave. Poursuivie par des laquais armés de balais et de torchons, la souris atterrit dans l'écuelle d'un des nombreux chiens de Sissi, mais elle s'en échappe. Encore des rires et des enfants ravis ! Erzsébet retrouve un peu l'ambiance désordonnée de son adolescence, où les grands chiens sont vraiment chez eux. Si, à Gödöllő, la reine de Hongrie est une gamine espiègle, elle redevient grave quand

1. Incorporés dans les unités impériales, ces soldats représentent soixante escadrons formés en dix régiments. Leur uniforme est celui des hussards, à tresses rouges et pelisse garnie de fourrure blanche. La reine Erzsébet tient à broder la première écharpe du corps des honveds. Sa popularité augmente encore chez ces Magyars.

il le faut, attentive aux détresses et aux malentendus à dissiper. Dès qu'il le peut, François-Joseph revient dans cette atmosphère de vacances. La mélancolie de sa femme s'est dissoute, peut-être aussi grâce à sa maturité, mais sa fantaisie continue de surprendre son entourage. Avec un sourire et trois mots de la reine, les opposants deviennent ses partisans et c'est la même femme qui, rentrée à Vienne, écrit à Ida Ferenczy : « Embrasse les chevaux pour moi. Quel dommage que je ne puisse toujours les avoir auprès de moi. » On peut dire qu'à la fin de 1868, son comportement s'est, en quelque sorte, stabilisé dans le déséquilibre grâce à son énergie enfin bien utilisée. Les Hongrois l'ont véritablement adoptée, à commencer par Ida Ferenczy qui, chaque soir, se tient auprès du lit de la reine pour bavarder jusqu'à ce qu'elle s'endorme. Cette fusion avec la nation magyare est si forte que la reine en oublierait presque qu'elle est aussi, voire d'abord, l'impératrice d'Autriche. Les diplomates observent les effets du dualisme sur la personne de Sa Majesté. Le chargé d'affaires de Suisse note qu'elle « est la personnalité la plus populaire de Hongrie ».

C'est un véritable arrachement de regagner Vienne. Elle y arrive le 24 décembre, jour de son anniversaire. Le cadeau des Autrichiens pour ses 32 ans est amer : la presse publie un calcul précis des séjours de la souveraine en Cisleithanie et en Transleithanie. Le bilan est édifiant : en 1868, l'impératrice a passé deux cent vingt jours en Hongrie, soit près des deux tiers de l'année. Les commentaires sont acides : « L'impératrice ne nous aime pas ! Serions-nous contagieux ? L'Autriche est-elle le parent pauvre de l'Empire ? » Etc. C'était inévitable, mais ce serait oublier avec quelle intransigeance et quelle sévérité elle avait été accueillie. Toutefois, l'impératrice remue la lame dans la plaie de l'indignation viennoise : son entourage parle de plus en plus hongrois et la comtesse Bellegarde et son mari (qui était visiblement séduit par Sissi, ce dont elle s'était moqué) sont remplacés dans leurs fonctions. Le nouveau chambellan est le baron Nopcsa, venu de Transylvanie[1]. L'affront est double, car le couple Bellegarde était l'un des derniers « agents » de l'archiduchesse Sophie et François-Joseph a certainement approuvé cet éloignement d'un des officiers les plus séduits par l'impératrice, très en beauté après sa quatrième maternité.

La bonne entente du couple impérial est tangible, elle met en évidence non seulement une complicité, mais une complémentarité. Certes, Sissi est remuante, mais elle est surtout rayonnante. Et pour avoir la tranquillité, l'empereur lui a concédé presque tout ce qu'elle voulait, le bonheur de sa femme étant le sien, fût-ce avec le secours de la politique. Enfant, la turbulente Élisabeth entendait sa mère Ludovica répéter, consciencieusement, en français : « Il faut que les princesses apprennent à s'ennuyer avec grâce. » L'impératrice-reine a réduit en miettes ce sinistre principe. Elle a balayé l'ennui, mais elle a conservé la grâce.

---

1. À l'époque et depuis 1691, la Transylvanie était soumise aux Habsbourg. Dans le cadre de la double monarchie, elle passe sous administration hongroise et le reste jusqu'en 1918. À la vive colère des Hongrois, la Transylvanie fut, à l'initiative de Clemenceau, rattachée à la Roumanie par le traité de Trianon du 4 juin 1920, annexion très mal supportée, qui fut confirmée en 1947. Depuis 1990, la minorité hongroise de Transylvanie est enfin reconnue en Roumanie et a son propre parti, représenté au parlement de Bucarest.

François-Joseph part seul inaugurer le canal de Suez...

Le couple est en harmonie. Une sensible amélioration de la ligne de chemin de fer Vienne-Pesth permet à François-Joseph de rejoindre plus facilement Sissi quand il peut quitter Vienne. Contrairement aux premières années où la jeune impératrice sauvageonne s'enfuyait, laissant un mari désemparé, c'est elle qui, désormais, est la plus affectée par les départs de François-Joseph. Ainsi, le 14 avril 1869, elle est si triste de l'avoir vu partir qu'elle lui écrit, non sans humour : « Je te perds tout à fait, mon cher petit. J'avais si bien fait ton éducation ces derniers jours, et me voilà obligée de recommencer quand tu reviendras... » Autrement dit, de nouveau contaminé par des poisons viennois, l'empereur devra absolument être rééduqué ! Et cette fausse menace, en date du 30 avril : « Tu me connais, tu connais mes habitudes... Et si je ne te conviens pas telle que je suis, eh bien, j'irai en pension[1]. » Des gamineries ? Oui, mais aussi une façon de détendre l'empereur qui a dû affronter les remous provoqués par la lettre pastorale du bouillant évêque de Linz, Mgr Rudigier, dans laquelle il fustigeait les nouvelles lois annulant le concordat, puis par l'arrestation du prélat et sa condamnation probable à une peine de prison, déchaînant une vive réaction des milieux catholiques. Avec ses enfants, le couple a de merveilleuses raisons d'être à l'unisson. Au début de 1869, le prince Rodolphe, qui

1. Archives de Son Altesse impériale et royale l'archiduc François-Salvator (qui épousera Marie-Valérie en 1890), château de Wallsee ; Egon César, comte Corti, *Élisabeth d'Autriche*, *op. cit.*

va sur ses 11 ans, a assisté pour la première fois à un spectacle avec ses parents. Il s'agissait de récompenser les bonnes notes de l'héritier. La soirée s'est déroulée au Burgtheater, équivalent viennois de la Comédie-Française. Dans la loge impériale, malgré la beauté de sa mère (pour une fois à Vienne!), les spectateurs ont observé l'archiduc en spencer, cravate blanche et pantalon long. Le programme choisi lui convient parfaitement – *Le Prince enchanté* – et la rumeur se répand : Rodolphe a une passion pour l'histoire, on a dû lui arracher des mains une *Vie d'Alexandre le Grand.* Très sensible et intelligent, il montre aussi un vif intérêt pour la marine, comme feu son oncle Maximilien au même âge.

En décryptant le langage de Sissi, on sait que la « pension » dont elle se dit menacée est Vienne. Et l'impératrice commet une faute comme elle n'en a pas fait depuis longtemps : le 25 mai 1869, elle est absente de l'inauguration de l'opéra, premier édifice achevé de la Ringstrasse – qui s'inspire en partie du théâtre du Châtelet à Paris. À sept heures du soir, deux mille sept cents spectateurs se pressent. Au programme, *Don Giovanni*, dont l'ouverture permet d'apprécier un nouvel orchestre de cent onze exécutants. L'œuvre est chantée en allemand – une curiosité – car, depuis la perte de la Vénétie, l'italien n'est guère apprécié, même des mélomanes, et ce serait une grave insulte… Ce soir-là, François-Joseph renoue avec la tradition des souverains Habsbourg qui, depuis le XVIIe siècle, ont toujours soutenu la musique et l'ont parfois eux-mêmes interprétée. Les regards vers la loge centrale désapprouvent l'absence de l'impératrice pour qui son mari a fait aménager un salon somptueux, juste derrière la loge impériale. Le caprice de Sissi est une rébellion tellement critiquée que pour l'Ascension l'empereur lui intime l'ordre d'être présente dans la cathédrale Saint-Étienne – dont le mur, au-dessus de la sacristie, conserve toujours un boulet turc lancé lors du siège de 1683. Après trois heures de toilette et de coiffure, l'impératrice, exaspérée, consent à paraître. « Si elle n'était pas venue, je crois qu'il y aurait eu une révolution », affirme l'ambassadrice de Belgique. Ce jour-là, le devoir l'a emporté sur la révolte. Mais à quel prix !

Sissi va se venger : en juin, elle s'enfuit vers la Bavière pour se ressourcer et loue pour six mois la résidence de son frère aîné Louis, à Garatshausen, au bord du lac de Starnberg. On s'étonne que seule Marie-Valérie l'accompagne ; Gisèle et Rodolphe sont à Bad Ischl avec leur grand-mère et les enfants sont déçus d'être séparés. Bien entendu, ils ne sont pour rien dans cette situation qui peine l'empereur. En fait, bien qu'adouci, le contentieux avec l'archiduchesse Sophie n'est pas résolu et ne le sera probablement jamais. François-Joseph n'a pas mis d'huile sur le feu : Sissi a fait tellement d'efforts qu'il serait stupide d'aggraver ces chamailleries. Le compromis austro-hongrois impose des compromis familiaux ! Les enfants ne sont réunis que le 21 juillet, mais François-Joseph reste à Vienne : la condamnation de Mgr Rudigier à quatorze jours de détention agite la ville où s'opposent les catholiques et les libéraux. Le couple se retrouvera à Ischl ; Sissi promet d'y être, mais ne peut s'empêcher d'écrire à son mari : « Je te fais des concessions et des sacrifices, j'espère que tu en feras de même envers moi. » Il élude la remarque en demandant des nouvelles de Louis II. Elles ne sont pas rassurantes : sur le toit du palais de la Résidence à Munich, le roi fantasque a fait installer un univers « exotique » avec des décors africains, orientaux et même himalayens ! Les visiteurs qu'il reçoit la nuit se croient tantôt à l'Alhambra de Grenade, tantôt dans quelque Nouvelle-Guinée fabuleuse, avec des cascades qui ne tarderont pas à inonder les étages inférieurs. Mais Sissi éclate de rire quand on lui rapporte que son cousin a dressé un perroquet à dire « Bonjour ! », caché dans cet univers de carton. En fait, le roi est surtout en Haute-Bavière, sur le chantier de son château de Neuschwanstein. « Le roi a la bougeotte », écrit Sissi à François-Joseph. C'est un trait de caractère familial, même si le souverain est surtout un voyageur immobile qui fait venir le monde jusqu'à lui. Un monde étrange et interprété.

Les absences de Sissi ne sont pas ce qui gêne le plus l'empereur. Il est réellement inquiet de son régime alimentaire. Après sa période exclusive de « légumes et laitages », voici qu'elle ne mange que des côtelettes à peine saisies et ne boit que… du sang de bœuf ! Plus tard, ce sera du sang de canard pressé dans un ustensile fourni par un grand restaurant parisien. Comme dans tous les domaines, le juste milieu est impossible chez elle. Obsédée par sa sveltesse, dont elle a fait une arme de séduction politique, l'impératrice, qui a 32 ans, est dure avec son corps qu'elle martyrise, épuisant aussi son entourage ! Fin juillet, alors qu'elle est à Munich, elle reçoit la visite d'Andrássy, car elle regrette de ne plus parler hongrois dans sa famille. Ida Ferenczy est préoccupée des attitudes toujours spectaculaires de la reine envers le Premier ministre. Sissi la rassure : « Ne t'inquiète pas ! Je ne lui sauterai pas au cou ! » On prétendra – sans preuve – qu'après le départ de ce visiteur, Sissi a pleuré, soudain nostalgique.

Lors d'une réunion du couple avec ses enfants à Gödöllő, François-Joseph annonce qu'il est invité en Égypte pour assister à l'inauguration du canal de Suez. L'empereur souhaite que sa femme l'accompagne, mais finit par juger que ce voyage sera très long, chargé de manifestations officielles, et qu'il est plus raisonnable qu'elle reste avec les enfants. Cette-fois, c'est son mari qui part. Sans elle, et pas pour des manœuvres militaires.

Sissi est triste et même angoissée : elle supplie l'empereur de se faire accompagner d'un médecin personnel dans sa suite. Le 26 octobre 1869, François-Joseph quitte Gödöllő, déplorant d'être « séparé de tout ce qu'il aime au monde ». Il a convié Andrássy au voyage, ayant peut-être jugé prudent de ne pas laisser ce séducteur libre de fréquenter « sa reine » en son absence... Mais l'empereur-roi a également invité Beust, son chancelier impérial et ministre des Affaires étrangères d'Autriche, ainsi que le ministre du Commerce de Hongrie, von Plener. La délégation est complétée par d'autres collaborateurs du souverain moins connus, mais importants dans leurs domaines.

L'invitation de Napoléon III est un signe marquant une volonté de rapprochement austro-français. Mais comme l'empereur des Tuileries juge que la situation politique intérieure française est trop grave et qu'il souffre de calculs rénaux malgré ses cures, il renonce à partir et délègue Eugénie pour présider les manifestations qui s'annoncent aussi grandioses qu'épuisantes. Cela finit de convaincre Sissi, qui n'est pas très à l'aise avec Eugénie, de renoncer à accompagner François-Joseph dans son périple. L'archiduchesse Sophie note avec satisfaction que son fils et sa belle-fille sont accablés d'être séparés. Ils sont heureux ensemble et, pour une fois, la mère de François-Joseph en impute le mérite à Sissi dont elle approuve, par ailleurs, la décision de ne pas partir.

Au-delà du privilège d'être le témoin, en Égypte, de l'aboutissement de dix ans de travaux pharaoniques et de siècles de fantasmes dont la France est la marraine malgré les obstacles britanniques, l'empereur d'Autriche part aussi pour vérifier, sur place, la solidité de ses investissements : on sait peu qu'il a été le plus important souscripteur étranger d'actions de la Compagnie de Suez, car il avait bien noté que l'Adriatique, où l'influence autrichienne est très présente, se trouve à la verticale du canal imaginé par Ferdinand de Lesseps. Les échanges commerciaux entre l'Empire et l'Égypte devraient être fructueux et, dans cette perspective, l'empereur-roi sera certainement bien accueilli. Le voyage de François-Joseph, qui va durer plus de un mois, est le plus long qu'il entreprendra jamais hors de l'Empire. Il a aussi pour but de réhabiliter l'image des Habsbourg après les défaites militaires, le triomphe prussien et l'unité italienne, en faisant connaître à l'Europe ce qu'est le nouvel ensemble encore mal connu, l'Autriche-Hongrie, qui intrigue beaucoup. La présence de Sissi-Erzsébet eût été un atout exceptionnel…

De train en bateau sur la mer Noire jusqu'à Varna (l'un des trois navires autrichiens s'appelle *Élisabeth*), l'importante suite impériale atteint d'abord Constantinople. L'éloignement de François-Joseph sera compensé par une correspondance très riche entre les deux époux, qui mettra souvent une dizaine de jours à leur parvenir, par paquets de plusieurs lettres. L'empereur commence, habilement, par ce qui passionne sa femme, les chevaux (il y en a huit cents à la cour du sultan Abdülaziz à Constantinople, dont le fils possède lui-même cent cinquante étalons arabes!), mais s'amuse à informer Sissi qu'il est reçu si fastueusement qu'on a déménagé le harem pour lui, souverain chrétien, afin qu'il puisse résider dans le palais de Dolmabahçe sur le Bosphore, sans risquer d'apercevoir ou d'être vu par les épouses ou favorites, babillantes et soumises, du maître de la Corne d'Or. François-Joseph se réjouit de raconter à Sissi que l'impératrice Eugénie avait fait une si bouleversante impression sur le sultan qu'après son départ, il avait été très déprimé et en colère contre son harem qui lui semblait ordinaire ! Se serait-il évanoui après le passage de Sissi ?

Pour être discret, François-Joseph s'habille en civil. On ne l'en remarque que davantage dans cet univers digne des *Mille et Une*

En se rendant en Égypte pour l'inauguration du canal de Suez, François-Joseph s'arrête à Jéricho le 12 novembre 1869. Sissi ne l'accompagne pas ; pour une fois, il est parti très loin et seul ! Malheureux d'être séparés, ils vont s'écrire presque quotidiennement... L'invitation de Napoléon III témoigne d'un sincère rapprochement diplomatique.

Nuits! Si François-Joseph et Sissi s'écrivent presque tous les jours, leurs entourages respectifs font de même. Andrássy correspond toujours par l'intermédiaire d'Ida Ferenczy, qui transmet tout à l'impératrice, laquelle répond en faisant des efforts pour rendre ses lettres attrayantes. Ses récits ne peuvent être aussi excitants que ceux de son mari, décrivant, ébloui mais avec une précision militaire, l'Orient fabuleux avec ses caravanes de cinq cents dromadaires quand les invités poursuivent leur voyage vers Jaffa et Jérusalem. Sissi s'applique, consciente que, si elle pense beaucoup à son mari, « elle ne sait pas l'exprimer d'une façon amusante ». Et ses lettres n'ont évidemment rien d'exotique.

Arrivant près des Lieux saints où aucun Habsbourg ne s'est rendu depuis l'an 1430, François-Joseph, qui porte, entre autres titres, celui de roi de Jérusalem, fait remplir des bouteilles d'eau du Jourdain pour les baptêmes des enfants de la famille. C'est un fabuleux défilé qui s'avance dans le désert, les burnous de couleur, les tentes brodées de soie et d'or, les Bédouins sur leurs chevaux blancs, les soldats turcs sur leurs méharis : un conte féerique. Andrássy se baigne dans le Jourdain, espérant des miracles pour la Hongrie. Mais à Jéricho, il disparaît un soir pour goûter au charme des femmes locales. Informé, François-Joseph raille son Premier ministre et est ravi de raconter son escapade à Sissi. Une petite vengeance contre cet incorrigible séducteur. La reine de Hongrie ne se prive pas de se moquer de lui par un petit poème :

> [...] Il se promena seul, le soir, à Jéricho,
> Revint le matin dans la tente, les jambes nues
> Sans kalpak[1] et sans Attila. Voluptueux miracle !
> On le surprit sous les fenêtres d'une belle, quel scandale !

1. Ou colback : bonnet turc.

Piqué au vif, il envoie sa réponse à Ida Ferenczy, mais elle est, en réalité, destinée à la reine de Hongrie qui a eu le tort d'écouter les ragots de son mari :

C'est faux, c'est faux, ce qui se dit d'Andrássy à Jéricho !
Il ne vit pas de fenêtre, seulement des jalousies
Faites pour échauffer l'imagination.
Il ignore, hélas !, comment est faite
Une Turque vue de près.
Mais il était libre de pécher
Et il l'aurait fait volontiers ;
Car il était libre de le faire
Ayant reçu à Jérusalem l'absolution pour l'éternité.

Une façon de dire à Sissi que dans sa vie d'homme, il n'a aucun compte à lui rendre ! Mais le ton complice révèle une intimité certaine. Presque sous surveillance ! Avec François-Joseph, le ton est beaucoup plus digne, puisqu'il écrit à Sissi son émotion d'avoir reçu la communion dans l'église du Saint-Sépulcre.

La traversée en direction de l'Égypte, de Jaffa à Port-Saïd, est si mouvementée que François-Joseph et son escorte sont malades. Mais cela n'empêche pas Beust, qui se trouvait sur un autre navire que celui de l'empereur déjà à quai, de garder un étonnant sens de l'humour ; à François-Joseph, il envoie, par sémaphore, cette célèbre maxime latine adaptée au mal de mer des arrivants :

– *Ave Caesar, vomituri te salutant !*

Malgré la tempête, l'imposant yacht impérial autrichien *Greif*, à vapeur et à roues à aubes comme *L'Aigle*, à bord duquel se

Le 22 novembre 1869, François-Joseph et sa suite, enfin arrivés au Caire, posent devant le Gezireh Palace où ils résident. L'empereur d'Autriche est heureux d'assister à l'inauguration du canal de Suez, entreprise gigantesque en laquelle il croit : il a souscrit des paquets d'actions de la compagnie fondée par Ferdinand de Lesseps.

trouve l'impératrice Eugénie, atteint Port-Saïd le 16 novembre. L'embarras de bateaux est sans précédent, doublé d'un embouteillage de têtes couronnées d'Europe jamais vues ici, qui se succèdent dans des flottilles variées, civiles et militaires, au milieu des felouques. L'arrivée de l'impératrice Eugénie est la plus spectaculaire, saluée par des salves de canons. L'attention du khédive, vice-roi d'Égypte, est délicate envers la France : il a fixé le début des festivités le jour de la Sainte-Eugénie. Le yacht impérial français, entouré de cinquante vaisseaux de guerre et de trente de commerce, compose un cortège de voilures, de cheminées, d'aubes, de vergues et de bastingages vernis. Tous les marins sont en blanc et crient des hourras peu réglementaires, mais vibrants. À bord du *Greif*, François-Joseph remet les insignes de grand-croix de l'ordre de Léopold à Lesseps en le félicitant de sa ténacité face à tous les obstacles qu'il a rencontrés dans la construction du canal.

Le khédive, Ferdinand de Lesseps et ses fils montent à bord de *L'Aigle.* Eugénie règne sur ces moments extraordinaires, disant :

– De ma vie, je n'ai jamais rien vu de plus beau!

Sissi est jalouse d'Eugénie, trop souvent voisine de François-Joseph...

C'est l'impératrice Eugénie qui préside la rencontre des eaux de la Méditerranée et de la mer Rouge, œuvre prodigieuse qui doit apporter l'harmonie entre l'Occident et l'Orient. Le Gotha au pouvoir défile à bord du yacht impérial français. Quand l'empereur François-Joseph se présente, en uniforme, à la coupée avec Andrássy et Beust, le pavillon autrichien est hissé. Le souverain est visiblement heureux de revoir Eugénie, très en beauté et dont l'allure est impressionnante. En début d'après-midi, une cérémonie religieuse, que l'on peut qualifier d'œcuménique, est chargée de placer l'audacieuse œuvre des hommes sous la protection divine. Devant le quai Eugénie (le khédive est un gentleman) sont installées trois estrades, celle du milieu étant réservée au vice-roi et à ses invités, celle de gauche pour la cérémonie musulmane, celle de droite pour l'office chrétien.

Il faut remarquer qu'une telle réunion de religions en présence de si hautes personnalités étrangères n'avait jamais eu lieu en Égypte. En soi, l'initiative du khédive est une œuvre pionnière, en harmonie avec le canal. Comme le prince héritier de Prusse, François-Joseph s'est changé, il est en civil. Le grand mufti puis l'évêque d'Alexandrie interviennent : on prie au nom de la fraternité si chère à Ferdinand de Lesseps. Mais l'assistance est réveillée quand on entend Mgr Sibour, aumônier bavard et courtisan d'Eugénie, se mettre à vanter « l'âme virile de l'impératrice » ! Un coup de chaleur qui fait rire François-Joseph, entre autres !

Le soir, au banquet, l'empereur d'Autriche et roi de Hongrie est assis à la droite de l'impératrice des Français. Le temps du dîner, ils forment le couple officiel le plus prestigieux du moment. Eugénie a revêtu une robe rouge brodée de diamants, mais François-Joseph la trouve soudain empâtée, comme il l'écrit à Sissi. Cette dernière en profite pour faire une petite scène de jalousie affectueuse à son mari : « Te voilà encore réuni avec ta chère impératrice Eugénie. Je suis très jalouse parce que tu es en train de faire le joli cœur avec elle tandis que je suis seule ici et ne peux même pas me venger ! » Sissi peut être rassurée : dans sa tenue de gala, son mari appréhende ce banquet qui comporte plus de trente plats et tarde à commencer. Il faut nourrir les sept mille invités en plein désert. Encore un exploit ! François-Joseph s'impatiente, lui qui, d'habitude, expédie les agapes officielles en moins d'une heure !

Le lendemain vient le moment de vérité. Dès huit heures du matin, l'armada inaugurale se prépare ; yachts impériaux et royaux, bâtiments de guerre, paquebots des compagnies, cargos et bateaux particuliers se dirigent vers l'entrée du canal. *L'Aigle* prend la tête du convoi, suivi par le *Greif.* On craint un ensablement, les roues battent une eau jaune, mais l'armada avance. Sur les berges, la foule est en délire, et sur le pont, Eugénie agite son mouchoir, ce qui fait redoubler les acclamations. L'impératrice invite à s'avancer son cousin Ferdinand de Lesseps, qui se tenait courtoisement en retrait. Il est le héros du jour. Voici trois navires égyptiens qui arrivent en sens inverse : ils viennent de la mer Rouge. C'est fabuleux ; Lesseps a gagné son pari, le canal de Suez est ouvert ! L'impératrice l'élève, par décision de Napoléon III, à la dignité de grand-croix de la Légion d'honneur. François-Joseph, admiratif, raconte à Sissi l'extraordinaire caravansérail assemblé ce 22 novembre 1869 : l'obstacle du désert est vaincu, l'eau coule sur 193 kilomètres ! Et cela devant un mélange de civilisations digne d'un opéra : l'ombrelle des Européennes contre le voile des musulmanes, des bachi-bouzouks de l'Empire ottoman face aux hussards hongrois, des bicornes emplumés, des hauts-de-forme, des caftans, des dromadaires patients, des ânes résignés. Quel dommage que Sissi ne soit pas là ! Tout est monumental sur l'ancienne terre des pharaons. François-Joseph note qu'au banquet suivant, où l'on n'annonce que vingt-quatre plats, il n'y en a pas pour tout le monde car, remarque Eugénie en riant, il y a ici des gens qui sont aussi mal élevés qu'aux Tuileries !

Le dernier jour, revenu au Caire, François-Joseph tient à faire l'ascension de la grande pyramide. En vrai montagnard, il ne met que dix-sept minutes pour arriver au sommet, que le duc Max en Bavière, le père de Sissi, avait aussi atteint, mais d'un pas plus lent. François-Joseph est très fier : il est le premier empereur à avoir escaladé la grande pyramide depuis Frédéric Barberousse, au Moyen Âge.

Après un retour à Alexandrie, il fait route vers la Crète, Ithaque et Corfou, où il visite la maison que Sissi avait choisie pour séjourner quatre mois, en 1861. Enfin, par une mauvaise mer en Adriatique qui oblige le *Greif* à s'abriter, François-Joseph regagne Trieste, puis Vienne le 6 décembre 1869. La neige après la fournaise égyptienne. Outre de somptueux cadeaux en tout genre pour Sissi et leurs enfants, il montre à l'impératrice un dessin de Heinrich Sommer représentant François-Joseph et Eugénie avançant côte à côte, chacun sur un dromadaire. Un

En novembre 1869, en Égypte pour l'inauguration du canal de Suez, François-Joseph est ravi de faire une promenade à dromadaire avec l'impératrice Eugénie, laquelle monte en amazone. Sissi sera jalouse de cette complicité provisoire entre l'empereur d'Autriche-roi de Hongrie et l'impératrice des Français, déléguée de Napoléon III.

document inouï ! Sissi, mi-amusée, mi-jalouse, regrette de ne pas avoir vécu ce voyage extraordinaire, une page d'histoire, mais est certaine qu'elle en serait revenue épuisée. Elle est soulagée que l'empereur soit là. Il est satisfait d'avoir été l'une des célébrités de l'événement. Après les guerres perdues en 1859 et en 1866, son statut personnel est renforcé. L'Autriche-Hongrie a réintégré le concert des nations.

François-Joseph revient, Sissi repart : ils se croisent. Une crise ?

Si l'impératrice attendait son empereur à Trieste, ce n'était pas uniquement avec l'impatience amoureuse de le retrouver après sept semaines d'absence. En effet, Sissi a appris que sa sœur Marie, ex-reine des Deux-Siciles exilée à Rome, s'est si bien réconciliée avec son mari qu'elle est enceinte. Sissi a hâte de la revoir après toutes les épreuves et humiliations qu'elle a subies. Elle avoue à François-Joseph qu'elle veut se rendre à Rome pour assister à la délivrance de Marie, mais elle doit obtenir l'autorisation de son époux. François-Joseph est attristé : il y avait longtemps que son imprévisible moitié ne lui avait pas infligé le supplice du chassé-croisé !

Que peut-il faire ? Rien. Il n'a pas le courage de la retenir. Après tout, il est parti lui aussi. Sans elle. Elle partira sans lui, mais, précise-t-il, ce sera un voyage à titre essentiellement privé et familial, car le pape n'a pas apprécié la dénonciation du concordat par le gouvernement autrichien. De plus, un concile est réuni au Vatican dans un contexte délicat : comment affirmer l'autorité spirituelle du pape au moment où son autorité temporelle est condamnée et alors que le royaume d'Italie exige que Rome devienne aussi la capitale de la monarchie, actuellement toujours à Florence ? Si l'impératrice d'Autriche assiste au concile dans une des loges réservées aux souverains, cela risque de provoquer un incident. Après d'innombrables recommandations de discrétion et de prudence de la part de l'empereur, Sissi part pour Rome, qu'elle ne connaît pas, et il est vrai que François-Joseph n'a pas eu le cœur de l'empêcher de découvrir cette ville que l'on dit éternelle, même si ce voyage ne le rassure pas. Elle y arrive le 8 décembre, accueillie au palais Farnèse, ce chef-d'œuvre du XVIe siècle, où résident sa sœur et son beau-frère, au milieu d'une exceptionnelle collection de sculptures.

Sissi obtient le droit de se glisser dans une loge officielle et d'observer, incognito, un spectacle rare, le rassemblement de sept cents évêques dans la basilique Saint-Pierre, qu'elle décrit joliment comme « une houle de mitres ». Au bout de sept heures, elle n'en peut plus, mais l'étiquette papale l'empêche de partir. Allons bon ! Ici aussi le protocole épuise les gens ! Sa sœur et son beau-frère insistent : mauvaise nouvelle, Sa Sainteté va venir les visiter au palais Farnèse. Bonne nouvelle : l'entretien ayant lieu en italien, Sissi en sera épargnée. À François-Joseph, peu rassuré par l'esprit rebelle de sa femme, elle jure qu'elle l'a attendu « à genoux au pied de l'escalier » et note avec humour qu'au moment de son départ, le Saint-Père « s'enfonça par-dessus les oreilles un bonnet écarlate, revêtit un manteau de même couleur doublé d'hermine et il me rappela ainsi l'impératrice Caroline Augusta », demi-sœur de l'archiduchesse Sophie, célèbre pour ses pittoresques bonnets de nuit. Après avoir tenu un rôle à la fois clandestin et officiel, l'impératrice évite toutes les réceptions diplomatiques et visite Rome presque seule, sous la houlette du baron Visconti, tandis qu'à Vienne, le 13 décembre, est organisée la première grande manifestation ouvrière qui inquiète l'empereur.

Le 24 décembre, l'ex-reine Marie accouche en pleine nuit d'une fille. La tante et la nièce ont la même date d'anniversaire et l'impératrice s'affaire toute la nuit, évoluant en simple déshabillé dans les salles de marbre du palais Farnèse. Enrhumée, elle ne se soigne qu'en buvant du lait d'ânesse. Toujours cette manie de remèdes étranges qui irritent sa belle-mère ! Mais Sa Majesté se remet très vite grâce à un tout autre traitement, une invitation à une chasse dans la campagne romaine. Des princes sont fiers de recevoir cette amazone si gracieuse et l'on se bouscule pour chevaucher et galoper à ses côtés. La cavalière ne se rend pas compte qu'en étant l'hôte de Romains, elle cautionne l'unité italienne qui a tant affaibli l'Autriche. Une inconscience, mais à Vienne, l'empereur, qui n'entend pas parler d'incidents romains avec la hiérarchie papale – ce qu'il redoutait –, est soulagé. Toutefois, cet apaisement ne compense pas une immense déception : son épouse bien-aimée n'est pas rentrée à Vienne pour Noël. Un Noël sans l'impératrice, sans la mère de Gisèle, de Rodolphe et de Marie-Valérie ! Pire : elle est maintenant en Hongrie, qu'elle vient de gagner directement en train. La Cour est d'autant plus offusquée qu'elle apprend que les appointements d'Ida Ferenczy ont été augmentés et l'entourage de l'archiduchesse se répand en commentaires assurant que tous ces « désordres hongrois » n'ont qu'une seule origine : Andrássy, toujours Andrássy, ce mauvais génie qui éloigne l'impératrice de son mari, de ses enfants qui parlent mieux hongrois qu'allemand, de ses devoirs, de l'Autriche. Cependant, si l'image extérieure du couple est de nouveau déchirée, la réalité commande de rappeler que le mari et la femme se comprennent, mais avec un décalage tenace, car ils ont appris à se connaître. Ils ne parviennent pas à vivre constamment ensemble ni l'un sans l'autre, comme en témoignent leurs lettres expédiées chaque jour et qui suffiraient au fonctionnement d'un service postal. Ils sont une équipe dont la motivation secrète déconcerte et dérange. À tous points de vue, ils se manquent.

La fin d'un duel de dix-huit ans entre Sissi et sa belle-mère

Printemps 1870. Sissi est heureuse à Ischl, dressant de nouveaux chiens et un nouveau cheval, épanouie et avec ses trois enfants. Seule ombre au tableau : François-Joseph est retenu à Vienne par la tension franco-prussienne. « Pourvu que ce ne soit pas encore la guerre », écrit l'impératrice angoissée à l'empereur. Celui-ci examine les dépêches que lui envoie Metternich, son ambassadeur à Paris, lequel évoque les hésitations de Napoléon III et sa santé vacillante. Plus dans l'espoir que la France humilierait la Prusse que par sympathie pour Napoléon III qui a permis l'unité italienne et sacrifié son frère Maximilien au Mexique, François-Joseph charge Metternich de transmettre son soutien aux Tuileries. Venger Sadowa ? Vienne n'ose l'espérer… Sissi est catastrophée en apprenant que sa chère Bavière serait du côté prussien. Ses frères et beaux-frères se battraient donc contre elle, l'impératrice d'Autriche ? Une horreur… Au fur et à mesure des événements et de l'aggravation du contentieux franco-prussien, François-Joseph s'en tient à la prudence. Il n'a d'ailleurs pas le choix. À l'émissaire fran-

Au printemps 1870, bien que François-Joseph soit retenu à Vienne par la tension franco-prussienne et que Sissi soit à Bad Ischl, cette dernière est très proche affectivement de son mari. Elle redoute une nouvelle guerre qui nuirait à l'Autriche une fois de plus...

çais, le général Barthélemy Lebrun, l'empereur Habsbourg révèle – ce qui est exact – que l'armée austro-hongroise aurait besoin de quarante-deux jours pour être complètement opérationnelle, ajoutant : « Je veux la paix. Mais si je dois faire la guerre, c'est que j'y aurai été contraint. J'espère que l'empereur Napoléon prendra en compte ma situation politique personnelle aussi bien à l'intérieur qu'à l'extérieur[1]. » Sa belle-mère étant installée à Bad Ischl, Sissi la fuit immédiatement. Elle s'installe près de la voie ferrée Vienne-Trieste ; ainsi, en cas de nécessité, elle peut rejoindre François-Joseph à Vienne en moins de cinq heures. En France, la volonté de la guerre déchaîne l'enthousiasme et on prétend que l'impératrice Eugénie y est si favorable qu'elle « a rajeuni de dix ans » ! Lucide, n'oubliant pas le danger des pièges qui lui ont coûté cher, François-Joseph informe Napoléon III qu'il restera neutre et le tsar de Russie fait savoir qu'il alignera sa position sur celle de Vienne.

Ce climat d'incertitude et de menaces soude François-Joseph et Sissi, par télégrammes et lettres interposés. L'archiduchesse Sophie pressent, dans une analyse très fine, que si les États allemands se rangent derrière la Prusse, elle « finira par les écraser tous entièrement ». Vue du côté autrichien, la situation française est analysée par Sissi en fonction des nouvelles. Après Sarrebruck, victoire française, l'impératrice constate :

– C'est un bon début pour la France.

Quatre jours plus tard, le 8 août, elle pronostique :

– Si cela continue, les Prussiens ne vont pas tarder à retourner à Berlin.

1. Général Lebrun, *Souvenirs militaires (1866-1870)*, Paris, 1895.

L'empereur est sceptique, les Prussiens sont rapides, ils l'ont démontré...

Mais très vite, les défaites françaises s'accumulent et, le 10 août, Sissi interroge son mari :

– Il se peut que nous végétions quelques années encore, avant que notre tour ne vienne. Qu'en penses-tu ?

Il ne répond pas, accablé par la victoire de la Prusse, puis, en un mot, il la juge « insolente ». Après Sedan et la proclamation de la République, Sissi, absente de Vienne et amplifiant sa prémonition, envoie cette réflexion à son mari :

– Je m'étonne seulement que cela ne se soit pas produit plus tôt. J'espère qu'à ton retour, tu me donneras des détails sur la fuite de l'impératrice vers l'Angleterre. Cela m'intéresse beaucoup.

Mais elle souffre de la blessure familiale : les Bavarois alliés aux Prussiens se sont battus contre la France. Pourquoi ? C'est sa belle-mère qui répète son triste oracle en écrivant à son petit-fils Rodolphe, qui vient d'avoir 12 ans : elle sait que Bismarck a eu besoin de la Bavière catholique pour seconder la Prusse protestante et qu'il forgera une grande Prusse et non une grande Allemagne. Les souverains des États germaniques n'ont rien compris. Sissi et François-Joseph font la même remarque : la Bavière a sa part de gloire contre la France battue, mais dans une guerre qui a amoindri le rôle de l'Autriche face à la Prusse. La neutralité de François-Joseph a réduit la double monarchie au rôle d'une spectatrice. La proclamation de l'Empire allemand, dont l'Autriche est évidemment exclue, par Guillaume Ier le 18 janvier 1871 dans la galerie des Glaces du château de Versailles, est ressentie comme une humiliation par François-Joseph. Son projet d'alliance avec la France est désormais caduc ; la politique étrangère de l'Autriche-Hongrie va maintenant se focaliser principalement sur le Danube et les Balkans. Sissi y voit une raison supplémentaire de renforcer ses liens avec la Hongrie. Après un séjour triomphal au Tyrol avec ses trois enfants – et ses deux sœurs Marie de Naples et Sophie d'Alençon –, où l'impératrice a marché cinq heures d'affilée sur les sentiers qui dominent l'Adige et épuisé sa suite, la voici à Pesth, le 16 mars, en partance pour Vienne. L'impératrice-reine n'est jamais quelque part : elle en vient ou elle en part !

Andrássy lui présente une femme de 33 ans, réputée pour son intelligence et son tact, la comtesse Festetics. Une Hongroise, évidemment, fidèle à sa nation. Dans le train qui roule de Pesth à Vienne (cinq heures de trajet), la conversation entre les deux femmes est intense. Andrássy savait ce qu'il faisait ; la comtesse Festetics est subjuguée, écrivant à son arrivée à Vienne : « Elle est si belle que je n'ai jamais vu sa pareille. Pleine de majesté et si gracieuse à la fois, et sa voix est si douce. Ses yeux sont merveilleux. »

Trois jours plus tard, à Vienne, l'archiduchesse Sophie donne un dîner. Sachant qu'elle est la personnalité de la Cour la plus affectée par le naufrage de l'Empire français, l'impératrice accepte de paraître à la table de sa belle-mère en robe mauve décolletée, ses cheveux dénoués lui tombant jusqu'au-dessous de la taille. Comme toujours, son apparition est un spectacle. Mais c'est aussi une intention politique : en effet, l'impératrice est accompagnée de la comtesse Festetics, ce qui suscite quelques remous. Son esprit critique réjouit Sissi. La Hongroise au sens de l'observation

En 1871, à Bad Ischl, la petite Marie-Valérie a 3 ans et sa sœur aînée, Gisèle, 15 ans. Si Gisèle est le portrait craché de son père François-Joseph, Marie-Valérie a l'air têtu de sa mère Sissi mais en grandissant, sa grande ressemblance avec l'empereur s'imposera.

acéré résume, avec un talent balzacien, la société de ces dîners, plus ou moins officiels, donnés par la mère de l'empereur : « Des hommes charmants, d'autres seulement agréables, des élégants, des parvenus, aussi des oisifs et des bavards, de belles femmes et des femmes aimables, des amis, des parents, des cousins, des cousines. Ajoutez à cela une poignée d'imbéciles et d'arrivistes, voilà le grand monde. » Quand Marie Festetics sera inondée de ragots désobligeants sur la reine de Hongrie, et se demandera si elle mérite tant d'opprobre, Andrássy la préviendra qu'Erzsébet a besoin de fidélité :

– La reine est bonne, pure, intelligente. On lui en veut d'aimer notre pays. La Cour ne le lui pardonnera jamais. C'est pourquoi on vous persécutera vous aussi.

La comtesse Festetics deviendra première dame d'honneur de l'impératrice-reine. Le 15 juillet 1871, la fille aînée du couple impérial, Gisèle, fête ses 15 ans. C'est une adolescente physiquement un peu ingrate, très proche de son père et surtout de son frère Rodolphe, avec qui elle tentait de se consoler des si longues absences de leur mère. Elle est simple, douce et docile, et voilà que l'impératrice, qui n'en est pas à un paradoxe près, se met en tête qu'il est temps de la marier. Sissi semble avoir totalement oublié combien elle-même avait souffert d'être mariée trop jeune. Mais, toujours impatiente quand elle a décidé quelque chose, elle se met à la recherche d'un mari qui conviendrait à Gisèle. Physiquement et psychologiquement, sa fille aînée est son exact contraire. Il n'est pas facile dans l'Europe monarchique du moment de trouver un fiancé qui convienne à la fille de l'empereur d'Autriche et roi de Hongrie : il doit appartenir à une famille régnante et surtout être catholique. Comme chaque fois, les recherches vont aboutir dans la Maison de Bavière. « L'heureux élu » appartient à la branche royale ; il se prénomme Léopold, il est le fils cadet du prince Luitpold, un oncle du roi Louis II. Ce cousin a dix ans de plus que Gisèle et il est déjà plus ou moins fiancé à Amélie de Cobourg ; mais ce n'est pas ce petit détail qui va arrêter l'impératrice devenue marieuse ! Au printemps 1872, cette dernière invite le jeune Léopold à Gödöllő et, en quelques jours, les jeunes gens sont fiancés. Comme dans un vaudeville, la première promise, Amélie de Cobourg, est aussi présente à Gödöllő ! Léopold est un peu gêné, mais il est évident que pour lui, la fille du souverain de la double monarchie est un parti infiniment plus valorisant, tant pour le prestige de la Maison de Bavière que pour la dot ! Léopold n'aura aucun cas de conscience : « Le destin en a un jour décidé ainsi, il ne pouvait en aller autrement. Gisèle est si gentille, elle a tout à fait les mêmes beaux yeux que papa. » Il est difficile d'être plus accommodant ! De son côté, Gisèle semble heureuse du choix, même si la comtesse Festetics constate qu'« on ne saurait parler d'un beau couple[1] ». Quand à Amélie de Cobourg, la laissée-pour-compte, Sissi s'occupera de son mariage : elle lui fera épouser le cadet de ses frères, Maximilien, d'un an plus jeune qu'elle, et ce sera, miraculeusement, un mariage d'amour. Ainsi, l'impératrice-reine qui, jeune fille, dénonçait, exaspérée, les calculs matrimoniaux s'est comportée exactement comme l'avaient fait sa mère et sa tante à son égard !

La tante en question, l'archiduchesse Sophie, tombe gravement malade au même moment. Elle ne s'était jamais remise de la mort

1. Brigitte Hamann, *Élisabeth d'Autriche*, *op. cit.*

de son fils préféré Maximilien et avait vécu très difficilement la naissance de l'Empire allemand qui balayait définitivement l'Autriche de Metternich et tout ce qu'elle avait toujours défendu. Prévenue de l'état de sa belle-mère alors qu'elle séjourne, une fois de plus, à Meran avec Marie-Valérie, Sissi regagne Vienne en toute hâte pour être auprès de l'archiduchesse lors de son interminable agonie. La mère de l'empereur a eu plusieurs attaques cérébrales et souffre d'une pneumonie ; elle va mettre dix jours à s'éteindre. Alors qu'on sent se rapprocher l'issue fatale, toute la Cour est rassemblée le matin du 27 mai 1872 au chevet de l'archiduchesse à Schönbrunn. Sissi est là. Si elle s'absentait et que Sophie cessât de vivre, on en rendrait sa belle-fille responsable, Sissi en est sûre ! Les heures passent. On sent comme un malaise dans cette foule recueillie, mais fatiguée. À sept heures du soir, le chambellan annonce mécaniquement :

– Si leurs seigneuries veulent passer à table…

La chambre se vide aussitôt, la faim l'emportant sur le recueillement. Seule Sissi reste assise à côté du lit. Elle y demeure jusqu'au lendemain matin, sans prendre la moindre boisson ni nourriture. S'agit-il de remords ? D'une expiation ? D'une recherche de pardon et d'une réconciliation *in extremis* ? Se sent-elle coupable ? L'archiduchesse s'éteint à l'aube du 28 mai, â l'âge de 67 ans. Il est difficile de savoir ce que ressentit sa nièce et belle-fille à cet instant. Le duel entre ces deux femmes avait duré dix-huit ans et empoisonné – ou diverti ! – la vie de la Cour. Il y avait longtemps que l'archiduchesse avait cessé de tenter de gérer la vie de Sissi et donc d'être son ennemie. Désormais, il n'y aurait plus aucun contrordre. Sissi fut-elle triste ? Indifférente ? De toute façon, ce jour-là, elle accomplit jusqu'au bout son rôle d'impératrice. Le plus atteint fut, bien sûr, François-Joseph : il perdait celle qui lui avait offert le trône. Il était en larmes, à côté de Gisèle et de Rodolphe. Si, depuis longtemps, sa mère ne le conseillait plus politiquement, il aimait toujours passer un moment avec elle, pour une tasse de thé, une conversation, ou quelques potins, car elle était demeurée sa confidente et, d'une certaine façon, le pilier de la Maison d'Autriche. L'empereur est si affecté que ce couche-tôt marchera de long en large sur son balcon jusqu'à onze heures passées. Quant à Gisèle et Rodolphe, ils perdent une grand-mère certes autoritaire et exigeante, mais

L'archiduchesse Sophie, mère de François-Joseph, s'éteint le 28 mai 1872. Le duel entre Sissi et sa belle-mère (qui était aussi sa tante) a duré dix-huit ans. Même si elle ne conseillait plus l'empereur et avait renoncé à dompter l'impératrice, elle restait un personnage clé : c'était elle qui avait sauvé l'empire des Habsbourg en imposant son fils. Devant sa dépouille, la famille impériale tourne une grande page d'histoire.

qui avait toujours été là pour s'occuper d'eux pendant les voyages de leur mère ou de leurs parents. À la Hofburg, une page d'histoire s'est tournée. Plus rien ne sera comme avant. « Le lien le plus solide entre le passé et le présent est rompu », écrit, avec justesse, Marie Festetics.

Le 20 avril 1873, à Vienne, Gisèle épouse Léopold de Bavière. Les noces sont modestes, mais Sissi est éblouissante. La comtesse Festetics s'extasie sur la beauté de l'impératrice et son élégance dans une robe brodée d'argent. On ne voit qu'elle : évidemment, Sissi éclipse la mariée, sa propre fille ! La famille accompagne le jeune couple sur un quai de la gare de l'Ouest de Vienne, ouverte en 1858, d'où partent les trains à destination de la Bavière, ceux de la Compagnie des chemins de fer de l'impératrice Élisabeth. Sa Majesté voyage tellement qu'elle mérite son réseau ferroviaire ! Tout le monde est en larmes, surtout Rodolphe qui perd sa sœur chérie. François-Joseph lui-même a les larmes aux yeux. Et Sissi presse un mouchoir sur son visage ; l'émotion familiale l'a aussi gagnée.

Un autre événement, beaucoup plus contraignant, va mobiliser le couple impérial pendant plusieurs mois : dix jours plus tard, le 1er mai, s'ouvre l'Exposition universelle de Vienne.

À l'Exposition universelle, le shah de Perse refuse de partir sans avoir vu Sissi !

D'une superficie cinq fois plus grande que celle de Paris en 1867, l'Exposition universelle de Vienne doit, par le triomphe des affaires, des arts et des idées, compenser la perte de l'influence politique autrichienne en Europe. On accueille cinquante mille exposants et on espère sept millions de visiteurs. Le 1er mai, le couple impérial reçoit les princes héritiers d'Allemagne, d'Angleterre, de Belgique et du Danemark. Une erreur protocolaire provoque la colère de l'empereur : le cortège de l'archiduc Rodolphe démarre avant celui de son père ! François-Joseph est furieux, car chez lui, le respect des préséances est un code de vie. Il se déchaîne contre le comte Grünne, jugé responsable de cette scandaleuse inversion. Alors l'impératrice intervient – un ange de douceur qui pose sa main sur le bras de l'empereur, implorant son mari de pardonner au coupable. Voyons, ce n'est pas si grave ! Instantanément, François-Joseph se calme et sourit. La scène a plusieurs témoins, d'abord gênés, puis figés et enfin soulagés. Sissi prend le bras du souverain et lui dit, doucement :

– Je t'en prie. Ne perdons pas une minute. Rentrons.

L'entourage est étonné et admiratif, car on sait que depuis qu'il avait été envoyé à Corfou pour l'espionner, le comte Grünne n'a plus la confiance de l'impératrice. Elle avait même dit qu'il était impardonnable. Or, elle vient de le sauver publiquement. Si l'on se demande comment cette femme peut être alternativement si apaisante et généreuse et si impatiente et injuste, on peut répondre que, depuis la disparition de l'archiduchesse Sophie, Sissi est enfin devenue la première dame de l'Empire en Autriche, statut qu'elle a déjà obtenu rapidement en Hongrie.

Elle semble libérée d'une permanente suspicion et, au lieu de se protéger en se repliant sur elle-même, elle s'ouvre aux autres, au monde, mais sans perdre son esprit de saltimbanque couronnée, libre et imprévisible, de la double monarchie. L'impératrice n'est plus sous la tutelle de celle que l'on vénérait comme « la grande dame de l'Empire». Son rôle à Vienne lui étant enfin entièrement dévolu, Sissi épaule son mari et résiste aux trois heures de l'inauguration. Quel soulagement! La souveraine est là, ajoutant son prestige à la découverte de la grande salle de 900 mètres de long, des vingt-huit galeries transversales et d'une rotonde pompeusement appelée «la huitième merveille du monde», que Sissi compare à un gigantesque abat-jour éclairant les réussites de l'époque. Hélas! le vendredi 9 mai, un krach boursier provoque des suicides et des fermetures d'usines, répand la misère en pleine fête. Trente-cinq banques sont en faillite. Il faut faire face aux conséquences de ce «vendredi noir», car l'Europe continue de défiler à Vienne. Le 1er juin, le couple impérial accueille le tsar Alexandre II de Russie qui s'est rapproché de l'Autriche par la signature d'une alliance, l'année précédente, avec François-Joseph et Guillaume Ier, l'empereur d'Allemagne après avoir été le roi de Prusse. D'une courtoisie glacée, Alexandre II descend de son train en uniforme hongrois, ce qui enthousiasme Sissi. Il se déride quand il baise la main de l'impératrice, accompagnée de Rodolphe, peu à l'aise en uniforme de lieutenant russe. Les politesses forcées, au nom de la solidarité politique et des liens de famille, sont très éprouvantes pour les nerfs de l'impératrice, mais elle tient, malgré toutes les tensions. Le tsar réformateur ayant déjà échappé à deux attentats, on craint le pire pendant le dîner final de cent cinquante couverts, qui sera un cauchemar pour François-Joseph et Sissi. Ils ne se quitteront pas des yeux, redoutant l'explosion d'une bombe sous la table qui a pourtant été inspectée. L'impératrice-reine résiste toujours, méconnaissable, ne se plaignant jamais d'être lasse, enjouée et participant en souriant à ces mondanités épuisantes. C'est son devoir, mais comme on ne le lui a pas imposé, elle assume parfaitement son rôle, avec une évidente volonté de revanche. Elle n'a plus de rivale protocolaire et ne cesse de sourire. François-Joseph lui en est reconnaissant. Quelle heureuse métamorphose ! Et le plus surprenant est de la voir soutenir l'empereur quand il est saturé de politesses obligatoires parce que Léopold Ier, roi des Belges, est peu bavard ou que le prince de Galles, Édouard, est toujours en retard. Ayant observé le manège d'un prince russe courtisant Marie Festetics, Sissi prend celle-ci à part :

– Je vous permets de vous amuser, mais pas de tomber amoureuse et encore moins de vous marier. Je ne veux pas que vous me quittiez à cause d'un étranger.

La comtesse accueille cette remarque autoritaire avec le sourire, sachant que Sissi serait désespérée de perdre sa plus précieuse confidente. Et voici que c'est François-Joseph qui n'en peut plus et glisse à son épouse :

– Je suis bien fatigué et je me ferais volontiers porter malade.

D'un regard amoureux, Sissi le lui interdit ! Le monde à l'envers !

Les hôtes illustres se succèdent. Toujours aussi caustique, Marie Festetics dresse un bref portrait du prince Nicolas Ier de Monténégro et de son épouse : « Lui est un beau chef de brigands ; la princesse est de Trieste. Tout le reste est aussi sauvage. » Finalement, Sissi, parfaite et présente là où elle le doit, ayant accepté et rempli tous ses devoirs, part se reposer quelques jours près de Reichenau. Elle choisit mal son moment car c'est alors, le 30 juillet, que s'annonce le shah de Perse, Nasseredin, monté sur le trône de Darius en 1848. C'est son premier voyage en

Le 1er mai 1873, le couple austro-hongrois inaugure l'Exposition universelle à Vienne. De gauche à droite : Sissi (debout), le tsar Alexandre II de Russie, l'archiduc Rodolphe, l'empereur Guillaume Ier d'Allemagne, François-Joseph, le roi d'Italie Victor-Emmanuel II (avec ses célèbres moustaches), le chancelier Bismarck et le shah de Perse… qui ose rester assis ! Cette illustration est postérieure à l'inauguration. C'est un faux symbolique : tous ces personnages sont venus à Vienne, mais pas en même temps. L'Exposition durera six mois.

Occident et un fait sans précédent dans l'histoire persane. Il est accompagné d'une suite de cinquante-sept personnes avec ses mages, ses astrologues et même, selon l'aide de camp de François-Joseph qui a de l'expérience, de *ladies of pleasure*, mais aussi de quarante moutons, de chevaux, de chiens et de quatre gazelles qu'il espère offrir à Sissi. C'est un tel caravansérail que l'on ne peut l'installer dans Vienne. Le shah prend ses quartiers à Laxenburg, où ses moutons ravageront les impeccables pelouses.

Coiffé d'une toque en duvet d'agneau ornée d'une énorme émeraude entourée de diamants, il visite consciencieusement l'Exposition. Il s'intéresse beaucoup aux femmes qu'il rencontre. Le séjour de ce souverain très oriental est un véritable calvaire pour François-Joseph et son cabinet. On ne compte que sur son départ le plus proche. Or, le shah annonce qu'il ne quittera pas Vienne sans avoir vu l'impératrice ! Celle-ci est donc obligée de revenir de toute urgence de Bad Ischl, où elle prolongeait sa villégiature, et le shah de Perse peut enfin l'admirer lors d'une réception dans la grande galerie de Schönbrunn. Dans sa robe à traîne blanche brodée d'argent et ceinturée de mauve, avec ses cheveux défaits ornés de diamants et d'améthystes, elle est sublime. Alors le souverain, certes dépaysant, mais dérangeant avec ses manières exotiques, ajuste ses lunettes à monture d'or et tourne autour de l'impératrice en silence et en caressant sa barbe noire. Il la dévisage de la tête aux pieds, comme si elle était une jument de concours, et finit par dire en français – parce que c'est la langue qu'il faut parler aux jolies femmes :

– Elle est vraiment belle !

Puis, après un nouveau temps d'observation :

– Mon Dieu, qu'elle est belle !

C'est vrai qu'elle est belle, peut-être plus encore que sur les peintures de Winterhalter. Les temps ont changé, les crinolines ont disparu, les robes se portent plus près du corps avec une simple tournure, et cette nouvelle mode magnifie la silhouette impeccable de Sissi, ses cheveux savamment arrangés autour d'un diadème de rubis, d'améthystes et de diamants pour l'admiration de tous. Le nouveau peintre en vogue à Vienne s'appelle Georg Raab. C'est lui qui va fixer la beauté de l'impératrice dans l'éclat de ses 36 ans. Devant les manières si peu européennes du monarque persan, Sissi a du mal à ne pas éclater de rire, tandis que son mari est stupéfait. Il faut dire qu'à table, méfiant parce qu'on avait craint une épidémie de choléra (le shah avait envoyé trois émissaires, des princes bien sûr, qui étaient heureusement toujours vivants!), il goûte la sauce du poisson avec la cuiller de la saucière puis, en grimaçant, la remet dans la saucière, vide une coupe d'argent remplie de fraises et veut trinquer avec l'impératrice qu'il ne quitte pas des yeux. Le shah invite Sissi à admirer ses chevaux à Laxenburg, ce qu'elle fait de bon cœur et avec curiosité; il sait qu'elle est une experte. Le matin de son départ, le shah fait réveiller la première dame du palais, la comtesse Goëss, pour lui dire qu'il n'oubliera jamais l'impératrice, répétant à voix forte :

– Quelle dignité! Quel sourire! Quelle bonté!

Il s'en va enfin, laissant épuisés les quinze officiers proches de François-Joseph qui avaient été à ses ordres les plus incongrus et jurent que les Perses sont pires que les Turcs! En 1815, Metternich jugeait que l'Orient commençait près de son bureau. En 1873, l'Orient était venu et heureusement reparti, car François-Joseph et Sissi n'en pouvaient plus de ce bazar ambulant avec sa ménagerie, le sacrifice d'un agneau chaque matin et ses fours particuliers, sur roulettes, pour rôtir les volailles. L'impératrice-reine n'en a pas moins été magnifiquement et élégamment à sa place.

Jadis invisible, Sissi est restée très présente pendant plusieurs semaines à Vienne, toute la durée de l'Exposition. Elle en a été, d'une certaine manière, la plus célèbre curiosité. Mais surtout, pour la première fois, elle a incarné totalement l'impératrice d'Autriche, n'ayant plus à craindre les chausse-trapes semées par sa belle-mère. Et elle s'est gardée de trop afficher sa préférence pour la Hongrie, ce que les Viennois ont apprécié.

Le jubilé d'argent de l'empereur est un triomphe pour Sissi

Exténué, le couple impérial va se reposer à Bad Ischl avec ses trois enfants. Malheureusement, François-Joseph doit vite repartir pour Vienne accueillir les souverains de Saxe. Pourquoi ne sont-ils pas venus plus tôt ? Après trois mois de bals, de banquets, de parades, de feux d'artifice, c'est, pour une fois, Sissi qui se fâche de voir leurs vacances gâchées. Avec tendresse mais fermeté, elle lui dit, alors qu'il monte dans son train :

– Tu gâtes tellement les gens qu'ils ne te savent même plus gré de ta politesse exagérée. Dans le fond, tu es de mon avis, mais tu ne veux pas l'avouer. C'est toujours ainsi quand on fait une bêtise.

Quand, en septembre, Victor-Emmanuel II ose s'annoncer, c'en est trop pour Sissi. Recevoir ce roi d'Italie qui, entre autres méfaits, a expulsé sa sœur Marie du palais Farnèse quand il a décidé que Rome deviendrait la capitale de l'Italie ? Pas question ! François-Joseph est désemparé, Andrássy insiste au nom de la politique étrangère, mais en vain. Son entretien avec Erzsébet prend, pour la première fois, une tournure désagréable, et le Premier ministre hongrois s'incline, vexé, en disant :

– Je ne connais qu'une seule femme qui me donne des ordres, la reine de Hongrie. J'y obéis volontairement.

Elle ne verra donc pas ce roi aux moustaches ridicules et fossoyeur de l'Italie autrichienne ! Aussitôt, les commères, privées de ragots depuis le début de l'Exposition et le triomphe personnel de l'impératrice, font circuler la rumeur d'une « maladie diplomatique ». C'est faux : en fait, Sissi souffre de sévères troubles digestifs qui la tiennent alitée depuis dix jours et l'ont empêchée d'assister à une grande fête équestre dont elle se réjouissait. Un moment, on évoque le choléra, une femme de service ayant succombé au fléau après avoir nettoyé de l'argenterie d'un dîner. On peut ajouter que l'impératrice, comme son mari, a besoin de reprendre des forces et de se ménager, car cette année 1873 est aussi celle du jubilé d'argent de l'empereur, monté sur le trône il y a déjà vingt-cinq ans, le 2 décembre 1848. Encore des fêtes, des illuminations, des feux d'artifice, des cérémonies... Elle s'y prépare en octobre en séjournant avec son mari à Gödöllő et juge raisonnable de ne pas suivre une chasse à courre, remplacée par une modeste course à dos d'ânes – offerts par le khédive d'Égypte à l'empereur –, montés par la lectrice et la coiffeuse de Sissi qui se sont beaucoup amusées.

D'un naturel discret et pudique, n'étant en rien mégalomane, François-Joseph ne recherche pas la célébration de sa propre gloire, car il est conscient de ses échecs. Mais la transformation de Vienne, qu'il a ordonnée, est un excellent prétexte pour évoquer le quart de siècle de son règne qui a permis la spectaculaire métamorphose de la capitale impériale.

La ville est pavoisée de milliers de drapeaux. Des feux de joie sont allumés partout, même sur les toits des maisons (au mépris de la plus élémentaire prudence), composant un gigantesque collier de lumière qui brille jusque sur les hauteurs des collines.

En voiture découverte malgré le froid, le couple impérial avance au milieu d'une forêt de mains qui s'agitent, lançant des torrents de chapeaux. Si l'empereur est aimé, respecté et obéi, la popularité de l'impératrice est le phénomène le plus novateur de ce début décembre 1873. L'impératrice n'imagine pas que, maintenant, tout le monde la reconnaît. Et veut la voir. Traversant la Ringstrasse en direction de l'Hôtel impérial qui a ouvert pour l'Exposition, Sissi, accompagnée de Marie Festetics pour toute escorte afin de se fondre dans la foule, est soudain entourée, prisonnière de la joie populaire. La dame d'honneur hurle :

– Au secours ! Place !

Le 2 décembre 1873, Vienne célèbre le jubilé d'argent de François-Joseph : l'empereur règne depuis vingt-cinq ans. Le couple impérial est fêté dans sa voiture découverte appelée « à la Victoria ». Des projecteurs illuminent le cortège dans la capitale transformée par de gigantesques travaux. La population va atteindre le million d'habitants.

Il faudra presque une heure à l'impératrice pour atteindre sa voiture tant on veut la voir, lui baiser la main, la remercier, presque en l'étouffant ! Des messieurs ont réussi à lui frayer un passage. Sissi se jette sur la banquette. Elle a le souffle court, transpire et tremble d'émotion. Les deux femmes ont eu très peur.

– Vous m'avez réellement sauvée, dit-elle à sa confidente en recouvrant son calme et son sourire.

Cet incident déclenchera la fureur de François-Joseph. Il exigera que des policiers suivent discrètement son épouse, même si elle n'est pas d'accord. Il aura du mal à être obéi ! L'affaire est doublement révélatrice : d'une part, elle montre combien l'empereur est amoureux et tient à cette épouse enfin apaisée ; d'autre part, elle prouve combien Sissi a peur de la foule, même chaleureuse, même entièrement à sa dévotion et sans la moindre hostilité. Cette phobie est très ancienne et, dès que dix personnes font cercle autour d'elle, Sa Majesté est paralysée par l'angoisse. Et c'est l'origine d'un immense malentendu : on croit que Sissi ne veut pas être vue, remarquée, reconnue. C'est exact, mais incomplet : elle est agoraphobe. Jeune mariée, elle changeait ses itinéraires pour semer ses dames d'honneur, disparaissait dans des passages secrets de la Hofburg ou les couloirs réservés aux domestiques à Schönbrunn. Et, bien entendu, elle ne tient aucun compte des risques d'agression ou d'attentat, certaine que l'anonymat est la meilleure des protections. Si elle a peur pour les siens, elle ne craint rien pour elle. La conséquence est que la timide souveraine fuira ses admirateurs ; ils devront s'extasier de loin…

Dès le lendemain du jubilé et des émotions qu'elle a subies, le 3 décembre 1873, Sissi part en direction de Gödöllő. Elle recommence! Le malentendu, dissipé et même effacé pendant l'Exposition, revient empoisonner sa réputation. Sissi ne cherche pas à peiner ni à choquer les gens (ou alors, c'est involontaire) en ne voulant les rencontrer qu'en très petit nombre; elle souhaite seulement se protéger et a un urgent besoin de repos : sans elle, l'Exposition de Vienne n'eût pas eu le même retentissement.

Sur le quai de la gare tête de ligne de la compagnie portant son nom, personne ne fait attention au train que Sissi va prendre. C'est pourtant un élément nouveau et essentiel de son avenir. Il s'agit d'une voiture-lit-salon de couleur vert sombre construite, à sa demande, par les ateliers Ringhoffer à Smichow, près de Prague. Les Tchèques, dont l'activité industrielle est un poumon économique de l'Empire, sont fiers du choix de Sissi, très précise dans sa commande : trois essieux, un compartiment chambre à coucher avec un lit – à une seule place et parallèle au sens de la marche –, un fauteuil, une table sur laquelle sera posé un registre aux armes de la souveraine, un porte-plume surmonté d'une aigle, un semainier doré avec des cases en ivoire rappelant la date du jour, une pendule et deux thermomètres, un pour l'extérieur, un pour l'intérieur. Sissi, qui aime voyager avec ses livres, les rangera dans une commode. Au-dessus du lit, un porte-revues. Dans le compartiment voisin, un canapé, une chaise, un sous-pieds, une table et une coiffeuse-table de toilette à revêtement argenté. Quatre alvéoles permettent d'y déposer peignes et brosses. L'éclairage, d'abord avec des lampes à pétrole, sera vite électrifié et un dispositif d'alarme installé, y compris dans les toilettes. Le service à thé, en porcelaine, est aux armes de l'impératrice-reine. L'intérieur de la voiture, garni d'un tissu vert olive, est douillet et sobre, avec des boiseries claires et une moquette rouge à fleurs blanches et noires. Cette voiture, qui pèse 18 tonnes, ne comporte aucune armoirie ou chiffre distinctif à l'extérieur. Elle est simplement immatriculée aux Chemins de fer impériaux et royaux de l'État et peut être raccrochée à n'importe quel convoi européen, sauf en Espagne, en raison d'un écartement plus large des rails. Ce ne sera donc pas une voiture identifiable, sauf par le personnel ferroviaire. Sissi tient à être une voyageuse anonyme, son obsession, même si elle sera entourée de voitures d'accompagnement également anonymes et parfois de fourgons avec des chèvres lui permettant de boire du lait frais n'importe où. Ainsi, elle pourra voyager à son aise sans mobiliser, en dehors des visites officielles, l'un des trains spéciaux de son mari où leurs initiales, FJ et E, encadrent chaque fenêtre centrale. Dans son petit appartement roulant, les rideaux ambrés choisis par Sissi seront souvent fermés…

L'empereur hérite enfin de la fortune des Habsbourg

Après ces épuisantes festivités, elle regagne donc son cher Gödöllő. Depuis la naissance de sa dernière fille, Erzsébet peut de nouveau se livrer à sa grande passion : l'équitation. Pour être invité à Gödöllő, il vaut mieux être un excellent cavalier. Les Hongrois Nicolas Esterházy et Elemér Batthyány sont considérés comme les meilleurs de l'Empire, de même que Rodolphe de Liechtenstein. Sissi fait venir auprès d'elle une jeune fille ravissante dont la blondeur contraste avec la brune chevelure de l'impératrice. C'est sa nièce, Marie von Wallersee, fille du frère aîné de Sissi qui avait renoncé à tous ses titres pour épouser une comédienne nommée Henriette Mendel. Une petite fille était née avant leur mariage. Marie portera le nom accordé à sa mère, Wallersee. Pour le moment, la petite s'enchante de tout : d'être auprès de sa tante qui lui prête une grande attention, de chasser à cheval et de fréquenter toute cette société si différente que celle que l'on côtoyait à la Hofburg. Mais comme toujours, Sissi rêve d'autre chose. Sa sœur Marie, l'ex-reine de Naples, et son époux, qui avaient dû quitter Rome chassés par Victor-Emmanuel II, s'installent en Angleterre, soutenus financièrement par Ferdinand de Rothschild. Marie propose à Sissi de venir la voir pour participer aux fameuses chasses à courre au renard qui sont le passe-temps favori d'une bonne partie de l'aristocratie britannique. Sissi est tentée, mais, pensant qu'on va de nouveau l'accuser de céder à un caprice, elle prétexte la nécessité pour la fragile Marie-Valérie de prendre des bains de mer. Avec sa suite, elle et sa fille se rendent sur l'île de Wight, qui est forcément le rendez-vous d'une bonne partie du Gotha, puisque c'est là que séjourne la reine Victoria, dans son château d'Osborne.

La rencontre obligatoire de l'impératrice avec la reine n'est pas un succès. Victoria juge Sissi impolie et pas aussi belle que ce que tout le monde raconte. Quant à la visiteuse, elle s'est simplement acquittée d'une corvée. Beaucoup plus que Victoria, ce sont les haras anglais qui la fascinent. Les chevaux qu'elle découvre sont beaucoup plus beaux que les siens en Hongrie. Malheureusement, ils sont hors de prix. Et malgré la générosité de François-Joseph, elle sait que ce serait une folie d'en acquérir. Mais voilà qu'un événement familial va transformer les possibili-

Marie von Wallersee, fille du frère aîné de Sissi, vers 1880, avec la dernière fille du couple impérial, Marie-Valérie. L'archiduchesse sera la plus proche de ses parents. La ressemblance avec l'empereur est saisissante.

tés financières de l'empereur. À l'été 1875, son prédécesseur sur le trône d'Autriche, l'ex-empereur Ferdinand, son oncle, meurt au château de Prague où il s'était établi. François-Joseph est son légataire universel. Avec beaucoup de spontanéité, l'empereur déclare à son meilleur ami, le maréchal Franz Folliot de Crenneville :

– Tout d'un coup, me voilà riche!

Mais que va faire François-Joseph de cette immense fortune, lui que l'on a vu, jusqu'à présent, aussi économe pour lui-même que généreux pour son épouse?

11

Vie secrète, vie calomniée...

Une incroyable représentation d'une chasse à courre mouvementée en Hongrie : le roi Ferenc József (François-Joseph) et la reine Erzsébet (Sissi) prennent de grands risques dans un galop effréné. Le document est, en fait, une spectaculaire critique du couple souverain inconscient des dangers qu'il encourt en cette année 1874.

Avant le décès de son oncle Ferdinand Ier le 29 juin 1875, François-Joseph a d'autres préoccupations que sa fortune personnelle. Il est très inquiet d'un soulèvement des chrétiens de Bosnie-Herzégovine contre la domination ottomane dans cette province balkanique qui jouxte la Dalmatie, un territoire de l'Empire austro-hongrois réattribué aux Habsbourg après 1814[1]. Dans son souhait de pousser l'influence autrichienne dans les Balkans, François-Joseph soutient son gouverneur de Dalmatie, le général Rovich, qui encourage la communauté chrétienne de Bosnie-Herzégovine. Pour confirmer son appui, François-Joseph décide de se rendre en Dalmatie le 1er avril 1875. Sissi est angoissée, jugeant que son mari prend des risques en allant dans ces « Balkans agités » dont Bismarck a dit qu'il valait mieux ne pas s'occuper... L'impératrice craint un attentat. Un grand journal viennois, dans une édition spéciale illustrée, consacre sa première page au départ du souverain : sur le quai de la gare, la famille impériale accompagne l'empereur. Ce dernier embrasse très tendrement son épouse sur la bouche en lui tenant l'épaule de sa main gauche, tandis que l'archiduc héritier Rodolphe, âgé de 17 ans, baise respectueusement la main droite de son père. L'émotion de l'entourage qui les observe est palpable. Cette scène intime est rarissime : on n'avait pas vu l'empereur embrasser aussi amoureusement l'impératrice en public depuis leur mariage. Le message politique du voyage de François-Joseph est clair : il

1. Elle comprend une partie de la Croatie actuelle avec Raguse, aujourd'hui Dubrovnik.

Un document exceptionnel : le 4 avril 1875, une édition spéciale d'un grand journal viennois ose représenter le baiser sur la bouche de François-Joseph et Sissi, à la gare d'où l'empereur va partir pour une inspection dangereuse en Dalmatie. L'impératrice, très amoureuse, a peur ! C'est la première fois, depuis leur mariage, qu'une telle intimité du couple est montrée en public. Sissi n'est jamais inquiète pour elle-même...

manifeste le soutien qu'il apporte aux chrétiens sur le point de se soulever en Bosnie-Herzégovine et, par conséquent, l'ambition de prendre le contrôle de ce territoire. François-Joseph se pose en acteur majeur de la fameuse « question d'Orient » : le partage des dépouilles de l'Empire ottoman en Europe ne se fera pas sans lui. Il ne laissera pas s'installer des États slaves sur ses frontières. Pendant son absence, pour se détendre, Sissi ira plusieurs fois au cirque avec sa fille Marie-Valérie, préférant, comme toujours, les numéros équestres aux pantomimes. Finalement, le périple de son mari se déroule sans incident et elle est heureuse de son retour le 15 mai.

François-Joseph l'ignore : Sissi est une épargnante avisée

L'héritage de l'empereur Ferdinand va rendre François-Joseph encore plus généreux à l'égard de Sissi. Il fait porter sa rente annuelle de 100 000 à 300 000 florins et la dote d'un capital de 2 millions. Bien qu'elle dépense énormément d'argent, l'impératrice fait des placements avisés en devenant actionnaire de la Compagnie des chemins de fer nationaux et de la Compagnie des bateaux à vapeur sur le Danube. Sans le dire à son époux, elle ouvre, sous des noms d'emprunt, plusieurs livrets à la première Caisse d'épargne autrichienne. À la générosité, François-Joseph ajoute l'élégance : il laisse sa femme gérer ses revenus comme elle l'entend. Toujours inquiète de l'avenir, mais sans que François-Joseph en soit informé, elle place une partie de sa fortune en Suisse à la banque Rothschild : Sissi envisage qu'une révolution l'oblige un jour à quitter l'Autriche-Hongrie. Elle est aussi visionnaire dans le domaine politique que dans le contexte familial. Dans l'immédiat, elle va enfin pouvoir s'acheter les chevaux dont elle rêve. Ne se sentant pas assez aguerrie pour affronter le milieu des courses et de la chasse en Angleterre, elle décide, l'été suivant, de s'entraîner de l'autre côté de la Manche, en Normandie : à l'été 1875, elle loue, près de Fécamp, le château de Sassetot-le-Mauconduit. Elle est accompagnée d'un maître d'équitation britannique, Allen, mais aussi et comme toujours de sa fille Marie-Valérie, avec qui elle prendra des bains de mer.

Bien qu'elle prétende voyager discrètement, Sissi est escortée d'une suite de soixante personnes, dont un boulanger avec des sacs de farine hongroise et trois fours ambulants pour pétrir et cuire les petits pains viennois dont raffole la souveraine, et de ses chevaux qui voyagent dans les fourgons de son train spécial, comme son lit de fer que son chambellan devra installer. Par amour, c'est souvent l'empereur qui règle les frais, très élevés, des voyages privés de l'impératrice, vérifiant les moindres détails, car il connaît ses habitudes.

À Sassetot-le-Mauconduit, les matinées sont consacrées aux bains, les après-midi à l'équitation. Sissi s'entraîne avec beau-

À l'été 1875, Sissi loue un château en Normandie (aujourd'hui en Seine-Maritime). Elle s'entraîne à cheval si vigoureusement qu'elle fait une chute qui la laisse inconsciente pendant plusieurs heures. Plus tard, Marie Larisch, venimeuse nièce de Sissi, prétendra que l'impératrice est venue en France « discrètement pour accoucher d'un enfant naturel ». C'est une calomnie : la nièce se trompe de date et Sissi, toujours aussi mince, est escortée de soixante personnes et s'est baignée, souvent, devant sa suite !

coup de persévérance au saut d'obstacles ; elle y met tellement d'énergie qu'elle fait une chute sévère le 11 septembre, où elle est projetée contre un chêne. Bien que sa tête ait été protégée par son chapeau noir, elle reste inanimée et son cheval est blessé ; il boite. Dans la panique, on ramène la cavalière inconsciente au château. Elle reprend connaissance, mais est extrêmement choquée. Par télégraphe, on prévient François-Joseph qui est alors au Tyrol et regagne Vienne d'urgence. Il veut rejoindre Sissi au plus vite, mais Andrássy le supplie d'attendre d'autres nouvelles, car un voyage privé du souverain austro-hongrois en France poserait de graves problèmes diplomatiques, son épouse étant venue incognito ; il faudrait prévenir le maréchal de MacMahon, président monarchiste de la IIIe République, et les autorités locales. François-Joseph passe la nuit sans dormir dans son bureau de Schönbrunn, angoissé, espérant une nouvelle dépêche rassurante. Celle-ci lui arrive au matin : l'impératrice va mieux. Il lui écrit immédiatement : « Je n'ose imaginer ce qui aurait pu arriver ? Que ferais-je sans toi, le bon ange de ma vie ? » En se faisant lire ces mots d'un mari amoureux et désespéré, Sissi est en larmes. Le 16 septembre, elle peut enfin lui répondre : « Je regrette de t'avoir causé cette frayeur, mais nous devons tous deux nous attendre à de pareils accidents… Je vais beaucoup mieux. Widerhofer [le médecin] est affreusement sévère, mais il me laissera voyager aussitôt que possible. » L'empereur et l'impératrice ont du mal à rester ensemble, mais, en même temps, ils ne supportent pas d'être loin l'un de l'autre, redoutant toujours d'être brutalement séparés par la fatalité. Leur volumineuse correspondance le prouve.

L'empereur a une liaison secrète !

François-Joseph s'est sincèrement affolé de cet accident. Sissi est l'amour de sa vie, mais elle est aussi, une fois de plus, loin de lui. Il en souffre. Or, depuis quelques semaines, le souverain a une maîtresse, prénommée Anna, née Nowak, une très jeune femme (elle a 16 ans, il en a 45), rencontrée cet été 1875, dans le jardin tyrolien du parc de Schönbrunn, qui était alors interdit au public. Il aurait été séduit par sa démarche rapide.

Elle est brune, elle est jolie et elle est mariée. Que s'est-il passé ? François-Joseph, peut-être un peu grisé par sa fortune récente, est physiquement frustré par les trop longues et trop fréquentes absences de son épouse, que l'on dit peu intéressée par les relations charnelles, ce dont il souffre. Il a décidé de franchir le pas et entretiendra avec cette jeune personne une liaison qui va durer quatorze ans. Cette relation a été révélée récemment, en particulier par deux auteurs, Juliana Weitlaner[1] et Michael Wohlfart. Conservateur à la fois de la résidence impériale de Schönbrunn et des appartements impériaux de la Hofburg[2], ce dernier a fait des recherches sur l'image et la biographie de plusieurs membres de la dynastie des Habsbourg-Lorraine. Il est l'un des contributeurs du riche catalogue de la remarquable exposition organisée, en 2016, dans quatre lieux différents de Vienne, pour le centenaire de la mort de l'empereur François-Joseph[3].

---

1. Juliana Weitlaner, *François-Joseph Ier, une vie en couleurs*, Vienne, Vitalis, 2016.

2. *Franz Joseph, 1830-1916*, sous la direction du Dr Karl Vocelka et de Martin Mutschlechner, Schloß Schönbrunn Kultur, Vienne, éd. Brandstätter, 2016.

3. *Ibid.*

La condition première de cette aventure est que Sissi n'en sache jamais rien. L'empereur met en place des mesures de sécurité extrêmement strictes pour éviter tout incident fâcheux. Afin que personne ne soupçonne cette relation extraconjugale, le souverain ne « rencontre » Anna que très tôt le matin. L'intéressée remarque avec humour : « Quelle chance nous avons que la plupart des gens soient trop paresseux pour se lever si tôt ! Le danger commence à 5 h 30 du matin, le conte de fées est terminé pour aujourd'hui. » À partir de 1878, Anna, maintenant divorcée, loue une maison d'été dans la banlieue viennoise de Hetzendorf, proche de Laxenburg, où l'empereur peut aller la voir. Il se montre très généreux avec elle. Elle consacre une partie de l'argent qu'il lui donne « pour ses services » (!) à son projet de remariage avec un fonctionnaire des chemins de fer, Franz Nahowski. Ce second époux, « coureur de jupons et couvert de dettes », est parfaitement au courant de la liaison de sa femme, ce qui ne le dérange pas, au contraire[1]... « En 1884, les Nahowski achèteront une villa à Maxing, près de Schönbrunn, la meubleront luxueusement. À partir de cette date, François-Joseph pouvait arriver rapidement, s'exécuter aussi rapidement et repartir aussi discrètement[2]. » Une visite hygiénique...

Il ne s'agit évidemment pas d'une histoire d'amour, mais de la satisfaction de besoins physiques, François-Joseph ayant la

1. Mais dix ans après être devenue la maîtresse du monarque, Anna eut une fille, Hélène, dont certaines rumeurs attribuaient la paternité à François-Joseph. Hélène épousera, en 1911, le compositeur Alban Berg (1885-1935). En 1976, des années après la mort de sa mère, Hélène Berg publiera son journal intime. Cf. Juliana Weitlaner, *François-Joseph, une vie en couleurs, op. cit.*

2. Catalogue de l'exposition, *Franz Joseph, 1830-1916, op. cit.*

Anna Nahowski, que François-Joseph rencontre en 1875, est la seule maîtresse identifiée de l'empereur, mais cette liaison, qui dura jusqu'au début de 1889 – le drame de Mayerling –, ne fut pas connue des contemporains, ni de l'impératrice. Anna avait vingt-neuf ans de moins que le souverain qui détestait les scandales de mœurs.

réputation d'un homme vigoureux. L'empereur ne manifeste aucun intérêt à l'égard des enfants d'Anna dont il pourrait, aussi bien que Franz Nahowski, être le père. Malgré leurs relations sexuelles, François-Joseph a toujours maintenu une certaine distance avec Anna. Il l'a traitée avec respect et lui a donné d'énormes sommes d'argent pour « services rendus ». Un grand merci à l'empereur Ferdinand Ier ! D'après le journal d'Anna, les « visites » de François-Joseph se firent de plus en plus rares à partir de 1886, période où il entama une relation fort différente avec la célèbre comédienne Katharina Schratt. Il mit fin à sa liaison avec Anna en 1889, après la mort de son fils Rodolphe à Mayerling. Anna reçut comme cadeau d'adieu une somme de 200 000 guldens, sans avoir le droit de revoir l'empereur. Sissi n'a jamais rien su à propos d'Anna, les Viennois de cette époque non plus et Anna a tenu parole en se taisant.

François-Joseph a veillé à garder secrète cette liaison qu'il devait lui-même considérer comme insignifiante et sans avenir. On peut dire que, dans une certaine mesure, Anna a pris le relais des « comtesses hygiéniques », ces femmes disponibles que François-Joseph avait connues bien avant son mariage, lorsqu'il avait été initié, après la discrète approbation de sa mère, soit par une baronne prussienne, soit par une comtesse – évidemment mariée – « rencontrée » en 1848, l'année de son avènement. Il avait 18 ans. L'adultère de François-Joseph avec Anna reste, en dehors de sa tardive, complexe et ambiguë romance avec Katharina Schratt, la seule dont la preuve ait été retrouvée.

Un cavalier anglais choque Sissi : il n'est pas un gentleman !

L'année 1875 est aussi celle de la naissance de la seconde fille de Gisèle et Léopold, Augusta ; une petite Élisabeth était née en 1874. François-Joseph et Sissi sont grands-parents pour la deuxième fois. On ne peut pas dire que la naissance de sa première petite-fille ait transporté l'impératrice de joie. Après son baptême, la jeune grand-mère avait écrit à sa chère Ida Ferenczy : « Dieu merci, cette journée est passée. Il m'est cruel de rester ici, toute seule et sans pouvoir parler avec personne. Le baptême a eu lieu aujourd'hui : la mère et l'enfant sont en si bonne santé qu'ils vivront cent ans. Cela pour te rassurer : son état de santé ne me retiendra pas ici[1]… » Seule la santé de Gisèle pourrait être un sujet de préoccupation. Quant à sa première petite-fille, Sissi n'y fait pas allusion ; cette naissance ne l'a pas touchée. En revanche, François-Joseph, lui, s'intéresse au nouveau statut de sa femme. Il écrit à son gendre Léopold : « Lorsque je contemple ta belle-mère et que je songe à nos chasses au renard, je ressens d'une façon tout à fait étrange l'idée qu'elle est déjà grand-mère. » La deuxième maternité de Gisèle ne bouleverse pas davantage l'impératrice. Dans une lettre écrite, en hongrois, à son fils Rodolphe, elle est même tout à fait méchante : « L'enfant est d'une rare laideur, mais pleine de vie, elle ressemble tout à fait à Gisèle. » Si, pour Sissi, la maternité avait été vécue avec bonheur, au moins pour Marie-Valérie, l'art d'être grand-mère ne semble pas l'habiter. Il faut dire qu'à 38 ans, l'impératrice-

1. Brigitte Hamann, *Élisabeth d'Autriche, op. cit.*

reine est au sommet de sa beauté et de sa forme physique. Et elle n'a, pour l'instant, qu'un seul but : devenir une cavalière exceptionnelle qui surpasse toutes les autres lors des chasses en Angleterre. L'empereur la supplie d'être prudente. En vain...

En mars 1876, la souveraine va de nouveau quitter Vienne et François-Joseph. Sa sœur Marie a loué, à sa demande, une propriété dans les Midlands, Easton Neston. Elle y arrive avec sa suite habituelle, hallucinante d'importance, une caravane moderne. À son habitude, l'empereur prévenant et soucieux a tout vérifié pour ce voyage compliqué qui exigera deux trains et un bateau. Bien sûr, Marie-Valérie fait partie de l'aventure, de même que quelques-uns des meilleurs cavaliers de l'Empire, dont Rodolphe de Liechtenstein, maître d'équipage à Gödöllő, les frères Larisch et Ferdinand Kinsky. Un nouveau personnage va faire son entrée dans l'entourage de l'impératrice. Il est considéré comme l'un des meilleurs cavaliers d'Angleterre et devient son nouveau professeur d'équitation. Il se nomme Bay Middleton. Jeune capitaine (il n'a pas 30 ans), il est plutôt rude dans ses manières, exigeant, imbu de lui-même. Peu importe : pour l'amazone couronnée, il est le meilleur, le seul capable de l'aider à améliorer encore ses performances.

Pour les proches de l'impératrice, le séjour outre-Manche est un véritable calvaire. Il peut se passer des jours sans qu'ils voient la souveraine, uniquement occupée de ses amis cavaliers et de ses sauts d'obstacles, très audacieux. Sissi, très heureuse, donne une grande fête le dernier soir de son séjour et remet une coupe à Bay Middleton, car il a gagné l'ultime course organisée ce jour-là.

François-Joseph, qui, on l'a vu, compense son célibat forcé, n'a évidemment pas les mêmes préoccupations que son épouse.

En avril 1876, les provinces bulgares se sont jointes à la révolte des chrétiens de Bosnie-Herzégovine. Le 2 juillet, la Serbie et le Monténégro déclarent la guerre à la Sublime Porte. L'empereur suit la situation de près, les Balkans sont une poudrière, ce que Sissi a diagnostiqué depuis longtemps. Tout va dépendre de l'attitude de la Russie. Le 8 juillet, l'empereur d'Autriche et le tsar Alexandre II se rencontrent à Reichstadt, en Bohême, et conviennent, dans l'immédiat, de ne pas s'engager contre l'Empire ottoman même si, à Saint-Pétersbourg, on ne supporte plus le massacre des orthodoxes par les bachi-bouzouks. Une non-intervention fragile. Sissi, soudainement sortie de sa passion équestre, montre la justesse de son instinct politique en écrivant à François-Joseph qu'elle n'est pas sûre que ce rendez-vous avec le tsar aboutisse à une solution intelligente, ajoutant : « Je crains que n'éclate maintenant la grande catastrophe que Néné [sa sœur Hélène] annonce toujours. » On peut, en effet, penser que la Russie chercherait à prendre sa revanche sur la guerre de Crimée dont l'origine était la défense de principes religieux. L'impératrice prie son époux de venir au calme en Bavière : « L'esprit tendu comme tu l'as par les difficultés où se débat l'Empire, tu as grand besoin de te reposer en famille, à Possi. » Mais il répond qu'il est trop absorbé par la situation. On voit qu'ils sont, malgré tout, attentifs l'un à l'autre et que leur éloignement nourrit toujours leurs inquiétudes. Sissi, déçue, se console avec Platon, le chien de berger qui a remplacé le merveilleux et imposant Shadow qui portait si bien son nom (il la suivait partout, comme son ombre...). Elle ne peut l'oublier, elle a fait sculpter une statue en marbre où Shadow donne la patte gauche, statue placée dans le fumoir de la Kaiservilla, à Bad Ischl.

François-Joseph retrouve enfin son épouse à Gödöllő, toujours entourée de sa garde rapprochée de cavaliers, à laquelle s'est joint, cette-fois-ci, Bay Middleton. On ne peut pas penser que l'empereur soit enthousiasmé par le nouveau mentor équestre de sa femme, qu'il juge entreprenant et vulgaire. La conversation est assez complexe : l'Anglais ne parle ni l'allemand ni le hongrois et l'empereur a des difficultés avec l'anglais, que Sissi parle couramment depuis son enfance. Dans ce milieu, Middleton n'est pas à l'aise, malgré ses grandes qualités d'homme de cheval. Elles suffisaient à sa reconnaissance au pays de la reine Victoria. Ici, à Gödöllő, les aristocrates austro-hongrois lui font sentir qu'il n'appartient pas à leur monde. Et François-Joseph s'interroge : pourquoi cet homme rustre a-t-il été choisi par l'impératrice? Et pourquoi l'a-t-elle invité?

Le caractère ombrageux de l'Écossais va le conduire à la faute. Sans prévenir personne, celui-ci quitte Gödöllő. On le cherche partout jusqu'à ce qu'un télégramme du chef de la police de Budapest arrive : Bay Middleton a tenté d'oublier son amertume dans un bordel, où on l'a dévalisé. La police l'a récupéré et il a prétendu bien connaître la reine de Hongrie et l'aider à se perfectionner en équitation. Grave erreur : c'est exactement le genre de scandale que déteste Erzsébet. Les excentricités, oui! Les mauvaises manières, non! En Angleterre, le capitaine était timoré et recommandait trop la prudence à la chasse, et voilà qu'il se comporte comme un malotru alors qu'il est l'hôte des souverains austro-hongrois à Gödöllő. L'incident amuse François-Joseph, qui, selon son habitude, a beaucoup tiraillé sa moustache en un geste d'impatience, mais, pour finir, n'est pas mécontent des ennuis de cet hôte encombrant et sans éducation.

Pour Rodolphe, sa mère est presque une étrangère...

1877. Le 15 janvier, une convention secrète austro-russe, qui sera complétée au printemps, dispose que si la Russie entre en guerre contre l'Empire ottoman pour défendre les Serbes orthodoxes, l'Autriche-Hongrie restera neutre et recevra, en échange, la Bosnie-Herzégovine. C'est un atout formidable pour François-Joseph, car le tsar s'engage à ne pas créer un grand État slave à la frontière austro-hongroise méridionale. Informée, Sissi émet des doutes sur cette promesse et répète à son mari ce qu'elle lui a souvent dit depuis son triomphe en Hongrie, quand il ne l'écoute pas :

– Je ne me mêlerai plus de politique...

Ce qui est faux, bien entendu! Dans cette province où les musulmans, les Serbes orthodoxes et les Croates catholiques cohabitent de plus en plus mal et s'affrontent, elle fait remarquer que la région étant arriérée, tous doivent aussi se battre contre des loups et des ours! Le 12 avril, après que le sultan Abdülhamid a refusé les réformes exigées par les grandes puissances, la Russie entre en guerre contre l'Empire ottoman. Un jeune homme de 19 ans suit avec grand intérêt la progression des troupes tsaristes : c'est Rodolphe. Le seul fils de François-Joseph et de Sissi, archiduc héritier d'Autriche-Hongrie, tient de sa mère : il déteste la sclérose et l'immobilisme. Mais, contrairement à l'impératrice qui a toujours été abondamment critiquée en Autriche, il suscite beaucoup d'espoir : la pureté de ses idées le rend populaire partout; très tôt, il a dit qu'il ne serait jamais

L'archiduc héritier Rodolphe d'Autriche-Hongrie, officier de marine, en 1877. Le 27 juillet de cette année, il est déclaré majeur. Le seul fils de François-Joseph et de Sissi partage la passion de sa mère pour la Hongrie et se méfie de la Prusse. Il aime tous les plaisirs de la vie et est proche de Louis II, l'étrange roi de Bavière.

soumis à la Prusse; et les Hongrois comptent beaucoup sur son ouverture d'esprit. Le 27 juillet, Rodolphe est, selon l'usage, déclaré majeur. Il n'a plus de précepteur, mais une Maison dont l'intendant est le comte Charles de Bombelles, qui avait été au service de l'infortuné empereur du Mexique Maximilien. Bombelles a une réputation exécrable, il est connu pour ses mœurs légères et Rodolphe montre un grand appétit pour les joies de la vie. Un de ses éducateurs lui avait recommandé de jouir des plaisirs de l'existence avec mesure, mais François-Joseph, libéral, avait rétorqué, en défendant Rodolphe qui jetait sa gourme :

– Il ne faut pas que l'on vole sa jeunesse à mon fils comme on m'a volé la mienne.

Le 21 août, jour de son anniversaire, Rodolphe reçoit de l'empereur son père le grand cordon de l'ordre de Saint-Étienne, une prestigieuse décoration hongroise que les Magyars estiment très méritée, car le fils d'Erzsébet aime autant la Hongrie que sa mère, « d'un amour absolu », comme l'écrit l'illustre poète Mór Jókai. Cependant, la mère de Rodolphe est inquiète à l'idée qu'il revoie sa cousine Marie von Wallersee. Celle-ci, friande de ragots, quitte à en inventer, avait colporté les rumeurs d'une liaison entre Sissi et le peu fréquentable Bay Middleton. L'impératrice, furieuse, en avait averti son fils, mais, dans un premier temps, celui-ci l'avait trouvée jolie… Quant à Marie, elle avait de toute évidence rêvé d'épouser ce cousin, futur empereur et roi[1]. Elle lui jetait des regards sensuels…

1. Marie savait pourtant que c'était impossible : elle était née avant le mariage de son père Louis, le frère aîné de Sissi, avec la comédienne Henriette Mendel, pour laquelle il avait renoncé à tous ses droits dynastiques. Bien que cousine germaine de Rodolphe, elle était d'un rang trop inférieur pour prétendre épouser l'archiduc héritier. Ce statut de « bâtarde » la rendait très agressive. Par vengeance et complexe social, Marie Larisch jouera un rôle pervers et très négatif auprès de la famille impériale.

Heureusement, quand, devenu majeur, il la revoit, Rodolphe est agacé par ses simagrées et lui témoigne une franche animosité. Sissi, par précaution, se hâte de la marier au comte Georges Larisch. Ouf! La mariée n'est pas amoureuse? Peu importe. Le bonheur viendra plus tard, lui prédit l'impératrice. À sa nièce qui proteste de son union précipitée, sa tante réplique, sans doute en pensant à ce qu'avait vécu sa sœur Sophie-Charlotte :

– Je n'aime pas les longues fiançailles. Elles ne portent pas bonheur.

Sissi est-elle soulagée? Pas tout à fait car, depuis deux ans, Rodolphe joue le rôle d'intermédiaire entre sa mère et Louis II de Bavière. L'archiduc héritier entretient une correspondance avec « le pauvre roi » de Munich depuis qu'une entrevue avec lui a ému Rodolphe, tant ce souverain théâtral semblait ne vivre que pour construire des rêves de marbre, d'or... et de carton-pâte, à la gloire de monarchies idéales. Sissi craint que l'amitié entre son fils et le roi ne soit ambiguë. Rodolphe est jeune, beau, à l'aube d'une vie d'homme, en un mot vulnérable. Elle en parle à François-Joseph, déjà accablé par le goût de son frère Louis-Victor pour les jeunes gens : il s'habille en femme et l'empereur a dû l'exiler à la suite d'un scandale dans un bain turc viennois.

L'impératrice met son fils en garde contre les mœurs de Louis II, mais François-Joseph la rassure en lui certifiant que Rodolphe n'a aucun penchant homosexuel, au contraire... Nul besoin, comme on l'avait fait pour son père, de lui choisir des « comtesses hygiéniques » : il les sélectionne lui-même. Les temps ont changé! Il est vrai que Sissi connaît assez mal son fils. Elle va repartir pour l'Angleterre chasser le renard; Rodolphe aussi, mais accompagné de son professeur d'économie, Karl Mendel, pour un voyage studieux. C'est la première fois que Sissi et son fils se retrouvent à l'étranger; l'archiduc a hérité du goût de sa mère pour les longs périples et la nature : il a déjà fait une croisière, visité la Sicile et Corfou, bien entendu sur recommandation de Sissi. Malheureusement, pendant leur séjour outre-Manche, bien que Sissi soit heureuse d'être avec son fils, leurs moments d'intimité demeurent glacés. Très sensibles tous deux, ils ne parviennent pas à se rapprocher l'un de l'autre. En fait, pour l'héritier de la double monarchie, sa mère est presque une étrangère, trop souvent absente pendant son enfance. S'il admire cette femme, séduisante grand-mère de 40 ans révolus qui s'évertue à ne pas dépasser un poids de 50 kilos ni, grâce à un corset, un tour de taille de 50 centimètres, il ne sait quoi penser d'elle et de ses relations avec son père. Elle s'est beaucoup occupée d'elle-même et peu de Gisèle et de lui. Toutefois, à Londres, lors d'un dîner qu'offre le prince de Galles, par un impair protocolaire Rodolphe se retrouve à côté de Bay Middleton. Encore lui! L'archiduc, blanc de colère, lui tourne immédiatement le dos. L'incident choque Sissi : elle ne supporte pas d'être calomniée devant son fils et Rodolphe comprend définitivement que sa mère est trop belle, trop indépendante et trop originale pour ne pas faire de jaloux. C'est une découverte pour l'archiduc; comme sa mère, il est victime de médisances et cela, en un sens, les réunit. Rodolphe n'aime pas Middleton et connaît les ragots qui courent sur les prétendues relations intimes de ce dernier avec sa mère : il ne les supporte pas. Quant à Rodolphe, à Vienne on le dit débauché et coureur de jupons : ce n'est pas faux! À son retour, il parle des rumeurs sur Sissi à son père, mais François-Joseph sait tout cela depuis longtemps et envoie son fils à Berlin, pour qu'il y rencontre Guillaume Ier et Bismarck.

Alors qu'elle a prévu de quitter l'Angleterre huit jours plus tard, Sissi est informée de la mort du pape Pie IX. La nouvelle ne la touche pas particulièrement, en tout cas nettement moins que François-Joseph, défenseur de la foi catholique très attaquée. Ne se sentant pas très bien, l'amazone ne chasse pas pendant cette dernière semaine. Avec un humour provocant, elle écrit à François-Joseph : « Les gens diront que c'est à cause du pape. Cela fera très bien. » En fait, Sissi est très contrariée, comme chaque fois qu'elle « décide » d'être malade. Elle avait appris par Marie Festetics que sa sœur Marie, l'ex-reine de Naples, colportait aussi d'horribles ragots sur elle et Bay Middleton. Les deux sœurs avaient eu une très grave altercation, cette fois définitive. C'est cela qui, en vérité, a rendu Sissi malade. L'empereur a-t-il été choqué ou amusé par l'explication de sa femme pour rester alitée ? Il lui répond que le successeur élu par le conclave, Léon XIII, paraît mieux disposé à son égard que le défunt Pie IX.

L'impératrice retrouve un mari heureux de l'accueillir à la gare, mais soucieux : finalement, la Russie vient de vaincre la Turquie et préparerait, dit-on, une « Grande Bulgarie » protégée par le tsar. Les craintes de François-Joseph sont justifiées : le 3 mars 1878, le traité de San Stefano[1] contraint l'Empire ottoman à reconnaître l'indépendance de la Serbie, du Monténégro et de la Roumanie amputée de la Bessarabie. La formation de la « Grande Bulgarie » regroupe tous les États slaves et c'est exactement ce que redoutaient, entre autres, François-Joseph et

1. Aujourd'hui Yeşilköy, près d'Istanbul.

Andrássy. Ils sont scandalisés par ce bouleversement de la carte du Sud-Est européen. La riposte de François-Joseph est immédiate : il exige la tenue d'un congrès pour examiner l'affaire; Bismarck, ennuyé de ce contentieux explosif, consent à l'organiser et l'annonce pour l'été suivant, à Berlin.

Le 8 mars, l'archiduc François-Charles, le père de François-Joseph, s'éteint. Ce frère de l'impératrice des Français Marie-Louise n'avait eu qu'une vie effacée; c'était l'archiduchesse Sophie, son épouse, qui retenait la lumière. Sissi ne quitte pas son mari, éprouvé. La famille est de nouveau en deuil. Pour la dernière fois, les obsèques ont été célébrées selon le rite funéraire des Habsbourg qui a toujours fasciné Sissi : le corps est inhumé dans la crypte des Capucins, le cœur déposé dans l'église des Augustins (où François-Joseph a épousé Sissi) et les viscères sont gardés dans la crypte de la cathédrale Saint-Étienne...

L'empereur obtient une revanche politique spectaculaire : le congrès de Berlin, réuni du 13 juin au 13 juillet, lui accorde un mandat de gestion sur la Bosnie-Herzégovine, avec le droit de l'occuper militairement. Si la Grande-Bretagne a soutenu cette décision, l'état-major viennois fait remarquer que « cela revient simplement à faire la police pour le sultan et à devoir nous retirer le jour où il plaira aux puissances d'annuler le mandat ». Le tsar est furieux : à cause de Bismarck, le sultan de Constantinople conserve une présence en Europe. Sissi avait raison : les Balkans, un mot turc désignant les montagnes, sont un piège; mais l'empereur François-Joseph contemple avec fierté le *firman* (« la loi »), rédigé en lettres d'or et ratifié par le sultan Abdülhamid le

Le congrès de Berlin (13 juin-13 juillet 1878), que Bismarck préside avec une virtuosité brutale, octroie « à titre provisoire » à l'Autriche-Hongrie le droit d'administrer la Bosnie-Herzégovine. Entre la Serbie et le Monténégro, un district musulman, Novi Pazar, est occupé par les troupes austro-hongroises. La délégation de la double monarchie est conduite par Andrássy (à gauche, tenant son couvre-chef), que François-Joseph félicite, alors que Sissi reste méfiante à l'égard des Balkans... Elle pressent les tensions à venir entre les nationalismes, les jugeant incompatibles.

13 juillet 1878, lui attribuant le mandat qui change les sphères des puissances dans la péninsule balkanique[1].

Des noces d'or où l'impératrice est encore rajeunie !

Début septembre, l'impératrice est à Munich. Bonne nouvelle : ce sont les noces d'or de ses parents, Max et Ludovica, avec enfants et petits-enfants. Mauvaise nouvelle pour Max, selon les Munichois qui assurent qu'il fuit son épouse : cette fois, il sera obligé de la retrouver! Autre mauvaise nouvelle : Louis II est de plus en plus bizarre, il reconstitue la chevalerie du XIIIe siècle et la monarchie absolue des Bourbons en installant... l'électricité dans les palais qu'il fait construire et dédiés à leurs fantômes! Pire encore : Othon, le frère de Louis II, est atteint d'une maladie mentale que le professeur Bernhard von Gudden, le grand aliéniste munichois, juge incurable. Il faudra l'interner.

À Vienne, l'automne est très chargé pour l'impératrice, qui s'active à réconforter les blessés de Bosnie-Herzégovine. En effet, les troupes austro-hongroises n'ont pas été accueillies par des fleurs, mais par une violente guérilla; on avance le chiffre de cinq mille victimes. Les rescapés sont éblouis par le regard de Sissi et sa silhouette aérienne, sa bonté, ses attentions. Soudain, elle disparaît pour ses chasses à Gödöllő, entre deux visites aux blessés hongrois dans les hôpitaux de Budapest. Là aussi, on parle d'elle

1. L'original de ce splendide document, format 37 × 55 centimètres, qui appartient aux Archives de l'État autrichien, a été exposé à Vienne en 2016, à Schönbrunn, lors de l'exposition dans le château sur le centenaire de la mort de François-Joseph.

Une chasse royale dans le parc du château de Gödöllő, à environ 30 kilomètres au nord-est de Budapest. Sous l'influence de Sissi et d'Andrássy, la Hongrie attira souvent François-Joseph. Les séjours ici, très nombreux, réjouissent le peuple magyar, très fier d'avoir été, entre autres, représenté au congrès de Berlin par le talentueux Andrássy.

comme d'un ange. Est-ce bien la même personne, cette femme dont la compassion est sincère et celle qui vit à cheval et doit faire brosser ses cheveux chaque jour pendant plus d'une heure?

Sissi estime que son mari travaille trop, plongé dans l'organisation de son mandat dont il est très fier. Dès le 20 juillet et jusqu'au 20 octobre, l'empereur juge indispensable de surveiller l'envoi de ses troupes, mais celles-ci rencontrent toujours une forte résistance sur place. L'armée chez l'empereur, les chevaux chez son épouse : deux passions absolues. Elle aussi en a assez d'être seule au milieu de ses cavaliers (tiens, Bay Middleton est revenu : que fait-il là?) et écrit à François-Joseph ce joli message d'amour, le 8 octobre, pour qu'il la rejoigne : « Tu envoies tout le monde en permission, il n'y a qu'à toi-même que tu ne donnes pas congé. Ce n'est pas raisonnable[1]. » Mais l'empereur savoure sa revanche après les revers qu'il a subis : l'Autriche-Hongrie augmente considérablement son influence balkanique et c'est une délicieuse leçon donnée au tsar Alexandre II.

Le 11 décembre, alors qu'il se trouve en Bohême pour chasser, lui aussi, Rodolphe se blesse à la main gauche en essayant une nouvelle carabine. Prévenue, Sissi manque de s'évanouir, furieuse contre l'entourage de son fils. Heureusement, l'arme étant de petit calibre, la blessure est superficielle. L'impératrice savait bien que la stupidité du premier précepteur de son fils vidant un barillet de revolver à proximité de sa tête pour l'aguerrir laisserait des traces chez Rodolphe : dans les environs de Prague, il a visité attentivement les manufactures d'armes...

1. Archives de Son Altesse impériale et royale l'archiduc François-Salvator, château de Wallsee; Egon César, comte Corti, *Élisabeth d'Autriche*, *op. cit.*

Le 24 avril 1879, François-Joseph et Sissi célèbrent leurs noces d'argent. Vienne est en liesse, s'efforçant de masquer les séquelles du krach boursier qui, six ans plus tôt, avait interrompu divers travaux. La famille est au grand complet, dans un mélange de vénération, d'estime et d'affection populaire. L'impératrice est si belle que la foule se croit revenue un quart de siècle en arrière! Cette grand-mère paraît si jeune qu'elle vieillit toutes les jeunes femmes! Et l'on sait que dès qu'elle assiste à un mariage, elle éclipse la mariée au point qu'on finit par être gêné de sa présence... Évidemment, entre son régime et les heures d'équitation qu'elle s'acharne à passer à la Haute École pour s'entraîner, les commentaires fusent, dont celui-ci, en français : «Après vingt-cinq ans de ménage, nous avons vingt-cinq ans de manège!» Le couple impérial, ovationné, est sous la pluie, ce dont il rit de bon cœur. N'est-ce pas une sorte de réconciliation avec la souveraine amazone, si souvent lointaine et imprévisible, compliquée à force de rechercher la simplicité? L'empereur, en revanche, est vieilli par ses soucis, sa calvitie et ses abondants favoris poivre et sel, les célèbres «côtelettes impériales»! Sur le Ring commence un gigantesque défilé, sans précédent, œuvre du peintre, ensemblier et décorateur Hans Makart, mandaté par la municipalité de Vienne. Devant les délégations venues de toutes les provinces, c'est un fabuleux mélange de costumes et de langues. L'allemand et le hongrois dominent, mais d'innombrables Tchèques, Polonais, Ruthènes (Ukrainiens de Hongrie), Slovaques et Slovènes ont fait le voyage. Vienne chante et danse. On fredonne des polkas, les refrains d'opérette sont applaudis, des forêts d'éventails semblent rythmer l'irrésistible talent de Strauss fils. L'impératrice est éblouissante dans une robe de satin vert clair, ses cheveux dénoués étincelants de diamants et de rubis, hommage au célèbre tableau de Winterhalter. Quand le soleil revient enfin – on a dû reporter l'heure du défilé à cause de l'orage –, les monarques prennent place sous un dais. Rodolphe est debout à côté de son père, coiffé d'un casque à longs plumets verts. La parade peut commencer. Makart a choisi de faire défiler le passé des Habsbourg ; les scènes, proches de Rubens, font avancer tous les métiers dans leurs habits traditionnels. Un boulanger a confectionné un bretzel géant dont les habitants d'une maison, au deuxième étage, attrapent un morceau au passage. Les rires fusent avec des bravos pour l'exploit ! Le maître imprimeur Manz, déguisé en Gutenberg, hisse un tableau sur lequel on peut lire *Quinze jours sur le Danube*, titre d'un mémoire de Rodolphe qui vient d'être édité après l'un de ses voyages. Il en est fier, ses parents aussi, car avec son défunt oncle Maximilien, il est le seul auteur de la famille. Un atelier de composition est reconstitué, avec ses caractères en plomb et une presse qui fonctionne. L'impératrice et ses filles sont assises sous des ombrelles, entre le père et le fils. Des chasseurs ont du mal à tenir leurs meutes bruyantes, survoltées par un gibier affolé, mais retenu. Hissée sur un char, voici une locomotive à vapeur, sous pression, le foyer de sa chaudière allumée bien visible, sous les regards satisfaits d'un chauffeur et d'un mécanicien. Près de quinze mille personnes défilent devant environ deux cent cinquante mille spectateurs. Six ans après le début de la dépression économique, la confiance dans la stabilité impériale est revenue et les entreprises, les usines et les ateliers connaissent une période faste. Maître de ces réjouissances, à ce jour sans équivalent en Europe, Hans Makart paraît en personnage de Rubens, vêtu de noir sur un cheval blanc. Roi

Le 24 avril 1879, Vienne est en fête pour célébrer les noces d'argent du couple impérial. Des milliers de curieux sont venus des faubourgs assister à un extraordinaire défilé costumé. Ce spectacle raconte l'artisanat, la musique, l'industrie, le commerce, les transports, l'agriculture et même la chasse à travers les siècles sous l'autorité des Habsbourg. Le Ring, le boulevard circulaire, devient un immense théâtre populaire.

de l'illusion historique, travaillant dans un atelier derrière l'église Saint-Charles-Borromée, il tient sa revanche avec ce spectacle inouï, lui dont on avait dit, six ans plus tôt, lorsqu'il avait exposé son *Triomphe d'Ariane*, que l'œuvre n'était... qu'« un gigantesque abat-jour de bordel »! À son gouvernement, François-Joseph, très ému, déclarera : « Pendant mes trente années de règne, j'ai partagé avec mes peuples maintes heures difficiles et beaucoup de joies. On ne pouvait m'en procurer une plus pure ni plus profonde que celle de ces derniers jours. »

À Budapest, des fêtes comparables tournent au délire. La comtesse de Fürstenberg est choquée dans sa dignité (une habitude chez elle) par les « acclamations sauvages » à chaque apparition du couple royal. La presse écrit qu'« Erzsébet est la plus jolie grand-mère du monde ». Sissi se dit gênée du compliment, François-Joseph lui répond qu'il approuve ce superlatif. Elle et lui sont heureux, unis dans cette gratitude populaire.

L'empereur revient ensuite aux affaires de son État, viscéralement complexe. Une ombre : la démission d'Andrássy, souhaitée par François-Joseph. Pour quelles raisons ? S'il a agrandi la monarchie, le Premier ministre de Hongrie a creusé l'antagonisme avec la Russie, ce qui est très préoccupant et n'est pas compensé par la signature du traité d'alliance entre l'Autriche-Hongrie et l'Allemagne le 7 octobre 1879. Andrássy, qui s'y était opposé, démissionne le lendemain, 8 octobre. Sissi, navrée, se tourne vers son mari et lui dit :

– Cela ne l'empêche pas de rester des nôtres.

L'empereur, toujours courtois, tente d'adoucir cette semi-disgrâce en s'adressant à celui qui quitte ses fonctions :

– Pendant des années, une période des plus fertiles en événements mémorables, vous avez porté avec courage, force et succès le poids d'une lourde responsabilité. Je ne considère en aucun cas votre retrait comme la fin de votre activité d'homme d'État.

Derrière ce propos, peut-on deviner une jalousie politique, voire personnelle, de François-Joseph ? Peut-être. Bien plus tard, Sissi dira à une amie, en lui parlant d'Andrássy pour éteindre définitivement les rumeurs d'une liaison avec le séduisant politicien hongrois :

– Heureusement, notre amitié n'a jamais été gâchée par l'amour…

12

Un mariage pour le prince héritier, un ménage à trois pour ses parents ?

Une scène familière et familiale, en 1887 : dans le parc de Laxenburg, près de Vienne, l'empereur François-Joseph (à cheval), l'impératrice Élisabeth dans la calèche, leur fils l'archiduc héritier Rodolphe et son épouse Stéphanie, née princesse de Belgique.

À l'automne 1879, dans les bois entourant le château de Gödöllő, on chasse beaucoup, mais on traque aussi un gibier inhabituel : le prince héritier! Pour une aventure! Le fils de François-Joseph et de Sissi est littéralement poursuivi par une femme à moitié grecque, une certaine baronne Hélène Vetsera, veuve, dont la famille n'est pas depuis longtemps à Vienne et qui tente, par tous les moyens, de s'approcher de la Cour pour « bien marier » ses deux filles. Observatrice, la comtesse Festetics avertit l'impératrice, le 5 novembre, en lui disant : « Ses filles grandissent, lentement, il est vrai, mais elle pose des jalons à temps ! » C'est bien vu. Assiégé, Rodolphe, qui multiplie les succès féminins, éclate de rire. Comment cette femme se trouve-t-elle à Gödöllő ? La coupable est Sissi ! Lors de ses chasses anglaises sur l'île de Wight, elle avait rencontré, grâce à sa sœur Marie, l'ex-reine de Naples, les frères Baltazzi et leur sœur, la baronne Vetsera. Et leur présence n'avait rien d'incongru : fortunés, ils étaient excellents cavaliers et l'impératrice les avait invités à Gödöllő. Rodolphe a l'habitude d'être harcelé par des mères entreprenantes, mais la baronne a un culot d'enfer. Les parents de l'archiduc sont beaucoup moins indulgents que la dame d'honneur : au dîner de famille du 3 décembre, qui suit le trente et unième anniversaire de sa montée sur le trône, l'empereur fait cette remarque sèche :

– Les agissements de cette femme autour de Rodolphe sont incroyables ! Elle le suit pas à pas. Aujourd'hui, elle lui a même fait un cadeau !

Et l'empereur se tourne vers Marie Festetics :

– Il me semble, comtesse, que cette personne vous inspire de l'aversion, n'est-ce pas ?

– Oui, Sire.

La confidente reconnaîtra que « Rodolphe est charmant, mais [qu']il ne connaît aucune mesure ». Huit jours passent. La baronne ne désarme pas. Elle s'attire des regards furieux d'Erzsébet, stupéfaite de la trouver encore à Gödöllő quand elle descend de cheval après six heures d'entraînement, le haut-de-forme encore vissé de biais sur son chignon. Rodolphe en veut à sa mère de ne plus se passionner que pour la compétition équestre. Il ne se rend pas compte que le départ forcé d'Andrássy est pour elle le signe qu'une page héroïque, épuisante et laborieuse de son combat est tournée. La reine de Hongrie comble un vide gigantesque en défiant ses forces. À cheval.

Rodolphe est le prince le plus traqué et observé d'Europe...

Et pourtant, bien qu'il enchaîne liaison sur liaison dans presque toutes les catégories sociales, l'archiduc héritier semble s'être, relativement, assagi. À la demande de son père, il a été son messager lors de nombreux voyages, il a rempli d'importantes missions dans l'Empire et pris le pouls de toutes les aspirations, notamment nationalistes, des peuples de la Babel danubienne. Certes, il se couche parfois à l'heure où son père se lève et ses fréquentations sont, selon François-Joseph, loin d'être irréprochables, mais son fils a 21 ans et à cet âge son père avait dit adieu à sa jeunesse depuis trois ans en acceptant le fardeau de

L'archiduc héritier d'Autriche-Hongrie, vers 1880. Rodolphe, en costume de chasse, a 22 ans. Il a beaucoup de succès auprès des femmes. Bien que son père l'empereur ne l'associe pas directement aux affaires publiques, il l'a chargé de diverses missions dans l'Empire. À la différence de sa mère Sissi, Rodolphe préfère les Tchèques aux Hongrois et sera en poste à Prague. Il est lié à divers milieux libéraux, à des républicains français et recevra même secrètement, une nuit, Clemenceau à la Hofburg. Comme sa mère, il est très informé des réalités politiques d'une Europe agitée...

la Couronne. Il n'a jamais connu la liberté de son fils, alors que Rodolphe en profite… L'archiduc est le contraire de l'empereur : comme sa mère, il est ouvert sur le monde et ne se contente pas de maintenir un ordre établi en se livrant à des activités répétitives ; il est curieux, intelligent et cultivé. Il a du charme et plaît beaucoup aux femmes ; la police le surveille, maladroitement, lors de ses sorties nocturnes dans les cabarets et les maisons closes. François-Joseph ne s'en émeut pas trop ; en revanche, le souverain est beaucoup plus inquiet que son fils écrive dans un journal d'opposition, sous un pseudonyme vite démasqué, des points de vue contre la politique impériale, qu'il se lie avec des libéraux, des francs-maçons, des intermédiaires et même des républicains français. Rodolphe veut connaître les réalités de son époque. Comme Sissi, il est beaucoup mieux informé que l'empereur, notamment de l'agitation des minorités, dont certaines sont favorables à l'Empire allemand, et du ressentiment des Tchèques face à la trop forte influence hongroise. Marie Festetics, horrifiée, va jusqu'à penser que la baronne Vetsera, dont la vulgarité l'exaspère, est devenue la maîtresse de Rodolphe. Mais la situation devient si intenable que, devant des tiers, ce qui est rare, l'empereur avertit l'impératrice que leur fils aurait arrêté son choix à « la fille morganatique d'un potentat européen », selon la police, sans en dire davantage… Sissi a du mal à accepter l'insistance « orientale », dit-on, de cette baronne Vetsera à s'immiscer dans la famille impériale. Parmi les rumeurs circule celle d'une ancienne aventure de l'intrigante avec François-Joseph. La Levantine aurait accordé ses charmes au père, puis au fils ? Finalement, le monarque juge que Rodolphe ne peut poursuivre sa collection de conquêtes en se contentant de passades. L'empereur veut mettre fin aux « désordres » de son fils : il y a trop de femmes disponibles autour de lui. Rodolphe est le prince héritier, pas seulement un trophée de chasse amoureuse ! Avec sa méticulosité habituelle et le concours de ses ambassadeurs, François-Joseph passe en revue les candidates dignes d'épouser le futur souverain d'Autriche-Hongrie. Sissi s'en mêle. La discussion est serrée, mais elle obtient que Rodolphe soit libre de son choix – à condition, exige l'empereur, que la fiancée soit une princesse, d'une Maison régnante et catholique. Encore un compromis du couple ! L'empereur n'en dit pas plus sur les éventuelles qualités de sa future belle-fille. L'amour, le désir de vivre ensemble, le bonheur ? On verra plus tard ! Comme à Sissi en son temps, on laissera à l'élue vingt-quatre heures pour se décider... Pour une fois, observe Sissi, il semble que les candidatures du côté de la Bavière et de la Saxe soient écartées à cause des ravages de la consanguinité. Mais quand le choix de François-Joseph (avant son fils !) s'arrête sur la princesse Stéphanie de Saxe-Cobourg, fille du théâtral roi des Belges Léopold II, Sissi objecte immédiatement que la mère de Stéphanie, Marie-Henriette, née archiduchesse d'Autriche, est une petite-nièce de François-Joseph. La seconde protestation de la mère de Rodolphe porte sur l'âge de Stéphanie : elle n'a que 15 ans ! C'est une folie ! Sissi a trop souffert pour ne pas faire vivre ce cauchemar à sa belle-fille. Lucide, elle interroge son mari : doit-on toujours recommencer les mêmes erreurs ? Et comment pourrait-elle effacer de sa mémoire l'union, désastreuse et tragique, de Charlotte, sœur de Léopold II, avec son beau-frère Maximilien ? Ce nouveau mariage ne serait-il pas maudit ? Au terme d'un échange vif avec Sissi, François-Joseph balaie l'argument : l'histoire ne se répète pas.

Le couple impérial se dispute sur le choix d'une belle-fille...

À la fin de janvier 1880, furieuse de ce projet qu'elle juge catastrophique, Sissi n'en peut plus. Elle repart pour les îles Britanniques, mais pas pour l'Angleterre. Par provocation, elle retourne en Irlande, écrivant à sa mère Ludovica le 27 février, d'une plume grinçante et républicaine : « Le plus grand avantage de l'Irlande est de n'avoir pas de princes. » Que la mère de Rodolphe passe sa colère en galopant des heures et des heures, en prenant des risques et en ayant les mains presque en sang car elle refuse de porter des gants pour tenir les rênes, voilà qui est dans sa nature. Mais que l'impératrice d'Autriche et reine de Hongrie séjourne ostensiblement dans l'Irlande catholique agitée de troubles à cause des mauvaises récoltes et d'une impopulaire réforme agraire est choquant pour la reine Victoria et le gouvernement de Disraeli. Aussi, quand l'amazone rebelle dit à son mari combien il est « ennuyeux » de devoir faire l'obligatoire visite à la reine sur le chemin du retour, il lui donne quasiment l'ordre de se faire annoncer à Windsor, ne serait-ce que pour un thé. Autrement, à l'indélicatesse politique, Sissi ajouterait la grossièreté, bien qu'il sache que les deux femmes ne s'apprécient guère. Finalement, c'est lors d'un lunch que le Premier ministre Disraeli devra être une sorte d'arbitre de courtoisie entre la rondelette Victoria, qu'il a fait proclamer impératrice des Indes en 1876, et la filiforme Sissi. Cette dernière vient de recevoir un nouveau surnom pour ses exploits où, par défi, elle a chevauché comme une folle, entre rivières et fossés où sont tombés plusieurs cavaliers : « la reine de la chasse ». Elle en est fière. La conversation

L'archiduc Rodolphe de Habsbourg-Lorraine et sa fiancée, Stéphanie de Saxe-Cobourg-Gotha, fille du roi des Belges Léopold II, en 1880. Sissi est contre ce mariage, surtout en raison de l'extrême jeunesse de la princesse qui n'a que 16 ans. Une situation que Sissi n'a que trop subie... Elle supplie son fils d'attendre. Est-il sûr de lui ?

avec Disraeli est très intéressante, car le Premier ministre favori de Victoria évoque la nécessité d'une alliance anglo-germano-autrichienne. La rebelle s'est donc inclinée au nom des bons usages entre monarchies. Mais en passant par Londres, descendue à l'hôtel Claridge (car, bien entendu, elle a refusé une halte à l'ambassade d'Autriche-Hongrie!), elle reçoit un télégramme de François-Joseph. Elle l'ouvre et blêmit : « Le prince héritier s'est fiancé avec la princesse Stéphanie de Belgique. » La comtesse Festetics, qui redoute toujours les dépêches, s'exclame :

– Dieu soit loué, ce n'est pas un malheur!

Pâle, nerveuse et très contrariée qu'on ne l'ait pas écoutée, la mère de Rodolphe répond, mécaniquement :

– Dieu veuille que cela n'en soit pas un...

François-Joseph insiste pour qu'elle passe par Bruxelles afin de saluer la famille royale belge. C'est alors que se situe un épisode comique : en pleine nuit, le train spécial de la souveraine du rail s'arrête. Soudain, tout le monde est réveillé par des salves d'artillerie, des acclamations ainsi que les hymnes nationaux autrichien et belge. À quatre heures du matin! Sissi est encore couchée, ses femmes de chambre surgissent « sommairement vêtues », tandis que le baron Nopcsa, ayant récupéré son habit et son haut-de-forme de chambellan, bondit sur le quai, croyant être à Bruxelles. Non, c'est Tournai, au sud-ouest de la Flandre, qui fut à deux reprises cité autrichienne au XVIIIe siècle. L'impératrice est hors d'elle : encore une fois, on a méprisé sa recherche de discrétion! Elle arrive en territoire belge aussi bruyamment que pour l'inauguration d'une foire! Elle se trompe : son entourage n'y est pour rien. C'est, tout naturellement, une délicate attention de la municipalité et des habitants qui veulent saluer la future belle-mère de Stéphanie et, probablement, espèrent apercevoir l'impératrice-reine dont toute l'Europe parle, mais que personne n'a vue en Belgique. Quatre heures plus tard, la suite, présentable, atteint Bruxelles. Rodolphe, arrivé de Vienne depuis une semaine, se jette au cou de sa mère, splendide dans une robe de velours bleu bordée de zibeline. Dans ce petit matin d'hiver, quelle silhouette ! Quelle chevelure ! Quel éclat ! Sissi et son fils sont très émus de se revoir ; malgré des dissensions, Rodolphe est fier de sa mère qu'il estime être la seule de la famille inspirée par un instinct politique. La comparaison avec Stéphanie n'est pas à l'avantage de la jeune fille. L'impératrice voit une princesse fraîche, grande, mais tellement enfantine et un peu grassouillette, très mal fagotée dans une robe de satin marron bordée de velours et assortie d'un chapeau blanc ; elle se renseigne discrètement auprès de la reine et apprend, effarée, que Stéphanie n'est pas pubère. « Ce mariage est une folie ! Il faut attendre ! » Sissi n'a qu'une obsession, retarder la date, l'annonce de la date... Et elle s'interroge : comment Rodolphe a-t-il pu changer si vite, lui qui, il n'y a pas si longtemps, avait confié à son ancien précepteur : « Je ne suis pas prêt pour être un mari et n'ai pas l'intention d'en devenir un tant que je pourrai l'empêcher. » Mais peu de temps après, au même homme et après sa première rencontre avec la princesse belge, Rodolphe déclarait : « J'ai trouvé ce que je cherchais. Stéphanie est jolie, bonne, astucieuse, tout à fait distinguée, et deviendra pour l'empereur une fille digne de foi, un fidèle sujet et une bonne Autrichienne[1]. » La mère n'ose pas interroger

1. Judith Listowel, *A Habsbourg Tragedy, Crown Prince Rudolf*, Londres, Ascent Books, 1978.

son fils. Sait-il seulement que Stéphanie n'est pas encore une femme ? Elle se demande si Rodolphe, lassé d'avoir connu tant de filles et de femmes expérimentées, serait ému par l'immaturité et l'innocence de Stéphanie. Et Sissi est avertie que son fils, insatiable sexuellement, a osé venir à Bruxelles accompagné de sa maîtresse du moment, jolie femme, comédienne de son état, une certaine Mme Fischer. Rodolphe a-t-il peur de s'engager ? Est-il frivole ? Pervers ? La suite princière fera disparaître l'intruse avant que sa présence ne soit trop voyante. Sissi décide de ne pas contrarier son fils à Bruxelles, mais se réserve de dire tout ce qu'elle pense à l'empereur dès que possible. Avant de quitter Bruxelles, accompagnée de la reine des Belges, elle rend visite à sa malheureuse belle-sœur Charlotte, transférée au massif château de Bouchout, près de Laeken[1]. Pour Sissi, revoir l'ex-impératrice du Mexique, égarée et délirante, est une épreuve ; c'est aussi la raison pour laquelle elle insiste auprès François-Joseph : est-il raisonnable de mêler le vieux sang des Habsbourg à celui de la jeune lignée des Saxe-Cobourg ? Et elle lui répète son angoisse : ce mariage est une folie, ajoutant :

– Pourvu que tout cela finisse bien…

1. Considérée comme folle par les uns, manipulatrice par les autres, l'ex-impératrice Charlotte meurt le 19 janvier 1927, âgée de 87 ans. Elle n'a jamais réellement compris que les Empires centraux s'étaient effondrés en 1918. Parmi les énigmes autour de la veuve de Maximilien : était-elle la mère du futur généralissime français Maxime Weygand ? Sur une idée de Jean-Louis Vilgrain, j'ai écrit, en collaboration avec Jean-Claude Idée, une pièce, *La Nuit de l'audience*, mise en scène par Patrice Kerbrat, interprétée par Brigitte Fossey et Frédérique Tirmont, créée en 2009 au théâtre du Petit Montparnasse, puis reprise à Bruxelles, au théâtre royal du Parc.

L'empereur, heureux de retrouver sa femme et de voir que son fils va renoncer à sa vie débauchée, répond, lassé mais rassurant :

– Tu te fais toujours du mauvais sang.

La discussion s'envenime. Enfin, Sissi obtient que la date du mariage ne soit ni fixée ni annoncée. En l'apprenant, Rodolphe se plaint du peu d'empressement de sa mère à l'égard de sa fiancée. Sissi espère aussi que son fils change d'avis. Il est comme elle, imprévisible. Mais l'archiduc semble sûr de sa décision et c'est avec plaisir qu'il regagne à Prague la garnison qu'il commande – car en Bohême, il a obtenu que la langue tchèque soit admise à égalité avec l'allemand dans l'administration et la vie judiciaire.

Le mariage de Rodolphe obéit-il à la seule raison d'État ?

Le 18 août 1880, tous les Habsbourg sont réunis à Bad Ischl : François-Joseph a 50 ans. À la petite gare qu'elle connaît bien, l'impératrice accueille le souverain allemand, Guillaume Ier, 83 ans. Sa raideur fait de lui presque un personnage de cire, il se casse en deux pour un long baisemain. Sa présence marque une évolution politiquement intéressante : dans un premier temps, une alliance avec l'Autriche lui paraissait préjudiciable à l'amitié germano-russe. Puis, un accord important avait été conclu huit mois plus tôt, le *Zweibund*, entre lui et François-Joseph, à la demande de Bismarck : les deux empereurs étaient conscients du soutien du tsar Alexandre III à la France pour l'aider à sortir de l'isolement diplomatique où Bismarck l'avait confinée en 1871. Et l'empereur d'Allemagne n'ignore pas que Rodolphe a de la sympathie pour certains « républicains gaulois ». François-Joseph juge son épouse parfaite. Il est vrai qu'à la mort de l'archiduchesse Sophie, elle s'est naturellement glissée dans le rôle d'une maîtresse de maison enfin chez elle, avec son appartement au premier étage, des paravents remplis d'innombrables photos de ses enfants et les peintures de ses chevaux favoris aux murs, aussi précieux, sinon plus, que des portraits de famille. Au printemps 1881, lors d'un séjour en France, l'impératrice-reine est reçue à l'Élysée par le très terne et très avare président Jules Grévy qui, sans originalité, tombe sous son charme, ce qui ne lui coûte rien. Que les buffets de l'Élysée soient indigents (« un petit pain pour deux »), comme le rappellent Patrice Duhamel et Jacques Santamaria[1], ne dérange pas l'illustre visiteuse. En revanche, elle est consternée du télégramme lui annonçant que le mariage de son fils est fixé au 10 mai 1881. Ainsi, Rodolphe n'a pas renoncé... Elle aura tout essayé, mais il s'agit de la décision de son fils et de son mari. Que pouvait-elle espérer ? Jusqu'à l'automne, le couple impérial affiche une excellente humeur ; on s'amuse beaucoup des petites fêtes improvisées par Marie-Valérie, toujours la favorite. Toutefois, Sissi est troublée : depuis l'annonce de son mariage, Rodolphe est très sombre. Serait-il tombé dans un piège ? À sa nièce, la perverse Marie Larisch qui aurait tant voulu séduire Rodolphe, l'impératrice ne cache pas son pressentiment :

– Ce projet de mariage ne me plaît pas du tout. La Belgique a déjà porté malheur aux Habsbourg...

Et Stéphanie n'est toujours pas devenue femme... À son habitude, François-Joseph, harcelé par son épouse, répond que

1. *L'Élysée : histoire, secrets, mystères*, Plon, nouvelle édition augmentée, 2017.

ce mariage est heureux, sans doute parce qu'il déteste l'imprévu et les changements dans son programme. Il est désarmé par l'inattendu.

Janvier 1881. Sissi annonce à l'empereur qu'elle veut encore retourner en Irlande. Cette fois, il refuse. Pour Victoria et le Cabinet britannique, ce serait une nouvelle provocation. Sissi devra se contenter, si l'on peut dire, du domaine de lord Combermere, en Angleterre. L'endroit est superbe, mais l'amazone est déçue : les parcours sont trop faciles ! L'invitée montre son mauvais caractère quand on la traite comme une débutante. Elle critique les chevaux qu'on lui présente, se pèse deux fois par jour et s'affole quand elle est sur le point de dépasser les 50 kilos. Son régime de jus de viande et de fruits révèle son insuffisance et ses dangers car, si les hommes continuent d'admirer la cavalière – tel sir William Watkin Wynn qui déclare qu'« elle ressemble à un ange et monte à cheval comme le diable » –, les femmes de chambre, qui la voient de près, la jugent trop maigre. Soudain, Sa Majesté fait plus que son âge, 44 ans... Les courriers de François-Joseph la suppliant de s'alimenter n'y peuvent rien. La vanité de sa femme entêtée le peine. C'est stupide et ridicule ! Et quand l'empereur apprend que l'insupportable Bay Middleton est encore là, il est stupéfait. Les critiques atteignent-elles Sissi ? Elle répond :

– La seule chose qui me surprenne encore, c'est de voir quelqu'un dire ou écrire du bien de moi...

Il est exact qui si l'empereur suscite en général respect et admiration, Sissi et Rodolphe déchaînent enthousiasme ou réprobation. Quand l'impératrice critiquée apprend que le 1er mars 1881, à Saint-Pétersbourg, le tsar Alexandre II a péri déchiqueté par une bombe (c'était le cinquième attentat contre lui), elle se souvient que, veuf, il avait épousé morganatiquement Katia Dolgorouki et que Marie Festetics avait été courtisée avec ardeur par un prince Dolgorouki. L'amazone fait alors cette réflexion, désabusée, à sa dame d'honneur :

– Ne vaut-il pas mieux être ici, à Combermere, avec moi, plutôt que dans cet horrible pays ?

Quand Sissi donne son avis, c'est, en réalité, un pressentiment. Le mariage de son fils approche et il cause de nouvelles scènes dans le couple impérial. La prémonition de l'impératrice se heurte au manque d'imagination de son mari. Le mariage de leur fils est devenu une raison d'État et ce n'est guère encourageant car, selon Sissi, c'est une union entre la résignation et l'ambition.

Le 6 mai 1881, François-Joseph et Sissi accueillent leur future belle-fille dans la petite galerie de Schönbrunn qui ouvre sur le parc, entre les deux cabinets chinois. Les lustres à quarante-huit branches et les candélabres en bois sculpté plaqué or éclairent la scène. La petite galerie, décorée en 1761, sert de salle à manger pour les réceptions et dîners intimes de la famille impériale. L'empereur s'avance vers Stéphanie, plus grande que l'impératrice (1,76 mètre contre 1,72). En Belgique, la princesse a été surnommée « Rose de Brabant ». C'est charmant. Mais qu'est-il arrivé à son trousseau confectionné depuis des mois ? Elle n'a aucune élégance vestimentaire ; ses cheveux, ternes et blonds, sont aussi mal coiffés que possible. Elle n'a ni sourcils ni cils. On entendra, plus tard, ce commentaire peu flatteur : « Pauvre Rodolphe ! Sa femme a la délicatesse d'un dragon ! »...

François-Joseph s'avance et étreint la jeune fille, puis lui présente les archiducs. Sissi embrasse Stéphanie et lui présente les archiduchesses. Le couple s'est parfaitement réparti les rôles. Il faut dire que Sissi se comporte avec beaucoup plus d'élégance que certains membres de son entourage qui qualifient la princesse de « paysanne flamande mal fagotée » ! François-Joseph s'en tient, dans sa courtoisie, à l'union politico-dynastique et oublie son propre coup de foudre pour l'inattendue Sissi. Cette dernière, qui a toujours plaidé pour l'amour, se désole de l'attitude de son fils. Elle y voit la triste preuve qu'il n'y a aucune attirance entre les deux fiancés. Elle a dit et répété ce qu'elle en pensait à son époux, maintenant elle s'en détache. Pour se protéger. Sa froideur se mue en distance, ce qui est sa manière de condamner ce mariage sans faire aucun scandale, y compris le lendemain soir où, dans cette même petite galerie, est donné un « dîner d'apparat de famille » (pas plus de cinquante couverts) auquel assistent le prince de Galles, représentant la reine Victoria, et le prince de Prusse, futur Guillaume II. Consciente de l'embarras de Stéphanie, Sissi se fait le plus discrète possible, aimable mais sans chaleur : il serait déplacé et mesquin d'écraser sa belle-fille par sa beauté trop voyante... Quant à François-Joseph, du moment que le programme établi avec son chambellan est respecté à la lettre, peu lui importe. Est-il aveugle ? Se rend-il compte que son fils est morose ? Les festivités vont durer quatre jours. Le 10 mai 1881, malgré beaucoup d'efforts, le mariage en l'église des Augustins n'est pas joyeux. Sissi est belle, mais surtout grave. Elle entend le « oui » sonore de Stéphanie, à peine celui de Rodolphe, prononcé d'une voix lasse. Elle est maintenant convaincue que son fils s'est sacrifié et que ce sera un échec. Mais pourquoi s'est-il comporté ainsi ? À ce moment, le couple impérial, qui s'était une fois de plus ressoudé, est déchiré par une grave divergence. L'impératrice ne retrouve pas dans ces noces la folie, l'improvisation joyeuse et le bonheur qui l'avaient conduite jusqu'à cette même église. Un tourbillon !

Si François-Joseph est en danger, Sissi exige d'être avec lui

Sissi repart pour la Bavière. L'état du roi Louis II s'est encore aggravé. Il ne veut plus voir que sa cousine, en se faisant précéder de gerbes de roses. Elle s'enfuit, pétrifiée, en songeant au destin incertain de son pays natal. Puis, à Gödöllő, elle retrouve un François-Joseph enjoué, satisfait. Le 18 juin, il a conclu l'Entente des trois empereurs avec le nouveau tsar, Alexandre III, et Guillaume Ier de Prusse. Vienne ne s'opposera pas à la réunion de la Bulgarie et de la Roumélie ; en contrepartie, Saint-Pétersbourg ne s'opposera pas à l'annexion éventuelle de la Bosnie-Herzégovine par Vienne. Ces dispositions sont secrètes.

Le 8 décembre, l'empereur achève son dîner seul, à la Hofburg. Sissi est dans ses appartements. Pour une simple tasse de lait, il lui a semblé inutile de se mettre à table. L'empereur est triste, car il aime les retrouvailles intimes après des journées en représentation. Un chambellan apporte une dépêche. L'empereur redoute les télégrammes. Il lit, atterré : « Le Ringtheater est en flammes. » La salle était pleine, il y a de nombreuses victimes. Le souverain bondit, se précipite chez sa femme, traversant le salon rouge, l'antichambre, le petit salon, le grand salon, le gymnase, et apprend la catastrophe à Sissi. Tout Vienne s'était rué à la seconde représentation des *Contes d'Hoffmann*, le chef-d'œuvre

Le 10 mai 1881, S.A.I. et R. l'archiduc Rodolphe d'Autriche-Hongrie épouse à Vienne S.A.R. la princesse Stéphanie de Belgique. Sissi est consternée par la morosité de son fils. Depuis des mois, elle a le pressentiment que son fils n'est pas heureux. Pourquoi s'est-il sacrifié ? Et pourquoi tient-il à garder son appartement de célibataire ?

posthume d'Offenbach. On déplore quatre cents spectateurs brûlés ou écrasés contre les issues bloquées qui ne s'ouvraient que vers l'intérieur[1]. Le drame n'affecte pas particulièrement Sissi qui semble avoir toujours craint une « malédiction viennoise ». À sa dame d'honneur, elle livre cette réflexion désabusée :

– La popularité est si fugace... L'empereur fut populaire comme peu de monarques, intouchable, envié par les souverains européens. Il était au-dessus de tous, avec sa dignité sublime qui était une partie de son être. Et maintenant, il est un outil dans

1. C'est depuis cette tragédie que les portes et sorties de secours des salles de spectacle doivent impérativement s'ouvrir vers l'extérieur.

la main d'un acrobate qui veut rester au sommet et ne se sert de lui que comme d'un balancier[1].

François-Joseph, si fier de la salle inaugurée en 1874, est dévasté par l'ampleur de cette tragédie, dont les victimes sont même qualifiées de « martyrs nationaux ». Il fera édifier sur place une chapelle expiatoire et des immeubles de rapport dont les revenus seront versés à des œuvres de bienfaisance. Vienne et l'Empire sont en deuil, toutes les manifestations annulées, y compris les chasses, pendant un mois. Noël et la fin de l'année sont austères, mais la famille est réunie. Au début de 1882, le couple impérial s'entend pour conjurer le sort : accompagnés de Marie-Valérie, les souverains assistent, à l'Opéra, à une représentation d'*Oberon*, œuvre de Carl Maria von Weber. Que l'impératrice ait accepté est rarissime. La raison déterminante de sa présence tient au programme qui est, en partie, une adaptation du *Songe d'une nuit d'été*, les personnages de Shakespeare étant ses préférés au théâtre. Présent ce soir-là, un ancien ambassadeur, le baron Hübner, observe sans indulgence : « C'est un événement de voir l'impératrice autrement qu'à cheval et le public se montre reconnaissant pour ce spectacle rare. »

Lorsque, au début de 1882, Sissi l'écuyère repart pour des chasses en Angleterre, le charme n'opère plus : elle y reste à peine trois semaines, jusqu'au 6 mars, peut-être aussi parce qu'elle a appris que Bay Middleton allait se marier. Avérée ou fausse, cette rumeur fait sourire l'empereur, comme toujours debout sur le

1. C'est une intéressante remarque politique révélant la méfiance de l'impératrice à l'encontre du Premier ministre Taaffe, ami d'enfance de l'empereur : il a été qualifié d'« acrobate », car il jongle entre les nationalistes allemands et les réformistes tchèques jaloux des avantages consentis aux Hongrois. Sissi ne l'aime pas.

Le 8 décembre 1881, à Vienne, le Ringtheater est en flammes. Dans la salle ayant été édifiée en 1874 sur le nouveau boulevard circulaire qui enserre la ville médiévale, on comptera quatre cents victimes, brûlées ou piétinées. Dans un pressentiment, Sissi évoque une « malédiction viennoise ». L'empereur fera élever un monument commémoratif et veillera au financement d'œuvres caritatives spécifiques.

quai de la gare, attendant le retour de son épouse rebelle pour la prendre dans ses bras et lui redire combien elle lui a manqué. Une habitude… Mais au printemps, Sissi s'intéresse moins aux chevaux et remplace la passion légendaire qui illuminait sa vie (elle a même pris des leçons de Haute École avec l'écuyère de cirque Eliza Renz) par la marche à pied. Elle se déplace si vite que les policiers affectés à sa sécurité n'arrivent pas à la suivre, sans parler des protestations des dames d'honneur. Sissi peut marcher six heures d'affilée. Elle ne se livre jamais à moitié à ce qui, soudain, dicte son comportement, qu'il s'agisse de la Hongrie ou de sa gymnastique. Pourquoi est-elle si peu mesurée ? Parce que, tant que son corps répondra à ses ordres, elle sera « vivante ». Aller du lac de Starnberg à Munich (environ 40 kilomètres) ne l'effraie pas, mais elle doit renoncer à ce marathon au bout de quatre heures et demie. Elle recommencera, malgré les supplications de François-Joseph ! Quand, le 9 août, elle propose à Guillaume Ier de participer à une chasse au chamois sur les hauteurs de Bad Ischl, l'empereur d'Allemagne (85 ans) décline cette invitation en raison de sa « jeunesse trop avancée » – une jolie formule ! Alors, pour se rattraper et être aimable, l'impératrice le prie de l'accompagner au théâtre avec Marie-Valérie. Catastrophe : personne n'avait vu la pièce jouée ce soir-là, qui ridiculise un Prussien et fait beaucoup rire les Viennois ! L'état-major allemand est stupéfait ! Quelle gaffe ! Il faudra la grâce – et l'inconscience ! – de Sissi pour ramener des sourires, un peu forcés, autour de Guillaume Ier.

Cependant – ô paradoxe ! –, c'est lorsqu'elle s'acharne sur ses performances physiques que l'impératrice se porte le mieux.

Un combat contre l'âge : elle ne peut donc demeurer inactive physiquement, tout en étant aussi une grande lectrice.

Politiquement, elle suit, parfois avec colère, l'action gouvernementale, et François-Joseph la tient au courant des grands dossiers ; depuis l'affaire hongroise, il lui demande souvent son avis. Si le duo politique connaît des heurts, il ne sera jamais disloqué. Ainsi, elle suit, avec réticence, la conclusion d'un traité secret avec l'Italie qui précède, le 20 mai 1882, l'alliance conclue à Vienne entre l'Allemagne, l'Autriche-Hongrie et l'Italie, la Triplice, une initiative demandée par Bismarck pour éviter tout risque d'affrontement dans les Balkans entre Vienne et Saint-Pétersbourg[1]. Comme son époux, Sissi se réjouit de ce qu'après un long entretien avec Rodolphe, le chancelier de fer déclare tenir l'archiduc héritier en très haute estime. Ses parents vivent une période harmonieuse. Aussi, lorsqu'en septembre François-Joseph annonce à sa femme qu'il veut retourner en visite officielle à Trieste et en Dalmatie et qu'il s'y rendra seul, elle s'y oppose. On l'a informée de risques d'attentat. C'est encore le comte Taaffe, « l'acrobate », qui a eu cette idée dangereuse ! Sissi exige d'accompagner son mari, sa place est à côté de lui. Si elle fuit la Cour à cause de ses futilités, elle fait face aux risques conjugaux du métier de monarque. S'il y a un danger, l'épouse de l'empereur l'affrontera, elle aussi. Sissi n'a pas tort, car la police découvre, tardivement, des inscriptions criminelles au pied d'une effigie de François-Joseph. Le programme est donc modifié. L'impératrice n'a peut-être jamais été aussi proche de son mari dans de telles

1. La Triplice, qui complète l'Entente des trois empereurs de 1881, sera régulièrement renouvelée jusqu'en 1914. L'Italie, neutre en 1914, en sortira en 1915 pour rejoindre les Alliés de la Triple Entente (France, Grande-Bretagne, Russie).

circonstances, exigeant même de voyager à son côté en voiture découverte… pour mieux le protéger. Très calme, elle maîtrise son inquiétude, et François-Joseph est aussi ému qu'admiratif de son attitude amoureuse. Malgré leurs différences, ou grâce à elles, ils savent combien ils ont besoin l'un de l'autre. Sur le vapeur *Bérénice*, en arrivant à Miramar de triste mémoire, la tempête est si violente que le navire prend l'eau ; on transfère laborieusement le couple à bord d'une canonnière appelée *Lucifer*. Le quatrième soir, après des journées tendues, l'un des hôtes du couple, perturbé par la beauté de l'impératrice qu'il ne cesse de fixer, confond son verre avec le traditionnel rince-doigts et boit tout son contenu… avec une grimace révélatrice ! Sissi se retient de rire, le malheureux ne sait plus où se mettre.

Le périple se déroule sans incident majeur, mais le 20 septembre, de retour à Gödöllő, Sissi explose dans une colère inattendue contre le comte Taaffe, venu accueillir Leurs Majestés. L'impératrice l'accuse d'être resté tranquillement à Vienne, « fumant un gros cigare dans son fauteuil ». Sentencieux, il se félicite lui-même :

– Leurs Majestés seront sans doute satisfaites que tout se soit bien passé… J'en étais convaincu. Sinon, je n'aurais pas pris l'entière responsabilité de ce voyage… Les mesures étaient bien prises.

Réplique de Sissi :

– Dans un tel cas, la responsabilité n'a pas d'importance. Si un malheur arrive, la responsabilité n'y change rien. Nous pouvons seulement remercier Dieu. C'est à lui seul que nous devons notre salut.

De la tête, elle salue brièvement le Premier ministre, ébahi, et sort. François-Joseph s'amuse! Au début de 1883, les dames d'honneur et leurs pieds martyrisés ayant déclaré forfait, elles sont remplacées par une suivante d'un genre nouveau : « la dame de marche »! Une Hongroise, bien sûr, qui doit suivre la cadence de Sissi, une moyenne de 5 kilomètres/heure, même par une chaleur accablante. Avec chaussures, bottines ou bottes convenables! Nouvel essai de Starnberg à Munich : allons, en sept heures, la course est faite! Et qu'on ne parle plus d'escorte à Sa Majesté marathonienne : elle sèmera ses anges gardiens, y compris en France. Lors d'une escale à Marseille, les policiers seront sidérés de son rythme sur la Canebière, disant : « L'impératrice ne marche pas, elle glisse! »

François-Joseph et les enfants s'interrogent : cherche-t-elle à être une athlète? Non. Seulement à lutter contre l'apathie, l'âge et les délicieux méfaits de la pâtisserie qui enrobe trop les corps… Et maintenant, l'impératrice-reine prend aussi des leçons d'escrime. La cuirasse molletonnée blanche, la jupe grise et les gants assortis lui vont très bien. Puisque François-Joseph ne repart pas en voyage, c'est elle qui s'en va pour, tout de même, monter un peu à cheval. En Styrie, dans le sud de l'Autriche, sa monture s'étant affolée sur un pont de bois jeté au-dessus d'un torrent, la cavalière n'évite la chute au fond du ravin que grâce à l'intervention d'un ouvrier travaillant près du pont. À son retour, Marie-Valérie, 15 ans, évidemment avertie des risques insensés pris par la cavalière, grave un poème sur une pierre. Elle remercie saint Georges qui « tant de fois a secouru ma mère » et l'implore : « Protège la vie précieuse à qui je dois le jour. » Pourquoi invoquer saint Georges? Parce que c'est à cheval qu'il triomphe du dragon – symbole, en l'occurrence, de l'inconscience de l'impératrice casse-cou ! A-t-elle eu peur ? On ne le saura jamais. Elle n'a, semble-t-il, réellement peur que pour les autres, ceux qu'elle aime. Pas pour elle.

À Vienne, François-Joseph suit les débuts d'une comédienne

Loin de ces acrobaties, François-Joseph se livre à des exercices tout aussi périlleux, de nouvelles grandes manœuvres diplomatiques. Il projette un rapprochement avec la Roumanie, ce qui constituerait une alliance secondaire bienvenue dans les Balkans. Mais la vie dynastique vient, avec bonheur, retarder cette négociation : le 2 septembre 1883, à sept heures du matin et après vingt-six heures de travail, la princesse Stéphanie accouche d'un beau bébé, au château de Laxenburg. C'est émouvant : Rodolphe y était né un quart de siècle plus tôt. Le canon tonne dans les neuf casernes viennoises, mais aussi, par ordre alphabétique, dans celles de Budapest et de Prague. La vie publique s'arrête, on retient son souffle. Et on compte. Vingt et un coups… seulement. C'est une fille ! En embrassant sa femme, l'archiduc ne parvient pas à cacher son dépit, le même que celui de Stéphanie : « Il avait tant désiré avoir un héritier du trône ! », soupire la jeune mère entre deux sanglots. En arrivant dans l'après-midi, Sissi et Marie-Valérie voient un Rodolphe soudain enjoué et qui console Stéphanie :

– Cela ne fait rien ! Après tout, une fille c'est beaucoup plus mignon…

Apaisante, l'impératrice rappelle qu'elle aussi a d'abord eu des filles et que Gisèle a eu un fils, Georges, en 1880, après ses deux filles. Mais en regardant son fils, Sissi s'interroge : est-il encore réellement amoureux, après deux ans de mariage ? L'a-t-il jamais été ? Cet enfant est-il le tribut obligatoire à la dynastie ? L'enfant du devoir est-il aussi l'enfant de l'amour ? Si à Bruxelles, le roi Léopold II est très amer de ne pas avoir un petit-fils du côté Habsbourg et va jusqu'à annuler sa présence à un *Te Deum* (de toute façon, il n'aime aucune musique, qu'il appelle « un bruit qui coûte cher » !), François-Joseph, toujours impassible et monolithique, est très généreux. À sa belle-fille, il offre une parure d'émeraudes d'une valeur de 40 000 florins payée, pour moitié, sur sa cassette personnelle. Il distribue des gratifications, signe un décret d'amnistie générale et crée un orphelinat qui reçoit le prénom de l'archiduchesse, de même qu'il y a déjà un hôtel Stéphanie, un quai Stéphanie, une caserne Rodolphe, une gare et un pont Élisabeth (et plus tard, en 1900, un pont Erzsébet à Budapest). Sans effort d'imagination, le bébé reçoit le prénom de sa grand-mère. Mais pour l'histoire, elle sera connue sous le diminutif hongrois de Erzsi, choisi par Rodolphe. Celui-ci, officier général, est affecté le 22 septembre à Vienne où il commandera la 25e division d'infanterie. C'est le cadeau de l'empereur à son fils, espérant tempérer ses idées libérales et ses critiques contre le gouvernement. Sissi, qui est grand-mère pour la quatrième fois, découvre que si son fils emménage de nouveau à la Hofburg, il y a deux appartements, un pour son couple, un autre de célibataire qu'il tient à garder. Rodolphe s'y réfugie souvent ; il n'a pas renoncé à ses anciennes habitudes…

La famille impériale, en 1883 : l'archiduc Rodolphe, l'archiduchesse Stéphanie (assise, tenant sa fille Élisabeth-Marie, dite Erzsi), Marie-Valérie, la fille favorite de l'impératrice, François-Joseph et Sissi. L'empereur espère que son fils et successeur renoncera à ses idées trop libérales et lui octroie un commandement à Vienne.

Le 30 octobre, le traité secret d'alliance entre l'Autriche-Hongrie et la Roumanie est signé. C'est audacieux, car les élites roumaines, fières de leurs origines latines et nourries de culture française, sont souvent hostiles aux Habsbourg. Un mois plus tard, dans son journal daté du 27 novembre 1883, Marie-Valérie note qu'une nouvelle actrice vient de faire ses débuts au Burgtheater, l'équivalent viennois de la Comédie-Française. Elle s'appelle Katharina Schratt. « Elle est magnifique », selon la fille de l'empereur. Peu à peu, on remarquera que chaque fois que François-Joseph sera vu seul au premier rang de la loge impériale, puisque Sissi sera encore absente, c'est que Katharina Schratt jouera sur scène. Elle est parfaite dans *La Mégère apprivoisée*. Devant l'assiduité du souverain à suivre sa carrière, certains vont vite se demander si la comédienne serait aussi brillante dans le rôle, privé, de la douce maîtresse de l'empereur, puisque à cette époque, sa liaison avec Anna Nahowski, qu'il visite discrètement à l'aube, n'est pas connue. François-Joseph juge Katharina Schratt « merveilleusement viennoise ». Il se renseigne et apprend que, fille d'un commerçant des environs de Vienne, elle a vingt-trois ans de moins que lui, que ses parents n'ont pas pu l'empêcher de monter sur les planches et qu'elle vit séparée de son mari infidèle, dont elle a un fils, âgé de 3 ans.

Si, au début d'avril 1884, l'impératrice repart en voyage, pour une fois c'est à cause d'un réel problème de santé : une sciatique. Les médecins lui font observer que ses marches folles et l'équitation sont strictement contre-indiquées. L'ordonnance est facile à rédiger : plus de kilomètres à pied, plus de Haute École ni de chasses frénétiques, et tirer au fleuret est également déconseillé. Un spécialiste des troubles musculaires, le Dr Metzger, installé à

Amsterdam, constate que son impatiente patiente a les genoux très enflés. Il a l'idée audacieuse de lui dire que si elle continue son régime de jus de viande et de lait, sa beauté se fanera vite et qu'elle deviendra « vieillie et ridée » ! Il a osé ce que personne ne s'était risqué à lui prédire ! Décontenancée, voyant que son arme absolue, sa beauté, est menacée, Sissi se résigne. Par peur de ne plus pouvoir voyager, donc de s'évader. L'exploit du Dr Metzger est considérable : l'impératrice-reine accepte de modifier ses manies alimentaires, au grand soulagement de son entourage, car sa « cuisine simple » était, bien entendu, compliquée par ses produits et ses horaires imprévisibles…

Sissi choisit sa « remplaçante » quand elle laisse son mari…

Pendant que Rodolphe et Stéphanie sont envoyés en mission par François-Joseph dans les Balkans et l'Empire ottoman, le couple impérial reçoit, à Gödöllő, le roi et la reine de Roumanie. Une visite que l'on pourrait trouver logique après la signature du récent accord, mais s'y ajoute une autre raison : le parallèle que l'on peut établir, dans certains domaines, entre les deux couples. La souveraine de Bucarest, née Élisabeth de Wied, écrit sous un joli nom de plume, Carmen Sylva, principalement des poèmes. Son pseudonyme révèle qu'elle aime la forêt, les animaux, en particulier les grands chiens. Comme Sissi. Par ses écrits, elle transpose le romantisme de sa Rhénanie natale dans les légendes des Carpates. Elle aussi aime les voyages, au point qu'elle a dédié un long (très long !) poème aux passagers du premier Orient-Express qu'elle a reçus, en octobre 1883, dans son château de Sinaia. Comme Sissi, elle a perdu une fille, son seul enfant, ce qui ajoute au drame personnel un problème dynastique. Depuis, elle ne s'habille qu'en blanc... Sa nostalgie et ses excentricités ne pouvaient qu'intéresser Sissi, bien qu'Élisabeth de Roumanie soit physiquement le contraire d'Élisabeth d'Autriche : elle est petite et a les cheveux gris. En revanche, François-Joseph ressemble psychologiquement beaucoup au roi Carol Ier de Roumanie, un Hohenzollern-Sigmaringen : les deux souverains sont des hommes de rigueur et de devoir dont les épouses sont imprévisibles, intellectuelles et fantasques, c'est-à-dire souvent insupportables. L'empereur d'Autriche sortira de ses habitudes courtoises en disant un jour que Carmen Sylva « lui a tapé sur les nerfs ». Et à qui fera-t-il cette confidence ? À Katharina Schratt lorsqu'elle deviendra son amie ! Sissi, d'habitude tellement farouche à l'égard des autres têtes couronnées, se livre à la reine de Roumanie : « Oh ! Carmen Sylva, si tu sais lire dans les cœurs, tu dois savoir que dès cet instant le mien t'appartient – à toi entièrement[1]. »

Et Carmen Sylva se délecte des talents de Sissi en maîtresse de l'imprévu, tout ce qui peut rendre amusante une vie quotidienne sans surprise. L'épouse de François-Joseph deviendra presque aussi proche de la poétesse roumaine que de sa fille Marie-Valérie, à qui elle ne cache rien de ses pensées intimes. « Toutes les deux étaient insatisfaites et malheureuses aux côtés de leurs époux, raison suffisante pour que Carmen Sylva, après

1. Gabriel Badea-Päun, *Carmen Sylva, reine Élisabeth de Roumanie*, Via Romana, 2011 ; Carmen Sylva, « Die Kaiserin Elisabeth in Sinaia », *Neue Freie Presse*, 25 décembre 1908.

La reine de Roumanie, née Élisabeth de Wied et d'origine rhénane, écrit sous le pseudonyme de Carmen Sylva. Elle enchantera l'écrivain et officier de marine français Pierre Loti. Bien que physiquement très différente de Sissi et ayant six ans d'écart, elle sera très proche d'elle, cultivant la même nostalgie.

une longue conversation avec son amie, ait décidé d'écrire "sur l'absurdité du mariage"[1]. »

Le 24 août 1885, les souverains austro-hongrois, accompagnés de Rodolphe, se rendent à Olmütz pour recevoir le tsar Alexandre III, à l'endroit où François-Joseph avait accepté la Couronne en 1848. Cette fois, dans la nuit douce, l'ambiance est nettement plus frivole : François-Joseph a fait venir la troupe du Burgtheater dont fait partie Katharina Schratt. Le tsar l'a déjà applaudie à Saint-Pétersbourg et il est très heureux de revoir la comédienne lors de la représentation en plein air du *Songe d'une nuit d'été*, l'œuvre la plus poétique de Shakespeare, choisie par Sissi parce qu'elle mélange le surnaturel aux facéties. Dans le rôle d'Hermia, Katharina Schratt est éblouissante. Subjugué, le tsar souhaite même qu'elle soit invitée au souper après le spectacle, ce qui n'était pas prévu. François-Joseph est embarrassé dès qu'on bouscule le protocole. Alors Sissi, qui adore les mélanges sociaux, superbe dans une robe de satin pêche à col montant, intervient avec malice. Alexandre III, ce colosse, époux fidèle de Maria Feodorovna, née princesse danoise, qui l'accompagne, est un homme simple : il est enchanté de bavarder avec Katharina Schratt avant qu'un feu d'artifice éclaire les statues et les fontaines baroques. La suite tient du vaudeville : le lendemain matin, François-Joseph vient se plaindre à sa femme que le galant tsar a fait porter à Katharina Schratt cent roses et une broche d'émeraude en hommage à son talent. Et Alexandre III se promène avec elle ! La scène que François-Joseph fait à sa femme n'est, en réalité, que l'aboutissement de l'exaspération de l'empereur et de

1. Brigitte Hamann, *Élisabeth d'Autriche*, *op. cit.*

Rodolphe depuis la veille : le père et le fils ont trouvé que le tsar est devenu si gros qu'ils comprennent que ses sujets, en le voyant à cheval, s'en moquent en se demandant « lequel des deux est la bête » ! Et puis, ses domestiques sont effroyables et ridicules avec leur livrée d'une coupe asiatique ! « Au moins, écrit Rodolphe à Stéphanie, au temps du défunt tsar Alexandre II, les Russes étaient élégants, et quelques-uns des courtisans avaient l'air tout à fait distingués. Maintenant, c'est un troupeau affreusement vulgaire. » Et François-Joseph ne peut pardonner au tsar d'avoir osé inviter, la veille, Katharina Schratt à la table impériale ! Une comédienne, quelle grossièreté ! En vérité, l'empereur d'Autriche est jaloux…

Sissi en conclut facilement que son mari s'intéresse réellement à Katharina Schratt et cela ne la gêne pas. Mieux : elle se réjouit de la jalousie de son cher Franzi. Puisque l'impératrice va repartir pour la Grèce, la comédienne pourra tenir compagnie à l'empereur. Ne serait-elle pas la remplaçante idéale, une rivale, mais pas une ennemie ? Elle a 28 ans, est d'humeur égale et n'est plus juridiquement liée à son détestable mari. Avec un modernisme conjugal très remarqué (on va jaser !), Katharina Schratt est pratiquement choisie par l'impératrice, enfin consciente que la solitude qu'elle impose à son époux, âgé de 55 ans, n'est plus supportable et qu'elle ne peut lui donner ce qu'il attend… Sissi déplore ses propres limites affectives et physiques, mais ne veut plus passer pour une égoïste. Elle sait que quand elle est avec son mari, elle le lasse vite avec ses angoisses, ses caprices, ses prémonitions et sa tristesse. Lorsqu'elle est absente, l'empereur ne peut plus être seul ; il a besoin d'une compagne discrète, digne, pas extravagante sans être familière. Une aristocrate étant exclue, qui peut mieux jouer le rôle, ingrat, d'une sorte de doublure qu'une actrice ? Sûre de son choix et indifférente aux ragots, Sissi, complice, commande elle-même un portrait de la comédienne au peintre Heinrich von Angeli et annonce à François-Joseph qu'elle va le lui offrir. Dire qu'il en est heureux est faible ! Le 20 mai 1885, l'empereur fait porter ce billet au peintre : « Avec la permission de l'impératrice, j'aimerais venir demain à une heure dans votre atelier pour voir le tableau de Katharina Schratt dont vous avez reçu commande pour moi. » Avec la permission de l'impératrice ! C'est une bénédiction que donne Sissi !

Quelle audace ! L'épouse met efficacement en scène cette relation que personne n'aurait osé imaginer. Le lendemain, l'impératrice accompagne l'empereur à l'atelier de l'artiste. Elle sait que Katharina Schratt s'y trouve, puisqu'elle pose pour le peintre. En revanche, la comédienne ne s'attendait pas à la visite de la souveraine et tente de s'enfuir. Trop tard ! C'est ainsi, en somme, que se déroule la « présentation officielle » de la comédienne à l'empereur comme future « amie »... Et trois jours plus tard, le 23 mai, François-Joseph écrit sa première lettre à Katharina Schratt pour la remercier de s'être donné la peine d'être le modèle du tableau ! Il joint à sa missive une magnifique bague en émeraude et signe : « Votre admirateur dévoué. » L'empereur et la comédienne s'écriront beaucoup et se verront dans une amitié non choquante pour les uns, scandaleuse pour les autres, sans que l'on puisse établir encore aujourd'hui, avec certitude, qu'il s'agissait d'une liaison. Le comble est que Sissi prodiguera à sa « remplaçante » des conseils d'hygiène alimentaire pour éviter de prendre du poids ! On est bien au théâtre ! Presque dans une opérette viennoise !

L'actrice autrichienne Katharina Schratt est née à Baden, près de Vienne, en 1855. Séparée du Hongrois Nikolaus von Ittebe, dont elle a un fils, Anton, elle est remarquée par François-Joseph en 1885, un soir au théâtre. Elle devient, avec l'assentiment de Sissi, la confidente de l'empereur et, peut-être, sa maîtresse. L'empereur, qui ne supporte pas la solitude, apprécie la compagnie de cette femme qui sera toujours très discrète.

Pour retenir Sissi, François-Joseph lui offre la Hermes Villa

L'empereur avait pourtant tout essayé pour freiner la névrose de sa femme toujours entre deux voyages. Un an plus tôt, en 1884, il lui avait donné un vaste parc à l'ouest de Schönbrunn et avait fait construire pour elle une villa avec des clochetons, un escalier semi-circulaire, des passages couverts dentelés de fonte pour s'abriter du mauvais temps, comme dans les villes d'eaux. L'ensemble, immense chalet fin de siècle, fait face à des écuries et ressemble à la relation amoureuse du couple : un mélange de banalité confortable et de folie insoupçonnée. C'est la Hermes Villa, la seule propriété de Sissi édifiée pour elle à cette époque : le 24 mai 1886, l'empereur lui en remet les clés. Elle est chez elle et quand il y viendra, il sera son invité. Naïvement, il lui avait suggéré un premier nom, « Mon repos », mais ce rêve petit-bourgeois ne pouvait durer, Sissi ne se reposant jamais… La Hermes Villa tire son nom définitif de la passion de la souveraine pour la Grèce et ses héros mythologiques. Après un rez-de-chaussée sobre et banal, elle aménagera à l'étage une immense salle de bains en forme de gymnase antique ; des peintures pompéiennes et des allégories y glorifient les luttes physiques où s'affrontent dieux et demi-dieux. Sa chambre, au même premier étage, est d'une décoration délirante, dans une référence spectaculaire à son cousin le roi de Bavière, dont elle reçoit des nouvelles de plus en plus inquiétantes. Les couleurs bavaroises, le blanc et le bleu, sont d'ailleurs présentes dans un modeste écusson couronné. Au plafond, elle fait peindre un ciel de lit surchargé et mythologique où le char d'Obéron et de Titania, à laquelle elle

Dans un parc à l'ouest de Schönbrunn, François-Joseph fait construire pour Sissi la Hermes Villa. L'empereur espère ainsi calmer la frénésie de voyages de sa femme avec cette maison, la première construite pour elle, en cadeau. Mais la villa, inaugurée en 1886, ne retiendra pas l'impératrice errante, qui a toujours besoin d'aller ailleurs…

s'identifie volontiers, est tiré par deux tigres furieux. À côté du lit, cauchemardesque, se dresse la silhouette sombre d'une femme lasse, la tête penchée, appelée « Mélancolie ». Ne serait-ce pas l'impératrice elle-même ? Empêtrée dans une volonté d'indépendance et de discrétion, Sissi est tout à fait chez elle ici, songeant à Corfou qu'elle aime et où elle va retourner. Auparavant, c'est ici qu'elle convoquera son quatrième et plus célèbre professeur d'hellénisme, Constantin Christomanos. Celui-ci n'oubliera pas sa première leçon : son élève, grande et mince, est arrivée vêtue de noir, tenant un parasol blanc, indifférente à la pluie qui tombait et ne cherchant pas à s'abriter. La leçon a duré trois heures… sous la pluie ! L'engouement hellénique de la propriétaire s'explique peut-être aussi par l'hérédité : l'un de ses oncles, Othon de Wittelsbach, fut le premier roi de la Grèce indépendante, en 1832. Hélas ! ici comme ailleurs, François-Joseph ne réussit pas à retenir son épouse dans cet univers de fantasmes reconstitués, sorte de musée de la nostalgie. Elle repartira, mais désormais, Franzi ne sera plus seul…

Louis II de Bavière est arrêté ! Que peut faire l'impératrice ?

Au matin du 11 juin 1886, Sissi est dans sa famille en Bavière lorsqu'elle est informée, par ses proches et par l'empereur, que son cousin le roi a été arrêté en pleine nuit, dans son château de Neuschwanstein, le premier qu'il ait construit. Puis, Louis II a été conduit sous bonne garde au château de Berg, la résidence de la famille royale, au bord du lac de Starnberg. Qui a décidé ce coup d'État politique ? À la demande du gouvernement, une commission médicale, venue de Munich et présidée par le docteur von Gudden, un célèbre aliéniste qui a connu Louis lorsqu'il était enfant, a signifié au roi, sans l'avoir examiné, sa déposition. La régence est assurée par son oncle le prince Luitpold, beau-père de Gisèle. Sissi est très affectée et inquiète. Certes, son cousin avait beaucoup changé physiquement, était de plus en plus bizarre et elle avait visité, avec surprise, deux de ses châteaux incroyables dont les travaux ruinaient le Trésor bavarois. Mais à ceux qui affirmaient que le roi était un malade mental, elle répondait :

– Avez-vous remarqué que dans le théâtre de Shakespeare, seuls les fous sont intelligents ?

Si l'impératrice se trouve par hasard dans les environs de Berg au moment où le souverain déchu y est assigné, son attitude les jours suivants est plus difficile à comprendre. Quittant Possenhofen, Sissi et Marie-Valérie s'installent dans un petit hôtel, à Feldafing, en face du château de Berg où est interné le roi, sur l'autre rive du lac de Starnberg, le lac de leur enfance. La présence de la souveraine ne peut qu'attirer l'attention. Veut-elle en savoir plus ? Se tenir informée du traitement et du sort que les « conspirateurs » réservent au monarque ? Tenterait-elle de le protéger, de le faire évader ? Serait-elle complice ou simplement au courant ? Toute la soirée du samedi 12 juin, l'impératrice marche de long en large dans sa chambre au premier étage, fumant beaucoup. Elle fait envoyer des télégrammes à François-Joseph. Au matin du dimanche, jour de la Pentecôte, Sissi est très agitée. La comtesse Festetics observe qu'elle a pleuré et continue sa marche rapide, aller-retour, sur la grève inondée, car dans la nuit, l'orage a crevé en cataractes et le ciel est toujours aussi menaçant.

Sissi et Marie-Valérie achèvent leur petit déjeuner quand Gisèle arrive, bouleversée, et demande à parler à sa mère :

– J'ai quelque chose à te dire en particulier…

La conversation est brève et vive. Sissi crie :

– Le roi s'est jeté dans le lac !

Elle est en larmes, secouée de spasmes.

– Il n'était pas fou ! C'était seulement un original perdu dans son rêve. S'il avait été traité avec plus de ménagement, sans doute une fin aussi tragique aurait pu être évitée[1].

Elle accuse le prince Luitpold, le gouvernement et l'aliéniste d'être des assassins. Dans la soirée, tandis que la nouvelle se répand dans la Bavière stupéfaite et choquée, Sissi se jette sur le plancher de sa chambre et, allongée, répète une incantation :

– Jéhovah ! Tu es grand ! Tu es le dieu de la Vengeance, tu es le dieu de la Grâce, tu es le dieu de la Sagesse.

Elle parle des lettres qu'ils s'écrivaient : elle signait « la Mouette », il signait « l'Aigle », et cette correspondance arrivait dans le tiroir d'un meuble, dans la maison de l'île des Roses, au milieu du lac. Une boîte aux lettres secrète. Méconnaissable, torturée de douleur et – peut-être – de remords de n'avoir pu sauver son malheureux cousin, elle n'a pas la force de voir son corps. Elle ne donne qu'un ordre, bref et révélateur : que l'on dépose sur sa poitrine et dans ses mains un bouquet de jasmin, cette fleur qu'il aimait tant et qui avait été souvent leur signe de reconnaissance. Rodolphe, Gisèle et Marie-Valérie entourent leur mère, prostrée. Son état leur fait peur. François-Joseph la supplie de revenir. Elle refuse, faisant chanter un requiem dans l'église de Feldafing. Puis, à Munich, dans la crypte de l'église Saint-Michel où reposent les souverains bavarois, elle fait déposer une couronne sur la tombe du roi et remonte apaisée, avouant :

– La tristesse m'est plus précieuse que la vie.

Alors, elle écrira dans son journal quelques lignes désespérées :

1. Voir, du même auteur, *Louis II de Bavière ou le Roi foudroyé*, *op. cit.*

Adieu mon lac
Aujourd'hui je jette ma patrie
Au fond de tes eaux
Et je repars sans repos à travers le monde
En quête de nouveaux horizons.

La disparition du roi, trahi et incompris, rompt en quelque sorte un équilibre dans le déséquilibre de Sissi. Désormais, « la

Le 19 juin 1886, six jours après que son corps a été retrouvé près de la rive du lac de Starnberg, Louis II de Bavière est conduit, à travers Munich, à l'église Saint-Michel : dans la crypte reposent les souverains bavarois. Le pays est choqué, stupéfait : le roi n'était pas toujours compris, mais il était populaire et aimé. Ses châteaux avaient donné du travail aux Bavarois et à des étrangers, dont des Français. Sa mort demeure toujours une énigme : crise d'apoplexie? suicide? évasion manquée? assassinat?

Mouette » va tournoyer seule dans le ciel. La cousine de Louis II ne se remettra jamais de ce choc.

Dans les Carpates, les rendez-vous des deux reines Élisabeth

Au printemps 1887, l'impératrice applaudit Katharina Schratt dans ce chef-d'œuvre du mélodrame qu'est *Le Maître de forges* de Georges Ohnet. Elle est attentive à bien considérer sa « doublure », laquelle n'est pas en reste, puisque la comédienne envoie un bouquet de violettes à Sa Majesté. Courtoisie et délicatesse caractérisent cette organisation dont l'unique but est que l'empereur ne soit jamais seul, au cas où Sissi devrait s'absenter d'urgence. Toutefois, le couple impérial voyage encore et c'est Katharina Schratt qui se retrouve seule ! Le 28 avril, François-Joseph et sa femme arrivent à Mehadia, une station thermale de Transylvanie[1] où la reine de Hongrie avait séjourné seule en 1884. Cette-fois, le couple est incognito ; il est venu retrouver le roi Carol Ier de Roumanie et son épouse la reine Élisabeth, également incognito. Les deux couples résident dans une villa spécialement aménagée. Il fait déjà très chaud dans cet endroit que les Romains appelaient les Bains d'Hercule : l'eau, brûlante, jaillit entre 41 et 62 degrés. Les scorpions ne dérangent pas Sissi, mais les serpents lui font peur ; elle se venge en expédiant un spécimen à la ménagerie de Schönbrunn.

Les deux femmes partagent un amour de la poésie, la reine de Hongrie ayant une préférence pour Heine, car elle apprécie

1. Alors dans le sud de la Hongrie.

chez lui « le mépris des apparences qu'elle-même ressentait si profondément, l'amertume qui emplissait son lourd destin solitaire, la malice qui animait son esprit et lui inspirait tant de propos originaux et surprenants[1] ». Carmen Sylva a plus les pieds sur terre que Sissi et sa vie intellectuelle est beaucoup plus affirmée puisqu'elle publie ses œuvres, certes sous un pseudonyme, mais un pseudonyme transparent pour les milieux littéraires européens, tandis que la souveraine d'Autriche-Hongrie refuse qu'on édite ses écrits de son vivant. Après sa mort, peut-être… Si elle se retrouve dans les œuvres de Heine, c'est parce que, comme lui, elle dénonce la fausseté du monde, le mensonge.

Carmen Sylva soutient Sissi en dénonçant elle aussi l'hypocrisie des conventions et en approuvant ses originalités, très audacieuses et qui provoquent tant de stupides commérages : « On est tenté d'accuser un être de manquer à ses devoirs dès qu'il s'écarte des voies connues. Vouloir penser et agir différemment du troupeau, c'est s'exposer à sa vindicte. Je l'ai toujours dit : la mode est faite pour les femmes sans goût, l'étiquette pour les gens dépourvus d'éducation, l'Église pour ceux qui n'ont pas de religion, la routine pour les êtres qui manquent d'imagination et d'élan. » Et c'est la reine de Roumanie qui définit le mieux Sissi : « Les hommes voulaient imposer à une fée le harnais d'un protocole rigide et guindé ; mais la petite fée ne se laisse pas asservir, elle étend ses ailes et s'envole quand le monde l'ennuie[2]. » Les deux reines ont un point commun : elles n'aiment pas l'amour physique, Carmen Sylva parlant de son mariage comme d'une

1. Carmen Sylva, « Die Kaiserin Elisabeth in Sinaia », art. cit. ; Gabriel Badea-Päun, *Carmen Sylva, reine Élisabeth de Roumanie, op. cit.*

2. Egon César, comte Corti, *Élisabeth d'Autriche, op. cit.*

« union fondée sur le dévouement réciproque, sur le devoir et sur un désir fervent d'agir au mieux l'un envers l'autre et envers la nation sur laquelle son époux régnait ». Les deux femmes ont épousé leurs contraires.

Le 15 mai 1887, Élisabeth d'Autriche répond à l'invitation d'Élisabeth de Roumanie en allant la voir à Sinaia, sur les contreforts des Carpates. Il est convenu qu'il n'y aura aucune réception, aucune cérémonie, aucune fête en l'honneur de l'épouse de François-Joseph. Mais comme d'habitude, une foule gigantesque l'attend sur le quai de la gare ! La visiteuse, exaspérée, refuse de descendre de son train. Le roi Carol Ier, très habitué aux réactions théâtrales de son épouse excentrique, insiste. Sissi répond qu'elle a peur des promenades en voiture, qu'elle ira à pied ! On lui répond que le château, Peleș, monumentale construction dans le style néo-Renaissance allemande, est loin. Peu importe : Sissi est une marcheuse ! Elle marche, suivie par un protocole vexé et une population ravie ! Et pendant son séjour où elle refuse de recevoir le moindre dignitaire roumain, Sissi précisera, dans un poème, le but de son voyage :

Je n'allais pas voir la Cour,
Et pas davantage la Reine
Non, c'était la poétesse,
Je venais pour Carmen Sylva[1].

1. *Poèmes d'Élisabeth d'Autriche*, édition en allemand par Brigitte Hamann, Vienne, Académie autrichienne des sciences, 1984.

Lorsque Sissi regagne Vienne, elle est assaillie de ragots qu'elle croyait, naïvement, ne jamais entendre : l'intérêt que l'empereur porte à Katharina Schratt dépasse l'admiration artistique ! Et c'est l'impératrice qui a choisi cette femme pour la « remplacer » ? Une honte ! Un ménage à trois ! Alors, l'épouse supposée complaisante fait face et défend la comédienne… en lui rendant visite. Une jolie scène viennoise ! Et François-Joseph lui-même écrit à Katharina Schratt : « Votre honneur et votre réputation me sont sacrés avant toute chose et je voulais vous dire que je tiens à laisser paraître au monde, sous son vrai jour, notre amitié à laquelle je ne vois rien de reprochable. » Qui osera encore se plaindre ?

Rodolphe, mauvais mari et archiduc déçu, inquiète ses parents

Depuis la naissance de leur fille Erzsi, la Cour n'a annoncé aucune nouvelle grossesse de l'archiduchesse Stéphanie. À Vienne comme à Budapest, la déception est grande. Il y a une raison particulièrement délicate à cette frustration. Au début de l'année 1886, le prince héritier était tombé gravement malade. Pour aider sa convalescence, ses médecins lui avaient imposé un séjour au soleil dans l'île de Lacroma, ancienne propriété de Maximilien et Charlotte, dont Rodolphe avait hérité[1]. Stéphanie accompagnait son mari, mais ce qui devait être une cure au soleil s'était transformé en cauchemar. Ce dont souffrait l'archiduc était, en fait, une grave maladie vénérienne, qui avait pu être identifiée grâce aux ordonnances de la pharmacie de la Cour. Il s'agissait

1. Aujourd'hui Lokrum, en face de Dubrovnik, en Croatie.

d'une gonorrhée, très difficile à soigner à l'époque. Pire encore, Rodolphe avait contaminé son épouse. Stéphanie, qui souffrait horriblement, croyait que c'était une péritonite. Les médecins lui révélèrent la vérité et surtout la conséquence la plus terrible : elle ne pourrait avoir d'autres enfants. L'archiduchesse guérit. En revanche, son époux continua à souffrir, notamment de migraines et de douleurs articulaires pour lesquelles la faculté lui prescrivit du mercure et de la morphine. Il va de soi que le couple des princes héritiers allait très mal. Stéphanie, furieuse de l'inconscience de son époux, lui faisait fréquemment des scènes violentes, lui reprochant son inconduite, car malgré ses souffrances, il avait repris sa vie dissolue. Les exécrables relations du couple n'avaient échappé à personne. L'empereur, informé de la réalité clinique, avait tenté de calmer sa belle-fille, venue se plaindre auprès de lui des mauvaises manières de son fils. Dans ses récriminations, François-Joseph ne voulait voir, officiellement, qu'une crise passagère. À table, l'impératrice avait observé Rodolphe, car elle le trouvait terriblement changé depuis la mort de Louis II. Elle lui avait demandé s'il était malade; il avait répondu qu'il était simplement fatigué, à bout de nerfs et très éprouvé par la disparition du roi. Sissi partageait cette douleur avec rage. L'impératrice, ignorant la cause réelle de l'état de Rodolphe, mais beaucoup plus lucide que son mari sur la mésentente du couple, voyait très bien le désastre qu'était le mariage de son fils, comme elle l'avait pressenti. N'ayant aucune sympathie pour Stéphanie qu'elle trouvait pataude et sans charme, l'impératrice ne se rapprocha pas d'elle, se contentant de la charger de corvées officielles qui l'accablaient, alors que sa bru n'aimait que cela! Sissi avait un argument supplémentaire… Quand la comtesse

Festetics l'interrogea à ce sujet, elle lui répondit : « Je sens bien aussi que Rodolphe n'est pas heureux. J'ai plus d'une fois réfléchi à ce que je pourrais faire. Mais je crains d'intervenir, car j'ai moi-même tant souffert du fait de ma belle-mère que je ne voudrais pas encourir le reproche d'une telle faute[1]. » Pour cette raison, Sissi ne pouvait s'impliquer dans l'intimité du couple en crise aiguë ni aider réellement Rodolphe. Si François-Joseph et sa femme sont inquiets du comportement de leur fils, leurs craintes n'ont pas les mêmes motivations.

En effet, si la vie privée de l'archiduc héritier est calamiteuse et pénible, ses choix politiques de futur souverain vont être, au cours des années 1887-1888, totalement contrariés. Son ami le prince héritier Frédéric-Guillaume d'Allemagne est atteint d'un cancer du larynx, incurable. Il partageait avec lui le rêve d'une Europe libérale, à l'opposé des ambitions de Bismarck. En mars 1888, l'empereur Guillaume Ier meurt à 91 ans et Rodolphe représente les Habsbourg à ses funérailles. Le nouveau souverain, sous le nom de Frédéric III, est si mal qu'il ne peut suivre le convoi funèbre de son père. Il n'a plus que trois mois à vivre et son fils, le futur Guillaume II, n'a pas du tout la même vision politique que Rodolphe. Un cauchemar… Si, pour François-Joseph, l'alliance avec l'Allemagne ne peut être remise en cause, pour Rodolphe, elle est insupportable, car une Allemagne triomphante, belliqueuse et antifrançaise ne pourrait conduire l'Europe qu'au chaos. Et l'archiduc apprend par Berlin qu'un projet d'alliance franco-russe, longtemps reporté, est maintenant très avancé. En juillet, le couple impérial séjourne à Bad

1. Brigitte Hamann, *Élisabeth d'Autriche, op. cit.*

Ischl. Qui vient lui rendre visite? Katharina Schratt! Derrière des manières courtoises, le trio suscite tous les commentaires possibles et Marie-Valérie dit à sa mère qu'elle a eu le plus grand tort de cautionner ces relations ambiguës. Est-il normal que la comédienne accompagne les souverains dans leur promenade? Gisèle est trop conventionnelle pour oser critiquer sa mère et Rodolphe est la dernière personne qui pourrait lui donner des leçons. Seule Marie-Valérie juge que Sissi a tort. Ce que sa fille favorite ignore est la manière délicate dont François-Joseph veut préserver une amitié amoureuse en évitant l'adultère. Un exercice difficile! À la comédienne, il écrit : « Vous dites que vous vous dominerez, je le ferai aussi, même si cela ne m'est pas toujours facile car je ne veux rien de mal. » Et ceci : « J'aime ma femme et je ne veux abuser ni de sa confiance ni de son amitié pour vous. Comme je suis trop vieux pour être un ami fraternel, permettez-moi de rester votre ami paternel et traitez-moi avec la même bonté et la même candeur que jusqu'à maintenant. » Et encore : « Si vous appreniez à connaître cette femme remarquable d'un peu plus près, vous auriez certainement les mêmes sentiments. » Angélisme? Il y a trois complicités dans cette situation. L'impératrice, annonçant qu'à l'automne elle va retourner à Corfou, tente d'étouffer ses remords. Mais elle sait aussi que par ce nouvel éloignement, elle ternit son image et obère doublement sa réputation, en étant absente et en se faisant « remplacer » pour avoir moins mauvaise conscience. Un calcul faux : son mari et ses enfants, en particulier son fils, ont besoin d'elle. À une amie également comédienne, qui réside à Berlin, Katharina Schratt écrit : « Les gens disent que l'impératrice est frigide et incapable de parler ouvertement et sans réserve à quiconque,

Guillaume de Hohenzollern (à gauche), né en 1859, futur empereur Guillaume II, et Rodolphe de Habsbourg-Lorraine, héritier de François-Joseph. Les deux princes n'ont pas la même vision de l'avenir. Le Prussien rêve d'une Allemagne triomphante, antifrançaise. L'Austro-Hongrois souhaite une Europe libérale, avec le concours de la France. Sous pseudonyme, il écrit des chroniques progressistes, mais l'empereur le sait…

mais à moi, elle parle de la manière la plus franche, me disant beaucoup de choses qui me semblent aussi incompréhensibles que touchantes[1]. »

Avant de repartir, Sissi accepte de présider avec son mari les réceptions en l'honneur du nouvel empereur allemand, Guillaume II. L'accueil doit être courtois, mais sans chaleur. Pour une fois, François-Joseph et Rodolphe s'entendent très bien : afin d'éviter tout incident protocolaire, leur hôte ne sera jamais seul, le père et le fils se relayant auprès de l'imprévisible Guillaume II, donc il n'y aura pas de gens manifestant ou criant contre la visite de l'empereur allemand, car ce serait aussi insulter le souverain autrichien et son fils. Au dîner de cent soixante couverts à la Hofburg le 4 octobre, Sissi est très en beauté, mais son regard est ailleurs, en Grèce vers laquelle elle va repartir dans deux jours, riant encore du moment où, à l'Opéra, Guillaume II s'est pris les pieds dans sa robe! Mais son départ inquiète François-Joseph en même temps qu'il l'attriste : d'abord, il craint que des bandits albanais ne tentent d'enlever Sissi à Corfou. Ensuite, celle-ci a parlé de s'y installer et d'y faire construire une maison. Encore! Et la Hermes Villa qu'il lui a offerte pour qu'elle cesse ses errances et reste auprès de lui? L'empereur d'Autriche est doublement contrarié et il interdit à Marie-Valérie de partir avec sa mère. Le couple impérial se quitte déchiré, sur un vieux constat : François-Joseph a peur pour sa vie à elle, tandis que la peur de Sissi n'est pas la mort, mais la vie.

1. Joan Haslip, *The Lonely Empress*, Londres, Weidenfeld and Nicolson, 1965.

Noël 1888 à Vienne : Sissi a 51 ans et Marie-Valérie est fiancée

L'impératrice savoure encore les délices de Corfou quand un télégramme de François-Joseph lui annonce, le 12 novembre, qu'à la suite d'une nouvelle attaque, son père, le joyeux et fantaisiste duc Max, s'est éteint. À la différence de sa fille, il était toujours gai. Sissi, immédiatement de nouveau vêtue de noir, ne peut pas se rendre en Bavière à temps pour ses funérailles. Dans sa dépêche, l'empereur lui écrit : « Dans la mort de ton papa, j'éprouve un amour sincère pour toi. » Il assiste à la cérémonie en l'église des Théatins, à Munich, le 18 novembre. Sissi – revenue de Corfou via Trieste – et François-Joseph décident que le traditionnel dîner de Noël sera aussi celui des fiançailles de Marie-Valérie. Leur dernière fille était tombée amoureuse, deux ans plus tôt, de l'archiduc François-Salvator, de la branche toscane des Habsbourg. François-Joseph avait objecté l'éternel obstacle de la consanguinité, mais il s'était finalement rallié à ce projet, soutenu par Sissi. L'impératrice avait prié les jeunes gens d'attendre deux ans avant de s'engager définitivement. Non pour une raison d'âge (Marie-Valérie avait déjà 18 ans), mais pour qu'ils soient sûrs d'eux-mêmes. Un autre motif qu'elle n'avait pas avoué était son envie de garder sa fille chérie auprès d'elle deux ans de plus. La perspective de voir s'éloigner sa cadette, qu'elle n'avait pratiquement pas quittée depuis sa naissance, l'angoissait terriblement. Ce dîner de Noël 1888 réunit, en fait, très peu de convives : le couple impérial, les fiancés, Rodolphe et Stéphanie et la plus jeune sœur de Sissi, Sophie-Charlotte, l'ex-fiancée de

Louis II, et son mari Ferdinand, duc d'Alençon. Ils se trouvent alors à Vienne.

Le cadeau de Rodolphe pour sa mère est un ensemble de onze textes autographes de leur poète préféré, Heine, qu'il a acheté à prix d'or. Trop accaparée par les fiançailles de sa fille, elle n'accorde sans doute pas assez d'attention au geste de son fils. Mais ce jour est aussi celui du cinquante et unième anniversaire de l'impératrice. À l'ancienne gouvernante de l'archiduchesse Sophie qu'elle croise, Sissi déclare avec humour :

– Nous voici toutes deux à la retraite...

Quelques jours plus tard, elle va à Munich rendre visite à sa mère qu'elle n'a pas vue depuis le décès de Max. L'empereur, désolé de son absence, lui écrit immédiatement : « Mes meilleurs vœux pour tous, mais surtout pour toi, mon ange adoré. Puissent tous tes désirs, qui sont réalisables et ne me gênent pas trop, être exaucés. Conserve-moi ton amour, ton indulgence et ta bonté. J'ai le sentiment, et j'en éprouve une profonde gratitude, que ton amour, comme le mien, loin de se refroidir avec les années, augmente avec elles et j'en suis très heureux. » Et il conclut cette déclaration d'une manière révélatrice : « J'ai reçu hier de l'amie le télégramme ci-joint. » La franchise et la sérénité règlent maintenant les relations du couple impérial. Il semble même que grâce à Katharina Schratt, intermédiaire privilégiée entre le mari et la femme, un équilibre original règle leur vie. La comédienne a sans doute empêché une rupture. Et elle sait être disponible pour elle comme pour lui. Le trio « amical » a sauvé le couple légitime.

Un Noël à la Hofburg, sans doute en 1886. La fête reste immuable avec le grand sapin, les cadeaux pour la petite Erzsi. François-Joseph est très attaché à cette tradition. Noël 1888 sera, en apparence, identique pour toute la famille impériale. Mais personne ne peut alors imaginer que ce sera le dernier pour Rodolphe, l'héritier volage.

Le 26 janvier 1889, à neuf heures du matin, Rodolphe est convoqué par son père dans son bureau. Nul ne sait ce que se sont dit l'empereur et son fils, sinon qu'il y eut entre eux une altercation très violente. Plusieurs hypothèses peuvent expliquer la colère du père. La plus souvent évoquée est une lettre reçue du Vatican dans laquelle le pape révèle que Rodolphe comptait demander l'annulation de son mariage. Pour Rome comme pour Vienne, il ne saurait en être question. François-Joseph aurait donc ordonné à son fils de se réconcilier avec sa femme, de mettre fin à sa nouvelle liaison avec la très jeune baronne Mary

Vetsera dont tout Vienne se fait l'écho et d'être présent au dîner de famille prévu à la Hofburg le 29, trois jours plus tard, durant lequel, d'une part, Marie-Valérie et son fiancé seront présentés au reste de la famille et, d'autre part, la bonne entente retrouvée du couple Rodolphe-Stéphanie doit être confirmée.

Deux jours plus tard, le 28, l'archiduc décide de partir chasser aux environs de Vienne dans son pavillon de Mayerling, où il vient de faire exécuter de gros travaux. Il doit être accompagné de son beau-frère, le prince Philippe de Saxe-Cobourg (mari de Louise, la sœur de Stéphanie), et de son grand ami le comte Hoyos. Avant de partir, à onze heures du matin, il embrasse sa fille Erzsi et prend congé de Stéphanie en lui donnant rendez-vous au dîner familial du lendemain soir. Le 29, à cinq heures cinq de l'après-midi, Stéphanie reçoit un télégramme de Rodolphe lui expliquant qu'étant très enrhumé, il ne pourra assister au dîner et qu'il restera ce soir à Mayerling. Stéphanie est atterrée : le « dîner de réconciliation » n'aura pas lieu, mais le dîner de famille sera maintenu quand même. Sont présents, outre le couple souverain, Stéphanie, les fiancés, sept archiducs, quatre archiduchesses, le prince de Reuss, ambassadeur d'Allemagne, et son épouse, le comte de Meran et le prince Philippe de Saxe-Cobourg, rentré de la chasse en fin d'après-midi. Le seul absent est Rodolphe. Il a choisi de passer la nuit à Mayerling.

13

Une tragédie et de lourds secrets

La dernière photographie de l'archiduc héritier Rodolphe, lors d'une promenade au Prater avec son cocher, le 27 janvier 1889. La police surveille le fils de François-Joseph qui s'amuse à semer les limiers dans le dédale des rues de Vienne…

Vienne, palais de la Hofburg, mercredi 30 janvier 1889, onze heures du matin. Des flocons tournoient devant les fenêtres. L'impératrice a achevé sa gymnastique et dans sa chambre-salon, elle prend sa leçon quotidienne de grec classique en écoutant son professeur lui lire Homère. Ida Ferenczy, maintenant à la fois dame d'honneur et lectrice, l'une des très rares personnes que l'impératrice autorise à entrer dans ses appartements sans être annoncée, frappe à la porte. Elle est décomposée. D'une voix éteinte, elle dit :

– Majesté, le baron Nopcsa veut vous parler immédiatement…

– Qu'il attende ou revienne plus tard !

Mais Ida insiste. Le chambellan doit être reçu sur-le-champ :

– Il apporte de mauvaises nouvelles de Son Altesse impériale et royale le prince héritier…

Le répétiteur de grec s'éclipse. Le baron Nopcsa entre. Il aime l'impératrice comme si elle était sa fille. Il lui parle doucement, avec une intense émotion :

– Majesté… Le prince héritier, Rodolphe, est mort…

Sissi fond en larmes et se jette sur son lit en fer qui n'a pas encore été retiré, puisqu'elle ne veut pas de véritable chambre dans ce palais qu'elle n'aime pas et qu'on installe ce lit chaque soir. On entend alors un pas rapide et souple venant du salon du petit déjeuner. C'est l'empereur qui vient voir son épouse.

Elle hurle à Ida :

François-Joseph en uniforme hongrois, en 1888. Au matin du 30 janvier 1889, c'est Sissi qui reçoit l'effroyable mission de lui apprendre que leur fils, l'archiduc Rodolphe, a été « retrouvé mort dans son pavillon de chasse à Mayerling ». Une tragédie qui déstabilise l'Empire, d'autant plus que différentes versions du drame circulent, sans convaincre. L'empereur fait jurer le silence à son entourage qui a su la vérité.

– Qu'il n'entre pas ! Pas encore !

La Hongroise se précipite à la porte devant laquelle le baron Nopcsa s'efforce de maîtriser la douleur qu'il éprouve. Sissi sèche ses larmes et puise dans son énergie la force de repousser son désespoir :

– Cela se voit-il ? Eh bien, soit ! Laissez-le entrer et que Dieu vienne à mon secours.

L'atroce tête-à-tête est bref. Aucun témoin ne pourra dire quels mots Sissi employa pour annoncer à son mari la terrifiante nouvelle. Mais bien plus tard, elle confiera à une de ses dames d'honneur que « le pauvre homme chancela avant de se redresser ».

La porte du petit salon s'ouvre. Accablé, brisé mais reprenant le contrôle de son désarroi, François-Joseph passe devant le chambellan et ne lui donne qu'un ordre étouffé :

– Venez avec moi, baron.

Comment et pourquoi l'impératrice a-t-elle été informée du drame avant l'empereur ? Parce que les intimes de l'archiduc, qui étaient au courant de son décès depuis le début de la matinée, ont estimé que malgré sa fragilité, Sissi était la seule personne capable d'annoncer au souverain l'horrible réalité avec les mots appropriés[1].

---

1. Le présent ouvrage n'a pas pour objet de commenter la fameuse énigme de Mayerling. Sur les causes, les circonstances et les conséquences du drame, on se reportera à la contre-enquête, enrichie de certaines révélations spectaculaires, que j'ai publiée, en 2004, sous le titre *Rodolphe et les secrets de Mayerling* (Perrin, nombreuses rééditions, y compris dans la collection « tempus »). Si l'opinion a pu évoluer sensiblement sur cette tragédie, l'affaire continue d'intriguer, voire encore de déranger.

François-Joseph et Sissi affrontent la pire des épreuves...

Sissi descend chez sa lectrice où, comme au théâtre, Mme Schratt attend l'heure de sa visite à l'empereur, ce qui était convenu avec l'impératrice. Celle-ci, dans un effort surhumain, demande à la comédienne si proche du père de Rodolphe d'employer toute sa douceur et son talent pour l'aider à surmonter la mort de son fils qu'il aimait, même s'il ne savait pas le lui prouver. Puis, Sissi décide de prévenir Marie-Valérie, car le frère et la sœur étaient très proches l'un de l'autre. Et Stéphanie, l'épouse malheureuse de Rodolphe ? Plus tard… De son légendaire pas rapide, Sissi retourne chez elle et, inondée de larmes, elle fait appeler sa fille cadette. De couloirs en antichambres, la nouvelle est déformée, imprécise, fausse : Marie-Valérie croit que son frère, vivant, est très malade, condamné, et dit :

– Il n'y a plus d'espoir !

Elle s'avance, livide, passe son bras autour du cou de sa mère en s'asseyant sur ses genoux. Sissi, déchirée, articule péniblement :

– Le pire est arrivé…

Marie-Valérie demande :

– Est-ce qu'il s'est tué ?

– Pourquoi dis-tu cela ? Non, non… Il a sans doute été empoisonné…

François-Joseph paraît. Les deux femmes, en sanglots, se jettent dans ses bras. Le silence est insoutenable. L'empereur dit à sa fille :

– Va chercher Stéphanie...

Et Sissi déclame :

– Quand il se met à détruire, le grand Jéhovah est comme la tempête.

C'est à peu près la même incantation qu'elle avait lancée à la mort de son cousin le roi Louis II de Bavière. Ces deux disparitions brutales provoquent la même réaction chez Sissi : elle refuse d'y croire et n'admet aucune évidence. Sa belle-fille prend, comme chaque matin, des leçons de chant. Elle apprécie les mélodies populaires, mais ses vocalises ne sont guère convaincantes ; elles sont un piètre dérivatif à son malheur conjugal. Stéphanie restera très amère de ne pas avoir été prévenue tout de suite après ses beaux-parents. Quand elle a été conduite auprès d'eux, l'impératrice, très pâle, était déjà en noir. Pire : la veuve de Rodolphe se sent jugée comme responsable du décès de son époux. Encore pire : elle est informée en même temps que la baronne Vetsera mère, dont la fille, la jeune Mary, était depuis peu de temps la maîtresse de Rodolphe et dont le corps a été retrouvé à Mayerling près de celui de l'archiduc.

Il faut, ici, rappeler l'explication officielle qui, avec de surprenantes variantes et contradictions, sera laborieusement imposée à l'opinion : Rodolphe aurait tué Mary d'une balle dans la tête et se serait ensuite suicidé avec la même arme, sanctionnant tragiquement un amour scandaleux qu'il ne pouvait plus assumer[1]. Sissi prononce quelques paroles apaisantes à la baronne Vetsera, lui recommande de rentrer chez elle et lui fait une étrange confession : le prince héritier est mort d'une crise cardiaque à la suite d'un empoisonnement dont Mary serait la responsable. En une matinée, ces diverses thèses provoquent toutes les interrogations que l'on imagine. Mais il est une constatation très troublante et qui n'est pas relevée ce 30 janvier 1889 : pourquoi François-Joseph et Sissi ne se précipitent-ils pas à Mayerling auprès du corps de leur fils ? Quels parents, dans de telles circonstances, ne voudraient pas voir leur enfant et savoir, aussi, ce qui s'est passé ? L'ont-ils demandé ? Les en a-t-on dissuadés par délicatesse, éventuellement parce que « la scène du crime » leur aurait été insupportable ? Ou bien parce que la vérité leur a déjà été révélée et qu'ils doivent se préparer à accréditer une version officielle, à

1. Cette thèse romanesque a été combattue par l'impératrice-reine Zita, dernière souveraine d'Autriche-Hongrie et veuve de l'empereur Charles qui avait succédé à François-Joseph en 1916. Dans un entretien exclusif au *Figaro Magazine* le 12 novembre 1982, lors de son retour à Vienne après soixante-trois ans d'exil, Sa Majesté Zita m'affirma, en avant-première sous embargo pendant quatre mois, que Rodolphe avait été assassiné pour des raisons politiques. Par qui et pourquoi ? Mystère, mais depuis cette date et la mise en évidence de graves incohérences dans la version fournie par la Cour, la thèse de l'assassinat ne peut plus être systématiquement écartée. Dans ce cas, Mary Vetsera aurait été exécutée comme un témoin gênant. Les assertions de Sa Majesté Zita, publiées le 11 mars 1983 par le quotidien viennois à grand tirage *Kronen Zeitung*, ont été d'autant plus explosives que c'était la première fois depuis le drame, après quatre-vingt-quatorze ans de silence absolu imposé par l'empereur, qu'un membre de la famille de Habsbourg contestait l'explication officielle, non sans provoquer remous et polémiques en Autriche. Il faut enfin rappeler que, dès le lendemain de l'annonce de la mort de l'archiduc, la presse européenne, notamment française (*Le Figaro*), émettait des doutes sérieux sur la thèse selon laquelle Rodolphe aurait tué Mary avant de se donner la mort. Titre à la une : « Meurtre ou suicide ? »

La jeune baronne Mary Vetsera, née en 1871 et rencontrée au Prater fin 1888, était devenue la maîtresse de Rodolphe le 13 janvier 1889. Il était impossible qu'elle puisse éventuellement se croire enceinte à la fin janvier 1889, en allant à Mayerling.

affronter diverses interrogations et, aussi, le choc dans l'Empire et la stupéfaction dans les cours étrangères ? Que faut-il dire ? Alors que les journaux autrichiens tirent des éditions spéciales bordées de noir annonçant que l'archiduc est « décédé subitement d'une crise cardiaque », sans autre explication ni mention de la mort de Mary Vetsera, chez François-Joseph, l'urgence du devoir l'emporte toujours sur l'émotion. Le monarque porte une cuirasse qui aide l'homme à réagir. Bien qu'effondré, il s'est installé à son bureau. Il rédige plusieurs télégrammes, en allemand à Guillaume II évoquant une embolie, en français au roi d'Italie et aux souverains belges en parlant, cette fois, d'une hémorragie cérébrale, et au pape Léon XIII sans donner la cause du décès. Cette dernière dépêche attendra le lendemain pour être expédiée, l'important étant d'obtenir le droit de célébrer des funérailles religieuses. L'empereur semble vouloir en savoir plus avant de faire partir ce message ; celui-ci ne sera pas qu'un faire-part, il sera accompagné de justifications incontestables. Il y aura bien d'autres télégrammes…

Sissi est horrifiée : son fils serait mort dans un accès de folie !

Le lendemain, 31 janvier 1889, en pleine nuit, un fourgon, escorté de cavaliers sabre au clair, transporte le corps de Rodolphe à la Hofburg. Entre-temps, le corps de Mary Vetsera a été évacué de Mayerling d'une horrible façon : ses deux oncles Baltazzi ont dû l'installer entre eux dans un fiacre, comme si elle était encore vivante, jusqu'à l'abbaye de Heilingenkreuz. Pour les autorités, la présence de Mary Vetsera sera toujours niée,

Au matin du 1er février 1889, François-Joseph, Sissi et la veuve de Rodolphe voient enfin le corps de l'archiduc ramené de Mayerling à la Hofburg. Inexplicablement, les parents ne se sont pas rendus sur les lieux du drame. Le défunt est présenté comme s'il était mort dans son lit, alors que Vienne bruisse d'explications contradictoires.

contre toute vraisemblance. Après cette macabre mise en scène, la jeune fille a été mise en bière puis inhumée dans le petit cimetière du village[1]. Rodolphe est installé dans son lit, comme s'il y était décédé. Personne de la famille proche ne l'a encore vu. À sept heures du matin, l'empereur, en grand uniforme, gants blancs et sabre, entre dans la chambre aux volets clos. Le crâne du défunt est entouré d'un bandage occultant un enfoncement au sommet de la tête. Ses mains sont invisibles, recouvertes d'une flanelle blanche. Sa poitrine est recouverte de fleurs. Pendant un quart d'heure, l'empereur d'Autriche et roi de Hongrie est face

1. Son corps a été exhumé à deux reprises. L'expertise puis la contre-expertise médico-légale ont montré que son crâne ne présente pas d'impact de balle, contrairement à ce qui avait été dit. Un élément de plus à charge de la version « officielle ».

à son fils qui était son héritier direct. Au-delà du chagrin et des remords, l'avenir de la double monarchie est en jeu. L'aide de camp de l'archiduc, le baron de Giesl, et un prêtre observent le souverain : il ne cesse de caresser sa moustache, signe d'un vif trouble intérieur. En vingt-quatre heures, il a vieilli de dix ans. Sans un mot, il quitte la pièce. À midi, l'impératrice, Marie-Valérie et son fiancé François-Salvator entrent dans la pièce. Sissi s'effondre, en larmes, au pied du lit. Puis arrivent Stéphanie et la petite Erzsi, âgée de 6 ans. La famille se retrouve ensuite pour une triste collation. Personne ne parle. Que sait l'empereur ? Que sait l'impératrice ? Savent-ils la même chose ?

Le 2 février, la presse publie un rapport d'autopsie, le premier. Un choc particulier pour la mère du disparu. Une déclaration des médecins torture son esprit : « Le cerveau du prince présente les caractères pathologiques qui accompagnent habituellement les états anormaux [...] L'acte a été accompli dans un état d'aberration mentale. » La folie ! Élisabeth de Wittelsbach ne peut fuir cette menace. L'hérédité de ses cousins Louis II et Othon (enfermé à vie) est aussi la sienne. Est-elle génétiquement coupable ? Égarée par une mauvaise conscience qui ne la laisse pas en paix, traumatisée par la douleur, elle fait irruption chez Marie-Valérie. Désignant la chambre à l'étage où repose son fils, elle hurle :

– Ce n'est pas vrai ! Rodolphe n'est pas là-haut, mort. Je veux monter le voir !

La mère de Rodolphe accuse le Ciel qui a permis cette tragédie. François-Joseph, dont la discipline pourrait passer pour de la froideur, voire une absence d'humanité, privilégie l'urgence politique qui est l'union de la double monarchie. Il doit rassurer les peuples danubiens. Avec Sissi, qui l'aide à se dominer, il reçoit une délégation de parlementaires austro-hongrois venus présenter au couple ses condoléances. Il a la force de leur répondre :

– Je ne puis trouver de mots assez forts pour exprimer ma gratitude envers ma chère épouse adorée, l'impératrice, pour son soutien pendant ces tristes jours. Je vous serais reconnaissant de le faire savoir autour de vous.

L'empereur admire la résistance de Sissi. Une fois de plus, elle le surprend. Comment tient-elle ? Les funérailles ont lieu une semaine après le drame. Pour obtenir le droit à cette célébration chrétienne, François-Joseph a envoyé au pape Léon XIII un second télégramme chiffré qui ne pouvait qu'éliminer la thèse du suicide prémédité et ne retenir que la folie ou une intervention extérieure. La réponse positive du Vatican, enfin arrivée, est d'autant plus significative que la papauté n'avait aucune raison de montrer sa mansuétude à l'égard d'un État qui avait dénoncé le concordat. L'empereur supplie l'impératrice de ne pas assister aux obsèques, craignant une réaction nerveuse spectaculaire. On lui cache les journaux qui, tous et de tous pays, relèvent l'impossibilité d'une mort naturelle, tandis que la publication d'un second rapport d'autopsie, contredisant le premier, aggrave la confusion et le discrédit des autorités. François-Joseph se débat personnellement avec les ambassades pour éviter la venue de souverains ou de membres des familles régnantes ; les seuls monarques présents – bien que non souhaités – sont le roi et la reine des Belges, les parents de Stéphanie. François-Joseph impose des obsèques les plus simples et les plus rapides possible, ne serait-ce que pour essayer d'apaiser Sissi, prostrée, accusant une vengeance divine et répétant une de ses prémonitions :

– Nous marchons tous vers un destin effrayant.

Mais la volonté de discrétion (relative) de l'empereur étonne et déçoit, car le défunt était l'héritier de l'immense Autriche-Hongrie. L'impératrice reste enfermée à la Hofburg tandis que François-Joseph se promène à Schönbrunn pendant une heure, donnant le bras à Marie-Valérie. Contrairement aux craintes et aux ragots, il tient toujours le choc avec une calme vigueur.

Dimanche 3 février 1889, à sept heures et demie du matin, le corps de Rodolphe, placé dans un cercueil ouvert, est transporté jusqu'à la chapelle de la Hofburg, selon l'usage. Mais les sœurs de l'archiduc remarquent avec étonnement que le catafalque a été placé à une telle hauteur que la tête de leur frère, curieusement maquillée de cire, est quasiment invisible sous les fleurs, une forêt de plantes vertes et de surprenants palmiers. Encore plus étonnant et contrairement à une tradition constante, les mains du défunt ont été glissées dans des gants blancs alors qu'elles auraient dû être nues. Cette anomalie vestimentaire va intriguer des milliers de Viennois pendant vingt-quatre heures. Quand Stéphanie, Gisèle, Marie-Valérie et un ancien professeur de l'archiduc voudront embrasser les mains de Rodolphe, ils diront n'avoir senti sous les gants que le contact d'une masse molle, peut-être du coton, au lieu de doigts. Pourquoi[1] ?

---

1. Cette constatation que « Rodolphe n'avait plus de doigts » renforce la thèse qu'il s'était défendu contre son ou ses agresseurs et que, par conséquent, il avait donc bien été assassiné.

Dans la crypte des Capucins, Sissi appelle son fils mort...

Mardi 5 février. Le cercueil fermé est descendu dans la crypte des Capucins. François-Joseph a lui-même dressé la liste des personnalités admises. Sissi s'est résignée, l'épreuve serait trop dure. Elle reste à la Hofburg, dans la chapelle Saint-Joseph, avec Marie-Valérie et Stéphanie ; cette dernière ne descendra dans la crypte qu'au moment précis de l'inhumation. Gisèle et son mari Léopold de Bavière sont au côté de l'empereur. Avant l'adieu, François-Joseph s'effondre, submergé de larmes. Selon l'ambassadeur de Belgique : « Agenouillé près du cercueil, [l'empereur]

Le 5 février 1889, le corbillard transportant le cercueil de Rodolphe arrive devant l'église des Capucins. Une foule considérable et silencieuse entoure le cortège. Vienne, Budapest et Prague sont, comme l'Empire, sous le choc, tandis que les hypothèses les plus dérangeantes contredisent la version officielle, pointant ses incohérences.

souleva le drap funéraire, le baisa longuement et murmura un dernier adieu à celui qui était tout son espoir et qui lui était si tristement ravi. » L'empereur a-t-il eu d'autres informations secrètes ? Dans Vienne et un peu partout, au moins cinq versions différentes circulent plus ou moins ouvertement. Le drame de Mayerling devient un feuilleton macabre, le premier du genre dans le monde du Gotha régnant qui soit suivi par la presse, en toute liberté. Sissi, psychologiquement fermée, ne croit qu'à l'empoisonnement involontaire.

Samedi 9 février. Pendant que François-Joseph prépare minutieusement le voyage du couple à Budapest où l'on s'inquiète de l'avenir, l'impératrice s'est dévêtue pour la nuit. Ses femmes de chambre et sa lectrice viennent de se retirer. Silencieusement, elle se rhabille et dissimule son visage d'un épais voile de soie noire. À vingt et une heures, par une petite porte à l'angle de l'aile de la chancellerie et de l'aile Amélie, elle va quitter la Hofburg figée dans le deuil et le froid, comme Vienne. François-Joseph n'est pas informé, mais un valet, de service cette nuit-là, verra l'impératrice disparaître dans le petit escalier secret qui joint les deux parties du palais. C'est par cette ouverture dissimulée dans le mur qu'elle se ménage les fuites dont elle a besoin, quand elle veut, par exemple, aller acheter ses tisanes chez Demel, l'un des fournisseurs de la Cour. Elle se retrouve vite au rez-de-chaussée. Le garde la voit sortir, sachant qu'il est inutile d'essayer d'empêcher Sa Majesté de partir seule, sans aucune escorte. Mais… en pleine nuit ? Croyant ne pas attirer l'attention, l'impératrice hèle un fiacre et se fait conduire à la crypte du couvent des Capucins, qui n'est pas loin. Elle sonne. On ne répond pas. Elle sonne encore. Finalement, un jeune moine vient ouvrir.

Mais que veut donc cette femme en pleine nuit ? Elle demande à voir le père prieur :

– Je suis l'impératrice. Conduisez-moi auprès de mon fils.

D'autres religieux arrivent ; leurs coules brunes glissent comme des spectres, des mains allument des torches, Sissi est entourée de capucins évidemment muets. Elle descend l'escalier. Devant la grille qui permet d'accéder aux tombeaux, elle dit :

– Je désire être seule avec mon fils.

Bruit de clés, dégagement de la serrure, la grille est ouverte à deux battants. Le père prieur, qui se trouvait dans la chapelle sur la gauche, suit la souveraine à bonne distance. N'est-elle pas presque un fantôme dans cet endroit très impressionnant ? Sissi passe devant des alignements de sarcophages, en particulier l'imposant tombeau conjugal de Marie-Thérèse et de son mari se regardant sur un lit d'argent, puis celui de Maximilien, son beau-frère fusillé, sépulture modeste comme si on avait oublié sa mort après avoir oublié sa vie. Parvenue devant le cercueil de son fils, l'impératrice se fige. Rodolphe est le cent treizième Habsbourg à reposer ici. Soudain, dans la nuit sépulcrale où sont inhumés onze empereurs et quinze impératrices, un cri retentit, deux fois, surprenant les moines en méditation :

– Rodolphe ! Rodolphe !

Un tel cri, ici, est déplacé. La mère de Rodolphe n'est pas venue simplement prier, elle cherche à communiquer avec lui ! Le silence. Le défunt ne répond pas. La voix de sa mère s'est brisée sur le bronze des têtes de mort sculptées qui ornent certains tombeaux. Les religieux voient une mère en transe. Pour elle, la scène, grandiloquente, est à la fois un soulagement et une déception. Si elle paraît soudain apaisée aux moines – elle le leur avouera –, elle aurait aimé entrer en contact avec lui, car elle a toujours été intriguée par les médiums et les spirites. Ce n'était en revanche pas le cas de Rodolphe, qui – c'était inhabituel chez lui – traitait leurs adeptes d'athées et défendait le christianisme[1]. Le lendemain, 10 février, Sissi avoue à l'empereur et à ses filles son angoissante visite nocturne dans la crypte. Et en songeant particulièrement au prochain mariage de Marie-Valérie et aux tendres liens entre François-Joseph et Katharina Schratt, elle dit à sa cadette :

– Si seulement Jéhovah me rappelait à lui… Ton papa serait libre et ton bonheur conjugal ne serait pas troublé…

L'impératrice, quoi qu'elle sache ou pense réellement de ce qui est arrivé, n'aspire qu'à rejoindre son fils. On peut dire qu'à ce moment de la tragédie, François-Joseph connaît la vérité et que cette vérité doit être épouvantable puisqu'il fait jurer, à genoux devant lui et sur la Bible, à tous ceux qui, de près ou de loin, ont su pourquoi et comment Rodolphe était mort, de ne jamais rien révéler. L'impératrice, qui ignore peut-être la vérité, se tait, mais quand on lui montrera une lettre de Rodolphe à Stéphanie dans laquelle son mari annonçait qu'il devait mourir, Sissi répliquera que ce n'est pas l'écriture de son fils. Unis par l'horreur de la situation, les parents de Rodolphe n'en font pas la même analyse. Leurs douleurs ne sont pas les mêmes. L'empe-

1. On apprendra dix jours plus tard, le 15 février, par le journal maçonnique *Der Zirkel* (*Le Compas*), que les francs-maçons, dont Rodolphe était très proche intellectuellement (et probablement initié), avaient déposé, clandestinement et hors de la vue de l'empereur pendant la mise du cercueil dans le caveau, une branche d'acacia mêlée aux fleurs. Mais elle avait été ensuite retirée et ne s'y trouve donc plus ce soir-là…

reur s'accroche à son devoir qui est de préparer immédiatement la survie de l'Empire à cette catastrophe. Sissi, toujours rebelle, refuse la réalité, mais veille à ne pas accabler son mari de ses foucades, au contraire. Malgré sa réaction presque mécanique de monarque discipliné, il est fragile, elle le sait, et elle le soutient. Sissi réussit parfois ce prodige puisque le 16 février, à la précieuse Katharina Schratt, François-Joseph écrit : « Apparemment, l'impératrice est calme et ne semble se préoccuper que de mon bien-être et de mon divertissement, mais je remarque quand même cette douleur profonde silencieuse qui l'habite. Elle est une grande dame, une femme rare. » Tous deux n'ont qu'une crainte : que l'autre s'effondre…

Un couple qui cherche à survivre pendant l'année du deuil…

Toutefois, la vie du couple, traumatisé par la mort de Rodolphe et son retentissement mondial, met en évidence leurs deux caractères. L'empereur est un homme simple, un esprit appliqué, détestant le désordre et l'imprévu, un pragmatique soucieux des usages. À la conversation, il préfère donner des ordres et avoir des réponses pour organiser son devoir. Sa douleur de père a une rivale, la crainte du scandale mettant en évidence la vie conjugale chaotique de son fils et son esprit trop libéral, trop moderne par ses fréquentations et ses idées. Si le père s'efforçait de prolonger son monde et de consolider l'esprit du passé, le fils pressentait l'avenir. François-Joseph semble parfois presque soulagé dans son chagrin. D'une certaine façon, pour l'extérieur, le pire a été évité et les convenances sont à peu près sauves, puisque la réalité du scandale, quel qu'il soit, a été masquée, voire étouffée. Mais il est probable que l'empereur soit hanté par le remords de ne pas avoir assez écouté son fils et de ne pas l'avoir davantage associé à l'exercice du pouvoir. Et le père de ce fils révolté, noceur aux idées progressistes, n'est-il pas lui-même critiquable ? François-Joseph, figure tutélaire, pouvait-il être un modèle dans l'hypocrisie bourgeoise d'une relation prétendument irréprochable avec Katharina Schratt, relation consentie (le mot est faible !) par l'impératrice itinérante ? Rodolphe en avait parlé avec Marie-Valérie ; celle-ci en voulait à son père et ne supportait pas la présence, théâtrale et permanente, de la comédienne. À la vérité, pour faire face à la tragédie, François-Joseph est moins bien armé que sa femme : elle craint qu'il ne s'effondre d'un coup. Il est comme assommé...

À l'opposé, l'impératrice est un esprit ardent, inventif, foisonnant, épuisant, mais d'une exceptionnelle sensibilité, avec un instinct réputé. Sissi, grâce à ses excès, est beaucoup mieux préparée au pire : le désordre est son univers, elle le recherche et s'y complaît. Les extravagances de l'impératrice sont une armure, l'empereur n'est protégé que par la routine. Mais tout en s'égratignant dans des scènes familiales qui désolent leurs filles, ils tentent de faire survivre leur couple. La mort de Rodolphe peut les réunir ou, au contraire, les séparer. Sissi s'efforce de ne pas trop s'absenter, mais voyager est pour elle une question de survie. Elle donne des instructions aux ambassades et institutions austro-hongroises pour que l'on ne célèbre plus sa fête ni son anniversaire. Et bientôt, elle répartira entre ses deux filles tous ses vêtements de couleur, sacs, chapeaux et souliers. Elle ne s'habillera plus qu'en noir, jusqu'à sa propre fin, et partagera aussi ses parures et bijoux entre Gisèle, Marie-Valérie et Erzsi. Même ses éventails sont noirs ! Seules ses ombrelles seront blanches. Au Tyrol, la population étant prévenue que Sa Majesté souhaite « demeurer dans une retraite absolue » et que les habitants doivent s'abstenir de toute manifestation, le résultat est désastreux : les paysans se cachent et les enfants se sauvent en hurlant dès qu'ils aperçoivent « la dame en noir » ! Contrairement à ce qu'elle pense, et comme le lui dit son bienveillant mari, l'impératrice n'est pas invisible ! Elle fige son image, on retouche ses portraits et photographies puisqu'elle refuse toute nouvelle séance de pose. Sissi ne vieillira plus. Le sourire à peine esquissé, elle aura éternellement moins de 50 ans. Quand l'atmosphère est trop pénible, elle fuit, dans un périple méditerranéen : Palerme, Malte, Tunis, Carthage et Corfou, où elle a décidé de se faire construire un palais de marbre blanc. Elle demande à son mari de l'aider financièrement en lui promettant :

– Ici, je pourrai renier mon principe de perpétuelle errante.

Ce qu'elle n'avait pu réaliser à Madère parce que c'était trop loin et qu'elle était trop jeune, elle prétend y arriver dans cet endroit sublime, sur une colline dominant une mer indigo. François-Joseph, par bonté amoureuse, fait semblant de la croire. Après la Hermes Villa, elle appelle son nouveau fantasme antique l'Achilleion. Après Hermès, Achille : ayant acheté au prince Borghèse, collectionneur réputé, une statue « ancienne » (de 1884 !), elle la place au bas de l'escalier à neuf marches qui conduit à l'entrée. Le visiteur est accueilli par un Achille qui a perdu de sa bravoure, Pâris ayant percé son célèbre talon d'une flèche mortelle lors du siège de Troie. Sissi revient le

À dater de la mort de son fils Rodolphe, Sissi, sauf exception, ne se vêtira plus qu'en noir et refusera le moindre nouveau portrait d'elle, en peinture ou en photographie. Elle ne « vieillira plus » et conservera sa silhouette élancée. Ici, toutefois, elle est « surprise » à Corfou dans le palais qu'elle a fait construire, avec un de ses chiens, un danois. L'impératrice puise dans sa passion pour la Grèce antique sa force pour survivre. Elle continue de prendre des leçons de grec classique.

4 décembre. Elle s'enfonce de nouveau dans son cauchemar. Ses filles l'entendent soupirer :

– Que j'envie Rodolphe... Mais qu'y a-t-il de l'autre côté? Si on le savait, ce serait tellement plus facile...

François-Joseph écrit à Katharina Schratt : « Pour nous, il n'y a plus de cadeaux ni de fêtes de Noël. » La seule consolation du souverain est la présence de sa femme, ce qui ne sera pas toujours le cas alors qu'il est très attaché à la tradition de cette réunion familiale. Le 30 janvier 1890, premier anniversaire de la mort de Rodolphe, le couple impérial et Marie-Valérie se rendent à Mayerling. L'empereur y était déjà venu depuis le drame, mais l'impératrice jamais. Pendant le trajet, personne ne parle, Sissi est très tendue. Le pavillon de chasse a disparu, en grande partie rasé[1]. En expiation, une église a été construite ainsi qu'un couvent de carmélites; l'autel se dresse à la place même du lit où se trouvait le corps de l'archiduc. Agenouillée, en levant les yeux, Sissi peut voir, sous les arceaux néogothiques, une fresque représentant les saints patrons de la famille impériale, y compris sainte Élisabeth de Hongrie et son manteau incrusté de roses, une femme qui avait été aussi compliquée que Sissi! Stéphanie n'est pas là, une rumeur assurant qu'elle est dans les Alpes et qu'elle aurait, depuis environ deux ans, un amour secret, ce qui

1. Contrairement au vœu de François-Joseph qui voulait effacer toute trace du lieu où était mort son fils, un mur et une poterne sont encore visibles aujourd'hui. Et un petit musée, géré par des carmélites, a été aménagé contre l'église. Outre des portraits, du mobilier est présenté. La brochure disponible sur place évoque, depuis 1990, « la mort énigmatique » du prince héritier. Une terminologie qui a évolué...

serait compréhensible[1]… François-Joseph revient abattu. Fallait-il « retourner le fer dans la plaie » ? La fatalité allait encore frapper…

1890 : enfin un moment de bonheur après tant de malheurs…

Le 18 février, le comte Andrássy succombe, à 67 ans, après des mois de souffrance. Il était l'un des rares hommes que Sissi estimait réellement. Ministre des Affaires étrangères jusqu'en 1879, il avait aussi été l'artisan de l'alliance avec l'Allemagne. La reine de Hongrie, bouleversée, s'incline devant sa dépouille et dit :

– Mon dernier ami, mon seul ami est mort.

Trois mois plus tard, en mai, l'impératrice, achevant de déjeuner avec François-Joseph et Katharina Schratt, reçoit une autre mauvaise nouvelle. D'urgence, elle se rend à Ratisbonne, au chevet de sa sœur Hélène, veuve depuis plus de vingt ans du prince de Tour et Taxis. Tant d'années étaient passées depuis que Cupidon et la passion imprévisible de François-Joseph avaient empêché Hélène de devenir impératrice d'Autriche. Hélène s'éteint dans les bras de Sissi. Elles étaient restées très complices et souffraient d'une même neurasthénie. Brisée, elle a cette réflexion troublante :

– Je comprends maintenant qu'on puisse être amené à se suicider par peur d'une telle agonie.

1. Irmgard Schiel, *Stéphanie, princesse héritière dans l'ombre de Mayerling*, préface de Georges-Henri Dumont, trad. Dominique Mols, Bruxelles, Racine, 1999.

La perte de cette sœur, surnommée Néné, ne fait qu'aggraver chez Sissi l'envie de les rejoindre, elle et Rodolphe. François-Joseph se demande si son épouse, courant d'un décès à l'autre, ne va pas finir par devenir folle, harcelée par la perte de ceux qu'elle aime. Dans cette cour de Vienne qui ne cesse d'être une veillée funèbre, le souverain ne tient que par son devoir d'État. Avec la régularité d'un métronome, il consulte son registre d'audiences sur un pupitre en bois blanc et or. Les noms des récipiendaires et le motif de leur demande sont sous ses yeux. Par courtoisie, le souverain reçoit ses visiteurs debout, les mains croisées dans

Le 31 juillet 1890, Marie-Valérie, la dernière et la plus proche fille du couple impérial, épouse dans une relative intimité l'archiduc François-Salvator d'Autriche-Toscane. La cérémonie se déroule à Bad Ischl. Signe de gaieté retrouvée dans sa famille, Sissi renonce exceptionnellement, ce jour, à sa couleur noire : sa robe est gris perle.

le dos, devant l'une des deux fenêtres de son bureau réservé à ces entretiens.

Le 31 juillet 1890, enfin, le chagrin cède la place à la joie. Marie-Valérie, dont le mariage avait été reporté en raison du deuil, épouse, dans l'intimité, l'archiduc François-Salvator à Bad Ischl. La Kaiservilla est joyeuse. François-Joseph y a fait faire plusieurs aménagements. L'électricité a été installée, ce qui permet à l'empereur d'utiliser un allume-cigare (qui ressemble à un pied de lampe !), de travailler l'été dans une atmosphère rafraîchie par un ventilateur à six pales conçu par la maison Siemens et de disposer de deux sonnettes sur un socle d'onyx, l'une pour appeler ses aides de camp, l'autre pour son valet de chambre. Leurs boutons représentent l'un un trèfle à quatre feuilles, l'autre un fer à cheval. Deux porte-bonheur dans une maison qui en a le plus grand besoin. Mais l'événement le plus spectaculaire de cette journée est l'apparition de Sissi dans une sobre robe gris perle. C'est la seule et dernière fois qu'elle acceptera de renoncer au noir[1]. Il faut aussi souligner que si la cérémonie est très simple, c'est qu'il s'agit du seul mariage d'amour des enfants du couple impérial. Gisèle avait accepté un mariage imposé par sa mère, mais connaissait un réel bonheur conjugal ; elle avait eu en 1883 un quatrième et dernier enfant, un deuxième fils.

Après cet intermède familial heureux, Élisabeth va reprendre sa vie errante, d'autant plus débridée qu'elle n'a plus la présence de Marie-Valérie auprès d'elle. En cette année 1890, à Corfou, l'Achilleion est enfin terminé. Une villa ? Un palais néoclassique

1. François-Salvator et Marie-Valérie auront neuf enfants. Elle héritera de la Kaiservilla, toujours propriété de ses descendants et ouverte au public.

avec une dizaine de pièces et des écuries pour une véritable cavalerie ! Les Grecs sont impressionnés et flattés de la présence de la souveraine, mais ce qui les éblouit le plus est la rapidité de ses déplacements. Alors que sont mises en service les premières voies ferrées dans l'aridité du Péloponnèse, ils surnomment Sissi « l'impératrice locomotive » ! Serait-elle capable de s'arrêter de traverser la Méditerranée dans tous les sens ? Dans les jardins de l'Achilleion, face à la côte de l'Épire et à l'extrémité de la corniche, entre les cyprès et les rosiers, il lui arrive de se reposer sur un banc de marbre semi-circulaire, caché par des buissons de lauriers. Soudain, elle retrouve la paix immobile, le repos de l'esprit et ce silence des questions sans réponse. Elle réfléchit, reprend des forces en songeant à Ulysse qui s'était régénéré à Corfou quand l'île s'appelait Skira. Sissi s'amuse à montrer à ses visiteurs une sculpture de Canova qui – l'antiquaire qui la lui a vendue l'assure ! – aurait eu comme modèle l'indécente Pauline Bonaparte, la sœur préférée de Napoléon, devenue Pauline Borghèse. Sur un ton amusé, l'impératrice déclare :

– J'ai amené aux muses une nouvelle compagne. J'espère qu'elles l'auront bien accueillie. Apollon, tout au moins, la regarde fort tendrement.

Mais l'impératrice n'est jamais satisfaite. Marie Festetics s'en plaint : « Sa Majesté devient chaque jour plus capricieuse et nonchalante et ses prétentions sont de plus en plus excessives. Elle voudrait faire descendre pour elle le Ciel sur terre… Sa Majesté s'imagine qu'avec de l'argent, on peut se faire un jardin aussi facilement qu'un château. Elle se désespère que les arbres ne soient pas encore verts. Elle se rappelle le jardin de Miramar, qui cette année était vraiment superbe. C'est cela qui la mécontente[1]. » Rien ne peut fixer l'impératrice. Cette maison à laquelle elle a apporté tant de soins, pour laquelle elle a fait tant d'acquisitions, sitôt terminée, a cessé de lui plaire. Elle songe même à la vendre pour donner de l'argent à Marie-Valérie (qui n'en a absolument pas besoin !). Finalement, elle va la vider de tous ses meubles, ce qui permettra de retrouver, plus tard, des souvenirs de l'Achilleion dans diverses demeures impériales, la Hermes Villa, la Kaiservilla et à Schönbrunn. À l'empereur et à Marie-Valérie qui la supplient de cesser ses pérégrinations permanentes de Tanger à l'Albanie, de train en bateau, tandis que les gens de sa Maison ne cessent de faire et de défaire ses bagages, elle répond :

– C'est justement parce que je m'y plais qu'il ne faut pas que j'y reste…

L'empereur reçoit des doléances d'un peu partout, notamment de Hongrie où, même au Parlement, l'on se plaint de l'absence du couple royal. Et comme à Vienne autrefois, les journaux de Budapest calculent que le roi et la reine n'ont passé, en un an, que un mois en Hongrie. Pourquoi ne viennent-ils plus à Gödöllő ? Les Hongrois rejoignent les Autrichiens dans leurs réclamations : la reine Erzsébet est devenue invisible. Et son mari lui fait remarquer, fermement, qu'elle voyage maintenant presque toujours à l'étranger, c'est-à-dire en dehors de l'Autriche-Hongrie, et que c'est une grave faute politique. En son absence, l'empereur ne quitte presque pas Katharina Schratt, lui réservant sa promenade rituelle de l'après-midi, dans le parc de Schön-

1. Legs Corti, Archives de Vienne, cf. Brigitte Hamann, *Élisabeth d'Autriche, op. cit.*

L'empereur François-Joseph, lors de sa promenade quotidienne de l'après-midi dans le parc de Schönbrunn, vers 1895, avec « l'amie » Katharina Schratt. La comédienne réside dans une maison près de la célèbre gloriette. Pour Sissi, qui l'a choisie, ce qui compte est que l'empereur ne soit jamais seul... Ainsi, elle ne se sent pas coupable de ses absences. Peu lui importent les ragots du voisinage et de Vienne!

brunn. Il faut redire que cette relation est si rodée que Sissi s'inquiéterait de ne pas en avoir des nouvelles. Être au courant la rassure et l'empêche d'avoir mauvaise conscience. Katharina Schratt est son alibi : l'empereur n'est plus jamais seul.

Le 17 janvier 1891, sans doute pour lui faire plaisir, l'impératrice accepte d'être présente à une fête viennoise, pour la première fois depuis la mort de Rodolphe. Une fête ? L'apparition de Sissi en grand deuil a un effet désastreux : la plupart des femmes pleurent ! Malgré leurs robes claires et leurs bijoux, on dirait qu'elles participent à une veillée funèbre ! En juillet, le couple impérial se retrouve à Gastein, près de Salzbourg. Sissi fait un effort pour cacher sa mélancolie et dit à l'empereur qu'elle est heureuse de le voir. Il lui répond qu'il la remercie d'avoir eu l'idée de lui choisir Katharina Schratt comme « amie ». Pourtant, François-Joseph reste amoureux de sa femme si fuyante, si instable et si malheureuse de vivre. Lorsqu'il quitte Gastein, il est bouleversé : maintenant, à chaque fois qu'ils se séparent, l'empereur a le sentiment que ce pourrait être la dernière fois. Le 14 juillet, à trois heures et demie de l'après-midi, alors qu'il vient de rentrer à la Kaiservilla, il lui écrit : « J'ai cru voir ton ombrelle blanche sur le balcon et j'en ai eu les larmes aux yeux. Merci encore de tout cœur, pour ta bonté et ton amour pendant mon séjour à Gastein. À présent, j'ai rarement d'aussi bons jours. » Elle lui répond qu'il ne s'est pas trompé, une robe noire et une ombrelle blanche, c'est bien elle. Et dans cette Kaiservilla où l'impératrice manque tellement, l'empereur, que l'on dit entre deux femmes, remercie son épouse qu'il ne parvient pas à retenir : « La certitude que tu m'as vraiment fait signe avec ton ombrelle après notre séparation me rend très heureux, j'en suis profondément touché et je t'en remercie[1]. » Pourquoi est-elle obligée de partir dès qu'elle arrive quelque part ? François-Joseph est si inquiet qu'il refuse de la laisser entreprendre un tour du monde ou de traverser les États-Unis. Dès qu'elle quitte le territoire austro-hongrois, il lui écrit tous les deux jours des lettres qui l'attendent dans les consulats, récupérées par la dame d'honneur, comme celle-ci, d'une tonalité pathétique : « Je veux joindre à mes vœux de bonheur les plus sincères la demande expresse que tu sois, dans l'avenir peut-être bref qui nous est accordé, aussi bonne et aussi aimable que tu le fus toujours pour moi… Puisque je ne sais pas suffisamment te le montrer et que cela te semblerait ennuyeux, j'aimerais te dire que je t'aime infiniment… Que Dieu te bénisse, te protège et nous donne de nous revoir agréablement. Nous n'avons rien à désirer ni à espérer de plus… »

Une nouveauté souveraine : des vacances… ensemble, à l'hôtel !

Sans Sissi, il est perdu et parle sans cesse d'elle à Katharina Schratt, qui n'a pas le droit d'en être lassée ! L'impératrice est d'autant plus présente dans les conversations avec la comédienne qu'elle est physiquement absente, et l'on ne compte plus, à la Hofburg, à Schönbrunn et à Bad Ischl, les tableaux et photographies de Sissi, à la demande de François-Joseph. Ce n'est pas tant son mari qu'elle fuit que le protocole de la Cour qui reste incroyablement rigoureux. Ainsi, pour la seule année 1892, les

1. Egon César, comte Corti, *Élisabeth d'Autriche*, *op. cit.*

personnes ayant le privilège des « grandes entrées » sont plus de trois cents, et celles n'ayant accès qu'aux « petites entrées » sont, encore, quarante[1] ! Cette menace d'invasion permanente dans les appartements de l'impératrice sert, à elle seule, de prétexte à Sissi pour fuir et survivre ; François-Joseph, lui, ne peut exister ni régner sans l'étiquette. Ce serait la fin de l'Empire ! Mais un jour, Katharina Schratt doit s'absenter de Vienne. L'impératrice organise immédiatement son remplacement provisoire : c'est sa lectrice Ida Ferenczy qui tient compagnie à l'empereur, préparant pour lui des saucisses fumantes avec du pain hongrois.

La vie de l'impératrice oscille entre les douleurs et les joies. La mort de sa mère Ludovica, le 26 janvier 1892, est presque immédiatement suivie de la naissance d'une fille de Marie-Valérie. Par miracle, l'année suivante le couple impérial parvient à faire un voyage en Suisse, à Genève, une ville que Sissi aime beaucoup. Mais, comble de malchance, alors qu'ils sont heureux d'être ensemble, l'empereur est rappelé à Vienne ; cependant, il tente de faire renoncer Sissi à la vente de l'Achilleion, ce paradis. Sa réponse explique la course permanente de l'impératrice :

– Si l'on m'obligeait à rester quelque part, fût-ce au paradis, pour moi, il deviendrait un enfer.

À partir de 1893, la santé physique de l'impératrice se dégradant, les grands voyages ne sont plus au programme. Petit à petit, elle va restreindre son périmètre touristique aux villes d'eaux allemandes et autrichiennes, au lac de Genève qu'elle adore et à la Riviera française, qu'elle fréquente volontiers à la saison hivernale, comme la mode en a été lancée. Pour le couple

1. *Répertoire de la Cour et de l'État de la monarchie austro-hongroise* (1 260 pages !).

impérial, la grande nouveauté est que désormais et presque systématiquement, l'empereur viendra rejoindre son épouse pour quelques jours, voire une ou deux semaines. Des villégiatures hors de l'Autriche-Hongrie, à l'étranger, ensemble et dans de grands hôtels leur permettent de retrouver une intimité apaisée, hors de tout protocole. Pour bien manifester qu'il est en vacances et qu'il ne souhaite pas être reconnu, l'empereur délaisse son éternel uniforme et son képi pour adopter le parapluie, le chapeau melon et un complet veston de bourgeois. La première fois que cela se produit, c'est à Territet, en Suisse, au sud-est de Montreux. C'est tellement surprenant que la presse s'interroge : on soupçonne François-Joseph de venir surveiller sa femme dont la santé mentale se détériore! En fait, il n'en est rien. Ils sont heureux, ils font de longues promenades, des courses en ville, l'empereur s'achète des cigares et fait livrer à Vienne des caisses d'yvorne, son vin blanc suisse préféré. Élisabeth est enchantée que son mari se repose un peu; en revanche, Marie-Valérie est soucieuse : «Ce n'est pas sans inquiétude que nous l'avons vu partir presque sans aucune suite et sans la moindre mesure de sécurité, dans ce pays connu pour être la terre d'accueil des nihilistes et des socialistes», écrit-elle. Les villégiatures du couple à Cap-Martin la tracasseront moins. Le premier séjour de Sissi au Grand Hôtel du Cap-Martin a lieu en février 1894. Son installation puis celle de François-Joseph quelques jours plus tard provoquent une grande fébrilité dont le directeur du palace fait état dans une lettre : «Ils arrivent avec une suite nombreuse. Il y a huit ou dix personnes et beaucoup de serviteurs. L'hôtel était rempli de monde et on a dû en déloger un grand nombre

François-Joseph et Sissi prennent l'habitude, au début des années 1890, de séjourner ensemble sur la Côte d'Azur. Les voyages lointains sont terminés. Ici, l'empereur (qui croit ne pas être reconnu parce qu'il est en civil!) se promène avec son épouse dans les jardins du Grand Hôtel à Cap-Martin. Et Katharina viendra les rejoindre!

pour leur faire leur logement[1]. » Le même établissement accueille aussi l'impératrice Eugénie dont la villa Cyrnos n'est pas encore construite. La veuve de Napoléon III occupe une suite au premier étage. Sissi est au rez-de-chaussée pour pouvoir s'échapper plus facilement puisqu'elle a une sortie privée qui la rassure ! On verra souvent les deux impératrices se promener ensemble et avoir de longues conversations : elles s'apprécient malgré tous les anciens contentieux diplomatiques. François-Joseph aime beaucoup Eugénie, avec laquelle il avait inauguré le canal de Suez ; le couple impérial austro-hongrois et l'ex-impératrice des Français partagent la même douleur : celle d'avoir perdu tragiquement leur seul fils et héritier[2]. On voit aussi souvent Sissi et François-Joseph se promener bras dessus, bras dessous sur les sentiers bordés de pins qui surplombent la Méditerranée. Marie Festetics note : « Avec son charme, l'impératrice met son mari dans sa poche. » Le dimanche, le couple assiste à la messe de dix heures célébrée à Menton, dans la chapelle de l'archiconfrérie des Pénitents noirs. Parfois, le couple arrive avec son bateau et le *Miramar* reste alors ancré au pied de l'hôtel. Les souverains reçoivent à bord Eugénie et le prince de Galles, autre amateur de la Côte d'Azur. Cela permet à François-Joseph de se rendre à Monte-Carlo sans Sissi. Il n'est pas enthousiasmé. Il lui écrit qu'il a trouvé le casino de Charles Garnier « trop chargé et pas assez élégant ». Il juge le public « ordinaire et souvent vieux » et surtout que cela manque de « femmes du demi-monde et de

1. Étienne Chilot, *Point de Vue Histoire*, juin 2017 ; Jean des Cars, *Eugénie, la dernière impératrice*, Perrin, 2001, Grand Prix de la Fondation Napoléon.

2. Le prince impérial était mort en Afrique australe, le 1er juin 1879, en se battant courageusement contre les Zoulous. Il avait 23 ans et portait l'uniforme britannique.

jolies cocottes » ! En fait, il n'a pas vu beaucoup de jolies femmes ! Quand il écrit à Katharina Schratt (qui, bien sûr, viendra les rejoindre !), il se dit furieux que des photos de lui aient été prises lorsqu'il descendait d'une calèche. Décidément, il lui est bien difficile de faire respecter son anonymat, même en civil ! Il lui raconte aussi qu'il mange trop, qu'il grossit car la nourriture est trop bonne ; il est l'inverse de Sissi, qui persiste à n'absorber que du lait de certaines vaches, expédié de Vienne par Ida Ferenczy, désormais responsable d'une laiterie modèle ! Que de complications pour se nourrir sainement ! À son épouse entêtée, le souverain dit, furieux :

– Tu traites la faim par le jeûne au lieu de le faire comme les gens raisonnables et cela me préoccupe. Mais ce sont là des paroles sans valeur et il est inutile d'entamer ce chapitre !

En effet ! D'autant plus que Sissi, constatant qu'elle a pris 300 grammes, adjure Katharina Schratt de se surveiller aussi car elle la trouve « trop ronde », ce qui n'est pas du tout l'avis de l'empereur ! Le pauvre François-Joseph n'en peut plus de cette course aux régimes ! Accablé, il conclut :

– C'est curieux que vous tentiez toujours toutes les deux les mêmes expériences médicales...

Et pour avoir la paix, il se risque à ajouter, non convaincu :

– Heureusement, sans grand dommage...

Il est vrai que cette discipline ahurissante n'empêche pas l'impératrice de marcher pendant cinq heures, parfois plus, dans la presqu'île où elle ne voit personne et où elle pense ne pas être vue, ce qui est essentiel pour elle. Le 3 mars 1897, François-Joseph et Katharina Schratt font une promenade en voiture découverte à Cap-Martin. Eux ne se cachent pas. Ils sont photographiés, mais l'empereur a cessé d'en vouloir à ces importuns, ancêtres des paparazzi, traquant les célébrités. Katharina Schratt n'est pas à son côté clandestinement, au contraire. Et si cette relation, exposée et officielle, qui continue d'alimenter toutes les rumeurs possibles, se poursuit, c'est parce que l'empereur et l'impératrice ont une confiance absolue en la comédienne ; de fait, celle-ci, du vivant des intéressés, ne révélera rien, ne laissera personne prendre connaissance de sa correspondance doublement impériale et sera très vigilante sur les gens qui l'approcheront.

Au millénaire de la Hongrie, Erzsébet est un « fantôme » !

Budapest, 30 avril 1896. Un grand rendez-vous avec l'histoire. Le roi et la reine reviennent enfin pour célébrer les mille ans de leur royaume. Le 2 mai, Erzsébet apparaît dans une somptueuse robe noire (toujours le deuil…) à manches gigot. Des milliers de paires d'yeux la scrutent. « Comment est notre souveraine ? Est-elle vraiment folle ? Non, elle a simplement l'air triste… » La foule scande :

– C'est notre Erzsébet, notre reine bien-aimée !

Mais la population constate un immense chagrin. Ses cheveux sombres, ses perles noires, ses épingles noires… Seul son visage, marmoréen, est d'un blanc presque gênant. Dans l'église Saint-Mathias, où elle avait été couronnée, le cardinal primat de Hongrie trouve les mots justes pour rendre hommage à celle qui, autrefois, « de sa main tendre et maternelle, a tissé le lien doré qui relie à présent la nation à son roi bien-aimé». Après trois cérémonies en public, dont l'inauguration d'une exposition, elle renonce; de telles représentations sont maintenant au-dessus de ses forces. Au Parlement, elle peut à peine tenir son éventail pour cacher son visage et répondre aux compliments, aimablement, mais presque comme un automate. François-Joseph, soucieux et contrarié, sait hélas ce qui obsède sa femme; comme elle, il songe à Rodolphe qui, enfant, était à leurs côtés : les chants, les uniformes, les monuments sont les mêmes, mais elle, Erzsébet, a changé. Elle est ailleurs. Ce n'est plus la reine adulée, c'est son fantôme. Les applaudissements, les cris de joie ne parviennent pas à animer cette statue de détresse, une *Mater Dolorosa*. Seuls ses yeux, magnifiques, sont éclatants. La presse hongroise relate la déception et l'inquiétude populaires en déplorant combien les monarques portent le fardeau d'une implacable fatalité et en sont accablés : «Eux qui savaient autrefois sourire avec tant de séduction, qui consolaient un pays malheureux, les voilà qui s'emplissent de larmes.» C'est la dernière apparition publique du couple royal. Les Hongrois ne reverront jamais la femme qui leur avait rendu une dignité trop longtemps brimée, leur reine qui avait cru en la Hongrie.

Dans la matinée du mercredi 5 mai 1897, à la Hermes Villa, l'impératrice termine tout juste une leçon de grec avec son professeur. On apporte une dépêche. Sissi blêmit : la veille, à Paris, sa sœur Sophie-Charlotte, la duchesse d'Alençon, a péri dans l'incendie du Bazar de la Charité. À quatre heures dix, une flamme a jailli d'un appareil de cinématographie qui fonctionne à l'éther et qu'il aurait fallu laisser refroidir… L'incendie éclate, ravageant les comptoirs tenus par des femmes portant les plus grands noms. Sophie-Charlotte s'est immédiatement rendu compte de la catastrophe, les décors éphémères peints à l'huile s'enflammant immédiatement. La salle de projection improvisée n'étant pas, au sens réglementaire, une salle de spectacle, ses portes sont bloquées de l'intérieur par le public paniqué ; les curieux, attirés par l'étonnant cinématographe, s'écrasent contre les parois. Aux jeunes filles du monde affolées qui l'entourent, la duchesse ordonne :

– Que les autres passent avant moi ! Sauvez les jeunes filles ! Je partirai la dernière !

Elle s'est sacrifiée, les mains jointes, en priant. Elle sera l'une des cent cinquante victimes piétinées et carbonisées. Seul son dentiste pourra identifier son corps, atrocement mutilé. L'impératrice, qui aimait tant sa sœur humiliée par Louis II, dit d'une voix brisée et le regard voilé :

– La malédiction grandit...

Le 14 juin, c'est à la Hermes Villa que Sissi rédige son testament, en hongrois, qui comprend neuf paragraphes, document contresigné et enregistré le lendemain à Budapest. À Marie-Valérie, elle annonce :

– Cela finira bien un jour... Le repos éternel n'en sera que meilleur.

L'impératrice-reine se détache des événements politiques, rien ne pouvant l'atteindre puisque, selon elle, la mort vient vers elle. Autrefois ardente avocate des nationalismes dans l'Empire, elle ne se manifeste pas auprès de François-Joseph alors que, en novembre, une grave crise oppose défenseurs et adversaires des particularismes. Après de violents incidents à la Chambre des députés en réaction à des « ordonnances linguistiques », l'empereur relève de ses fonctions le comte Badeni, Premier ministre, qui avait succédé au comte Taaffe. L'entourage d'Élisabeth constate que ces combats, dans lesquels, contre toute attente et sans aucun rôle constitutionnel, elle s'était révélée une championne de la justice et de l'équilibre, ne l'intéressent plus. Sissi ne réagit pas davantage à la misère ni à la loi martiale décrétée à Prague. Durant l'hiver 1897-1898, l'impératrice, que l'on dit doublement malade, physiquement et psychologiquement (on le répète depuis la tragédie de Mayerling), ne reviendra pas à Cap-Martin. L'année précédente, François-Joseph, qui l'avait rejointe pendant deux semaines, l'avait trouvée terriblement nerveuse. À son retour à Vienne, l'empereur avouait même à l'ambassadeur d'Allemagne que la santé de sa femme lui avait « complètement gâché le séjour à Cap-Martin[1] ».

En mai 1898, Sissi inquiète toute sa famille. Les uns disent que, selon les médecins, elle souffre d'un œdème de malnutrition et a les pieds enflés ; mais d'après sa suite, elle marche à une cadence toujours aussi impressionnante et, bien entendu, déraisonnable. Qui croire ? Les deux, sans doute, car c'est une question de moment et d'humeur. Mais c'est l'empereur qui a droit à cette réflexion intime peu encourageante lorsqu'elle lui dit qu'elle a l'impression d'avoir 80 ans. Elle en a dix-neuf de moins, mais les douleurs psychiques qu'elle porte sont trop lourdes. Et l'entêtée impératrice semble satisfaite que ses forces l'abandonnent peu à peu, la rapprochant de sa délivrance… N'avait-elle pas dit à l'ambassadeur d'Allemagne : « Je m'apprête

1. Brigitte Hamann, *Élisabeth d'Autriche, op. cit.*

Au printemps 1898, François-Joseph rejoint Sissi qui fait une cure en Bavière, à Bad Kissingen, sa station favorite. Tous deux marchent d'un bon pas, heureux d'être ensemble. Tant de secrets et d'émotions les unissent… Ils se sont enfin retrouvés. Ce sera la dernière photographie du couple…

à devenir arrière-grand-mère, j'ai donc bien le droit, je pense, de me retirer du monde » ?

Sissi fait une tournée des stations thermales, Carlsbad, Gastein, et c'est à Bad Kissingen, dans le nord de la Bavière, que l'empereur la rejoint. Ils sont photographiés tous les deux marchant d'un bon pas dans le parc de l'établissement. François-Joseph est en civil avec pochette, chapeau melon et fine canne bien tenue dans la main droite. L'impératrice, à son côté droit, bien sûr en noir, tient son éventail de la main droite et son ombrelle blanche de la main gauche. Une déjà vieille habitude… Ce sera la dernière image du couple réuni. L'impératrice avait profité de son séjour pour acheter des jouets destinés à ses nombreux petits-enfants et à sa première arrière-petite-fille (la fille aînée de Gisèle s'était mariée en 1895).

Le couple impérial gagne Bad Ischl. Marie-Valérie, comme toujours, s'inquiète pour sa mère, car même à la Kaiservilla, lieu de vacances de l'empereur, la terrible étiquette est présente et elle la trouve insupportable : « Jamais la vie ossifiée de la Cour ne m'a paru plus étouffante que cette année… On la sent qui vient entraver les rapports familiaux les plus intimes… Cette épouvantable vie de cour a ôté à Papa toute capacité d'entretenir des relations simples et libres », écrit-elle dans son journal.

Après Bad Ischl, Sissi fait une nouvelle cure à Bad Nauheim, en Hesse, avant de regagner son cher lac Léman à la fin de l'été. Selon son habitude, elle s'installe, avec sa suite, à Territet, à l'Hôtel des Alpes et Grand Hôtel, ouvert il y a une dizaine d'années. L'impératrice trouve cette fin d'été au bord du lac si délicieuse qu'elle supplie François-Joseph de venir la rejoindre pour qu'ils en profitent tous deux. L'empereur lui répond qu'il est désespéré de ne pouvoir venir pour la revoir tranquillement après leur longue séparation. « Mais, lui explique-t-il, je ne peux pas y penser à cause du jubilé pour la seconde moitié de septembre avec les inaugurations d'expositions[1]. » En effet, Vienne se prépare à célébrer avec une grande ferveur les cinquante ans de règne du souverain. Triste et déçue, peut-être pour se distraire ou pour voir une belle maison entourée d'un parc magnifique, elle accepte l'invitation à déjeuner, le 9 septembre, à Pregny, aux portes de Genève, chez la baronne Julie de Rothschild. Après le déjeuner, Sissi a prévu de se rendre à Genève avant de regagner Territet le lendemain. Pourquoi cette escapade à Genève ? Tout simplement parce que l'impératrice a envie d'y faire quelques courses et qu'elle adore cette ville. À son dernier professeur de grec, Constantin Christomanos, elle a dit de Genève : « C'est mon lieu de séjour favori, parce que je puis y marcher à ma guise parmi des gens cosmopolites : cela me donne l'illusion d'être vraiment telle que chacun devrait être. »

1. Christian Maryska, *Der Ewige Kaiser*, Vienne, Österreichische Nationalbibliothek Amalthea, 2016.

14

Dix-huit ans de solitude

François-Joseph à son bureau, à Schönbrunn. Dans ce château, où il est né en 1830, comme à la Hofburg et à Bad Ischl, l'empereur étudie minutieusement ses dossiers. Bien qu'absente, Sissi, le grand amour de sa vie, est présente partout par ses portraits et ses photographies. Il ne lève les yeux que pour voir son image.

L'empereur était resté longtemps sur le quai, les yeux fixés sur le panache de fumée qui s'atténuait. Dans cette fin d'après-midi, le train privé de l'impératrice, devenu une véritable résidence tant elle y avait passé de temps, allait disparaître de sa vue. C'était le 16 juillet 1898, dans la petite gare de Bad Ischl où le couple impérial avait été accompagné par une escorte. L'aide de camp de François-Joseph dira que le souverain, très ému, essayait de retenir du regard la rame emportant celle qui, une fois de plus, le quittait et qu'il était resté figé quelques instants. Comme s'il avait un pressentiment. Des départs de Sissi ? Il en avait vécu trop ! Il avait tant souffert de ces arrachements ! Mais, gentilhomme, il lui avait dit : « Je préfère te savoir heureuse loin de moi plutôt que malheureuse près de moi. » Et elle était toujours revenue, parfois au bout de plusieurs mois au début de leur mariage. Depuis que le malheur les avait rapprochés, ils avaient beaucoup voyagé ensemble, sans aller très loin. Et Sissi, qui avait renoncé aux croisières et à l'équitation, ne partait plus que pour des cures ou pour voir sa famille, bien entendu sans jamais parvenir à se reposer, puisqu'elle ne pouvait rester en place. Même dans son train, elle marchait de long en large dans le couloir… Mais elle ne fuyait plus et, c'était promis, ils allaient se retrouver dès que possible, dans trois semaines ; le souverain était retenu à Vienne par la préparation des grandes manœuvres de l'armée impériale et royale, prélude aux prochaines festivités de son jubilé en décembre : il régnait depuis un demi-siècle. François-Joseph était contrarié de ne pouvoir accompagner son épouse comme elle le lui avait demandé et il se sentait coupable.

Lui ! Pour une fois… Avant le départ de Sissi, ils avaient passé des jours paisibles ensemble à la Kaiservilla, savourant l'été lumineux dans les Alpes du Salzkammergut. L'impératrice aimait cette demeure jaune allongée au pied d'un éperon boisé qu'elle appelait, férue de poésie, sa « montagne magique ». Avant de partir pour Munich, puis pour la région de Montreux, en Suisse, Sissi était remontée au premier étage de la Kaiservilla jeter un coup d'œil à son petit bureau où un paravent était toujours couvert des photos de Marie-Valérie, avant et après son mariage ici, et de peintures de chevaux. Puis, à l'heure du thé, elle avait gagné le petit pavillon de marbre rose dominant la Kaiservilla, son refuge favori sur les hauteurs du parc où elle aimait écrire ses poèmes et consigner ses réflexions. Elle était partie et, déjà, elle manquait à son mari qui l'aimait comme un fou depuis quarante-cinq ans. Dès le lendemain, il lui avait écrit, de Vienne : « Tu me manques infiniment, mes pensées sont près de toi et je souffre à l'idée de cette longue, si longue absence ; la vue de tes appartements vides a réveillé ma mélancolie. » La tristesse de François-Joseph est aggravée par le fait que Katharina Schratt est souffrante et aussi impatiente que Sissi quand elle se sent mal ! Un comble ! « C'est une seconde impératrice », se plaint l'empereur, accablé par le mimétisme des deux femmes de sa vie. Est-ce un complot de l'épouse et de l'amie ?

Sissi voyage incognito, mais l'empereur n'est pas rassuré…

Le 30 août, dans son train, l'impératrice-reine est arrivée à Montreux, la perle de la Riviera vaudoise, puis à Territet où elle

Au premier étage de la Kaiservilla, à Bad Ischl, Sissi a aménagé son bureau avec des photos de famille (en particulier de sa fille Marie-Valérie, qui s'est mariée ici) et de ses chevaux favoris. Avant de partir pour Genève le 16 juillet 1898, elle a fait le tour de ses appartements qu'elle aimait. De petites pièces, intimes, meublées simplement.

a ses habitudes. Le concierge de l'hôtel lui remet les lettres de l'empereur, postées à Vienne par le cabinet impérial. « Comme je serais heureux, si je pouvais, ainsi que tu le souhaites, profiter de tout cela avec toi, en toute tranquillité pour quelque temps, et si je pouvais te revoir après une si longue séparation… » François-Joseph se sent seul, mais il est surtout inquiet car, depuis des années, des anarchistes ont pris pour cibles de hautes personnalités : des familles régnantes et des responsables politiques européens ont été victimes d'attentats. L'impératrice a beau voyager sous le pseudonyme de comtesse de Hohenembs, elle ne peut être totalement discrète avec son train et sa suite de onze personnes dont deux dames d'honneur et deux caméristes en noir. Comme Sissi. Elle se déplace, croit-elle, sans avoir besoin de mesures de sécurité. À son mari, tourmenté par cette inconscience, elle a répondu, une fois de plus :

– Qui voudrait s'attaquer à une vieille femme comme moi ?

Sans le lui dire, François-Joseph a fait demander à l'ambassade d'Autriche-Hongrie à Berne une légère protection policière des autorités helvétiques. D'ailleurs, l'ambassadeur ne doit pas la quitter. Et tant pis si Sa Majesté l'impératrice en est furieuse ! À Pregny, chez la baronne Julie de Rothschild, elle a, pour une fois, fait honneur au somptueux et délicieux déjeuner et même bu une coupe de champagne. Elle suivra son régime ce soir ! C'est un tel événement qu'elle prie la comtesse Irma Sztáray d'envoyer le menu à l'empereur, en précisant qu'elle a mangé de tout ! Lui qui déplore qu'elle ne se nourrisse en ce moment que d'oranges, il sera stupéfait et rassuré. Et c'est apaisée qu'elle a signé le livre d'or d'« Erzsébet », son prénom hongrois, celui auquel elle tient le plus. L'impératrice a prévu de passer la nuit au Beau-Rivage, à Genève, un palace sur le quai du Mont-Blanc. Le concierge lui remet un paquet de lettres. Après son installation au premier étage et une sieste d'une heure, elle ressort avec sa dame d'honneur pour quelques courses dans Genève, en ne parlant qu'hongrois pour ne pas être reconnue.

Samedi 10 septembre. À onze heures précises (elle est aussi maniaque de ponctualité que son mari !), elle retourne en ville, au magasin de musique Baecker, rue François-Bonivard. Elle a toujours aimé les boîtes à musique et les orgues de barbarie qui moulinent des airs à la mode. Elle achète un appareil à manivelle[1] et vingt rouleaux au répertoire grésillant et varié, de *Carmen* à *La Traviata* en passant par *Lohengrin*, dont elle juge que la partition « a quelque chose de fatal ». À sa suivante, elle dit, enjouée et heureuse :

– Cela fera plaisir à l'empereur et aux enfants.

On l'a évidemment reconnue car elle vient souvent à Genève. Oubliant son prétendu incognito, elle signe le livre d'or d'« Erzsébet Kiralyné », « la reine de Hongrie ». Revenue au Beau-Rivage à une heure, l'impératrice demande qu'on lui apporte un verre de lait frais, son seul déjeuner, pendant que la comtesse Sztáray avale une rapide collation. La dame d'honneur est consternée : elle vient d'apprendre que, la veille et sans le lui dire, l'impératrice a congédié sa suite, ordonnant au grand chambellan, à son médecin, à son autre dame d'honneur, à ses femmes de chambre, au chef de train et même aux policiers de la Sûreté genevoise de ne plus l'accompagner, et elle a renvoyé le train à Montreux ! Il est parti à midi, avec tous les bagages. Même le représentant de

1. Fabriqué chez Heller, à Berne. J'ai eu le privilège de le voir.

l'empereur à Berne a dû s'éloigner, très vexé. À la propriétaire et directrice de l'hôtel, Mme Fanny-Louise Mayer, stupéfaite de savoir les deux femmes sans le moindre accompagnement, Sissi a expliqué :

– Je n'aime pas les cortèges !

L'impératrice a refusé l'aimable proposition de la baronne de Rothschild qui mettait son yacht à sa disposition. La démocrate Sissi a décidé de prendre le bateau public, de la Compagnie générale de navigation. Une folie ! pense la dame d'honneur hongroise. Et s'il arrivait quelque chose ?

– Madame, nous serions entièrement seules ! Que dirait l'empereur ? Il serait furieux !

– Pauvre Irma ! La responsabilité que vous avez aujourd'hui semble vous peser très lourd, soupire Sissi, compatissante devant l'angoisse de cette femme si dévouée.

La Hongroise regarde sa petite montre pendue à son cou :

– Vite, Votre Majesté ! Le bateau part dans dix minutes !

Sissi reste calme. Devant un miroir, la plus spectaculaire souveraine de son époque ajuste soigneusement son apparence, remet son chapeau noir, enfile ses longs gants blancs (pour une fois !), saisit éventail et ombrelle.

– Vite ! répète la malheureuse comtesse Sztáray.

Le bateau part, en effet, dans dix minutes. Il est une heure trente-cinq de l'après-midi. Bien sûr, il sera à l'heure ; sa cloche appelle déjà les passagers.

Le 8 septembre 1898, à Territet, près de Montreux, l'impératrice d'Autriche et reine de Hongrie (à gauche), accompagnée de sa dame d'honneur, la comtesse Sztáray, est photographiée, sans doute par hasard. Bien que venant souvent dans cette région, elle pensait ne pas être reconnue. C'est la dernière image de la légendaire Sissi vivante.

À Schönbrunn, la fatalité accable encore François-Joseph...

Soldat discipliné de 68 ans, tunique bleue et pantalon noir, François-Joseph est à son bureau de Schönbrunn depuis l'aube. Il part ce soir inspecter les manœuvres en Slovaquie et tout est prêt. Au début de l'après-midi, il écrit à Sissi, qui lui manque. Comme souvent et pour lui faire plaisir, ses premiers mots sont en hongrois : « Mon âme douce et aimée. » Il est heureux d'avoir reçu d'elle de bonnes nouvelles, de savoir que le temps et l'appartement lui conviennent, « avec la vue magnifique sur la montagne et le lac ». « J'ai été touché que, malgré tout, tu ressentes une nostalgie de notre chère Hermes Villa. J'y suis retourné hier après-midi. » Inévitablement, il parle de l'amie ! Katharina Schratt est absente, elle aussi, à la montagne, mais en Autriche. La remplaçante n'est donc pas à son poste ! Elle aussi est trop énergique et il s'en plaint : « Je ne comprends pas pourquoi elle a fait son tour en montagne si pressée, avec un tel emploi du temps pour une journée ! » Le mari abandonné par ses femmes se plaint de l'une à l'autre et inversement ! Il ajoute que, la veille, il s'est délecté d'un verre de bon lait de la laiterie modèle exigée par Sissi et qu'il part ce soir, à huit heures et demie. Ses derniers mots sont : « Je te confie à Dieu, mon cher ange, et je t'embrasse de tout cœur. Ton petit. »

À quatre heures et demie de l'après-midi, le comte Paar, premier aide camp de l'empereur, arrive de la Hofburg. Il est très pâle et demande à être reçu d'urgence. Il tient un télégramme en provenance de Genève. Le texte est bref : « Sa Majesté l'impératrice grièvement blessée. Prière annoncer à l'empereur avec ménagement. » Mais comment ? Le souverain lève la tête, surpris que le comte Paar, d'ordinaire maître de lui, soit bouleversé.

– Qu'y a-t-il donc, mon cher Paar ?

– Sire… Je viens de recevoir une très mauvaise nouvelle…

D'un bond, le monarque est debout et crie :

– De Genève ?

Et il arrache la dépêche à l'officier, recule en chancelant puis se ressaisit :

– Eh bien ! D'autres nouvelles doivent arriver ! Télégraphiez ! Téléphonez ! Il faut absolument en savoir plus !

Dans le couloir, des pas se rapprochent. L'aide de camp de service se présente au garde-à-vous, tenant un autre télégramme. François-Joseph se précipite et déchire le pli. Il lit : « Sa Majesté l'impératrice vient de décéder. »

Figé par l'effroi, le pauvre homme reste immobile un instant puis s'effondre dans son fauteuil. Son front dégarni disparaît dans ses mains. Il pleure. D'une voix neutre, comme s'il se parlait lui-même, il dit, entre deux sanglots :

– Rien ne m'est épargné sur cette terre….

Une troisième dépêche précise que l'impératrice a été assassinée. Dans l'horreur de l'événement, c'est presque un soulagement, car François-Joseph craignait que sa femme ne se suicidât, elle qui parlait trop souvent de la mort libératrice des souffrances… Le texte du télégramme demande si les médecins peuvent procéder à l'autopsie. Assommé de douleur, l'empereur répond comme s'il donnait un ordre :

– Que l'on fasse ce que prévoit la loi suisse…

Puis, semblant reprendre ses esprits, il ajoute :

– Il faut prévenir les enfants…

C'est parce que ni Gisèle ni Marie-Valérie n'étaient auprès de leur père que le comte Paar s'est chargé de la triste nouvelle.

L'assassin de Sissi a tué une femme bien plus révoltée que lui…

Digne, rompu à maîtriser ses émotions, l'empereur ne surprend pas son proche entourage politique et militaire : on pourrait le juger insensible parce que la fonction l'emporte sur l'homme, comme lors de la tragédie de Mayerling. Une question d'éducation. Mais lorsque arrive Marie-Valérie, la cuirasse portée par François-Joseph se fend, le père n'est plus que larmes et sanglots dans les bras de sa fille. Et il répète ce qu'il avait immédiatement murmuré, le regard perdu, au comte Paar :

– Nul ne saura combien nous nous sommes aimés.

Il n'est habité que par cet amour compliqué, souvent contrarié, une passion entre deux tempéraments opposés qui avaient fini par se retrouver sur le même chemin jalonné de drames et de lourds secrets.

Que s'est-il donc passé exactement à Genève ? Luigi Lucheni, un anarchiste italien de 25 ans, arrivé cinq jours plus tôt et ayant trouvé un emploi à la Grande Poste en construction, avait décidé de tuer « n'importe quelle personne haut placée, roi, prince, président, ils sont tous pareils ». Il n'était donc pas fixé sur le choix

LYON
RÉPUBLICAIN
Supplément Illustré
ABONNEMENTS
HUIT Pages : CINQ centimes.
ANNONCES
A Lyon Rue Childebert.
A Paris Place de la Bourse.
1re Année. N° 33. Dimanche 25 Septembre 1898. Administration : 6, rue Childebert.
Paraît chaque semaine.

L'assassinat de Sissi, le 10 septembre 1898, sur le quai du Mont-Blanc à Genève, est un tel traumatisme que la presse mondiale mais aussi les journaux locaux et régionaux consacrent des éditions spéciales à l'événement, en reconstituant le drame par l'image. L'opinion subit un deuil au-delà des frontières. Un mythe vient de naître.

de sa victime et c'est à cause d'une indiscrétion parue dans la presse le matin du 10 septembre qu'il avait appris la présence de l'impératrice au Beau-Rivage. Il la guetta à sa sortie de l'hôtel avec sa dame d'honneur. Les deux femmes se hâtaient vers le bateau. Sur le quai, il vint à leur rencontre, presque en titubant, et frappa Sissi à l'aide d'un poinçon triangulaire fiché dans un manche de bois. Une arme improvisée. L'impératrice s'effondra, croyant que l'inconnu avait voulu lui dérober sa montre. Irma Sztáray l'aida à se relever. Sissi était pâle. La peur, sans doute. Elle parvint à embarquer sur le bateau qui allait partir, puis elle perdit connaissance. Le bateau revint, l'impératrice fut portée sur un brancard improvisé avec des rames et des voiles jusqu'à l'hôtel. Les médecins ne purent rien tenter, le coup ayant été porté avec une grande violence. L'hémorragie ne put être jugulée. Après une heure d'agonie, à deux heures quarante de l'après-midi, l'impératrice-reine rendit sa belle âme à Dieu, dans sa soixante et unième année[1]. Saisie par un de ses pressentiments, Sissi avait écrit : « Ma vie s'enfuira par une toute petite ouverture du cœur. » Elle portait un médaillon contenant des cheveux de Rodolphe et, à sa chaîne de montre, un minuscule cygne en cristal de roche offert par son cousin Louis II. Lucheni s'est doublement trompé. Croyant frapper un être vivant, il n'a qu'aidé une survi-

1. Une polémique met en cause les responsables de la police du canton de Genève et le Conseil fédéral fait part de son indignation en présentant ses condoléances à l'empereur-roi. Genève et la Confédération helvétique sont choqués. L'assassin de la souveraine, arrêté par des gendarmes alors qu'il s'enfuyait, prétendit avoir commis un crime politique et s'en vanta pour être jugé et condamné à mort, et donc, selon lui, pour être considéré comme un héros. Il fut jugé et condamné comme un criminel de droit commun, une infamie pour un anarchiste. Furieux et désespéré, il se pendit dans sa prison, en 1910.

vante à mettre fin à son calvaire terrestre. Sissi attendait la mort depuis longtemps, elle l'espérait pour débarrasser l'empereur du fardeau qu'elle incarnait, et cette hypothèse terrifiait Gisèle et Marie-Valérie : leur mère leur avait dit que l'empereur serait plus libre pour vivre avec Katharina Schratt. Irait-il jusqu'à l'épouser ? C'était inconcevable ! L'autre erreur de Lucheni fut d'ignorer que Sissi, vivante, était déjà devenue une légende. Sa mort, inattendue et considérée comme injuste, allait lui permettre de survivre définitivement dans toutes les mémoires. Elle était insupportable, dépressive, mais aussi belle, cultivée, politiquement courageuse et visionnaire, entourée de commérages et de jalousies. Son assassinat allait amplifier son mythe.

Ce même 10 septembre, à Vienne, l'affreuse nouvelle se répand à partir de six heures du soir par les éditions spéciales des journaux, bordés de noir. La foule s'amasse en groupes d'abord incrédules, puis avec des mots vengeurs :

– Notre impératrice a été assassinée par un Italien !

Dans des cafés fréquentés par des Italiens, des bagarres éclatent. Il faut l'arrivée de la police pour ramener l'ordre. Dans la soirée, Budapest est figée par la stupeur et une immense tristesse. Des monceaux de télégrammes sont transmis au roi.

– Oui, dit François-Joseph, ils peuvent pleurer… Ils ne savent pas quelle amie ils ont perdue en leur reine…

Le souverain est dans l'erreur : les Hongrois savent ce qu'Erzsébet a fait pour eux ; ils ont perdu leur protectrice qui était revenue à Budapest deux ans plus tôt et ne l'oublieront jamais. Katharina Schratt est rentrée rapidement à Vienne. François-Joseph l'en remercie :

– C'est si gentil à vous d'être revenue. Avec qui mieux qu'avec vous pourrais-je parler de la disparue?

Oui, avec qui d'autre? Comme avant la mort de celle qui avait choisi sa « doublure »? Le supposé « ménage à trois », devenu un duo, sera-t-il entretenu par la mémoire et les regrets?

L'ultime voyage terrestre de Sissi n'est pas celui qu'elle voulait !

L'impératrice avait dit qu'elle souhaitait être inhumée à Corfou. Ainsi, d'une certaine façon, elle tiendrait la promesse qu'elle avait faite à François-Joseph : elle ne voyagerait plus… Elle se

Le 13 septembre 1898, la population de Genève – où la vie semble suspendue – rend hommage à l'impératrice assassinée ; le cortège va rejoindre la gare où un train spécial, envoyé par François-Joseph, emportera à Vienne son cercueil. Un dernier voyage…

trompait, car une impératrice d'Autriche ne peut reposer qu'à Vienne, dans la crypte des Capucins. De son vivant, la turbulente Sissi avait réussi à fuir la plupart des contraintes de la Cour. Disparue, comment pourrait-elle s'opposer à la tradition dont son mari est le plus vigilant gardien ? C'est l'ultime désaccord du couple, mais sans éclat ni mauvaise humeur, une brève dispute silencieuse… Le mardi 13 septembre, la population de Genève défile devant l'hôtel Beau-Rivage d'où, après la levée du corps, part un cortège, comme ceux que la défunte n'aimait pas. La navigation et toutes les activités sont suspendues pendant que quinze mille personnes manifestent, par leur colère silencieuse et par leur recueillement, contre « ce qui ne peut qu'inspirer un profond sentiment d'horreur à toute l'humanité civilisée ». Une grosse cloche, la Clémence, sonne le glas. François-Joseph a envoyé un train funèbre. Le corps d'Élisabeth dans « sa belle robe noire », selon Irma Sztáray, repose sous un voile de dentelle, dans un triple cercueil, deux en plomb, le troisième, extérieur, en argent. Les représentants officiels de l'empereur sont arrivés la veille. Par deux ouvertures vitrées qui permettent de voir le visage, ils s'assurent de l'identité de la défunte. L'impératrice-reine repart dans une voiture spéciale aux rideaux tirés, comme elle l'exigeait quand son convoi s'arrêtait dans une gare. À la Hofburg, des télégrammes du monde entier s'amoncellent à la chancellerie. Le président Félix Faure, qui ne perd jamais une occasion de se montrer galant, rappelle, avec un patriotisme déplacé, qu'il avait déclaré : « L'impératrice est sublime. On dirait qu'elle est française ! » Au matin du 17 septembre, plus de cinquante souverains, princes, présidents au pouvoir et très hautes personnalités suivent le cortège qui conduit le cercueil vers la

Le 17 septembre 1898, une foule immense se recueille au passage du cortège funèbre conduisant la défunte à la crypte des Capucins. Plus de cinquante souverains, princes héritiers et présidents sont présents. Vienne et la double monarchie sont sous le choc de cette disparition inattendue. Un ultime paradoxe pour Sissi qui ne voulait pas être reconnue… Le protocole impérial qu'elle n'avait cessé de fuir lui fut imposé une dernière fois.

crypte. Ici encore, la Sissi rebelle aux honneurs a droit au protocole interprété par le chambellan et un capucin. Une regrettable polémique éclate lorsque la délégation hongroise découvre que sur la plaque vissée au cercueil, la disparue n'est titrée qu'impératrice d'Autriche ! Les Magyars protestent : elle était leur reine ! En hâte, on complète l'inscription. Les Tchèques s'émeuvent à leur tour : bien que non couronnée reine de Bohême, ils la considéraient comme telle puisqu'ils avaient construit son train privé… Jusque dans sa dernière demeure terrestre, Sissi est bien plus que la seizième impératrice de la dynastie des Habsbourg. Dans son sarcophage en argent posé sur six pattes de lions, à quatre phalanges et en bronze, elle est la souveraine fragile aux forces insoupçonnées, un mythe entre faste et simplicité, ennemie des castes, de l'injustice et audacieuse en politique comme dans sa vie officielle ; une révolutionnaire, mais pas un être lâche comme son agresseur. François-Joseph, tunique blanche, pantalon rouge et crêpe noir au bras gauche comme ses officiers, se jette, dit-on, en larmes contre le cercueil, désespéré. La scène entrera dans le mythe familial et l'imaginaire. Environ six mois plus tôt, Sissi avait déclaré :

– Je ne veux pas survivre à l'empereur. Je ne veux pas que lui et les enfants soient présents à ma mort. Je veux mourir toute seule.

Elle a été exaucée. Âme errante et tourmentée, elle a peut-être enfin retrouvé Rodolphe qu'elle avait appelé, en vain, la nuit dans la nécropole…

Dans la crypte des Capucins, le pauvre François-Joseph s'effondre sur le cercueil de Sissi qu'il a tant aimée et dont il a supporté les caprices avant que divers drames ne soudent le couple dans leurs dernières années de vie commune, notamment en voyageant ensemble. L'imagerie populaire diffuse l'immense douleur du souverain inconsolable. On assure qu'il s'en veut de ne pas l'avoir accompagnée.

François-Joseph et Katharina Schratt : une amitié interrompue

Comment l'empereur tient-il? Si sa souffrance est dissoute dans le travail, sa douleur est d'autant plus aiguë qu'il n'en dit rien. Revoyant son père fin septembre, Marie-Valérie avoue qu'elle est impuissante à le soulager. Partout, des portraits, peintures ou dessins, des bustes et des photographies de Sissi accompagnent le monarque veuf. La dernière photo connue de l'impératrice a été prise, peut-être par hasard, à Territet, le 8 septembre. On l'y voit avec Irma Sztáray dans la rue, devant une brasserie, l'ombrelle blanche de l'impératrice tranchant sur le noir vestimentaire des deux femmes. L'empereur, un peu voûté, reprend ses promenades avec Katharina Schratt sous les ombrages de Schönbrunn. Ce parcours est d'autant plus normal que la comédienne a pu acheter, avec le soutien financier de l'empereur, une ravissante maison voisine du parc, au n° 9, Gloriettegasse. Toujours aussi matinal, que ce soit avec Sissi ou les autres femmes de sa vie, François-Joseph aime prendre le petit déjeuner chez Katharina Schratt, préparé par sa cuisinière. Les andouillettes et les saucisses au raifort ne font pas peur au souverain ! Après l'étude de ses dossiers, il se détend. « Il s'amuse des derniers ragots du Burgtheater, se divertit des histoires racontées dans les salons ou sourit des bons mots dont Katharina émaille son charmant bavardage[1]. » Il n'est pas rare que certains habitants du voisinage, qui assurent l'empereur de leur respect et de leur compassion dans les drames qui jalonnent sa vie, viennent le saluer, car ce rite matinal devient vite un secret de polichinelle. En revanche, à la Cour, bien terne, certains esprits continuent de juger que Katharina Schratt n'est pas une relation convenable pour l'empereur. Même veuf! On apprendra plus tard que la générosité matérielle de l'empereur – sur sa fortune personnelle – envers la comédienne remonte à peu de temps après le drame de Mayerling sous la forme d'un don de 500 000 florins, d'un palais sur le Ring et de bijoux ; mais ces libéralités ne figureront pas sur le testament ultérieur

1. Jean-Paul Bled, *François-Joseph, op. cit.*

En 1910, dans le parc du château de Wallsee, François-Joseph fête Pâques avec sa fille Marie-Valérie et son mari François-Salvator. L'empereur vit sa plus grande joie auprès de ses petits-enfants. Ici, en particulier Hedwige, Gertrude et François-Charles.

de François-Joseph. Il avait tenu à justifier ses attentions envers Katharina Schratt « à qui je suis lié par l'amitié la plus profonde et la plus pure et qui a toujours été loyalement et fidèlement présente près de moi et de l'impératrice dans les moments les plus pénibles de notre vie[1] ». Outre son travail quotidien pour maintenir l'Empire, dans les années 1898 et 1900, François-Joseph va devoir affronter une crise personnelle qui détériorera ses relations avec Katharina Schratt. Celle-ci, artiste vedette du

1. *Ibid.*

Burgtheater, voit son statut remis en question avec l'arrivée d'un nouveau directeur de la salle, Paul Sthlenther. Ancien critique dramatique d'un grand quotidien berlinois, il décide d'exercer pleinement ses fonctions et de ne pas se laisser impressionner par la comédienne. Jusqu'alors, c'était elle qui décidait de ses rôles. Ce ne sera plus le cas ! Katharina est furieuse. Elle a 47 ans et ne peut plus incarner les jeunes premières ; c'est un moment difficile qu'affrontent toutes les comédiennes. À l'empereur, elle fait part de ses problèmes professionnels, espérant obtenir la tête du nouveau directeur. C'est mal connaître François-Joseph. Celui-ci prône la patience et l'obéissance. L'empereur n'interviendra pas. La comédienne lui fait alors une scène violente. La crise atteint son paroxysme lorsque Katharina Schratt remet sa démission au directeur. Elle tente alors de forcer la main à l'empereur, qui refuse encore de s'en mêler. C'est la rupture. Moins de deux ans après la mort de Sissi, François-Joseph se retrouve seul et désespéré en cet été 1900, un peu jaloux des relations de « l'amie » avec de hautes personnalités européennes, et craint qu'elle n'aille à Monte-Carlo. Fait sans précédent, l'empereur en a parfois perdu sa courtoisie légendaire, exaspéré par des scènes trop… théâtrales ! Katharina Schratt mettra plus d'un an à revenir sur sa décision. Pendant ces mois de crise, l'empereur est dévasté : il est seul, malgré l'amour de ses filles et de ses petits-enfants. Si les relations de Katharina Schratt et du souverain reprendront, rien ne sera plus jamais comme avant. De toute façon, depuis la mort de l'impératrice, leur principal sujet de conversation était la disparue. La Cour, qui n'a jamais réellement admis la relation étrange et ambiguë du couple impérial avec une artiste trop voyante, profite de cette crise pour alimenter les médisances.

Seule l'impératrice décourageait les critiques et faisait taire les donneurs de leçons et les moralisateurs. Sissi était un rempart qui protégeait le trio. Cette intimité dérangeait sans choquer. Maintenant, Marie-Valérie, qui n'a jamais supporté Katharina Schratt, mais ne montrait pas ses réticences du vivant de sa mère, ne sait quoi penser : d'une part, son père vit très mal sa solitude, mais d'autre part, craint-elle, il pourrait se remarier morganatiquement, ce qui serait un désastre. Toutefois, il faut souligner que pendant cette période également très difficile pour François-Joseph en politique intérieure et européenne, Katharina Schratt tient parole, celle qu'elle avait donnée à l'impératrice : elle ne dit rien de cette vie secrète bien que visible, ne raconte rien et ne parlera jamais, même après une scène avec l'empereur et son départ, spectaculaire, pendant plusieurs mois. Une déception pour les commères !

François-Joseph participe au culte de la mémoire de Sissi

Du vivant de l'impératrice-reine, en plus des tableaux et des dessins, les statues la représentant, en buste ou en pied, étaient déjà des signes d'affection populaire et d'hommages à sa beauté. Après son décès, François-Joseph honorera souvent les nouveaux hommages de sculpteurs, un peu partout dans l'Empire et même en dehors. Sissi a tellement voyagé qu'elle est partout ! Les Hongrois ont été des pionniers ; à Budapest, dans l'église Saint-Mathias du couronnement, son buste en reine de Hongrie est au pied de l'escalier qui conduit à la tribune. Il a été érigé par une souscription organisée par des femmes reconnaissantes lors de son couronnement en 1867. Au fond du parc de Gödöllő, la reine est debout, ses cheveux tressés en couronne ; la statue, qui date de 1901, est aussi née d'une souscription publique en mémoire de la reine assassinée. Erzsébet venait souvent à cet endroit. Derrière la statue, on voit toujours le banc sur lequel elle aimait s'asseoir. Il est équipé d'une chaufferie au bois qui fonctionnait l'hiver, la cheminée s'achevant par une couronne : un banc chauffant apprécié d'Erzsébet ! Le 10 juillet 1901, à Salzbourg, François-Joseph inaugure une statue d'Élisabeth en marbre blanc sur un socle rouge, très réaliste, due au sculpteur viennois Edmund Hellmer. Dans la foule très dense des personnalités, on remarque quelques anciennes dames d'honneur de la défunte. Erzsi, la fille de Rodolphe et la petite-fille de François-Joseph, est présente. Au moment où le voile cachant la statue tomba, « l'instant fut pathétique tant l'œuvre était ressemblante. À cette vivante vision de l'impératrice, des larmes embuèrent les yeux de ceux qui l'avaient connue, aimée et admirée[1] ».

Le 22 mai 1902, en Suisse, à Territet, au parc des Roses, est inaugurée l'œuvre d'un sculpteur italien en souvenir des nombreux séjours de l'impératrice dans les palaces de Montreux et des communes proches. Il est révélateur que la réputation de souveraine généreuse et politiquement courageuse soit reconnue dans ces offrandes posthumes. Ainsi, à Trieste, longtemps port autrichien et point de départ et d'arrivée d'innombrables voyages de Sissi, une statue la représente debout, en noir, entre deux groupes de personnages féminins en blanc. Ici, ce qui

1. Ghislaine Windisch-Graetz, *L'Orpheline de Mayerling, Élisabeth-Marie, l'archiduchesse rouge*, rééd. Racine, 1998.

C'est seulement en 1907, neuf ans après son assassinat, qu'une statue de Sissi est inaugurée à Vienne. La cérémonie se déroule bien sûr en présence de François-Joseph. La statue de l'impératrice assise domine un amphithéâtre de marbre dans le Volksgarten («jardin du peuple») face à la Hofburg, la prison dont Sissi voulait s'évader.

compte est son prénom à l'italienne, Elisabetta, en souvenir de son soutien aux aspirations lombardes et vénitiennes d'indépendance. À Vienne, en 1907 (seulement, ce qui est révélateur!), François-Joseph inaugure, dans un amphithéâtre de marbre, la statue de la défunte assise dans le Volksgarten, regardant la Hofburg dont elle n'avait cessé de s'échapper; dans ce jardin, des musiciens jouent souvent un répertoire typiquement viennois à la belle saison.

Et cet engouement continuera bien après la chute de l'Empire : à Budapest, à l'extrémité du pont Erzsébet, sur la rive de Buda, une grande statue de bronze de la reine assise fut inaugurée en 1932. Puis, à l'époque communiste, elle fut remisée dans un entrepôt. Après la chute du mur de Berlin, elle a été réinstallée au bord du Danube, à la suite d'une pétition à la radio hongroise. Depuis, Erzsébet regarde d'un sourire un peu las couler le fil de l'histoire, mais elle est au cœur de la capitale.

François-Joseph continue à vivre dans le souvenir omniprésent de Sissi. Le 28 juillet 1914, un mois après l'assassinat à Sarajevo de son neveu et héritier François-Ferdinand et de son épouse Sophie, François-Joseph s'assoit à son bureau de la Kaiservilla, à onze heures du matin. Le vieil empereur (84 ans) est face à un buste de Sissi, réalisé au moment de leurs fiançailles, posé sur ce bureau très simple. Élisabeth, alors duchesse en Bavière, est là, dans son éternelle jeunesse, comme si elle avait cessé de voyager afin de rester près de son mari et le conseiller. L'aurait-elle empêché de signer l'ordre de mobilisation austro-hongroise contre la Serbie soupçonnée d'avoir secrètement soutenu l'attentat de Sarajevo ? Peut-être lui aurait-elle rappelé sa prémonition, vingt-quatre ans plus tôt, selon laquelle « l'orage éclatera[it] dans les Balkans », qu'il serait un cyclone brisant la plupart des couronnes, saignant les peuples et modifiant spectaculairement l'Europe. Peut-être lui aurait-elle aussi fait remarquer, comme il le disait lui-même, qu'il avait commencé beaucoup de guerres, mais que, malgré des victoires, il les avait toutes perdues.

Dans la crypte des Capucins, au centre de la nécropole, reposent dans l'ordre de leurs décès, Rodolphe à droite, Sissi à gauche et l'empereur-roi au milieu. Leurs cercueils sont constamment fleuris. Y compris, depuis la chute du communisme, par d'innombrables visiteurs venus des anciennes terres de l'empire des Habsbourg.

Le 30 novembre 1916, après soixante-huit ans de règne, François-Joseph est conduit à la crypte des Capucins où, aujourd'hui, il repose entre Sissi et Rodolphe. L'empereur a été enterré dans son uniforme blanc et rouge de feld-maréchal, exactement semblable à celui qu'il portait le jour de son mariage avec Sissi. Vienne est pétrifiée dans la douleur, le froid et l'angoisse de la guerre trop longue et incertaine. On ne sait pas encore que l'on porte en terre le dernier empereur d'Autriche et roi de Hongrie régnant. Un petit garçon de 5 ans, témoin de ces funérailles spectaculaires, laissera un témoignage impressionnant – il est le futur chancelier social-démocrate des années 1971 à 1983, Bruno Kreisky, dont le grand-père était un fonctionnaire de

François-Joseph : « Au moment où le cortège funèbre est arrivé à notre hauteur, il m'a paru que le monde entier était devenu noir. Sur les visages des gens, on lisait la souffrance et la peur de ce qui pouvait désormais advenir. »

Postface

Cette biographie, le plus intime possible, du couple impérial et royal n'aurait pu être écrite sans la correspondance personnelle entre François-Joseph et Élisabeth, retrouvée par leur fille Marie-Valérie après la mort de l'empereur. Ces innombrables lettres, longues ou courtes, rédigées même lorsqu'ils sont presque ensemble, témoignent d'une relation intense entre les deux époux, y compris lors des pires crises qu'ils ont vécues. Elles prouvent aussi combien, dans les dernières années de la vie de Sissi, ils s'étaient retrouvés avec tendresse, ce dont Marie-Valérie, plus proche de ses parents que Gisèle, s'est dite bouleversée, car elle n'avait vécu jusque-là que l'exaspération de sa mère face à la rigidité de la vie de cour et l'apparente insensibilité de son père.

Table

Crédits photographiques

pp. 12 © Interfoto / Austrian National Library / La Collection, 16 © Kunsthistorisches Museum, Vienne / Bridgeman Images, 20 © Interfoto / Austrian National Library / La Collection, 22 © akg-images, 25 © ullstein bild – ullstein bild, 30 © Interfoto / Austrian National Library / La Collection, 36 © Imagno – ÖNB / La Collection, 41 © akg-images, 44 © akg-images / Imagno / k. A., 49 © Interfoto / Austrian National Library / La Collection, 52 © akg-images / Erich Lessing, 58 © Imagno – ÖNB / La Collection, 60 © akg-images / Imagno / k. A., 65 © akg-images / Imagno / k. A., 68 © Interfoto / Austrian National Library / La Collection, 70 © Interfoto / Austrian National Library / La Collection, 75 © akg-images, 79© Interfoto / Austrian National Library / La Collection, 81 © Imagno / La Collection, 85 © Interfoto / Austrian National Library / La Collection, 90 © Imagno – ÖNB / La Collection, 96 © Interfoto / Austrian National Library / La Collection, 100 © Interfoto / Austrian National Library / La Collection, 104 © Interfoto / Austrian National Library / La Collection, 108 © akg-images / De Agostini Picture Lib. / A. Dagli Orti, 113 © Artothek / La Collection, 115 © Interfoto / Austrian National Library / La Collection, 121 © Interfoto / Austrian National Library / La Collection, 126 © Interfoto / Austrian National Library / La Collection, 128 © Interfoto / Austrian National Library / La Collection, 132 © Bianchetti / Leemage, 137 © Interfoto / Austrian National Library / La Collection, 142 © Interfoto / Austrian National Library / La Collection, 147 © adoc-photos, 152 © Imagno / La Collection, 156 © akg-images / Jérôme da Cunha, 158 © ullstein bild – Imagno, 162 © Imagno – ÖNB / La Collection, 167 © National Maritime Museum, Greenwich / Leemage, 170 © Interfoto / Austrian National Library / La Collection, 173 © Interfoto / Austrian National Library / La Collection, 174 © Imagno – ÖNB / La Collection, 176-177 © akg-images / Electa, 180 © Interfoto / Austrian National Library / La Collection, 184 © Jean-Paul Dumontier / La Collection, 187 © Imagno / La Collection, 192 © Interfoto / Austrian National Library / La Collection, 199 © Interfoto / La Collection, 200 © adoc-photos, 202 © akg-images, 209 © Interfoto / Austrian National Library / La Collection, 213 © Interfoto / Austrian National Library / La Collection, 214 © Interfoto / Austrian National Library / La Collection, 222 © akg-images / MPortfolio / Electa, 225 © Interfoto / Austrian National Library / La Collection, 230 © Interfoto / La Collection, 234 © Imagno / La Collection, 240 © Interfoto / Austrian National Library / La Collection, 247 © Interfoto / Austrian National Library / La Collection, 253 © Bridgeman Images, 258 © Imagno – VHS-Archiv / La Collection, 262 © Imagno – ÖNB / La Collection, 266 © Interfoto / Austrian National Library / La Collection, 268 © Florilegius / Leemage, 274 © Interfoto / La Collection, 282-283 © Imagno – ÖNB / La Collection, 284 © Interfoto / Austrian National Library / La Collection, 288 © Imagno / La Collection, 291 © Musée de l'Armée, Bruxelles / Patrick Lorette / Bridgeman Images, 296 © Christie's / Artothek / La Collection, 297 © Imagno / La Collection, 304 © Rue des Archives / RDA, 306 © Interfoto / Austrian National Library / La Collection, 312 © Interfoto / Austrian National Library / La Collection, 318 © Interfoto / Austrian National Library / La Collection, 322 © Interfoto / Austrian National Library / La Collection, 327 © Imagno / La Collection, 337 © Interfoto / Austrian National Library / La Collection, 340 © Interfoto / Austrian National Library / La Collection, 344 © Interfoto / Austrian National Library / La Collection, 349 © Imagno – ÖNB / La Collection, 353 © Imagno / La Collection, 357 © Imagno / La Collection, 362 © Imagno – VHS-Archiv / La Collection, 367 © Interfoto / Austrian National Library / La Collection, 372 © Imagno / La Collection, 374 © Interfoto / Austrian National Library / La Collection, 378 © akg-images, 380 © Photo12 / 1Clic, 384 © akg-images / Imagno / ÖNB, 392 © Interfoto / Austrian National Library / La Collection, 397 © akg-images, 399 © Interfoto / La Collection, 403 © Interfoto / Austrian National Library / La Collection, 406 © Imagno / La Collection, 411 © Imagno / La Collection, 415 © Interfoto / Austrian National Library / La Collection, 425 © Interfoto / Austrian National Library / La Collection, 427 © Interfoto / Austrian National Library / La Collection, 434 © Interfoto / Austrian National Library / La Collection, 438 © Interfoto / Austrian National Library / La Collection, 442 © Interfoto / Austrian National Library / La Collection, 444 © Interfoto / Austrian National Library / La Collection, 448 © akg-images, 456 © Imagno / La Collection, 460 © akg-images, 462 © Imagno / La Collection, 466 © Imagno – Wienbibliothek im Rathaus / La Collection, 471 © Interfoto / Austrian National Library / La Collection, 473 © Tallandier / Bridgeman Images, 477 © Imagno / La Collection, 484 © Schloss Schönbrunn Kultur- und Betriebsges.m.b.H. / Fotograf : Alexander Eugen Koller, 487 © Interfoto / Austrian National Library / La Collection, 491 © Imagno / La Collection, 496 © Interfoto / Austrian National Library / La Collection, 503 © Imagno – ÖNB / La Collection, 506 © akg-images / Imagno / Wien Museum, 511 © akg-images / Jérôme da Cunha, 515 © Imagno – ÖNB / La Collection, 519 © akg-images / Jérôme da Cunha, 522 © ullstein bild – ullstein bild, 524 © Interfoto / Austrian National Library / La Collection, 526 © Schloss Schönbrunn Kultur- und Betriebsges.m.b.H / Fotograf : Sascha Rieger, 528 © Interfoto / Austrian National Library / La Collection, 532 © Interfoto / Austrian National Library / La Collection, 534 © Imagno – Votava / La Collection, 536-537 © akg-images / Rainer Hackenberg.

Achevé d'imprimer en France par Loire Offset Titoulet à Saint-Etienne